Recursos creativos

para la

primera infancia

Dedicatoria

ESTE LIBRO ESTÁ DEDICADO A:

Jeffrey Herr, el nuevo miembro de mi familia.

J. H.

Mis sobrinas y sobrinos Ashley y Matt Stone,
Erin y Clint Peacock, Taylor y Kayla Moats,
y Jake y Seth Heater.

T. S.

Recursos creativos

para la
primera infancia

de

Judy Herr  **Terri Swim**

Delmar
Thomson Learning™

Africa • Australia • Canada • Denmark • Japan • Mexico • New Zealand • Philippines
Puerto Rico • Singapore • Spain • United Kingdom • United States

Nota al lector

El editor no se responsabiliza ni garantiza ninguno de los productos aquí descritos ni realiza ningún análisis independiente relacionado con la información sobre productos aquí contenida. El editor no asume ninguna obligación, y expresamente las declina todas, en cuanto a conseguir e incluir más informaciones que las proporcionadas por el fabricante.

Se advierte expresamente al lector que debe considerar y adoptar todas las precauciones indicadas en las actividades y evitar los peligros potenciales que se deriven de ellas. Al seguir las instrucciones expuestas, el lector asumirá voluntariamente todos los riesgos que se relacionen con ellas.

El editor no es garante ni representante de ninguna clase, incluyendo, pero sin estar limitado a ellas, las garantías de idoneidad para un propósito en particular o con propósitos comerciales, ni debe considerarse implícita ninguna representación con respecto al material aquí presentado, ni el editor se responsabiliza de tal material. El editor no será responsable de daños especiales, consiguientes ni punitivos que resulten, total o parcialmente, de que los lectores usen este material o se basen en él.

Personal de Delmar:

Director de división empresarial: Susan L. Simpfenderfer
Editor ejecutivo: Marlene McHugh Pratt
Coordinador de adquisiciones: Erin O'Connor Traylor
Coordinador de desarrollo: Melissa Riveglia
Director de producción ejecutivo: Wendy A. Troeger

Coordinador de proyectos: Amy E. Tucker
Coordinador de producción: Sandra Woods
Director de proyectos tecnológico: Kimberly Schryer
Director comercial ejecutivo: Donna J. Lewis
Director de canal: Nigar Hale
Ayudante de redacción: Alexis Ferraro

Diseño de portada: Publisher's Studio

Para obtener más información, póngase en contacto con Delmar, 3 Columbia Circle, PO Box 15015, Albany, NY 12212-0515, EE.UU; o visite nuestro sitio Web en http://www.delmar.com o http://www.EarlyChildEd.Delmar.com

Lista de división internacional

Asia
Thomson Learning
60 Albert Street, #15-01
Albert Complex
Singapore 189969

Japón:
Thomson Learning
Palaceside Building 5F
1-1-1 Hitotsubashi, Chiyoda-ku
Tokyo 100 0003 Japan

Australia/Nueva Zelanda:
Nelson/Thomson Learning
102 Dodds Street
South Melbourne, Victoria 3205
Australia

Reino Unido/Europa/Oriente Medio
Thomson Learning
Berkshire House
168-173 High Holborn
London
WC1V 7AA United Kingdom

Thomas Nelson & Sons LTD
Nelson House
Mayfield Road
Walton-on-Thames
KT 12 5PL United Kingdom

Latinoamérica:
Thomson Learning
Seneca, 53
Colonia Polanco
11560 Mexico D.F. Mexico

Suráfrica:
Thomson Learning
Zonnebloem Building
Constantia Square
526 Sixteenth Road
P.O. Box 2459
Halfway House, 1685
South Africa

Canadá:
Nelson/Thomson Learning
1120 Birchmount Road
Scarborough, Ontario
Canada M1K 5G4

España:
Thomson Learning
Calle Magallanes, 25
28015-MADRID
ESPANA

Sede internacional:
Thomson Learning
International Division
290 Harbor Drive, 2nd Floor
Stamford, CT 06902-7477

Library of Congress Cataloging-in-Publication Data
Herr, Judy.
   Recursos creativos para la primera infancia / de Judy Herr, Terri Swim.
      p.   cm.
   Incluye referencias bibliográficas.
   ISBN 0-7668-0337-6   (Ingles) ISBN 0-7668-2041-6
   1. Desarrollo — de los infantes. 2. Pequeños. 3. Desarrollo infantil. 4. Educación en la primera infancia — Programas de actividades.
   I. Swim, Terri.
II. Título.
HQ774.H475   1998   98-30893
305.232—dc21   CIP

Contenido

Prefacio

Responder de forma cálida, cariñosa y receptiva a un bebé que llora o jugar a las "tortitas" con un niño que empieza a caminar son ejemplos de lo que las familias y los cuidadores deben hacer para favorecer un desarrollo sano del cerebro infantil. En realidad, en investigaciones recientes sobre desarrollo cerebral se pone en evidencia la importancia del medio y de las relaciones durante los primeros tres años de la vida del niño (Shore, 1997). Teniendo esto presente, se escribió *Recursos creativos para la primera infancia* para ustedes, cuidadores y familiares. El objetivo final del libro es ayudar a impulsar un desarrollo sano de nuestros niños más pequeños. Por lo tanto, debería estar en todas las bibliotecas de cuidadores y padres.

El libro se centra en el crecimiento global del niño e incluye normas a seguir para su desarrollo físico, de lenguaje y comunicación, cognoscitivo, social y emocional. Para apoyar, incrementar y promover el desarrollo del niño en todas las áreas, este libro único incluye 280 actividades especialmente diseñadas para los infantes y pequeños. Observe que el libro consta de cinco secciones especiales. La primera sección incluye información cuya finalidad es entender, estimar y promover el desarrollo, al igual que sugerencias para relacionarse con los más pequeños. Las dos secciones siguientes incluyen 280 actividades novedosas para estimular el desarrollo de infantes y niños pequeños, respectivamente. La cuarta sección incluye referencias sobre el material citado en el texto. La sección final, el apéndice, es un recurso valioso que contiene, sin estar limitado a estas secciones, listas de recetas, canciones, mímica, recitados y libros. Hay también una lista de juguetes y equipamiento, así como criterios para hacer una selección.

Con objeto de orientarle, se han agrupado las actividades por edades y áreas de desarrollo. Cada una de ellas ha sido programada para mostrar la relación existente entre un área extensa del desarrollo y los objetivos específicos aplicados a los niños. Por ejemplo, el desarrollo físico puede que sea el área primordial y la coordinación entre vista y manos un objetivo específico. Se han diseñado los materiales, la preparación, y las estrategias educativas de cada actividad para que resulten efectivas y fáciles de ejecutar. Además, se han incorporado variantes e información adicional a fin de enriquecer sus experiencias y las de los niños. Los puntos destacados del desarrollo ofrecen una información valiosísima para fomentar y entender el desarrollo de los niños. Consideradas en conjunto, tanto la información como las experiencias contenidas en el libro intensificarán la habilidad de los lectores para conocer las necesidades de desarrollo en ambas etapas del crecimiento, impulsando el desarrollo integral óptimo. Además, estas primeras experiencias crearán una base sólida para la actividad pensante posterior de los niños, sus relaciones con otros y el proceso de aprendizaje.

Nos gustaría expresar nuestro agradecimiento a muchos. Primero, a nuestros esposos, James Herr y James Daniel Swim, que nos brindaron su apoyo durante este proceso.

A nuestras familias, que nos alentaron continuamente y facilitaron nuestro desarrollo personal y profesional.

Tampoco habría sido posible este libro sin la inspiración que nos proporcionaron los muchos niños que han rozado nuestras vidas e influido en ellas de tantas maneras significativas. Los niños que conocimos en laboratorios universitarios y en instituciones de cuidado infantil, así como sus maestros y sus padres, nos han demostrado cuán importantes son los primeros años de la vida.

Queremos expresar nuestro reconocimiento por las contribuciones de los numerosos colegios, universidades, colegas y alumnos que han favorecido nuestro crecimiento y desarrollo profesional:

College of William and Mary, Norfolk, Virginia; Harvard University, Cambridge, Massachusetts; Purdue University, West Lafayette, Indiana; University of Minnesota, Minneapolis, Minnesota; University of Missouri, Columbia, Missouri; University of Texas, Austin, Texas; y University of Wisconsin-Stout, Menomonie, Wisconsin.

Queremos agradecer especialmente a Carla Ahman, Carol Armga, Michelle Batchelder, Chalandra Bryant, Mary Jane Burson-Polston, Bill Carver, Linda Conner, Kay Cutler, Sandi Dillon, Loraine Dunn, Nancy File, Nancy Hazen-Swann, Debra Hughes, Susan Jacquet, Elizabeth Johnson, Joan Jurich, Susan Kontos, Gary Ladd, Julia Lorenz, Barbara O'Donnel, Diana Peyton, Douglas R. Powell, Karin Samii, Cathy Surra, Adriana Umana, Chris Upchurch, Lisa West y Rhonda Whitman por su aliento y apoyo.

Vaya también nuestro especial agradecimiento a Carol Hagness, Bibliotecaria de la colección de material educativo de la Universidad de Wisconsin-Stout, que compuso la lista de libros para la primera infancia que figura en el apéndice A; a Erin O'Connor Traylor, nuestro editor de Delmar Publishers, que nos animó y apoyó continuamente y nos dio ideas creativas, y a Deb Hass y Vicki Weber, que mecanografiaron el manuscrito.

Los autores y los editores desean agradecer a los críticos de las siguientes universidades de Estados Unidos por sus constructivas sugerencias y recomendaciones:

Davia M. Allen, Ph.D.
Western Carolina University
Cullowhee, NC

Cyndie Davis
McLennan Community College
Waco, TX

Jeanne Goodwin
Brainerd Community College, emerita
Brainerd, MN

Robin L. Leavitt, Ph.D.
Illinois Wesleyan University
Bloomington, IL

Ruth M. Sasso
Naugatuck Valley Community-Technical College
Waterbury, CT

Susan L. Speroff
Northern Illinois University
DeKalb, IL

Sección I

♡

Introducción

Sonreír, llorar, pedalear y reírse de los cuidadores son señales que los niños usan para atraer y mantener la atención. Observarlos es emocionante. Son sorprendentes. Cada niño tiene un estilo propio; no hay dos iguales. Las diferencias en el temperamento son evidentes desde su nacimiento. Algunos niños son tranquilos, mientras que otros son activos. Cada uno es único. Sin embargo, todos los niños crecen y se desarrollan según pautas previsibles, aún cuando la proporción exacta varíe de un niño a otro.

Se puede definir el desarrollo como el cambio a través del tiempo. Según Bentzen (1997), el desarrollo se refiere a cualquier "cambio en la estructura, el pensamiento o el comportamiento de un individuo como resultado de influencias biológicas y ambientales" (p. 15). El desarrollo humano se produce en dos patrones distintos. En primer lugar, el desarrollo va de arriba abajo del cuerpo. Por ejemplo, el control de la cabeza se desarrolla antes que el control del torso o de las piernas. El segundo patrón de desarrollo va del centro del cuerpo hacia fuera. Por poner un ejemplo, los músculos del brazo se desarrollan antes que los de las manos o dedos.

Comprensión de las teorías del desarrollo

Si examinamos la literatura, encontraremos numerosas creencias o teorías del crecimiento y desarrollo del niño. Algunas creencias se encuentran en oposición directa con otras. Hay teorías que manifiestan que los niños por naturaleza están biológicamente programados desde su nacimiento. Estas teorías dan a entender que los niños se desarrollan según su propio calendario individual, sin tener en cuenta las influencias ambientales. En contraposición, hay teorías basadas en la educación que enfatizan la importancia de los factores del entorno. Estas teorías presuponen que los niños llegan al mundo como un libro en blanco. Según estas teorías, el ambiente de los niños juega un papel decisivo a la hora de formar sus aptitudes. Un tercer grupo de teorías incorpora aspectos de estas dos posturas extremas, naturaleza y educación. Estas teorías se llaman interaccionales. Se basan en la premisa de que la biología y el ambiente trabajan conjuntamente para explicar el desarrollo de los niños.

Con la lectura de este libro observará que estamos a favor de las teorías interaccionales. La investigación actual sobre el desarrollo del cerebro sostiene la creencia de que el desarrollo humano depende de la interacción dinámica entre naturaleza y educación (Shore, 1997). El cerebro infantil no está completamente desarrollado en el momento del nacimiento. A través de las primeras experiencias, el cerebro se desarrolla y se establecen conexiones en sus diferentes partes. Repetidas experiencias dan como resultado una conexión definitiva, creando de ese modo la base para la organización y funcionamiento del cerebro durante toda la vida.

En este sentido, ustedes desempeñan un papel fundamental porque las primeras experiencias afectan significativamente a la forma en que se establecen los "circuitos" en el cerebro de cada niño. Por lo tanto, las relaciones del niño con sus cuidadores, padres y otras personas importantes influirán en cómo se llega a la conexión del cerebro. Por consiguiente, unas relaciones afectuosas, un lenguaje y una comunicación social y emocional y experiencias cognoscitivas y físicas positivas, todo ello influye en el desarrollo de un cerebro sano.

Sin embargo, esta influencia dista mucho de ser unidireccional. Los niños, por ejemplo, nacen con temperamentos diferentes. La investigación también ha demostrado que estos modos de ser influyen en su relación conpersonas y material en su ambiente. Pongamos como ejemplo a Quique, un niño silencioso, lento en animarse. Al principio se mantiene a distancia y observa. Además, las nuevas situaciones le provocan angustia. Por consiguiente, para evitar que Quique se sienta angustiado, a veces sus padres y cuidadores reaccionan reduciendo mucho la introducción de nuevas experiencias o situaciones. Por lo tanto, su desarrollo del lenguaje y la comunicación y su desarrollo emocional, social, cognoscitivo y físico están determinados por estas características y por las respuestas de sus cuidadores y padres a las mismas.

Utilización de normas del desarrollo

La investigación en el desarrollo humano demuestra que los bebés y niños pequeños crecen y se desarrollan siguiendo series y pautas previsibles. Los componentes específicos de las pautas se llaman normas del desarrollo. Las normas proporcionan las pruebas de cuándo cumple una tarea dada el promedio de un grupo numeroso de niños. Puesto que las normas son promedios, deben interpretarse con cautela. Hay diferencias de un niño a otro en la rapidez para alcanzar hitos en el desarrollo. Además, la diferencia entre las edades a las que los niños realizan una tarea es mucho más amplia que la media (Feldman, 1998). Veamos un ejemplo: típicamente los niños se sientan solos a los siete meses. Sin embargo, algunos niños lo consiguen antes, a los cinco meses, mientras otros lo hacen más tarde, a los nueve meses (Berk, 1997).

A pesar de sus limitaciones, las normas del desarrollo son útiles para cuidadores y padres por tres razones principales. Primero, permiten opiniones y evaluaciones sobre la relativa normalidad en la progresión del desarrollo de un niño. Si un niño se queda rezagado en una tarea del desarrollo, por norma general no deberíamos preocuparnos mucho. Pero si el niño se queda atrás en numerosas tareas, se debería consultar a especialistas para realizar otras evaluaciones.

Segundo, las normas del desarrollo son útiles para hacer generalizaciones amplias sobre los tiempos en que aparecen destrezas y comportamientos especiales. La comprensión del nivel actual de desarrollo del niño en relación con las normas permite predicciones sobre las próximas tareas. Por ejemplo, un niño que pueda encontrar fácilmente un juguete parcialmente escondido, está preparado para empezar a buscar un juguete que esté totalmente fuera de su vista.

Este conocimiento del futuro desarrollo se relaciona con la tercera razón de por qué son útiles las normas del desarrollo. Éstas permiten a los cuidadores y padres crear y poner en práctica experiencias que apoyan y mejoran el nivel actual de desarrollo del niño. Siguiendo con el ejemplo que acabamos de dar, un adulto que juegue al escondite podría empezar escondiendo parcialmente un juguete con una toalla y luego añadir el reto de cubrirlo completamente.

La tabla siguiente incluye una lista de normas del desarrollo para bebés y niños pequeños, destacando las tareas significativas. Las normas están agrupadas en áreas de desarrollo y dentro de cada área se han dispuesto las tareas específicas consecutivamente.

Hitos del desarrollo

DESARROLLO FÍSICO

Del nacimiento a tres meses	De cuatro a seis meses	De siete a nueve meses	De diez a doce meses	De trece a dieciocho meses	De diecinueve a veinticuatro meses
Actúa de forma instintiva—succionando, moviendo los pies y buscando alimento	Sostiene un cubo en la mano	Se sienta por sí mismo	Sostiene todo el peso del cuerpo sobre las piernas	Construye torres de dos cubos	Sube escaleras sin ayuda, un escalón por vez
Manotea objetos situados delante del cuerpo, falto de coordinación	Pasa desde la posición de espalda a la de lado	Vuelve el reflejo de dar pasos	Deja caer voluntariamente los objetos que sostiene en las manos	Hace garabatos enérgicamente	Da saltos en el lugar
Mantiene la cabeza derecha y firme	Se sienta con un respaldo	Gatea	Se desplaza junto a los muebles u objetos firmes	Camina bien	Patea una pelota
Levanta la cabeza y los hombros	Pasa objetos de una mano a otra	Se pone de pie sujetándose a algo	Se mantiene en pie sin ayuda	Sube escaleras con ayuda	Corre de forma modificada
Situado de lado se pone de espaldas	Se sienta en posición de trípode usando los brazos como soporte	Toca las palmas	Camina por sí mismo		Muestra una marcada preferencia por una mano
		Se pone en pie con ayuda de los adultos	Sube a gatas escaleras o escalones		
		Usa el dedo pulgar y otro para agarrar cosas			

DESARROLLO DEL LENGUAJE Y LA COMUNICACIÓN

Del nacimiento a tres meses	De cuatro a seis meses	De siete a nueve meses	De diez a doce meses	De trece a dieciocho meses	De diecinueve a veinticuatro meses
Se comunica con gritos, gruñidos y expresiones faciales	Balbucea espontáneamente	El balbuceo varía en volumen, nivel y ritmo	Usa gestos preverbales para influir en el comportamiento de los otros	Entabla una "charla de jerga"	Continúa usando discurso telegráfico
Prefiere la voz humana	Adquiere los sonidos de la lengua materna en el balbuceo	Añade *m, t, b, y p* al repertorio de sonidos balbuceantes	Demuestra comprensión de palabras	Usa un discurso telegráfico	El 25% de las palabras que dice son comprensibles
Gorjea	Participa en juegos interactivos iniciados por los adultos	Realiza gestos para comunicarse	Dice adiós con la mano	Experimenta un pico en el desarrollo del lenguaje	Se refiere a sí mismo por su nombre
Ríe	Interactúa por turnos	Dice "mamá" y "papá", pero no asocia las palabras con individuos en particular	Dice la primera palabra reconocible	Entiende aproximadamente 50 palabras	Junta tres o cuatro palabras en una frase
	Forma sistemáticas parejas normales de consonantes y vocales; se produce el balbuceo	Señala los objetos que desea	Inicia juegos familiares con adultos		Comprende aproximadamente 300 palabras
					Su lenguaje activo incluye un vocabulario de unas 250 palabras

DESARROLLO COGNOSCITIVO

Del nacimiento a tres meses	De cuatro a seis meses	De siete a nueve meses	De diez a doce meses	De trece a dieciocho meses	De diecinueve a veinticuatro meses
Actúa por movimientos reflejos	Disfruta repitiendo actos tales como agitar un sonajero, que producen resultados en el mundo exterior	Distingue las caras conocidas de las desconocidas	Resuelve problemas sensoriales y motores usando deliberadamente esquemas	Explora las propiedades de los objetos actuando sobre ellos de manera original	Señala e identifica los objetos que se le piden, como por ejemplo, cuando le leemos un libro, paseamos, etc.
Imita las expresiones faciales de los adultos	Reconoce a la gente por su voz	Entra en un comportamiento dirigido a la obtención de un fin	Señala las partes del cuerpo que se le indican	Resuelve problemas mediante ensayo y error	Clasifica por formas y colores
Descubre manos y pies como extensión de sí mismo	Busca un objeto parcialmente escondido	Anticipa acontecimientos	Demuestra mejores aptitudes memorísticas	Experimenta con las relaciones de causa y efecto, tales como encender televisores y golpear tambores	Se reconoce a sí mismo en fotografías y espejos
Descubre y repite acciones corporales tales como succionar, manoteary agarrar	Usa los juguetes de manera intencionada	Encuentra objetos que están totalmente ocultos	Cataloga los objetos por su apariencia	Juega a identificar el cuerpo	Demuestra imitación diferida
Busca con la mirada el origen de los sonidos	Imita acciones simples	Imita comportamientos ligeramente diferentes de aquellos normalmente practicados	Busca objetos escondidos en un segundo emplazamiento	Imita los comportamientos novedosos de los demás	Toma parte en juegos prácticos
Empieza a reconocer a personas conocidas a cierta distancia	Explora los juguetes usando los esquemas existentes, chupándolos, manoteándolos, agarrándolos, agitándolos, etc.	Empieza a mostrar interés en rellenar y vaciar recipientes		Reconoce a los miembros de la familia en fotografías	Encuentra objetos que han sido cambiados de sitio mientras no los veía
					Resuelve problemas con representación interna
					Se clasifica a sí mismo y a los demás por el género, raza, color de pelo, etc.

DESARROLLO SOCIAL

Del nacimiento a tres meses	De cuatro a seis meses	De siete a nueve meses	De diez a doce meses	De trece a dieciocho meses	De diecinueve a veinticuatro meses
Reconoce a la persona que lo cuida habitualmente	Busca a los adultos para jugar	Se altera cuando se le separa de su adulto preferido	Muestra una clara preferencia por uno o dos cuidadores	Exige atención personal	Muestra entusiasmo por la compañía de los demás
Establece lazos afectivos con quien lo cuida habitualmente	Responde con todo el cuerpo a una cara conocida	Actúa deliberadamente para mantener la presencia de un adulto preferido aferrándose a él o llorando	Juega paralelamente a otros niños	Imita el comportamiento de los demás	Contempla el mundo sólo desde su propia perspectiva egocéntrica
Encuentra consuelo en el rostro humano	Participa activamente en interacciones con los otros	Utiliza habitualmente a los adultos como base para la exploración	Empieza a hacerse valer	Llega a ser progresivamente consciente de sí mismo como ser independiente	Participa en juegos funcionales
Despliega una sonrisa social	Diferencia lo conocido de lo desconocido	Mira a quienes presentan signos de angustia	Empieza a desarrollar sentido del humor	Comparte el afecto con otras personas distintas de quien lo cuida habitualmente	Se reconoce a sí mismo en fotografías o espejos
Empieza a desarrollar confianza cuando el cuidador responde con prontitud a sus necesidades		Disfruta observando e interactuando brevemente con otros niños	Desarrolla un sentido de identidad de sí mismo por la identificación de las partes del cuerpo	Muestra sentido de la propiedad	Se refiere a sí mismo con pronombres como "yo" o "mí"
Empieza a diferenciarse a sí mismo del cuidador		Toma parte en juegos solitarios	Empieza a distinguir a los chicos de las chicas	Empieza a desarrollar una opinión de sí mismo como ser autónomo cuando consigue terminar una tarea sin ayuda	Cataloga a la gente usando características que destaquen tales como la raza o el color de pelo
		Muestra angustia ante la presencia de un extraño			

DESARROLLO EMOCIONAL

Del nacimiento a tres meses	De cuatro a seis meses	De siete a nueve meses	De diez a doce meses	De trece a dieciocho meses	De diecinueve a veinticuatro meses
Siente y expresa tres emociones básicas: interés, angustia y repugnancia	Responde a las emociones de los cuidadores	Responde a acontecimientos sociales usando la cara, la mirada, la voz y la postura, para formar pautas emocionales coherentes	Expresa enfado cuando no puede alcanzar sus objetivos	Identifica diferentes emociones	Muestra emociones de orgullo y vergüenza
Responde tranquilizándose cuando lo alzan en brazos	Empieza a distinguir a las personas conocidas de las desconocidas	Expresa el miedo y el enfado más a menudo	Se enfada con la causa de la frustración	Conecta sentimientos con comportamientos sociales	Usa espontáneamente palabras que expresan emoción en conversaciones o juegos
Siente y expresa el placer	Muestra preferencia por los conocidos para que lo alcen en brazos	Empieza a regular las emociones, iniciando experiencias y retirándose de ellas	Empieza a mostrar conformidad con las solicitudes de sus cuidadores	Empieza a comprender modelos complicados de comportamiento	Empieza a mostrarse solidario con otros niños o adultos
Comparte una sonrisa social	Empieza a ayudar a sostener un biberón	Empieza a detectar el significado de las expresiones emocionales de los otros	Empieza a comer con cuchara	Demuestra habilidad para comunicar sus necesidades	La crítica le afecta fácilmente
Lee y distingue las expresiones faciales de los adultos	Expresa la felicidad selectivamente, riendo y sonriendo más con personas conocidas	Mira a los demás buscando ejemplos de cómo reaccionar	Ayuda a vestirse y desvestirse	Muestra emociones de cortedad, tales como la vergüenza, la culpa y la timidez	Tiene un berrinche de vez en cuando si no consigue sus objetivos
Empieza a auto-regular las expresiones emocionales		Muestra temor ante los extraños	Actúa habitualmente de manera cariñosa hacia sus muñecos o animales de felpa	Se frustra fácilmente	Asocia expresiones faciales con denominaciones simples de emociones
Ríe en voz alta			Come solo cuando puede tomar los alimentos con los dedos		
			Aplaude cuando realiza una tarea con éxito		

Evaluación del desarrollo

La evaluación es el proceso de observar, anotar y documentar el comportamiento con la finalidad de tomar decisiones sobre el desarrollo del niño y, por lo tanto, de las necesidades educativas. Este proceso es aplicable a un niño en particular, a un grupo pequeño o a un conjunto de niños. Las destrezas de observación son las principales herramientas que usted necesita para evaluar el desarrollo. Mediante la observación y la escucha, descubrirá mucho sobre las necesidades, intereses y habilidades de los niños.

Este proceso es simple. Sus ojos y oídos funcionan como una cámara audiovisual que capta el comportamiento, lenguaje, actitudes y preferencias de los niños. Por ejemplo, usted hace esto cuando está interactuando con un bebé o ayudando a un niño pequeño, que está ocupado "trabajando" en una experiencia. En otras palabras, la mayor parte del tiempo se trata de un proceso espontáneo que ocurre continuamente. Por lo tanto, esto requiere que centre su atención y dedique cierto tiempo extra a documentar su observación. Se ha incluido una lista de control en el apéndice J, para ayudarle en este proceso. Si usted está al cuidado de uno o más niños, reproduzca una copia para cada uno. Además, se ha incluido en el apéndice K un formulario para registrar los datos anecdóticos. Dicho formulario le permitirá documentar los comportamientos e incidentes que no están representados en la lista de control.

Hay varias razones de por qué los cuidadores y padres necesitan evaluar el desarrollo de los niños pequeños. Primero, la evaluación sigue la pista al crecimiento y desarrollo, observando el progreso y el cambio a través del tiempo, y de este modo proporcionando una evidencia del aprendizaje y maduración. Cada observación realizada por un cuidador o padre/madre proporciona "una instantánea" del desarrollo del niño. La combinación de las distintas "instantáneas" en el tiempo proporciona una combinación más integral de los cambios en el crecimiento y desarrollo del niño. Estos cambios pueden estar en una de tres direcciones. Típicamente, el crecimiento y desarrollo de los niños sigue un orden previsible. Es decir, los niños gorjean antes de balbucear. Asimismo, producen una sonrisa social antes de poder decir adiós con la mano. Los niños también pueden continuar ejercitando las mismas destrezas. Por ejemplo, pueden pasar varias semanas o incluso meses trabajando el hecho de agarrar objetos con los pulgares y dedos. Finalmente, pueden experimentar un retroceso en su desarrollo. Aunque esto no sucede con frecuencia, puede ocurrir en épocas de mucho estrés. Por ejemplo, un niño pequeño que ha demostrado competencia para usar una cuchara en las comidas, puede volver a usar los dedos para tomar alimentos con los que no se usan los dedos.

Segundo, la evaluación proporciona comprensión en los estilos, intereses y temperamentos de los niños. Esta información es inapreciable para que los cuidadores y padres determinen el nivel correcto de receptividad. Es mucho más fácil satisfacer las necesidades del niño cuando se comprende, por ejemplo, que un infante tiene dificultad al pasar de una actividad a otra. Conocer este hecho le ayuda a preparar al infante para el siguiente componente de la rutina diaria, como tomar la comida.

Además los datos de la evaluación le proporcionan la información relativa a la normalidad del crecimiento y desarrollo de los niños. Esta información tiene un impacto directo sobre las experiencias producidas para los niños. Usted debería programar un conjunto equilibrado de actividades que ayuden, mejoren y promuevan todas las áreas del desarrollo. Algunas actividades deberían ser repetitivas y representar tareas del desarrollo que el niño ha realizado ya y sigue haciendo con interés y disfrutando con ellas. Otras actividades deberían ser una continuación de las tareas del desarrollo que el niño está llegando a dominar actualmente. Además, otras actividades deberían estimular el desarrollo de los niños exigiendo un nivel más alto de destreza, proporcionando de ese modo un desafío. En esos momentos, los niños pueden necesitar más apoyo y ayuda de los adultos para sustentar su aprendizaje, así como para preparar su confianza como aprendices competentes.

Tercero, los datos del desarrollo se deben recoger para considerarlo eficazmente junto con otras personas. Por ejemplo, si usted está cuidando a niños que no son los suyos propios, podría discutir sus progresos con sus padres o tutores. Asimismo, si usted es padre, querrá compartir esta información con el cuidador de su hijo, otra persona importante o el pediatra de su hijo. Después, también puede querer reunir una carpeta de trabajos o álbum de recortes que contenga una lista de control del desarrollo, fotografías, cintas de video, material gráfico y otros documentos que representen el crecimiento y desarrollo del niño.

Finalmente, se debe llevar a cabo la evaluación para garantizar que se han recogido datos para todas las áreas del desarrollo. La gente tiene diferentes inclinaciones y valores. Como resultado pueden dejar pasar o despreciar un área de desarrollo por causa de una atención selectiva. Si no son evaluadas todas las áreas, puede que las experiencias, juguetes y equipamiento facilitado para los niños no satisfagan sus necesidades del desarrollo.

Comunicación con infantes y niños pequeños

Los cuidadores y padres desempeñan un papel fundamental a la hora de ayudar a los niños a dominar las destrezas de comunicación y lenguaje. Escuche el discurso dirigido a infantes que usa la gente mientras interactúa y habla con ellos. Antes nos referíamos a este discurso como "lenguaje de mamás" y ahora se conoce como "el discurso de los padres". Este discurso presupone hablar lentamente y exagerar las modificaciones en la entonación y en el nivel del habla.

Cuando la gente usa "el discurso de los padres" al hablar con un infante, el nivel más alto y el ritmo más lento cautivan la atención del niño. Además, la enunciación cuidadosa, el estilo y los significados simplificados hacen el discurso más fácil para que el niño lo comprenda. Dando énfasis a una palabra en una frase, el adulto ayuda a proporcionar un punto central para el niño. Cuando utilizamos "el discurso de los padres", los adultos conscientemente refuerzan el papel del niño en la conversación animándole a que hable a su vez y respondiendo a las palabras de los niños. El ejemplo siguiente ilustra los componentes del "discurso de los padres":

Cuidador: *"Mira el mininooo"*.
El niño responde gorjeando: *"Ahhhhh"*.
Cuidador: *"El minino es negro"*.
El infante responde gorjeando: *"Ahhhh"*.
Cuidador: *"El gato está comiendo ahora"*.
El infante responde gorjeando: *"Ohhhh"*.
Cuidador: *"Sí, sabías que el gato tenía hambre"*.

Las características comunes del "discurso de los padres" se ponen de relieve en la tabla siguiente:

CARACTERÍSTICAS COMUNES DEL "DISCURSO DE LOS PADRES"

Producción de sonidos

- Exagera la entonación y utiliza un nivel más alto
- Va frecuentemente de niveles altos a bajos, en ocasiones susurros
- Enuncia con más claridad
- Enfatiza una o dos palabras en una frase
- Imita la pronunciación de un niño, correcta o incorrecta

Simplificación de significados

- Sustituye con palabras sencillas otras más complicadas: muu por vaca
- Usa diminutivos: perrito por perro
- Identifica objetos según la categoría más simple: pájaro por loro
- Repite palabras inventadas por el niño: bobón por biberón

Modificación de la gramática

- Simplifica gramaticalmente frases acortándolas: papi va
- Usa nombres en lugar de pronombres: mami ayuda a Jorgito
- Usa pronombres en plural, en la lengua hablada: Bebemos nuestro biberón

Interacción con el niño

- Se centra en nombrar objetos, sonidos o acontecimientos en su ambiente inmediato
- Hace y contesta sus propias preguntas
- Utiliza frases interrogativas más que afirmaciones o mandatos
- Se detiene para permitir la participación del niño
- Repite sus propias palabras
- Responde a las vocalizaciones del niño, repitiéndolas, desarrollándolas y reestructurándolas

(Baron, 1992; Snow, 1998; Zigler & Stevenson, 1993)

Respuesta a las etapas de comportamiento del niño

Las señales que nos da un infante son importantes. Los infantes experimentan siete etapas diferentes de comportamiento que los cuidadores necesitan reconocer. Cada uno se caracteriza por diferencias en las expresiones faciales, tono muscular y actitud de alerta. En los primeros días, el recién nacido presenta estados irregulares. Sin embargo, las pautas previsibles surgirán en unas cuantas semanas. Además, los recién nacidos pasan la mayor parte del día durmiendo, entre 16 y 20 horas. A medida que el niño crece y se desarrolla, el tiempo de sueño disminuye. En consecuencia, el tiempo que el infante está despierto aumenta. Cuando suceda esto, usted tendrá que pasar más tiempo interactuando con el niño. La tabla anterior

ESTADOS DE COMPORTAMIENTO DE INFANTES Y RESPUESTAS APROPIADAS DE LOS ADULTOS

	Expresión facial	Acción	Respuesta del adulto
Regularidad en el sueño	Ojos cerrados e inmóviles; rostro relajado	Poco movimiento; los dedos ligeramente curvados, los pulgares extendidos	No molestar
Irregularidad en el sueño	Ojos cerrados, movimientos oculares rápidos ocasionales; sonrisas y muecas	Movimiento suave	No molestar
Sueño periódico	Alterna entre sueño regular e irregular		No molestar
Somnolencia	Los ojos se abren y cierran o quedan entreabiertos; ojos sin brillo/vidriosos	Menos movimiento que en el sueño irregular; las manos abiertas y relajadas, con los dedos extendidos	Alzarlo si la somnolencia es posterior al sueño; no molestarlo si se produce después de períodos de vigilia
Atención calmada	Ojos brillantes, bien abiertos; rostro relajado; vista enfocada	Escasa actividad; manos abiertas, dedos extendidos, brazos flexionados en el codo; mirada fija	Hablar con el infante; presentar objetos; efectuar evaluaciones
Actividad al despertar	Cara enrojecida; menos capaz de enfocar la vista que cuando está en estado de atención calmada	Mueve las extremidades y el cuerpo; vocaliza, produce ruidos	Interactuar con el infante; darle los cuidados básicos
Llanto	Piel roja; muecas faciales; ojos parcial o totalmente abiertos	Actividad vigorosa; vocalizaciones de llanto; puños crispados	Alzarlo de inmediato; tratar de identificar el origen de la perturbación y remediarlo; calmar al infante

Adaptado de Kostelnik et al. (1998)

proporciona información valiosa para reconocer los siete estados de conducta. Estúdiela detenidamente para poder responder a las señales del infante.

Calcular las interacciones y proporcionar estimulación es importante. Los infantes no deberían ser interrumpidos ni estimulados durante el sueño o somnolencia regular, irregular o periódica. Por supuesto, los cuidadores deberían buscar los periodos de alerta tranquila. Durante este estado, la expresión facial del infante incluye una cara relajada y radiante, ojos fijos completamente abiertos. La actividad del niño es escasa. Típicamente las manos del infante estarán abiertas, con los brazos flexionados y los dedos extendidos.

Tranquilizar a los infantes

Cuando los infantes lloran el cuidador debería responder inmediatamente. Esta reacción es importante porque los niños necesitan experimentar una atención previsible y constante. Dicha atención obtiene como resultado el que aprendan a confiar, que es la base para un desarrollo socio-emocional posterior. Además, responder con prontitud al llanto de los infantes es fundamental para el desarrollo de las destrezas del lenguaje y comunicación. Esto enseña a los niños que a través de la comunicación se satisfarán sus necesidades.

Muchos cuidadores opinan que por responder con prontitud al llanto del niño se le malcriará. La investigación actual sugiere que esto no es cierto. En realidad, algunos estudios demostraron que el hecho de responder rápidamente al llanto de los niños muy pequeños logra que lloren menos en las posteriores etapas del desarrollo (Zigler & Stevenson, 1993). Los niños, esencialmente, han aprendido a confiar en que con su comunicación hacen señas a sus cuidadores.

La tabla siguiente proporciona sugerencias para tranquilizar a los niños e incluye razones para su eficacia:

CALMAR EL LLANTO DE LOS NIÑOS: TÉCNICAS Y RAZONES PARA SU EFICACIA

Técnica	Razones para su eficacia
Alce al bebé y acúnelo en su hombro mientras camina o lo mece	Proporciona una combinación de contacto físico, postura erguida y movimiento
Envuélvalo bien sujeto en una manta	Limita el movimiento mientras aumenta el calor
Ofrézcale el puño o un chupete	Le proporciona estimulación oral placentera
Háblele suavemente o proporciónele una rítmica como el tictac de un reloj o un ventilador girando sin parar	Recuerda el latido del corazón de la madre cuando el niño está en el útero
Proporciónele suaves movimientos rítmicos con algo como un corto paseo en un cochecito o un balanceo	Arrulla al infante para dormir
Masajee el cuerpo del infante con golpes continuos y suaves	Relaja los músculos del infante

Interpretación de señales no verbales

Desarrollar una relación social con los niños es primordial y depende de su habilidad para interpretar sus comportamientos. Esto requiere una observación cuidadosa. Estudiará las señales de comportamiento no verbales de los niños. Pongamos un ejemplo: si el niño le mira cara a cara, este comportamiento se puede interpretar como que está completamente interesado. Cuando sucede esto continúe la interacción. Sin embargo, si el niño baja la cabeza, hay que detenerse. La tabla siguiente le proporcionará algunas maneras de interpretar las conductas y las expresiones faciales de los infantes:

MIRADA DEL INFANTE Y SIGNIFICADO SOCIAL PARA CUIDADORES

Posición y expresión	Interpretación típica
Cara a cara, serio	Totalmente atraído, concentrado
Cara a cara, sonriente	Complacido, interesado
Con la cabeza ligeramente vuelta	Mantenimiento del interés; interacción demasiado rápida o demasiado lenta
Rotación completa de la cabeza	Desinteresado; deténgase un rato
Cabeza baja	Deténgase
Rápida rotación de la cabeza	Algo le disgusta
Dirige la mirada lejos, inclina la cabeza hacia arriba; aparta parcialmente la cabeza	Deténgase o cambie de estrategia
Cabeza baja, cuerpo cansado	Ha dejado de combatir la sobreestimulación

Fuente: Kostelnik et al. (1998)

Si no consigue reconocer las señales del niño, puede producirle sobreestimulación. La sobreestimulación también puede ser consecuencia de interacciones demasiado intensas. Los ruidos o voces demasiado altos pueden contribuir también a la sobreestimulación. Cuando esto ocurre, los niños se protegen cambiando de un estado a otro. Puesto que puede haber una rápida fluctuación entre los estados, es importante una buena correspondencia entre el estado del niño, el cuidador y el ambiente. Cuando los niños señalen cambios de estado, modifique inmediatamente su comportamiento. Si esto ocurre, cese la interacción sin completar la actividad. Por supuesto, cuando el niño indique que está preparado, se puede reiniciar la actividad.

Mientras los niños pequeños no modifican sus estados, el nivel de interés puede variar rápidamente. A veces se pasa muy deprisa de una actividad a otra. En contraste, otra actividad o un nuevo juguete puede captar completamente su interés por más de 15 ó 20 minutos.

Aplicación de este libro

Este libro puede ser un maravilloso compañero cuando se trabaja con niños pequeños y bebés. Para usarlo con eficacia, necesitará repasar las normas del desarrollo y evaluaciones. Tras esto, puede usar la lista de control que aparece en el apéndice J para empezar a reunir y documentar los datos. Una vez recogida esta información del desarrollo, haga una evaluación para determinar las necesidades, intereses y capacidades de cada niño. En ese momento estará preparado para empezar a buscar en el libro actividades que proporcionen un conjunto equilibrado de experiencias para apoyar, mejorar y promover todas las áreas del desarrollo.

Cuando emprenda este proceso tendrá que limitar la selección de actividades para evitar sobreestimular al niño o niños a su cargo. Esto reduce su tiempo de preparación y la cantidad de material y equipamiento requerido; por consiguiente, gozará de más energía mientras interactúa con el niño o niños a su cargo.

A menudo surgen preguntas cuando se trabaja con niños pequeños y bebés. Para ayudarle hemos incluido en el apéndice I una lista de recursos para niños pequeños y bebés. Tal vez descubra que estos recursos pueden serle útiles en su papel de cuidador.

Esperamos que disfrute leyendo y poniendo en práctica las actividades de este libro tanto como nosotros desarrollándolas. Le dejamos con este pensamiento:

Para un bebé es imposible recuperar las experiencias de las primeras semanas y meses de vida y volverlas a vivir. Esto no es un ensayo. Es la representación principal. (Irving Harris)

Sección II

Promoción de un desarrollo óptimo en infantes

Del nacimiento a tres meses

De cuatro a seis meses

De siete a nueve meses

De diez a doce meses

FÍSICO

LENGUAJE Y COMUNICACIÓN

COGNOSCITIVO

SOCIAL

EMOCIONAL

Del nacimiento a tres meses

DESARROLLO FÍSICO

FÍSICO

Etapa del sonajero

ÁREA DE DESARROLLO: Físico

 Objetivos para el desarrollo del niño:

✓ Ejercicio de los reflejos de asimiento
✓ Adiestramiento de las capacidades de coordinación entre vista y manos

MATERIALES:

3 sonajeros de diferentes medidas y con diferentes sonidos

3 bandas elásticas de 18 pulgadas (46 cm)

6 alfileres de gancho

Cuna

Manta o esterilla

Cinta adhesiva

PREPARACIÓN:

☼ Asegure los sonajeros a la cuna. Ajuste uno de los extremos de cada banda alrededor del centro de cada sonajero con un alfiler de gancho. Luego, ajuste el otro extremo a la parte inferior de la cuna con alfileres de gancho. Ajuste las bandas de tal manera que el infante pueda alcanzar los sonajeros. Asegúrese de que la banda elástica sea lo suficientemente larga como para que pueda llevarse el sonajero a la boca una vez que lo haya atrapado.

☼ Ubique la manta casi debajo de la cuna.

☼ No pierda de vista al infante.

☼ Precaución: Luego de cerrar los alfileres de gancho, envuélvalos siempre con cinta adhesiva.

ESTRATEGIAS EDUCATIVAS:

1. Acueste al infante boca arriba sobre la manta con las piernas debajo de la cuna a fin de que vea con facilidad los sonajeros.

2. Agitar los sonajeros puede inducir al infante a intentar golpearlos y sujetarlos.

3. Aliente al infante cuando éste toque alguno de ellos. Por ejemplo, dígale:
   "(Olivia), ¡lo lograste! Estás jugando con el sonajero. Escúchalo".

4. Continúe la interacción diciéndole cosas como:
   "¡Hazlo otra vez!"
   "Toca este sonajero".

5. Siga alentando al infante a que agite el sonajero diciéndole cosas como:
   "¿Puedes agitar el sonajero?"

Puntos destacados del desarrollo

La visión a distancia del recién nacido es aún borrosa. Es entre 10 y 30 veces menor que la de la mayoría de los adultos. Por lo tanto, la agudeza visual de un infante es parecida a la de un adulto que necesita anteojos o lentes de contacto (Feldman, 1998).

El sistema visual de un infante no se desarrollará a menos que se lo ejercite. Los recién nacidos pueden ver, aunque no pueden fijar ambos ojos en un solo objeto. La distancia necesaria para fijar la vista es de 8 a 10 pulgadas (20 a 25 cm). Es por ello que el rostro humano es el "juguete" favorito del recién nacido.

Sin embargo, la capacidad de visión mejora con el crecimiento. Al año aproximadamente, los bebés pueden ver casi con tanta nitidez como los adultos.

VARIANTES:

☼ Suspenda otros juguetes que el infante pueda asir y que hagan más divertido el juego, por ejemplo, juguetes de goma y animalitos de felpa.

INFORMACIÓN ADICIONAL:

☼ Siempre que sea posible, llame al niño por su nombre. Además, demuestre mediante la voz y los gestos faciales su entusiasmo.

☼ Es importante que se asegure de que los sonajeros no tengan bordes filosos ni defectos de fábrica. Ya que estos juguetes contienen pequeñas piezas y debido al deterioro normal que puedan sufrir, es necesario reemplazarlos periódicamente. A fin de evitar los riesgos de asfixia, deseche de inmediato los sonajeros rotos o dañados.

☼ Los juegos con sonajeros favorecen la coordinación de los sentidos del infante; la visión y la audición comienzan a trabajar juntas.

☼ Cuando se pone un sonajero en la palma de un recién nacido, éste lo asirá por reflejo.

CUIDADOS A OBSERVAR CON LOS SONAJEROS:

☼ Vigile a los infantes que están jugando con sonajeros. A fin de ayudar a los consumidores a elegir juguetes seguros para niños menores de tres años, la Comisión de seguridad de productos para consumidores de los Estados Unidos ha establecido normas sobre el tamaño de los componentes. Un sonajero es seguro cuando sus extremos son superiores a 1⅝ pulgadas (6,6 cm) de diámetro.

☼ En el apéndice B se adjuntan pautas adicionales para elegir los materiales e instrumentos adecuados. En el apéndice C se incluye un listado de pautas para elegir los materiales e instrumentos adecuados para bebés y niños que están aprendiendo a caminar.

Erguirse y ver

FÍSICO

ÁREA DE DESARROLLO: Físico

Objetivos para el desarrollo del niño

✓ Fortalecimiento de los músculos superiores del cuerpo
✓ Ejercicio de alzamiento de la cabeza

MATERIALES:

1 ó 2 juguetes que gusten al infante

Manta o esterilla

PREPARACIÓN:

♡ Elija un lugar de la casa que pueda controlar constantemente. Extienda la manta.

ESTRATEGIAS EDUCATIVAS:

1. Acueste al infante boca abajo sobre la manta.
2. Háblele sobre cada uno de los juguetes a medida que los pone frente a él. Por ejemplo, dígale:
   "(Teresita), te gustan los sonajeros. Aquí tienes uno azul. Míralo".
3. Haga una pausa. Observe los esfuerzos del infante por alzar la cabeza y los hombros.
4. Periódicamente, observe los intentos que hace el infante, sus logros y sus intereses. Alíentelo y anímelo cuando sea necesario. Por ejemplo, dígale:
   "Mira el conejito".
   "Estás mirando el conejito".

Puntos destacados del desarrollo

El llanto es la manera que tiene el infante de comunicarse. Constituye un acto reflejo ante un malestar. Los infantes pueden llorar por dolor, hambre, inquietud, aburrimiento y exceso de estimulación.

Mientras juega con él, preste atención a los signos de sobreexcitación, ya que ellos no pueden salir por sí mismos de la situación. Cuando esto ocurre, pueden llorar, apartarse, cambiar el tono de voz o dormirse. Si el niño muestra alguno de los comportamientos mencionados, es momento de abandonar la actividad.

VARIANTES:

♡ Puede variar el juego y mostrarle su libro favorito, agitar un sonajero, mover una marioneta o chasquear los dedos para atraer la atención del infante. Es importante incitarlos a levantar la parte superior del cuerpo, para que tengan una mejor visión del entorno.

INFORMACIÓN ADICIONAL:

♡ Ensayar nuevas capacidades motrices no sólo es agotador, sino que también puede ser frustrante para el infante. Deberá permanecer cerca de él a fin de evitar que se perturbe o, incluso, se angustie. Además de frustrarse, los infantes se cansan fácilmente.

♡ Responda con rapidez a los indicios o signos que dé el niño. Es más probable que los niños se sientan seguros con las personas que los cuidan y el ambiente que los rodea cuando reciben un cuidado atento.

FÍSICO

Estiramiento del cuerpo con móvil de campanitas

ÁREA DE DESARROLLO: Físico

Objetivos para el desarrollo del niño

✓ Ejercicio de las capacidades de extensión de los músculos del brazo y de estirarse para alcanzar objetos
✓ Desarrollo de las capacidades de coordinación entre vista y manos

MATERIALES:

Móvil de campanitas

Árbol o soporte

Lana para tejer

Manta o esterilla

PREPARACIÓN:

☿ Seleccione una superficie llana y con césped bajo un árbol u otro soporte. Asegure el móvil al soporte con la lana de manera que quede a, aproximadamente de ½ a ¾ pies (de 1, 3 cm a 3,3 cm) del suelo. Ajuste la altura del móvil de manera tal que el infante, estando acostado, deba estirarse para alcanzarlo.

ESTRATEGIAS EDUCATIVAS:

1. Acueste al infante boca arriba sobre la manta.
2. Incítelo a mover las campanitas diciéndole:
   "(Miguel), mírame. Estoy moviendo las campanitas. ¿Puedes hacerlo?"
3. Puede ser necesario que refuerce sus palabras con acciones. Si así fuera, tome el brazo de (*Miguel*) y mueva las campanitas. Explíquele lo que sucede diciéndole:
   "Moviste las campanitas".
4. Continúe incitando y estimulando al infante diciendo:
   "¡Lo lograste! Moviste las campanitas. Hiciste un lindo sonido. Escucha. Hazlo otra vez, (Miguel)".

Puntos destacados del desarrollo

Los infantes son interesantes. Los recién nacidos permanecen en posición fetal, similar a la que tenían en el vientre materno. Mueven los miembros sin control alguno, espasmódicamente. Con el tiempo, el cerebro refinará su sistema nervioso y sus capacidades motrices se desarrollarán de dos maneras diferentes. Primero, el control motor de la cabeza precede al de los brazos, tronco y piernas. Esta etapa de desarrollo se denomina cefalocaudal. Luego, el control de la cabeza, tronco y brazos precede el de los dedos de manos y pies. Es decir, el crecimiento se produce de una manera proximodistal. Es por eso que los brazos del infante son pequeños en relación con el tronco. Asimismo, las manos y los dedos son pequeños en relación con el brazo.

VARIANTES:

☿ El ejercicio de los músculos de la pierna es importante. Es posible desarrollarlos si ubica el móvil de campanitas sobre las piernas del infante.
☿ La mencionada actividad puede adaptarse para realizarla en lugares cerrados.

INFORMACIÓN ADICIONAL:

☿ El éxito de esta actividad depende, en gran medida, de la elección que se haga del móvil de campanitas. Seleccione uno que produzca un sonido suave y agradable. De esta manera, el infante estará más dispuesto a realizar la actividad.

Momento al aire libre acostado boca abajo

FÍSICO

ÁREA DE DESARROLLO: Físico

 Objetivos para el desarrollo del niño

✔ Ejercicio de los reflejos de asimiento
✔ Desarrollo de las capacidades de coordinación muscular

MATERIALES:

Manta o esterilla

Almohada de al menos un pie cuadrado (90 cm²)

2 ó 3 juguetes

PREPARACIÓN:

☼ Elija una zona llana y extienda allí la manta.
☼ Coloque la almohada en el centro de la manta.

ESTRATEGIAS EDUCATIVAS:

1. Acueste al infante boca abajo sobre la almohada de manera que ésta sostenga la parte superior de su cuerpo. De esta manera, los brazos y las manos quedarán libres para que el infante pueda investigar.
2. A medida que vaya colocando cada juguete al alcance del infante, descríbaselo. Por ejemplo, dígale:
   "Aquí tienes tu juguete favorito. La jirafa blanca y negra está aquí".
3. Estimule al infante a jugar con los juguetes. Por ejemplo, dígale:
   "Estírate y agárralo".
   "Puedes jugar con él".
4. Elógielo cuando trata de jugar con un juguete o cuando logra hacerlo. Puede decirle:
   "(Susana), tienes la jirafa en la mano".

 Puntos destacados del desarrollo

Durante los primeros tres meses de vida, verá un desarrollo rápido de los movimientos de las manos y los brazos. Cerrará la mano. En general, el pulgar se curvará dentro del puño. Habitualmente, cuando el bebé se lleve la mano a la boca, la chupará, ya que esto lo reconforta.

Si le abre los dedos y le coloca un sonajero en la palma, lo asirá automáticamente. A los dos meses, el bebé puede asir un sonajero por poco tiempo. A los tres meses, comienza a manotear los objetos que se encuentran dentro de su línea de visión, aunque, con frecuencia, no lo logra.

Además, los bebés toman los objetos de diferente manera que los niños mayores y los adultos. Primero, miran el objeto, luego las manos, luego vuelven a mirar el objeto y sólo entonces mueven la mano para alcanzarlo.

VARIANTES:

☼ Colgar espejuelos sobre la cuna hará que el infante tenga algo interesante que mirar cuando se yerga.

INFORMACIÓN ADICIONAL:

☼ Esta actividad es beneficiosa para aquellos infantes que están aprendiendo a levantar la cabeza, ya que les proporciona un descanso. Entonces, pueden usar su energía para investigar objetos con las manos y la boca.
☼ En los recién nacidos, el tacto es uno de los sistemas sensoriales más desarrollados. Por medio de él, los infantes reciben información respecto del mundo que los rodea.

FÍSICO

Alfombra texturada

ÁREA DE DESARROLLO: Físico

 Objetivos para el desarrollo del niño

✔ Investigación de diferentes texturas
✔ Fortalecimiento de los músculos superiores del cuerpo

MATERIALES:

4 trozos de alfombra de igual medida y diferente textura, tales como Bereber o de lana larga

Hilo para alfombras, tanza de pescar o cinta adhesiva

Aguja de tapicero

PREPARACIÓN:

- ♡ Cosa o pegue con cinta adhesiva los cuatro trozos de alfombra a fin de hacer una grande.
- ♡ Elija un lugar que usted pueda vigilar constantemente. Límpielo, si fuera necesario, y extienda la alfombra texturada.

ESTRATEGIAS EDUCATIVAS:

1. Mientras el infante toca cada trozo, descríbalo. Por ejemplo, dígale:
   "(Santiago), esta parte es suave".
   "Esta parte es áspera".
2. Acueste al infante boca arriba sobre la alfombra texturada.
3. Estimule al infante a investigarla diciéndole cosas como:
   "(Santiago), estás tocando la parte suave".
   "Tu mano está en la parte áspera".
4. Cambie la posición de la alfombra con regularidad para que todas las texturas queden bajo las manos del infante.

 Puntos destacados del desarrollo

El cerebro del recién nacido no ha terminado de desarrollarse. Por eso, los infantes necesitan estimulación ambiental. La repetición de las experiencias físicas, intelectuales y emocionales estimulará el desarrollo de un cerebro sano. Estas experiencias ayudan al cerebro a "conectarse".

VARIANTES:

- ♡ Utilice alfombras que se encuentren en el mercado. Algunas de ellas están hechas con vinilo transparente y los diferentes objetos que contienen flotan cuando se las llena con agua. Ya que pueden llenarse con agua fría, son muy agradables para utilizar en los días calurosos de verano.

INFORMACIÓN ADICIONAL:

- ♡ Observe las reacciones de los infantes respecto a la alfombra. Es posible que no les gusten todas las texturas. Cambie de trozo de alfombra cuando sea necesario.
- ♡ A medida que los infantes desarrollan la coordinación necesaria para alzar la cabeza y los hombros, verá que intentan asir la alfombra o el material que se encuentre bajo sus manos. Así, esta experiencia les hará ejercitar los reflejos de asimiento.

Caricias

FÍSICO

ÁREA DE DESARROLLO: Físico

Objetivos para el desarrollo del niño

✔ Desarrollo de la conciencia de las partes del cuerpo
✔ Coordinación de la vista y el tacto

MATERIALES:

Loción para bebés

Toalla de baño

Cambiador

PREPARACIÓN:

☼ Revise el cambiador a fin de asegurarse de que la loción para bebés está a mano.

ESTRATEGIAS EDUCATIVAS:

1. Esta experiencia puede realizarse luego de cambiarle el pañal mientras el infante se encuentra acostado en el cambiador.
2. Ponga un poco de loción en una de sus manos. Frótese las manos para entibiarla antes de aplicarla al infante.
3. Frótele el pecho, la espalda, el abdomen, los brazos, las piernas, las manos, los pies, los dedos, etc.
4. Mientras lo frota con la loción, háblele de la parte del cuerpo que está tocando. Por ejemplo, dígale:
"Estoy poniendo loción en los pies y en los dedos de (Carmen). ¿Cuántos dedos tienes en los pies? 1, 2, 3, . . . 10. ¡Sí, tienes 10 dedos!"
En esta situación, contar favorece el desarrollo del ritmo, importante para el progreso del lenguaje.
5. Cuando haya finalizado de aplicar la loción, vístalo.

Puntos destacados del desarrollo

Los infantes necesitan exponerse a relaciones cálidas y positivas con su entorno. A través de los sentidos —del tacto, del olfato, de la audición, de la vista y del gusto —los niños experimentan tales relaciones. De ellas depende el desarrollo cerebral y, por lo tanto, moldean la capacidad de aprendizaje y el comportamiento posteriores (Shore, 1997).

VARIANTES:

☼ Realizar esta actividad antes de la hora de la siesta puede relajar al infante.

INFORMACIÓN ADICIONAL:

☼ Para aplicar la loción, frótelo de manera suave y cariñosa. Esto ayudará a que el infante preste atención a la parte del cuerpo que está frotando en ese momento.
☼ Si el niño balbucea, aproxímese a él. Acerque su cara para que lo vea. Sonriéndole, repita el balbuceo para, de esta manera, estimular el desarrollo del lenguaje.

FÍSICO

¡Voy a llevarme tu barriga!

ÁREA DE DESARROLLO: Físico

 Objetivos para el desarrollo del niño

✓ Desarrollo de la conciencia de las partes del cuerpo
✓ Investigación mediante el tacto

MATERIALES:

Manta, esterilla o silla infantil

PREPARACIÓN:

✥ Elija un lugar que pueda vigilar constantemente. Si fuera necesario, límpielo y extienda la manta o la esterilla, o ubique la silla infantil ahí.

ESTRATEGIAS EDUCATIVAS:

1. Acueste al infante boca arriba sobre la manta o esterilla. Si utiliza una silla infantil, sujete al infante con las bandas de seguridad.
2. Comience el juego " caminando" por la pierna del infante con los dedos hacia el abdomen mientras dice:
   "Me voy a llevar tu barriga".
   Sonría siempre mientras juega. Debido a que los infantes imitan a los demás, su expresión producirá una sonrisa en él.
3. Cuando llegue a la barriga del infante, ¡hágale cosquillas! Es de esperar que, para este momento, el infante esté mostrando signos de disfrutar de la actividad, tales como la sonrisa.

4. Háblele sobre sus reacciones. Puede decirle, por ejemplo:
   "(Adriana), te gusta este juego. Sonreíste cuando llegué a tu barriga".
   "¡Te estás divirtiendo!"
5. Repita la actividad mientras el infante muestre signos de estar disfrutándola, tales como el contacto visual o la sonrisa.

 Puntos destacados del desarrollo

El desarrollo físico se produce, en este período, con rapidez. Los cambios de forma, tamaño y proporciones del cuerpo son casi diarios (Zigler & Stevenson, 1993). Por ejemplo, preste atención a las piernas del infante. Se están fortaleciendo y están cada vez más activas. Además, están cambiando la posición fetal que tenían cuando recién nacido por una más recta.

VARIANTES:

✥ Fingir que le quita al infante partes del cuerpo, como la barbilla o los dedos, le proporciona más información respecto de sí mismo.

INFORMACIÓN ADICIONAL:

✥ Preste mucha atención a los signos que den. Cuando reciben estimulación excesiva o cuando se han cansado de la actividad, se lo harán saber haciendo cosas como desviar la mirada o incluso girar la cabeza para otro lado. Con frecuencia, cuando una actividad, como vestirse o desvestirse, no les gusta tratarán de evitarla mediante el llanto.

Del nacimiento a tres meses

DESARROLLO DEL LENGUAJE Y LA COMUNICACIÓN

LENGUAJE Y COMUNICACIÓN

Canciones infantiles

ÁREA DE DESARROLLO: Lenguaje y comunicación

Objetivos para el desarrollo del niño

✓ Desarrollo de la capacidad de expresión oral
✓ Percepción de modelos del lenguaje de origen

MATERIALES:

Elija una canción infantil para esta actividad. En el apéndice E se adjunta un listado. Elija una corta, de tema que no sea fantástico. Además, las canciones nunca deben tratar temas violentos.

PREPARACIÓN:

☙ Si ha memorizado la letra de su canción favorita, no se necesitan materiales. Sin embargo, si necesita un apunte, haga un póster y cuélguelo o colóquelo cerca de usted para que le sirva de referencia. Además, esta herramienta puede ser de utilidad para otros adultos que insistan en esta actividad.

ESTRATEGIAS EDUCATIVAS:

1. Sostenga al infante en una posición que les permita tener contacto visual.
2. Recite la canción infantil. Use su voz y expresiones faciales como herramientas para comunicar su entusiasmo.
3. Observe los signos de interés que haga el infante. Algunos de ellos pueden ser el contacto visual, vocalizaciones o sonrisas. Si el niño muestra interés, repita la canción o inténtelo con otra.

Puntos destacados del desarrollo

La palabra "infante" proviene del latín y significa "sin habla" (Junn & Boyatzis, 1998). El primer grito de un infante constituye el comienzo del desarrollo del lenguaje. Los bebés de un mes pueden responder a los estímulos con pequeños sonidos guturales y gritos. A los tres meses, los infantes comienzan a comunicarse mediante risas, gritos agudos y gorjeos.

Los infantes pueden tener mucho que decir a las personas de su mundo. Al principio, la comunicación apunta a expresar que tiene hambre o dolor o que está mojado. Gradualmente, el aprendizaje del lenguaje se desarrolla en un intercambio social entre el adulto y el niño.

VARIANTES:

☙ Contarle la historia o fábula que usted prefiera es otra manera de estimular el desarrollo del lenguaje.

INFORMACIÓN ADICIONAL:

☙ La constante exposición a su lengua de origen es importante para los infantes que están aprendiendo a hablar. Una manera de hacerlo es recitarles canciones infantiles o contarles cuentos. Estas experiencias que facilitan el lenguaje son muy útiles cuando los infantes no han desarrollado aún los músculos necesarios para alzar la cabeza. Mientras mantiene al infante alzado y está interactuando verbalmente con él, está estimulando el desarrollo de las capacidades del lenguaje.

☙ El infante disfruta el contacto físico y el calor que recibe cuando está en brazos.

Cuentos infantiles ilustrados

LENGUAJE Y COMUNICACIÓN

ÁREA DE DESARROLLO: Lenguaje y comunicación

 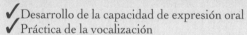

Objetivos para el desarrollo del niño

✓ Desarrollo de la capacidad de expresión oral
✓ Práctica de la vocalización

MATERIALES:

Fotos o láminas de infantes

Manta o esterilla (opcional)

Almohada

PREPARACIÓN:

❧ Cuelgue las fotos o láminas en la línea de visión del infante.
❧ Despeje la zona cerca de las fotos para extender la manta. Si lo desea, extiéndala y ponga una almohada sobre ella.

ESTRATEGIAS EDUCATIVAS:

1. Acueste al infante de costado en la manta, apoyado en la almohada.
2. Llame su atención señalándole una foto. Por ejemplo, dígale:
   "(Enrique), mira esta foto de un bebé".
3. Invente una historia sobre la foto. Hacer un paralelo del cuento con la realidad o las rutinas diarias del infante facilita la tarea. Por ejemplo, dígale:
   "Ésta es (Clara). A ella le encanta jugar con sonajeros. Los agita".

4. Refuerce toda vocalización que el infante emita durante el cuento. Dígale cosas como:
   "¡Sí! Es verdad. A ti también te gustan los sonajeros, (Enrique)".
   Esto incitará al infante a participar en la "conversación".

Puntos destacados del desarrollo

Todos los infantes son capaces de percibir y producir sonidos desde el nacimiento. Háblele y observe sus reacciones. Verá que se mueve al ritmo de sus palabras. Cuando hable con más rapidez, moverá las piernas y los brazos más rápido. Asimismo, si habla más lento, los movimientos del infante también se serenarán.
Dato: Cuando desee que el niño se relaje o, incluso, se duerma, háblele en voz baja y lentamente.

Los bebés de entre uno y tres meses comenzarán a emitir gorjeos. Son gorjeos abiertos como vocales. Escuche. Oirá "oooh" y "aaah". El llanto es un sonido de disgusto; el gorjeo, de felicidad y satisfacción (Snow, 1998).

VARIANTES:

❧ Pegue láminas en la pared en la línea de visión de usted. Alce al infante y camine por la habitación mientras las mira, las comenta y cuenta historias al respecto.

INFORMACIÓN ADICIONAL:

❧ A los infantes les gustan mucho los cuentos y fotos de otros niños. Por lo tanto, esta actividad puede utilizarse para estimular el desarrollo de las capacidades sociales de niños mayores.

LENGUAJE Y COMUNICACIÓN

Día de hamaca

ÁREA DE DESARROLLO: Lenguaje y comunicación

 Objetivos para el desarrollo del niño

✓ Desarrollo de la capacidad de lenguaje pasivo
✓ Ejercicio de las capacidades de comunicación

MATERIALES:

Mecedora

PREPARACIÓN:

☙ Asegúrese de que el niño está en disposición de responder a los estímulos.

ESTRATEGIAS EDUCATIVAS:

1. Sentado en la mecedora, alce al infante en su regazo de manera que ambos queden mirando hacia la misma dirección.
2. Mientras lo hamaca, háblele del mundo que los rodea. Puede hacer comentarios de los diferentes objetos y de las personas que ven. Al hablarle, utilice la mayor cantidad de palabras descriptivas posible. Puede decirle: *"Mira el pajarito rojo. Está parado sobre el pino verde"*.
3. Refuerce toda vocalización que emita. Por ejemplo, puede decirle:
   "Sí, el pajarito se fue".
   "Dime más sobre el pajarito rojo".
   Esto puede incitarlo a continuar "conversando".

 Puntos destacados del desarrollo

Adopte un estilo "paternal" a fin de ayudar al infante a aprender. Esta clase de discurso atrae la atención de los bebés. Para hacerlo, acerque su cara al infante para que pueda verlo. Para atraer su atención, utilice un tono de voz agudo, un estilo rítmico y palabras cortas. Hable con lentitud y vocalice con cuidado. El estilo "paternal" ayudará al bebé a diferenciar sonidos individuales.

VARIANTES:

☙ Repita esta actividad dentro de la casa antes de la hora de la siesta. Esto puede ayudar al infante a relajarse.
☙ Cantar, en lugar de hablar, puede ser más agradable para ambos.

INFORMACIÓN ADICIONAL:

☙ Si traslada la mecedora de lugar, tendrá diferentes vistas del mundo. Como resultado, habrá cosas "nuevas" que mirar y de las cuales hablar.

Libro ilustrado

ÁREA DE DESARROLLO: Lenguaje y comunicación

Objetivos para el desarrollo del niño

✔ Desarrollo de la capacidad de expresión oral
✔ Participación en el juego por turnos

MATERIALES:

Libro ilustrado en blanco y negro

Manta o esterilla

PREPARACIÓN:

- ❧ Despeje un lugar y luego extienda la esterilla o la manta.
- ❧ Abra el libro sobre la manta o la esterilla.

ESTRATEGIAS EDUCATIVAS:

1. Acueste al infante boca arriba sobre la manta.
2. Atraiga su atención mirándolo a los ojos y diciéndole:
   "(Aurora), mira lo que tengo. Un libro. Vamos a leerlo juntos".
3. "Léale" el libro ilustrado. Señale las láminas e identifique los objetos mediante palabras. Esto le ayudará a conectar las palabras a los objetos. Mientras esté pronunciando las palabras o describiendo lo que hay en la página, "converse" con el infante.
4. A fin de incentivarlo a hablar por turnos, hágale preguntas como:
   "(Aurora), ¿qué es esto?"
   Espere la respuesta.
5. Incentívelo a continuar respondiendo, dando alicientes a sus vocalizaciones. Dígale cosas como:
   "¡Tienes razón! Es un bebé".
6. Observe detenidamente los signos de interés que muestre el infante. Cuando comience a perderlo, deje de leer. Sin embargo, vuelva a leerle el libro dos o tres veces más si continúa interesado.

Puntos destacados del desarrollo

Cuando elija las láminas y los juguetes, recuerde que los bebés prefieren los diseños planos a los volúmenes. De recién nacidos, prefieren mirar objetos en blanco y negro ubicados en forma vertical. Observe cómo miran las láminas y los juguetes. Como se necesitan menos músculos oculares para ver diseños en forma horizontal, usan ese método.

VARIANTES:

- ❧ Permita al infante "leer" el libro cuando usted haya finalizado. Lo hará sosteniéndolo y metiéndoselo en la boca. Por esta razón, los libros de vinilo, tela o plástico son los ideales.
- ❧ Elija un libro ilustrado sólo con láminas en color y sin palabras. Invéntele un cuento relativo a los objetos del libro.

INFORMACIÓN ADICIONAL:

- ❧ Al igual que les gusta jugar con otros juguetes, los infantes necesitan también investigar libros con las manos y con la boca. Tenga varios libros de vinilo o plástico a fin de cambiar el que se encuentre sucio por otro limpio. Los juguetes deben limpiarse tanto como sea necesario, habitualmente varias veces al día, a fin de vivir en un ambiente higiénico. **Advertencia:** No deje los juguetes en contacto con los rayos solares. Pueden calentarse y quemar al niño.

LENGUAJE Y COMUNICACIÓN

La caricia de la canción de cuna

ÁREA DE DESARROLLO: Lenguaje y comunicación

Objetivos para el desarrollo del niño

✓ Desarrollo de la capacidad de expresión oral
✓ Percepción de modelos del lenguaje de origen

MATERIALES:

Elija, para esta actividad, una canción de cuna corta.

Si ha memorizado la letra de su canción de cuna favorita, no se necesitan materiales. Sin embargo, si necesita un apunte, haga un póster y cuélguelo cerca de la cuna para que le sirva de referencia. Además, esta herramienta puede ser util para otros adultos que tengan contacto con el niño.

PREPARACIÓN:

♥ Observe al infante a fin de establecer el mejor momento para realizar la tarea.

ESTRATEGIAS EDUCATIVAS:

1. Acueste al infante en la cuna boca arriba.
2. Mientras le acaricia el abdomen, mírelo a los ojos y cante la canción elegida. Use su voz como herramienta para tranquilizarlo y para comunicarle que es hora de dormir.
3. Repita la canción de cuna las veces que sea necesario. Acariciarle el abdomen y cantarle pueden hacer que el infante se relaje y, con suerte, que se duerma.

Puntos destacados del desarrollo

La cantidad de palabras que oigan influirá sobre el desarrollo del lenguaje. Es necesario que el lenguaje que perciben esté relacionado con los acontecimientos de sus vidas. En consecuencia, la televisión no produce los efectos estimulantes del lenguaje que los cuidadores, hermanos u otros adultos pueden proporcionar. Para una mayor complejidad, puede complementar su voz con música grabada en discos compactos o en cintas.

VARIANTES:

♥ Recite a media voz los versos de un juego de mímica o cante suavemente su canción preferida.

INFORMACIÓN ADICIONAL:

♥ Al igual que los adultos, los infantes necesitan relajarse antes de dormirse. Para tranquilizarlo, puede cantar, acariciarlo o mecerlo.
♥ Debido al peligro del Síndrome de muerte súbita, los infantes deben dormir boca arriba.

¿Qué estoy haciendo?

ÁREA DE DESARROLLO: Lenguaje y comunicación

 Objetivos para el desarrollo del niño

✓ Desarrollo del lenguaje pasivo
✓ Intervención en la conversación

MATERIALES:

Ninguno

PREPARACIÓN:

❧ Busque en el infante los momentos de vivacidad.

ESTRATEGIAS EDUCATIVAS:

1. Esta actividad se lleva a cabo mejor durante los momentos de cuidado de rutina, como la alimentación.
2. Alce al infante de manera que puedan mantener contacto visual mientras prepara su biberón.
3. Hable sobre lo que está haciendo. Por ejemplo, dígale: *"(Cecilia), estoy calentando tu biberón. A ti te gustan los biberones tibios. La leche es rica cuando está tibia".*
4. Responda a las vocalizaciones o gritos del infante con palabras. Puede decirle, por ejemplo: *"Tienes hambre. Te estoy calentando el biberón. La leche va a estar muy rica. Está casi lista. ¡Tienes tanta hambre!"*

 Puntos destacados del desarrollo

Interpretar los signos menores del infante constituye una herramienta importante para estudiar su comportamiento. Cuando se queda quieto con los ojos brillantes y muy abiertos, es muy probable que esté disfrutando de la situación y esté preparado para interactuar. Cuando ocurra así cántele, háblele, mírelo y léale. Tales interacciones estimularán al cerebro a establecer conexiones importantes para el crecimiento y el posterior aprendizaje.

VARIANTES:

❧ Hable respecto de lo que las demás personas de su ámbito están haciendo. Esta técnica es más efectiva si otra persona está buscando algo para el infante con el cual está trabajando. Por ejemplo, dígale: *"(Bárbara) está trayendo tu manta. Yo me la olvidé. Necesitas tu manta para dormir".*

INFORMACIÓN ADICIONAL:

❧ Los infantes aprenden por repetición. Cuando escuchan a quienes están con ellos hablar de los cuidados o tareas de rutina, asocian las palabras determinadas a las acciones. Esto contribuye al desarrollo del lenguaje pasivo.
❧ Uno de los logros más importantes durante la primera infancia lo constituye la adquisición del lenguaje. En sus inicios se centra en la interacción entre el infante y sus cuidadores.

LENGUAJE Y COMUNICACIÓN

¿Qué estás haciendo?

ÁREA DE DESARROLLO: Lenguaje y comunicación

Objetivos para el desarrollo del niño

✓ Desarrollo del lenguaje pasivo
✓ Participación en una conversación

MATERIALES:

Ninguno

PREPARACIÓN:

✿ Observe la disponibilidad del niño. Si se encuentra en un estado favorable, comience con la actividad.

ESTRATEGIAS EDUCATIVÁS:

1. Esta actividad funciona mejor durante los momentos de cuidados de rutina, como los preparativos para la siesta.
2. Alce al infante de manera que se vean mientras prepara la cuna.
3. Converse con él respecto de lo que está sintiendo. Por ejemplo, dígale:
   "(Anita), es hora de dormir la siesta. Estás muy cansada. Te frotas los ojos. Eso me indica que quieres dormir".
4. Responda a las vocalizaciones o gritos del infante con palabras. Puede decirle:
   "(Anita), tienes mucho sueño. Tu cuna ya está lista. Ahora, puedes disfrutar de tu siesta".

Puntos destacados del desarrollo

Los infantes tienen preferencias que pueden ser diferentes a las de otros niños. Intente descubrir sus gustos, obsérvelo y experimente. Al igual que los adultos, a los niños les gusta la variedad. A veces, un bebé inquieto puede preferir interacciones suaves y relajantes mientras que uno más tranquilo preferirá otras más enérgicas.

VARIANTES:

✿ Háblele sobre lo que otros niños o adultos están haciendo.

INFORMACIÓN ADICIONAL:

✿ Hablarle sobre los cuidados o tareas diarias todos los días ayuda a que el infante asocie las palabras con las acciones. Por lo tanto, su descripción puede aumentar en gran medida las capacidades lingüísticas receptivas del infante.
✿ Esta actividad puede relajar al infante y estimular el desarrollo del lenguaje.

Del nacimiento a tres meses

DESARROLLO COGNOSCITIVO

COGNOSCITIVO

Tiremos de la toalla

ÁREA DE DESARROLLO: Cognoscitivo

 Objetivos para el desarrollo del niño

✓ Ejercicio de los reflejos de asimiento
✓ Obtención de un control voluntario sobre los reflejos

MATERIALES:

Toalla de mano

Manta o esterilla

PREPARACIÓN:

♡ Elija un lugar que pueda vigilar constantemente y extienda allí la manta o esterilla.

ESTRATEGIAS EDUCATIVAS:

1. Acueste al infante boca arriba sobre la manta. Siéntese erguido y estire sus piernas formando una "V" frente al infante. Además, deberá estar cómodo para inclinarse hacia adelante.
2. Enrosque la toalla. Luego levante suavemente las manos del infante y ubíquelas sobre la toalla. Esto ayudará a estimular sus reflejos palmares de asimiento. Sujete la toalla con las manos cubriendo las del infante.
3. Lentamente levante las manos hacia su cuerpo y levante los hombros del infante de la manta.

4. A medida que alza al infante, estimúlelo con palabras. Describa lo que sucede. Por ejemplo, dígale: *"(Raúl), te levantaste. ¡Qué bebé tan fuerte!"*
5. Luego baje al infante sobre la manta o esterilla. Asegúrese de que su cabeza está hacia abajo.
6. Repita esta actividad hasta que el infante muestre signos de pérdida de interés.

 Puntos destacados del desarrollo

Los infantes se comunican mediante signos. La atención se manifiesta mediante el seguimiento visual y mediante la mirada hacia la cara del otro (Kostelnik et al., 1998). También darán señales de haberse cansado de una tarea. Llorarán, protestarán, voltearán la cabeza o lo mostrarán mediante otros signos. Si los observa detenidamente, sabrá cuándo concluir. Para tranquilizar al niño es bueno abrácelo, mézalo, dele palmaditas, o algo para que chupe.

VARIANTES:

♡ Ponga sus dedos índices para que el infante los agarre para alzarse, en lugar de la toalla.

INFORMACIÓN ADICIONAL:

♡ Cuando elija una toalla, una manta o una esterilla, tenga en cuenta los gustos del infante. En general, prefieren los colores brillantes y las texturas suaves y poco comunes.

¡Alcánzalo!

COGNOSCITIVO

ÁREA DE DESARROLLO: Cognoscitivo

 Objetivos para el desarrollo del niño

✔ Ejercicio de la capacidad de coordinación entre vista y manos
✔ Imitación del comportamiento del cuidador

MATERIALES:

Móvil

PREPARACIÓN:

✧ Cuelgue un móvil del techo a una altura a la que le sea cómodo llegar mientras sostiene al infante.
Por razones de seguridad, el hilo del que cuelga el móvil debe ser lo bastante fuerte como para soportar el peso del infante.

ESTRATEGIAS EDUCATIVAS:

1. Acerque al infante al móvil.
2. Mueva el móvil con su mano y describa lo que sucede. Puede decirle:
   "Moví el móvil. Usé mi mano. Mírame".
3. Invite al infante a imitarlo, diciéndole cosas como:
   "(Tobías), ¿puedes moverlo? Tócalo con tu mano. Empújalo. Golpéalo. Mira".
4. Levante al infante a fin de que sus golpes muevan el móvil.
5. Para elogiarlo por haberlo logrado, puede exclamar:
   "(Tobías), bien. Lo lograste. Moviste el móvil. Usaste tu mano".
6. Invítelo a volver a hacerlo. Aumente el desafío y aleje un poco al infante del móvil.

7. Incítelo a moverlo una vez más. Puede decirle:
   "(Tobías), alcánzalo. Puedes hacerlo".
   Si el infante mueve el móvil, festeje el logro. Si no logra hacerlo, siga animándolo.
8. Si el infante continúa manoteando sin tocar el móvil, acérquese más.

 Puntos destacados del desarrollo

Algunas investigaciones han demostrado que, en general, los infantes fijan su atención por más tiempo en un objeto novedoso que en uno que ya les es familiar (Baillargeon, 1994). Por eso, es necesario estimularlos con cosas nuevas que mirar, como otras personas, móviles, juguetes de felpa, espejos que no sean de vidrio, etc. Fíjese que mientras lo estimula, la cara se tensa por la concentración. Obsérvelo. Es sorprendente cuánto interés demuestran por un juguete que es atractivo para sus sentidos.

VARIANTES:

✧ Si cuelga el móvil de un escritorio o de una mesa incitará al infante a moverlo mientras está acostado en el suelo. Aumentar la distancia entre el móvil y el suelo, una vez que el infante haya logrado mover el móvil, constituirá un nuevo desafío.

INFORMACIÓN ADICIONAL:

✧ Anime siempre al infante cuando esté llevando a cabo las actividades. Además, utilice su nombre. De esta manera aprenderá a reconocerlo.

30

COGNOSCITIVO

Paseo en cochecito

ÁREA DE DESARROLLO: Cognoscitivo

 Objetivos para el desarrollo del niño

✓ Desarrollo de las estructuras cognoscitivas existentes
✓ Integración de la vista y la audición

MATERIALES:

Cochecito

PREPARACIÓN:

☼ Este paseo puede llevarse a cabo tanto dentro como fuera de la casa, dependiendo del clima y del espacio físico disponible. Si lo hace afuera, abríguelo de acuerdo al tiempo. Recuerde que los infantes necesitan la estimulación del exterior tanto como los niños mayores y los adultos.

ESTRATEGIAS EDUCATIVAS:

1. Asegure al infante en el cochecito utilizando las bandas de seguridad.
2. Comience el paseo empujando el cochecito y hablando acerca de lo que ve. Por ejemplo, dígale:
   "(Alejandro), ahí va un auto. Se está moviendo rápido".
   "Aquí hay una flor. Es amarilla".
   Siga hablando con el niño y coméntele lo que ve. Recuerde que debe limitarse a los objetos que se encuentran dentro del campo de visión del infante.
3. De vez en cuando, arrodíllese, mírelo a los ojos para atraer su atención y señale objetos del ambiente.

Puntos destacados del desarrollo

Un ambiente estimulante fomenta el crecimiento de las estructuras cognoscitivas del infante. Para que esto ocurra, los cuidadores responsables deben presentar variantes al ambiente. El infante necesita que lo estimulen y que respondan a sus señales con interés. En realidad, la manera en que los padres, familiares y otras personas en contacto con ellos se relacionen, respondan y actúen de mediadores entre el niño y el ambiente, influye directamente sobre el desarrollo cerebral (Shore, 1997).

VARIANTES:

☼ Aumente el número de niños que participan en el paseo para agregarle variedad.
☼ Si fuera posible, pasee por diferentes lugares, como parques, tiendas, zoológicos, etc. Invite a niños mayores a pasear con ustedes, ya que ellos proporcionarán diferentes clases de estimulación.

INFORMACIÓN ADICIONAL:

☼ Siempre contemple el paseo a través de los ojos del infante. ¡Hay tantas cosas nuevas para ver! Sea lo más descriptivo posible cuando habla. El tono de "sorpresa" de su voz al descubrir algo nuevo ayudará a llamar la atención del infante.
☼ El ritmo, la modulación y el tono de su voz colaborará con el desarrollo del lenguaje del niño.

Repique de campanas

COGNOSCITIVO

ÁREA DE DESARROLLO: Cognoscitivo

 Objetivos para el desarrollo del niño

✔ Experiencia del principio de causa y efecto
✔ Desarrollo de las estructuras cognoscitivas existentes

MATERIALES:

Banda elástica (la longitud depende de la medida de las manos del infante)

1 campana grande, de 2 pulgadas (5 cm) de diámetro como mínimo

Tanza

Manta o silla infantil

PREPARACIÓN:

❦ Corte un trozo de banda elástica lo suficientemente largo como para que la mano del infante quede ajustada sin incomodarlo. Una vez que la enrosque a su brazo, no deberá dejarle marcas en la piel. Cosa los extremos con tanza. Luego, ate las campanas a la banda. Tire de la campana para asegurarse de que está bien sujeta.

ESTRATEGIAS EDUCATIVAS:

1. Acueste al infante boca arriba sobre la manta o siéntelo en la silla y ajuste las bandas de seguridad.
2. Ponga la banda elástica con la campana alrededor de su brazo.
3. Sacuda, con suavidad, el brazo del infante y muestre sorpresa cuando la campana repique.
   "(Marta), ¿qué fue eso? Escucha. ¿Puedes hacer ese sonido otra vez?"

4. Espere a ver si el infante repite el movimiento. Si lo hace, aliéntelo con palabras como:
   "(Marta), tú eres la que hace el sonido".
   Si el infante no produce el sonido, vuelva a sacudir su brazo. Espere a ver si repite el movimiento.
5. Si no lo hace, es probable que esté, en ese momento, interesado en otra cosa. Inténtelo más tarde.

 Puntos destacados del desarrollo

Paulatinamente, los infantes comienzan a notar los efectos que producen en el mundo. Por lo tanto, necesitan experiencias de interacción y cierta estructuración en su tiempo de juegos. En esta etapa del desarrollo, lo que más les gusta son las personas. Disfrutan cuando responden a las expresiones faciales, cuando escuchan sus voces y cuando los abrazan. En realidad, el juguete preferido de un infante es el rostro humano.

VARIANTES:

❦ Ate una campana a una banda elástica y ajústela a la pierna del infante.

INFORMACIÓN ADICIONAL:

❦ Siempre que sea posible, refuerce sus palabras con actos. Por ejemplo, cuando pronuncia la palabra "agitar", realice la acción.
❦ Continúe con la actividad mientras el infante muestre interés. Si se asusta por el sonido de la campana o por el contacto con la banda elástica, quítesela inmediatamente.
❦ Por razones de seguridad, utilice el centro de cartón de un rollo de papel higiénico para comprobar el tamaño de la campana. Se considera que si ésta pasa por dentro del tubo, existe peligro de ahogo para el infante.

COGNOSCITIVO

Imitación

ÁREA DE DESARROLLO: Cognoscitivo

Objetivos para el desarrollo del niño

✓ Imitación de los actos de quien lo cuida
✓ Repetición de una acción

MATERIALES:

Ninguno

PREPARACIÓN:

❧ Busque señales de vivacidad en el infante.

ESTRATEGIAS EDUCATIVAS:

1. Puede desarrollar esta actividad en cualquier momento del día en que esté interactuando con el infante. Sin embargo, un momento ideal para realizarla sería mientras le cambia los pañales.
2. Escuche atentamente los sonidos que emita (por ejemplo, uuuuu).
3. Imite dicho sonido repitiendo lo que el infante dijo (por ejemplo, uuuuu).
4. En general, éste volverá a emitir el sonido a fin de continuar la "conversación". Cuando esto ocurra, aliéntelo con elogios o sonrisas. Puede decirle, por ejemplo:
   "Estamos conversando".

Puntos destacados del desarrollo

Según las últimas investigaciones del sistema nervioso, el cerebro de los niños se desarrolla con rapidez desde su nacimiento. El desarrollo óptimo depende de las experiencias que viva en los tres primeros años de vida. Al nacer, el cerebelo y el bulbo, que controlan las conexiones vitales para la respiración y los latidos del corazón, están completos. Las conexiones en otras partes del sistema nervioso aún son débiles. Tales conexiones gobiernan las emociones, el lenguaje y las capacidades para la matemática y la música. Los circuitos que gobiernan las emociones son unos de los primeros en desarrollarse. Por lo tanto, la estimulación emocional es importante (Shore, 1997).

VARIANTES:

❧ Imitación de las expresiones faciales del infante, como la sonrisa o el fruncimiento del ceño.
❧ Realizar acciones como sacar la lengua o decir "ahhh" con movimientos exagerados mientras mira al infante pueden generar una conversación "imitativa". Sacar la lengua es una de las primeras acciones que un niño puede imitar.

INFORMACIÓN ADICIONAL:

❧ Los infantes le transmitirán, mediante su comportamiento, cuándo se han aburrido de una actividad. Llorarán, se pondrán fastidiosos, voltearán la cabeza, se quedarán dormidos o le mostrarán otros signos de que han recibido suficiente estimulación. A fin de prevenir la frustración que produce una estimulación excesiva, observe detenidamente las señales que transmita el infante y responda a ellas.

¿Me puedes seguir?

COGNOSCITIVO

ÁREA DE DESARROLLO: Cognoscitivo

 Objetivos para el desarrollo del niño

✓ Ejercicio de coordinación de la audición y la vista
✓ Desarrollo de las estructuras cognoscitivas existentes

MATERIALES:

Manta, esterilla o silla infantil

PREPARACIÓN:

☞ Elija un lugar que pueda vigilar constantemente. Límpielo y extienda la manta o esterilla o ubique la silla infantil.

ESTRATEGIAS EDUCATIVAS:

1. Acueste al infante boca arriba sobre la manta o esterilla o asegúrelo a la silla con las bandas de seguridad.
2. Llame su atención hablándole de lo que él puede ver. Dígale:
   "(Violeta), me estás mirando. ¿Me puedes seguir? Me voy a mover".
3. Mientras sigue hablando, desplace su cuerpo del campo visual a una ubicación diferente cerca del infante; por ejemplo, vaya a su lado.
4. Observe su comportamiento. ¿Movió alguna parte de su cuerpo para seguir mirándolo? Si lo hizo, aliéntelo. Puede decirle:
   "(Violeta), todavía me puedes ver. Moviste tu cabeza para encontrarme".
   Si el infante no responde, vuelva a entrar en su campo visual para recuperar su atención.
5. Repita los pasos 3 y 4 mientras el infante muestre interés en la actividad.

 Puntos destacados del desarrollo

Es importante ejercitar ambos lados del cuerpo del infante. Con un sonajero, mueva la ubicación del sonido tanto al lado derecho como al izquierdo. No agite el sonajero a sus espaldas. Esta posición le dificultaría ubicarlo. Una vez que los infantes han desarrollado el control de los músculos del cuello y de la cabeza, puede agitar el sonajero a sus espaldas.

VARIANTES:

☞ Utilice una campanita, un tambor, un sonajero o un instrumento musical suave en lugar de su voz.

INFORMACIÓN ADICIONAL:

☞ Los infantes están aprendiendo a seguir los objetos. Por eso, necesitan experiencias e interacciones para ejercitar dicha capacidad y fomentar su óptimo desarrollo.
☞ Al nacer, el sistema auditivo del infante está desarrollado casi por completo. Esto no es sorprendente, ya que ha tenido cierta práctica auditiva antes del nacimiento (Feldman, 1998).

COGNOSCITIVO

¡Atrápame si puedes!

ÁREA DE DESARROLLO: Cognoscitivo

Objetivos para el desarrollo del niño

✓ Aumento de la coordinación de los músculos del brazo
✓ Ejercicio de los reflejos de asimiento y de succión

MATERIALES:

Manta o esterilla

2 ó 3 juguetes de plástico, goma o tela

Almohada de un pie cuadrado (30 cm²) como mínimo

PREPARACIÓN:

❧ Elija un lugar que pueda vigilar constantemente. Límpielo y extienda allí la manta o esterilla.

ESTRATEGIAS EDUCATIVAS:

1. Acueste al infante boca abajo sobre la manta si ya ha adquirido la capacidad de levantar la cabeza y los hombros. Acuéstelo de costado y apoye su espalda sobre la almohada si no ha desarrollado aún dicha capacidad.
2. Muéstrele los juguetes ubicándolos dentro de su campo de visión. Luego, comience a describirlos con palabras como:
   "Esto es un pato de goma. Éstos son los ojos. Puedes apretarlo".
3. Coloque los juguetes dentro de su campo de visión pero no a su alcance.
4. Incítelo, verbalmente, a agarrarlos. Por ejemplo, dígale:
   "(Sebastián), agárralo. Estírate. Puedes hacerlo. Agarra el pato".

5. Cuando el infante toque un juguete, aliéntelo de esta manera:
   "Lo lograste. Te estiraste y tocaste el sonajero".
   Use su voz para compartir su entusiasmo.
6. Incite al infante a asir y chupar el juguete. Puede decirle, por ejemplo:
   "(Sebastián), agarra el sonajero".
   "Ponlo en tu boca".
7. Si el infante se molesta o se angustia porque no puede alcanzar los juguetes, acérqueselos.

Puntos destacados del desarrollo

Los infantes pueden sentir frustración, perturbación e incluso angustia cuando no pueden llegar a algo que se encuentra dentro de su campo de visión. Sentir un poco de frustración constituye una experiencia positiva, ya que lo estimula a pensar y a investigar diferentes maneras de resolver el problema. Sin embargo, preste mucha atención al tono de su voz. Intervenir y acercarle los juguetes puede evitar que el infante se sienta demasiado molesto o frustrado.

VARIANTES:

❧ Utilice una pelota blanda o un osito de peluche para estimular el reflejo de asimiento del niño.

INFORMACIÓN ADICIONAL:

❧ Junte diferentes juguetes. Si el infante no muestra interés por ninguno, pruebe con otro.

Del nacimiento a tres meses

DESARROLLO SOCIAL

SOCIAL

¿Dónde están los dedos?

ÁREA DE DESARROLLO: Social

 Objetivos para el desarrollo del niño

✓ Desarrollo de una imagen positiva de sí mismo
✓ Ejercicio de interacciones sociales

MATERIALES:

Ninguno

PREPARACIÓN:

☼ Elija una canción, como las que se da a continuación, que mencione el nombre del niño.

ESTRATEGIAS EDUCATIVAS:

1. Luego de cambiarle los pañales y antes de sacarlo del cambiador, cántele la siguiente canción:
(Música: "The Farmer in the Dell")

♫ ¿Dónde están los dedos de (*Silvia*)?
(encójase de hombros)
♫ ¿Dónde están los dedos de (*Silvia*)?
(encójase de hombros)
♫ Ji Jo Ji Jo
♫ Aquí están los dedos de (*Silvia*).
(señale los dedos de los pies)

2. Utilice las diferentes partes del cuerpo, como los brazos, las manos, las orejas y las piernas en la canción.
3. Continúe cantándola mientras el niño demuestre interés mediante el contacto visual, la sonrisa, etc.

 Puntos destacados del desarrollo

Los bebés pueden percibir su humor leyendo sus expresiones faciales, el tono de su voz y su manera de interactuar. Además, imitan sus actitudes. Por lo tanto, si usted demuestra tristeza, el bebé estará triste. De igual forma, si usted está alegre y activo, existen muchas posibilidades de que el bebé lo imite.

VARIANTES:

♡ Cante sobre las partes de su propio cuerpo y señálelas.
♡ Cambie la palabra "están" por "está" en la canción. Luego, utilice las palabras "boca", "nariz", "pelo", "pulgar" y "rodilla".

INFORMACIÓN ADICIONAL:

♡ Esta actividad funciona mejor cuando el infante se encuentra vivaracho y sereno. Durante estos momentos, los infantes están más disponibles y disfrutan la interacción con terceros.
♡ Al infante le fascina mirarle a la cara.

¿Dónde estás?

SOCIAL

ÁREA DE DESARROLLO: Social

 Objetivos para el desarrollo del niño

✓ Desarrollo de una imagen positiva de sí mismo
✓ Desarrollo de la auto-identificación

MATERIALES:

Manta, esterilla o silla infantil

PREPARACIÓN:

☼ Elija un sector de la habitación que pueda vigilar con facilidad. Extienda la manta o ubique la silla infantil.

ESTRATEGIAS EDUCATIVAS:

1. Acueste al infante boca arriba sobre la manta o asegúrelo a la silla con las bandas de seguridad.
2. Llame su atención con la canción que sigue:
   (Música: "Where is Thumbkin?")

   ♫ ¿Dónde está (*Julia*)? ¿Dónde está (*Julia*)?
   ♫ Ahí está. Ahí está.   (señale al niño)
   ♫ ¿Cómo estás hoy, (*Julia*)?
   ♫ Esperamos que muy bien.
   ♫ ¿Quieres jugar? ¿Quieres jugar?

3. Estimule al infante hablándole sobre sus reacciones respecto de la canción. Por ejemplo, dígale:
   "¡Qué sonrisa! Te gustó la canción, (Julia). ¿La cantamos de nuevo?"
4. Repita la canción mientras el infante muestre interés y la disfrute. Busque los siguientes signos de interés: contacto visual, sonrisa o gorjeos.

Puntos destacados del desarrollo

A los tres meses, la mayoría de los infantes siguen los sonidos volteando la cabeza y mirando hacia la fuente de donde provienen. La variedad de sonidos que escuchen les estimulará el desarrollo cerebral. A partir de dicha estimulación, se formarán nuevas conexiones denominadas "senderos de aprendizaje". Al mismo tiempo, se fortalecerán las conexiones existentes (Shore, 1997).

VARIANTES:

☼ Aléjese del infante hacia otra parte de la habitación. Repita la canción. Observe la capacidad del infante de seguir el sonido de su voz.

INFORMACIÓN ADICIONAL:

☼ A los infantes les encantan las canciones, en especial aquellas que incluyen su nombre. Continúe con esta actividad mientras su comportamiento indique que lo está disfrutando. Demostrará desinterés mirando hacia otro lado, irritándose o llorando cuando se haya cansado de una actividad.

SOCIAL

Canción de despedida

ÁREA DE DESARROLLO: Social

 Objetivos para el desarrollo del niño

✓ Desarrollo de la auto-identificación
✓ Desarrollo de las capacidades de interacción social

MATERIALES:

Ninguno

PREPARACIÓN:

☙ Observe el estado del infante a fin de determinar su nivel de disponibilidad.

ESTRATEGIAS EDUCATIVAS:

1. Cuando un invitado, hermano u otro niño se vaya, cante la siguiente canción:

   ♪ Adiós (*Tere*).
   ♪ Adiós (*Tere*).
   ♪ Adiós (*Tere*).
   ♪ Nos veremos otro día.

   (Rhonda Whitman, Especialista en infantes de la Universidad de Wisconsin–Stout)

2. Incentive el desarrollo social enseñándole a decir adiós con la mano. Puede decirle, por ejemplo:
   "Mira como saludo, (Tere)".
   Cuando sea necesario, refuerce sus palabras con acciones.

Puntos destacados del desarrollo

Los infantes prefieren un ambiente ordenado, estable y predecible. Además, se familiarizan con las rutinas; les gustan y las necesitan. Les ayudan a desarrollar el sentido de seguridad. A esta edad, al igual que los niños mayores, se sienten más seguros si las rutinas están asociadas con costumbres y sentimientos placenteros.

VARIANTES:

☙ Cante esta canción a los demás miembros de la familia para despedirlos.

INFORMACIÓN ADICIONAL:

☙ Cantar esta canción con regularidad es importante tanto para los infantes como para los adultos.

¿Qué están haciendo?

ÁREA DE DESARROLLO: Social

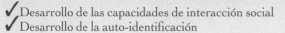

Objetivos para el desarrollo del niño

✓ Desarrollo de las capacidades de interacción social
✓ Desarrollo de la auto-identificación

MATERIALES:

Manta, esterilla o silla infantil

PREPARACIÓN:

❀ Elija un lugar que pueda vigilar constantemente. Límpielo y extienda la manta o esterilla. Si lo prefiere, utilice la silla infantil.

ESTRATEGIAS EDUCATIVAS:

1. Acueste al infante boca arriba sobre la manta o esterilla o asegúrelo a la silla con las bandas de seguridad.
2. Háblele sobre el lugar donde estará trabajando y sobre lo que estará haciendo. Puede decirle:
   "(Marta), estoy en la cocina, preparando el biberón. Tienes hambre".
3. Observe los intereses y el comportamiento del infante. Hable sobre lo que el infante ve. Por ejemplo, dígale:
   "(Marta), éste es un dibujo de un bebé. Está en la nieve. La nieve está fría".

4. Si fuera necesario, incítelo a mirar otros objetos u otras personas que se encuentren en los alrededores. Puede decirle, por ejemplo:
   "Mira cómo (Tomás) empuja las pelotas. Está usando las manos".
5. Aliéntelo a reconocer lo que está mirando. Por ejemplo, dígale:
   "(Marta), me estás mirando. Estoy calentando tu biberón".

Puntos destacados del desarrollo

Los infantes regulan el grado de estimulación de manera verbal y no verbal. Obsérvelos. Juegue con ellos respetando sus tiempos. Juegue cuando quieran hacerlo y deje de hacerlo cuando parezca que han recibido suficiente estimulación. Si atiende a los signos que den, estará respetando sus necesidades (Shore, 1997).

VARIANTES:

❀ Dé al infante un juguete mientras observa la habitación. Cuando no haya personas que mirar, esto les dará algo con que jugar.

INFORMACIÓN ADICIONAL:

❀ Los infantes necesitan un control constante a fin de que su salud y seguridad estén protegidas. Sin embargo, esto no significa que deba estar a su lado todo el día. Si lo observa y le habla desde otra parte de la habitación cubrirá sus necesidades de seguridad.

SOCIAL

Canción de bienvenida

ÁREA DE DESARROLLO: Social

Objetivos para el desarrollo del niño

✓ Comienzo positivo del día
✓ Desarrollo de la auto-identificación

MATERIALES:

Ninguno

PREPARACIÓN:

☼ Observe el estado del infante a fin de determinar su nivel de disponibilidad.

ESTRATEGIAS EDUCATIVAS:

1. Cuando llegue un invitado, un miembro de la familia u otro niño, salúdelo por su nombre. Por ejemplo, dígale: *"Buen día (Ramón). ¿Cómo estás hoy?"*

2. Mire al niño y cante la siguiente canción mientras lo saluda con la mano:

♫ Hola (*Ramón*).
♫ Hola (*Ramón*).
♫ Hola (*Ramón*).
♫ Estamos tan felices de que estés aquí.

(Rhonda Whitman, Especialista en infantes de la Universidad de Wisconsin–Stout)

Puntos destacados del desarrollo

En esta etapa, a los infantes les gusta que otras personas de su ambiente los alcen e interactúen con ellos. A diferencia de lo que ocurre en las etapas posteriores, no discriminan entre quien los cuida y otras personas con las que puedan interactuar.

VARIANTES:

☼ Cante la canción que aparece en la actividad "Canción de despedida" de esta sección.

INFORMACIÓN ADICIONAL:

☼ A los infantes les gustan las canciones, en especial aquellas en las que se menciona su nombre.

☼ Esta canción es importante para los infantes. Ellos se familiarizan con las rutinas, les gustan y las necesitan. Las rutinas les ayudan a desarrollar el sentido de seguridad.

SOCIAL

Despertar

ÁREA DE DESARROLLO: Social

 Objetivos para el desarrollo del niño

✓ Desarrollo de la confianza
✓ Adquisición de un sentido positivo de sí mismo

MATERIALES:

Ninguno

PREPARACIÓN:

☙ Preste atención a los sonidos o movimientos que indiquen que el infante está despierto.

ESTRATEGIAS EDUCATIVAS:

1. Cuando se despierte de la siesta, alce al infante de la cuna de inmediato.
2. Si le habla respecto de la siesta le dará información respecto de su comportamiento. Puede comentarle lo siguiente:
   "(Horacio), debes de estar tan descansado. Dormiste mucho tiempo".
3. Fíjese si las demás necesidades básicas requieren su atención. Por ejemplo, compruebe si está húmedo o si tiene hambre. Puede decirle:
   "(Horacio), vamos a mirar tu pañal. Debes de estar mojado después de una siesta tan larga".
   "¿Tienes hambre? Hace mucho que comiste".
4. Responda a las vocalizaciones del infante con palabras. Puede decirle, por ejemplo:
   "(Horacio), estás húmedo. Voy a cambiarte".

Puntos destacados del desarrollo

De recién nacidos, los infantes pueden dormir 16 horas al día o más. Gradualmente, las necesidades de descanso disminuyen y las de estimulación aumentan.

VARIANTES:

☙ Repita esta actividad durante las comidas. Siempre, mientras lo alimenta, sosténgalo y mírelo a los ojos. Sea cálido y afectuoso. Sonríale, arrúllelo y háblele.

INFORMACIÓN ADICIONAL:

☙ La rápida satisfacción de las necesidades básicas del infante refuerza su confianza. Aprenderán pronto que pueden depender de usted en momentos de malestar o angustia.

SOCIAL

Voy a ayudarte

ÁREA DE DESARROLLO: Social

 Objetivos para el desarrollo del niño

✓ Desarrollo de la confianza
✓ Experiencia de interacciones sociales

MATERIALES:

Ninguno

PREPARACIÓN:

☼ Busque en el infante signos de predisposición.

ESTRATEGIAS EDUCATIVAS:

1. Cuando perciba las señales, vaya a su lado de inmediato y describa lo que puede ver u oír. Por ejemplo, dígale:
   "(Graciela) está llorando. Parece que está muy triste. Ya voy, (Graciela). Voy a ayudarte".
2. Basándose en su conocimiento del infante, consuélelo.
3. Use su voz como herramienta para comunicarle calma y seguridad.

4. Describa con palabras lo que está haciendo por él. Por ejemplo:
   "Te estoy abrigando con la manta. (Graciela), te gusta estar calentita".
5. Continúe la interacción social una vez que el niño se calme, si muestra signos de que así lo desea mediante sonrisas o la mirada puesta en usted.

 Puntos destacados del desarrollo

Se cree que la relación entre los niños y los adultos es la base de las relaciones futuras con adultos y pares.
Si los niños aprenden a confiar en los adultos, habrá más posibilidades de que tengan más relaciones positivas con sus pares en la vida (Cassidy et al., 1996; Park & Waters, 1989).

VARIANTES:

☼ Intente las otras técnicas para calmar a infantes que lloran que se describen en la introducción.

INFORMACIÓN ADICIONAL:

☼ Para el desarrollo de una relación positiva es muy importante prestar mucha atención a las señales de los infantes. Ellos necesitan saber que pueden contar con usted para satisfacer sus necesidades.

Del nacimiento a tres meses

DESARROLLO EMOCIONAL

EMOCIONAL

Identificación de emociones

ÁREA DE DESARROLLO: Emocional

 Objetivos para el desarrollo del niño

✓ Expresión de las emociones básicas de malestar, aversión e interés
✓ Aprendizaje de técnicas para calmarse

MATERIALES:

Ninguno

PREPARACIÓN:

 Observe al infante constantemente. Cuando muestre signos de malestar, aversión o interés, comience la actividad de inmediato.

ESTRATEGIAS EDUCATIVAS:

1. Basándose en sus capacidades de observación y en su conocimiento de la situación, describa e identifique las emociones del infante. Puede decirle:
   "(Toño), estás llorando. Debes de estar hambriento. Necesitas comer. Vamos a calentar tu biberón. Es feo esperar".
   "Estás enojado. No te gusta que te cambie el pañal. Ya casi terminamos. Te estoy subiendo los pantalones".
2. Ayúdelo a desarrollar técnicas para que se calme.
   Por ejemplo, un chupete o un sonajero para chupar puede calmar el malestar del infante.
3. Describa cómo la técnica lo benefició.
   Por ejemplo, dígale:
   "El sonajero te hizo bien. Te estás tranquilizando".

Puntos destacados del desarrollo

Parece que durante los primeros meses de vida los bebés lloran más a menudo, y esto lo hacen a fin de comunicarse. Pueden hacerlo por muchas otras razones además del enojo, la tristeza o el miedo. Pueden, también, llorar porque tienen hambre, frío o el pañal mojado. Además, llorarán si buscan compañía porque se sienten solos o están aburridos.

VARIANTES:

 Intente usar otras técnicas para reducir la intranquilidad: cámbiele el pañal, aliméntelo, álcelo, cámbielo de lugar, cúbralo con una manta, etc.

INFORMACIÓN ADICIONAL:

 El llanto es una de las maneras que tienen los infantes de comunicarse. Por lo tanto, lloran por muchas razones, entre las que se incluyen el enojo, la tristeza y el miedo. Será necesario que lo observe con detenimiento para identificar correctamente sus emociones y necesidades.

 Cada infante tiene su propio ritmo emocional. Examínelo con cuidado y tome notas mentales. Luego, actúe de acuerdo a ellas.

Hallemos tu puño

EMOCIONAL

ÁREA DE DESARROLLO: Emocional

Objetivos para el desarrollo del niño

✓ Reconocimiento de las emociones básicas de — malestar, aversión o interés
✓ Aprendizaje de técnicas para calmarse

MATERIALES:

Ninguno

PREPARACIÓN:

♥ Ninguna

ESTRATEGIAS EDUCATIVAS:

1. En la siesta, cuando el niño está fastidioso, incítelo verbalmente a que se meta el puño en la boca.
   Por ejemplo, dígale:
   "Estás fastidioso. Si te chupas la mano puedes calmarte".
   "Mete el puño en la boca".
2. Si fuera necesario algo más que la estimulación verbal, guíe el puño del niño hacia su boca. Incítelo a chuparlo.
   Dígale cosas como:
   "(Tita), así está mejor. Te estás calmando".
3. Hable en un tono reposado y suave, esto ayudará a tranquilizar al infante.

Puntos destacados del desarrollo

Los infantes reclaman estimulación táctil. Esto constituye una parte muy importante de su desarrollo emocional. Mediante la estimulación táctil, que va desde estar en brazos hasta los cuidados que reciben de quienes lo atienden, los infantes desarrollan vínculos. Los niños que tienen relaciones sanas con los cuidadores que lo educan estarán mejor preparados para aprender de las situaciones diarias de estrés y para manejarlas (Shore, 1997).

VARIANTES:

♥ Succionar un chupete o un juguete puede calmar a un infante.

INFORMACIÓN ADICIONAL:

♥ Tenga cuidado e higienice los juguetes antes de darlos al niño. Para preparar una solución desinfectante mezcle una cucharada de blanqueador de hogar con cuatro litros y medio de agua. Sumerja los juguetes en la solución y déjelos secar al aire libre.
♥ Succionar constituye el mayor placer para los infantes. Prefiera el puño a los chupetes, ya que el niño puede controlarlo y es una herramienta que está siempre disponible. Además, enseñarles a succionar el puño no debe incentivarlos a hacer lo mismo con el pulgar.

EMOCIONAL

"Hickory, Dickory, Dock"

ÁREA DE DESARROLLO: Emocional

 Objetivos para el desarrollo del niño

✓ Expresión de las emociones básicas de — malestar, aversión, placer e interés
✓ Respuesta a las expresiones emocionales de otras personas
✓ Ejercicio de la respuesta con una sonrisa durante las interacciones sociales

MATERIALES:

Ninguno

PREPARACIÓN:

☼ Observe la disponibilidad del niño a fin de determinar el momento de comenzar a recitar. Si tiene sueño, deje la actividad para otro momento.

ESTRATEGIAS EDUCATIVAS:

1. Luego de cambiarle el pañal y antes de sacarlo del cambiador, recite la canción infantil "Hickory, Dickory, Dock".
2. Mientras lo hace, camine con sus dedos por el cuerpo del infante.
3. Durante esta interacción, responda a las emociones que revele identificándolas con un nombre.
   Dígale cosas como:
   "(Humberto), te estás riendo. Qué bebé tan feliz".
   "Qué gran sonrisa. (Humberto), ¿te hace cosquillas?"

4. Durante esta interacción, sonría. Debido a que los infantes imitan las expresiones, esto provocará una sonrisa en él.
5. Continúe recitando mientras el infante muestre signos de interés. Asegúrese de que mantiene el contacto visual o sonríe.

Puntos destacados del desarrollo

Una emoción es un sentimiento que motiva, organiza y dirige la percepción, el pensamiento y la acción (Izard, 1991). Es importante para la salud desarrollar la expresión de las emociones de todos los sentimientos. Por lo tanto, los infantes deben aprender técnicas para calmarse y enfrentarse a la tristeza, el enojo o la frustración. Hacer frente a tales emociones es más difícil que hacerlo con la felicidad.

VARIANTES:

☼ Mientras canta la canción acerca de las emociones, mueva al infante al ritmo de ella.
☼ Puede recurrir a los juegos de mímica en vez de las canciones. En el apéndice E se adjunta un listado de juegos de mímica para usar con niños.

INFORMACIÓN ADICIONAL:

☼ Los infantes aprenderán a expresar y moderar sus emociones correctamente mediante un contacto estrecho y sensible con los adultos.
☼ Al principio, las reacciones emocionales del infante son involuntarias y no puede controlarlas.

¿Quién está en el espejo?

ÁREA DE DESARROLLO: Emocional

Objetivos para el desarrollo del niño

✓ Expresión de diferentes emociones, como placer, interés o aversión
✓ Moderación de la expresión de las emociones propias

MATERIALES:

Manta o esterilla

Espejo irrompible

PREPARACIÓN:

☼ Elija un lugar que pueda vigilar constantemente. Despeje un lugar para ubicar el espejo y la manta o esterilla.

ESTRATEGIAS EDUCATIVAS:

1. Acueste al infante boca abajo sobre la manta o esterilla.
2. Si golpea suavemente el espejo, en general, llamará su atención. Si lo mira, puede decirle, por ejemplo:
   "¿Quién está en el espejo? Es (Jacobo)".
   Si el infante no mira el espejo, será necesario darle más indicaciones verbales. Algunas de ellas pueden ser:
   "(Jacobo), levántate".
   "Alza la cabeza".
   "Mira aquí, hay un bebé".
   También puede mover el espejo para llamar su atención.

3. Cuando mire el espejo, describa lo que ve, basándose en las emociones. Por ejemplo:
   "(Jacobo), estás sonriendo. Qué bebé tan feliz".
   "Alzaste tu cabeza. Debes de estar orgulloso".
4. Aliéntelo o incentívelo según sea necesario. Puede hacer comentarios como los siguientes:
   "(Jacobo), es difícil mantener la cabeza alzada".
   "Estás esforzándote mucho".

Puntos destacados del desarrollo

Los infantes muestran las expresiones faciales que corresponden a su estado emocional. Cuando sonríen demuestran que están felices. Cuando se sienten frustrados se enojan y cuando están tristes lo demuestran con sus expresiones también (Feldman, 1998). Responda a las claves y signos que muestre el niño. Note que sus ritmos y humores son evidentes incluso durante los primeros días de vida. Responda tanto cuando estén tristes como cuando estén alegres. Trate de entender lo que sienten, qué le están diciendo y qué están tratando de hacer (Shore, 1997).

VARIANTES:

☼ Si sostiene un espejito mientras el infante está en su regazo, reducirá el esfuerzo físico que produce esta actividad, y sin embargo sigue siendo útil para una conversación respecto de las emociones.

INFORMACIÓN ADICIONAL:

☼ Estimular al infante mediante una "conversación respecto de las emociones" lo ayudará a aprender a reconocerlas e identificarlas. Éstas constituyen capacidades muy importantes que los niños deben desarrollar.

EMOCIONAL

Siesta con canciones de cuna

ÁREA DE DESARROLLO: Emocional

Objetivos para el desarrollo del niño

✓ Relajamiento con música
✓ Desarrollo de las capacidades de relajamiento

MATERIALES:

Cuna

Casete o disco compacto de canciones de cuna

Equipo de música

PREPARACIÓN:

☼ Seleccione una canción de cuna, ponga la cinta o el disco compacto y coloque el equipo de música en un lugar seguro.

ESTRATEGIAS EDUCATIVAS:

1. Acueste al infante boca arriba en la cuna.
2. Frotar el abdomen del infante suavemente mientras tararea o canta al compás de la música lo ayudará a relajarse.
3. Con la música de fondo, dígale:
   "Qué música tan suave. Te ayuda a calmarte".
   "Esto te da sueño".
   "Escucha la música".
4. Si se va antes de que el infante se duerma estimulará el desarrollo de las capacidades de auto-regulación, ya que le dará la oportunidad de terminar de calmarse.

Puntos destacados del desarrollo

En esta etapa, los infantes expresan sus emociones no sólo mediante las expresiones faciales o las vocalizaciones, sino también con todo su cuerpo. Por ejemplo, cuando hay algún objeto que les interesa, lo mirarán mientras mueven los brazos y las piernas con expectación.

VARIANTES:

☼ Si usa diferentes clases de música, como natural o clásica, se estimulará el desarrollo de la apreciación de una amplia gama de sonidos y formas musicales.

INFORMACIÓN ADICIONAL:

☼ Para esta actividad, el cuidador no debe exagerar el papel desempeñado. Para que esta experiencia sea eficaz, el adulto debe estar relajado y tranquilo.
En consecuencia, frotar el abdomen con demasiada energía puede hacer que el niño tenga un exceso de estimulación en lugar de relajarlo.

☼ Debido al peligro del Síndrome de muerte súbita, siempre acueste al infante boca arriba.

Los amigos también tienen sentimientos

EMOCIONAL

ÁREA DE DESARROLLO: Emocional

 Objetivos para el desarrollo del niño

✔ Identificación de las emociones de interés, placer, aversión y malestar
✔ Conciencia de que otras personas tienen emociones

MATERIALES:

Ninguno

PREPARACIÓN:

♡ Busque en el infante el momento adecuado para enseñarle. Fíjese en lo que está atrayendo al niño y luego actúe.

ESTRATEGIAS EDUCATIVAS:

1. Cuando un infante se vuelve hacia otra persona que está manifestando una emoción, refuerce su comportamiento hablándole de los sentimientos que ve. Puede decirle:
   "Estás mirando a (Rosita). Está triste. Está llorando. (Rosita) quiere ir con su mamá".
   "Estás mirando a (Tomás). Se está riendo. Está jugando con el sonajero. Escucha como (Tomás) lo agita".
2. Continúe la conversación haciendo un paralelo entre la exteriorización emocional de la otra persona y las experiencias vividas por el infante al que le habla. Por ejemplo, puede señalarle:
   "Cuando tú tienes hambre, a veces lloras".
   "A ti te gustan los sonajeros. Es divertido agitarlos".

Puntos destacados del desarrollo

A los tres meses, los niños muestran interés por los sonidos volteando la cabeza hacia la fuente. Cuando esto ocurra, explíquele que el sonido es importante para el desarrollo cognoscitivo, emocional y del lenguaje.

VARIANTES:

♡ Mediante una conversación relativa a las emociones, descríbales las de ellos.

INFORMACIÓN ADICIONAL:

♡ A los infantes les interesa una variedad de sonidos, en especial aquellos producidos por las personas. Por eso, es importante mostrarles muchos sonidos.

EMOCIONAL

"This Little Pig"

ÁREA DE DESARROLLO: Emocional

 Objetivos para el desarrollo del niño

✓ Participación en las emociones de interés y placer
✓ Respuesta a las expresiones emocionales de terceros

MATERIALES:

Ninguno

PREPARACIÓN:

♡ Observe los signos del infante que demuestren disponibilidad para interactuar.

ESTRATEGIAS EDUCATIVAS:

1. Si los dedos de los pies del infante están desnudos mientras le cambia el pañal, cante la canción "This Little Pig". Si están vestidos, quítele la ropa.
2. Mientras canta, muévale suavemente los dedos.
3. La expresión que usted tenga le mostrará al infante la manera de responder. Por eso, mientras le mueve los dedos, debe sonreírle.
4. Si le describe las reacciones que él muestra ante el juego le proporcionará información importante respecto al contenido emocional y la expresión. Puede comentarle: *"Mira esa sonrisa. (Manuel), te gusta este juego".* *"(Manuel), ahora te estás riendo".*

5. Si observa los signos que le proporciona el infante, sabrá cuándo debe dejar de jugar antes de que resulte agotador. Si frunce el ceño o desvía la mirada, será momento de finalizar.

 Puntos destacados del desarrollo

Los niños participan activamente de su propio desarrollo cerebral demostrando sus necesidades y eligiendo entre las diferentes clases de estimulación (Shore, 1997). Por ejemplo, cuando se aburren pueden llorar a fin de que los alcen y los lleven a otro lugar.

VARIANTES:

♡ Recite una canción infantil diferente que también provoque caricias. En el apéndice E se adjuntan canciones infantiles.

INFORMACIÓN ADICIONAL:

♡ Los cuidadores deben observar y controlar el grado de estimulación que recibe el infante. Aunque ellos pueden manifestar signos de estimulación excesiva, son incapaces de salir por sí mismos de la situación, ya que carecen de movilidad. Por lo tanto, deberá prestar mucha atención a las señales corporales o verbales que muestren y responder a ellas con rapidez.

De cuatro a seis meses

DESARROLLO FÍSICO

FÍSICO

"Árbol" de juguetes

ÁREA DE DESARROLLO: Físico

 ## Objetivos para el desarrollo del niño

✓ Perfeccionar la coordinación entre vista y manos
✓ Elongar y fortalecer los músculos del brazo

MATERIALES:

Hebras de lana de 18 pulgadas (45 cm) para cada juguete

2 ó 3 juguetes interesantes para bebés

PREPARACIÓN:

☼ Ate un extremo de la hebra a cada juguete. Luego, ate el otro extremo al soporte de manera que el juguete cuelgue. La hebra debe de ser lo suficientemente larga como para que el infante en brazos pueda alcanzar los juguetes con facilidad.

ESTRATEGIAS EDUCATIVAS:

1. Lleve al infante hacia los juguetes.
2. Tóquelos y describa lo que sucede. Puede decirle, por ejemplo:
   "(Antonio), toqué los juguetes. Mírame. Utilicé mi mano".
3. Incite al infante a tocar los juguetes con las manos diciendo:
   "¿Puedes tocar los juguetes? Agárralos. Usa tus manos".
4. Alce al infante de manera que pueda moverlos sólo con un manotazo.
5. Elógielo por haber tocado/movido los juguetes. Por ejemplo, puede expresar:
   "(Antonio), lo lograste. ¡Moviste los juguetes!"
6. Aléjelo un poco de los juguetes. Luego, vuelva a incitarlo a moverlos.
7. Estimúlelo con palabras como:
   "Estírate, (Antonio), estírate. ¡Puedes hacerlo! Agarra el juguete".
   Si el niño mueve o atrapa el juguete, celebre su logro. Si falla, continúe estimulándolo.
8. Si sigue intentando sin éxito, acérquelo a los juguetes a fin de que experimente el triunfo.

 ## Puntos destacados del desarrollo

La coordinación entre la vista y las manos está mejorando. A los tres meses, el infante manotea los objetos de una manera descoordinada. Entre los movimientos más importantes adquiridos en esta etapa se encuentra aquel que le permite estirar una mano para llegar al objeto deseado. Usando la mano como un rastrillo, podrá levantar objetos.

A los seis meses, la mayoría de los infantes cuentan con un sistema de alcance y asimiento sofisticado. Pueden fijar su atención en un objeto desde cierta distancia y llevar sus manos hacia él. Además, pueden acomodar las manos al tamaño del objeto que agarran. En esta etapa pueden manipular, golpear y llevarse los objetos a la boca de una manera coordinada (Bentzen, 1997).

VARIANTES:

☼ Utilice una cuerda más larga a fin de que el infante pueda alcanzar los juguetes acostado sobre una manta.

INFORMACIÓN ADICIONAL:

☼ Por razones de seguridad, utilice hebras de lana, ya que se rompen con facilidad. A fin de prevenir una posible estrangulación, vigílelo siempre cuando esté utilizando lana. Deberán evitarse los juguetes con cordones, cintas, cuerdas, hilos o tiras. Podrían enroscarse en el cuello o en las muñecas del infante.

☼ Observe que a los niños pequeños les encanta jalar de un hilo. La práctica continua en dicha tarea contribuirá a enseñarles cómo resolver el problema de obtener los objetos deseados.

Darse vuelta

FÍSICO

ÁREA DE DESARROLLO: Físico

 ## Objetivos para el desarrollo del niño

✓ Ejercitar ponerse de espaldas estando de costado
✓ Practicar el seguimiento visual de un objeto

MATERIALES:

1 ó 2 juguetes interesantes para infantes

Manta o esterilla

PREPARACIÓN:

♡ Elija un lugar que pueda vigilar constantemente. Límpielo y extienda allí la manta o esterilla.

ESTRATEGIAS EDUCATIVAS:

1. Acueste al infante en un costado de la manta.
2. Llame su atención mostrándole y describiéndole los objetos, uno por vez. Por ejemplo, dígale:
   "(Ingrid), éste es un elefante. Tiene una nariz muy larga".
3. Quite los juguetes de su línea de visión. Estimúlelo a buscarlos. Por ejemplo, dígale:
   "¿Adónde fue el elefante? Búscalo. Date vuelta".
4. Si el infante se vuelve o si intenta hacerlo, demuestre aprobación. Por ejemplo, exclame:
   "(Ingrid), estás esforzándote".
   "¡Te diste vuelta!"
5. Si no busca el juguete, vuelva a colocarlo en su campo de visión. Lentamente, muévalo mientras el infante lo sigue con la mirada. Continúe moviéndolo hasta que gire y se ponga de espaldas. Exprese ánimo y aprobación según crea necesario.

Puntos destacados del desarrollo

En esta etapa del desarrollo, la visión del infante está mejorando. Todo lo que hace lo observa con detenimiento. Ahora, la visión cumple un papel importante en su desarrollo físico. Está surgiendo la capacidad de reconocer los colores. Existen posibilidades de que distinga el azul, el verde, el rojo y el amarillo comparados con otros colores (Berk, 1997).

VARIANTES:

♡ Cuando haya alcanzado el desarrollo adecuado, comience a practicar el cambio desde la posición de espaldas a la de costado.
♡ Utilice pelotas suaves y texturadas que produzcan sonidos agradables al moverse.

INFORMACIÓN ADICIONAL:

♡ Esconder juguetes a ambos lados del infante provocará un desarrollo muscular uniforme.
♡ Al elegir los juguetes, tenga en cuenta las medidas de seguridad. Tenga cuidado con los que contengan piezas pequeñas separables. Si el niño las sacara, podrían atascarse en los orificios nasales, los oídos o la tráquea.

FÍSICO

¡Todos para arriba!

ÁREA DE DESARROLLO: Físico

 Objetivos para el desarrollo del niño

✓ Fortalecer de los músculos inferiores de la espalda
✓ Sentarse derecho en posición de "trípode" con apoyo

MATERIALES:

Manta o esterilla

Almohadas o acolchado enrollado

Juguete

PREPARACIÓN:

♡ Observe al infante. Una vez que esté lo suficientemente fuerte como para levantar el torso del suelo cuando está boca abajo, puede ayudarle a ejercitar la posición de sentado.

♡ Elija un lugar que pueda vigilar constantemente. Límpielo y extienda la manta o esterilla.

♡ Coloque las almohadas o el acolchado enrollado sobre la manta para que sirvan de soporte y de zona de seguridad ante caídas.

ESTRATEGIAS EDUCATIVAS:

1. Siente al infante erguido sobre la manta. Para ayudarle a mantener el equilibrio, ábrale las piernas y cree con ellas una base amplia. Si fuera necesario, acomode las almohadas o el acolchado para que esté bien apoyado.

2. Una vez que se encuentre firme y sentado sin su ayuda, elógielo. Puede expresar:
"Mira (Rafael). Estás sentado".
"¡Qué bebé tan fuerte!"

3. Incite al infante a investigar la habitación con la vista. Por ejemplo, dígale:
"Mira alrededor. ¿Qué puedes ver?"
"Mira al payasito".

4. Es necesario vigilarlo constantemente, a fin de que no se lastime ni se ahogue.

 Puntos destacados del desarrollo

Cuando los infantes pueden levantar el torso del suelo, están listos para comenzar a sentarse con ayuda. Aunque ellos quieren hacerlo, no pueden sentarse solos. Necesitan dicha ayuda para sentarse y para no balancearse una vez que lo han logrado.

VARIANTES:

♡ Dele un juguete para que explore con ambas manos y con la boca mientras está sentado. Tenga en cuenta que puede intentar pasar los objetos de una mano a la otra.

INFORMACIÓN ADICIONAL:

♡ Es necesario vigilarlo constantemente.

♡ Muchas veces los infantes, mientras aprenden a sentarse, se van hacia adelante. Por razones de seguridad, coloque a su alrededor materiales mullidos, como almohadas o mantas, a fin de crear una zona de seguridad ante posibles caídas.

Asimiento

FÍSICO

ÁREA DE DESARROLLO: Físico

Objetivos para el desarrollo del niño

✔ Ejercitar el asimiento con el antebrazo
✔ Desarrollar los músculos inferiores de la espalda
✔ Ejercitar el traslado de objetos de una mano a otra

MATERIALES:

Cubo de 3 pulgadas (7,5 cm) de lado como mínimo

Manta o esterilla

Almohadas o acolchado enrollado

PREPARACIÓN:

☼ Elija un lugar que pueda vigilar constantemente. Límpielo y extienda allí la manta o esterilla.

☼ Debido a que a esta edad la mayoría de los niños no pueden sentarse sin ayuda, coloque las almohadas o el acolchado enrollado sobre la manta para que sirvan de soporte y para crear una zona de seguridad ante caídas.

ESTRATEGIAS EDUCATIVAS:

1. Siente al infante erguido sobre la manta. A fin de lograr el equilibrio, extiéndale las piernas en posición de trípode para crear una base amplia.
2. Una vez que se encuentre estable, dele el cubo mientras le habla de él. Puede decirle, por ejemplo:
   "(Federico), mira. Aquí hay un cubo. Es rojo y suave".

3. Estimule al infante a investigar el cubo con ambas manos y con la boca. Promueva dichas acciones con palabras como:
   "(Federico), tócalo con la otra mano".
   "Ponlo en la izquierda".

Puntos destacados del desarrollo

Cuando se debilita el reflejo de asimiento del recién nacido, lo reemplaza el que se realiza con el cúbito, un movimiento torpe por el que los dedos se cierran contra la palma de la mano (Berk, 1997). Se sostienen los objetos con los cuatro dedos, por lo que se le denomina asimiento en guante. Ocasionalmente, utilizará sólo uno o dos dedos contra la palma para tomar los objetos.

VARIANTES:

☼ Dele otros juguetes que le gusten para que los observe, agarre o investigue mientras se encuentra sentado.

INFORMACIÓN ADICIONAL:

☼ Identificar las manos como izquierda y derecha sólo servirá para que el infante se dé cuenta de que tiene dos manos y que son un poco diferentes. No podrán demostrar correctamente que entienden cuál es una y cuál la otra.

☼ Elija los juguetes con cuidado. En el apéndice B se adjunta un listado de pautas al respecto.

FÍSICO

Ejercitador

ÁREA DE DESARROLLO: Físico

Objetivos para el desarrollo del niño

✓ Desarrollar la coordinación entre vista y manos
✓ Ejercitar el reflejo cubital

MATERIALES:

Manta

Ejercitador

PREPARACIÓN:

❧ Elija un lugar que pueda vigilar constantemente. Límpielo y extienda allí la manta.
❧ Coloque el ejercitador sobre la manta.

ESTRATEGIAS EDUCATIVAS:

1. Acueste al infante boca arriba sobre la manta debajo del ejercitador.
2. Atraiga su atención agitando los juguetes que cuelgan de él. Describa los objetos a medida que los vaya tocando. Por ejemplo:
   "(Julio), mira el oso negro. Hace ruido".
3. Estimule al infante a alcanzar o asir los juguetes de esta manera:
   "(Julio), alcánzalo. Estírate. Toca el osito".
   "¡Lo tocaste! Ahora, agárralo".
4. Elogie tanto sus intentos como sus logros. Puede decirle:
   "Agarraste el oso. Es suave".
   "(Julio), estás agitando el juguete. Estás esforzándote".

Puntos destacados del desarrollo

Cuando ya puedan llevarse objetos a la boca, comenzarán a utilizar los dedos y la palma de la mano con movimientos de rastrillo. Esta clase de desarrollo de la mano puede estimularse colocando objetos a su alcance. Además, en esta etapa, están aprendiendo la importancia que tiene utilizar las manos.

VARIANTES:

❧ Fabrique su propio ejercitador colgando juguetes de la mesa con hebras de lana.

INFORMACIÓN ADICIONAL:

❧ Revise minuciosamente la estabilidad del ejercitador. Si se encontrara en una superficie irregular, quizá no pueda soportar el peso del niño y, por lo tanto, constituiría un peligro para su seguridad.
❧ Vigile cuidadosamente al infante mientras está jugando con el ejercitador. Asegúrese de que su cuerpo no se separa del suelo.
❧ Jugar con juguetes suspendidos por mucho tiempo puede ser peligroso. Una vez que los infantes comienzan a sentarse o a levantarse con las manos o con las rodillas deberán quitarse (Abrams & Kaufman, 1990).

Asir y jalar

FÍSICO

ÁREA DE DESARROLLO: Físico

 Objetivos para el desarrollo del niño

✓ Ejercitar el asimiento "de guante"
✓ Fortalecer los músculos superiores e inferiores del brazo

MATERIALES:

Manta o esterilla

Carrete de madera

Banda elástica de 12 pulgadas (30 cm)

Alfiler de gancho

Cinta adhesiva

PREPARACIÓN:

☼ Asegure el carrete a la banda elástica, pasando un extremo por el centro del carrete y sujetando con el alfiler de gancho.

☼ Elija un lugar que pueda vigilar constantemente. Límpielo y extienda allí la manta o esterilla.

☼ **Precaución:** Luego de cerrar los alfileres, envuélvalos siempre con cinta adhesiva.

ESTRATEGIAS EDUCATIVAS:

1. Acueste al infante boca arriba sobre la manta.
2. Atraiga su atención bajando el carrete a su línea de visión, señalándoselo y diciendo:
   "(Catalina), mira el carrete. Agárralo".
3. Recompense sus intentos de asir el carrete exclamando:
   "Lo tocaste. Ahora, agárralo".
   "Estás sosteniendo el carrete".
4. Cuando el infante haya tomado el carrete, diga:
   "Sosténlo fuerte. Voy a tirar de él".
   Al decir esto, comience a tirar suavemente del elástico.

5. Estimúlelo a ejercitar los músculos del brazo explicándole:
   "Ahora, jala tú".
   "Tira. Estás tirando del carrete".
6. Si le demuestra aprobación es posible que el niño continúe con la interacción. Puede decirle, por ejemplo:
   "Qué bebé tan fuerte".
   "Sigue jalando. Bueno, qué brazos tan fuertes tienes".

👁 **Puntos destacados del desarrollo**

Las manos del infante se están volviendo más funcionales. A medida que mejora la coordinación entre las manos y la visión, comenzarán a tomarse los pies y a llevárselos a la boca. Además, podrán dar palmadas contra los muslos. Mediante estas actividades físicas, están, también, descubriendo nuevas sensaciones sensoriomotrices.

VARIANTES:

☼ Ajuste alguno de sus juguetes favoritos a la banda elástica.

INFORMACIÓN ADICIONAL:

☼ Es posible que le sorprenda la fuerza del infante. Agarre con fuerza la banda elástica, a fin de evitar que el carrete lo lastime. Si la banda se soltara, el carrete podría golpearlo.

FÍSICO

Fuerza para sentarse

ÁREA DE DESARROLLO: Físico

 ## Objetivos para el desarrollo del niño

✓ Fortalecer los músculos inferiores de la espalda
✓ Conseguir equilibrio en posición de sentado

MATERIALES:

Manta o esterilla

PREPARACIÓN:

☼ Elija un lugar que pueda vigilar constantemente.
Límpielo y extienda allí la manta o esterilla.

ESTRATEGIAS EDUCATIVAS:

1. Acueste al infante boca arriba sobre la manta.
2. Háblele sobre lo que va a suceder, por ejemplo:
   "(Amanda), dame tus manos. Extiéndelas".
   "Voy a ayudarte a sentarte".
3. Puede ser necesario que refuerce sus actos con palabras.
   En tal caso, repita:
   "Dame tus manos".
   Mientras habla, tome las manos del infante.
4. Suavemente, siéntela tirando de sus manos. Si fuera
   necesario, extiéndale las piernas en posición de trípode a
   fin de crear una base amplia.
5. Continúe estimulándolo mientras está sentado.

6. Aliéntelo para que comience a entender lo que sucede.
   Por ejemplo, dígale:
   "(Amanda), te levantaste. Ahora estás sentada".
   "Qué bebé tan fuerte. Te puedes sentar".

 ## Puntos destacados del desarrollo

Al estirarse hacia delante y extender los brazos en
posición de trípode, los infantes aprenden a equilibrar la
parte superior de sus cuerpos. Dicha posición se usa para
evitar caídas al intentar sentarse. Con el tiempo, los
infantes podrán sentarse utilizando sólo las piernas como
soporte del peso del cuerpo.

VARIANTES:

☼ Siempre que el niño esté acostado y sea necesario
levantarlo, ayúdelo a sentarse primero.

INFORMACIÓN ADICIONAL:

☼ Con frecuencia, a los infantes les gusta repetir las
actividades; por eso, repítala hasta que muestre signos de
pérdida de interés.

De cuatro a seis meses

DESARROLLO DEL LENGUAJE Y LA COMUNICACIÓN

LENGUAJE Y COMUNICACIÓN

"Tortitas"

ÁREA DE DESARROLLO: Lenguaje y comunicación

Objetivos para el desarrollo del niño

✓ Percibir formas del lenguaje de origen
✓ Asociar palabras con acciones

MATERIALES:

Manta o esterilla

PREPARACIÓN:

☼ Elija un lugar que pueda vigilar constantemente. Límpielo y extienda allí la manta o esterilla.

ESTRATEGIAS EDUCATIVAS:

1. Acueste al infante boca arriba sobre la manta o esterilla.
2. Llame su atención recitando "Pat-A-Cake" (dando palmadas a ritmo) mientras efectúa los movimientos descritos:

Pat-a-cake, pat-a-cake	(aplauda al ritmo)
Baker's man.	(aplauda al ritmo)
Bake me a cake	(aplauda al ritmo)
As fast as you can.	(aplauda al ritmo)
Roll it	(gire las manos)
And pat it	(dele golpecitos en la barriga)
And mark it with a (C)	(utilice la inicial del nombre del niño)
And put it in the oven	
For (Carlos) and me	(señale al infante y luego señálese a usted)

3. Estimúlelo comentándole sus reacciones frente a la canción. Por ejemplo, dígale:
"(Carlos), estás sonriendo. ¿Te gustó que te diese palmaditas en la barriga?"
4. Repita la canción mientras el infante muestre signos de interés. Estos pueden incluir la sonrisa, gorjeos y el contacto visual.

Puntos destacados del desarrollo

Ya que el control que poseen sobre los mecanismos de vocalización se está incrementando, en esta etapa los infantes comienzan a balbucear; en general, entre los seis y los diez meses. Escúchelos con cuidado. Notará que los infantes comienzan a combinar según los patrones de sílabas de la lengua de origen. Mientras que las vocales son los sonidos principales de los gorjeos, las consonantes lo son de los balbuceos. Las combinaciones típicas son "ma ma ma", "pa pa pa" y "ba ba ba" (Snow, 1998).

VARIANTES:

☼ Sostenga al infante en una posición que les permita mantener contacto visual mientras recita.

INFORMACIÓN ADICIONAL:

☼ Los infantes necesitan relacionarse con los adultos cara a cara, uno a uno. En estos momentos, aprenden lo que significa la confianza y la seguridad y desarrollan, también, capacidades lingüísticas.
☼ Imite todo sonido reconocible que produzca el infante.

Tiempo de balbucear

LENGUAJE Y COMUNICACIÓN

ÁREA DE DESARROLLO: Lenguaje y comunicación

 Objetivos para el desarrollo del niño

✓ Ejercitar el balbuceo
✓ Desarrollar destrezas lingüísticas

MATERIALES:

Ninguno

PREPARACIÓN:

☙ Observe al infante. ¿Balbucea de manera espontánea? ¿Parece estar buscando interactuar socialmente? Por ejemplo, ¿lo busca el infante por la habitación o se le queda mirando?

ESTRATEGIAS EDUCATIVAS:

1. Si pareciera que el infante quiere interactuar, acérquese a él de manera que se vean. Si lo desea, álcelo.
2. Escuche las vocalizaciones que produzca. Cuando haga una pausa, imítelas. Espere. Esto incitará al infante a volver a producir vocalizaciones.
3. A fin de modificar la conversación, invente una serie nueva de balbuceos cuando le toque el turno. Observe detenidamente a fin de percatarse si el infante imita sus vocalizaciones.

4. Elógielo para estimularlo a continuar balbuceando. Por ejemplo, diga:
"(Felipe), estamos conversando".
"Estás hablando mucho hoy. Dime algo más".

Puntos destacados del desarrollo

La capacidad de hablar de los niños pequeños depende, en parte, de la estimulación que reciban de los adultos que los rodean. Por lo tanto, es necesario hablar y conversar con frecuencia con ellos (Leach, 1992).

Los niños responden a los sonidos con sonidos. La facilidad, fluidez y complejidad con que balbuceen están muy relacionadas con la facilidad y la velocidad con que, más tarde, aprenderán a usar el lenguaje expresivo.

VARIANTES:

☙ Cuando el infante produzca un sonido reconocible, repítalo.
☙ Enséñele sílabas nuevas.

INFORMACIÓN ADICIONAL:

☙ Muchos infantes "conversan" consigo mismos a fin de mejorar sus capacidades lingüísticas. En consecuencia, también necesitan tiempo para el ejercicio de sus balbuceos privados.
☙ Preste atención a su tono de voz para advertir los signos de placer y de inquietud. Esto la dará la clave para continuar o no con la actividad.

LENGUAJE Y
COMUNICACIÓN

¿Qué va a suceder?

ÁREA DE DESARROLLO: Lenguaje y comunicación

 Objetivos para el desarrollo del niño

✓ Desarrollar el lenguaje pasivo
✓ Percibir formas del lenguaje de origen

MATERIALES:

Ninguno

PREPARACIÓN:

☼ Observe la disposición del niño a fin de determinar el momento adecuado para comenzar con la experiencia.

ESTRATEGIAS EDUCATIVAS:

1. Esta actividad puede desarrollarse en cualquier momento en que esté pasando de una experiencia o de una actividad de rutina a otra. Diga al infante lo que va a ocurrir describiéndole la situación con palabras.

2. Hágale saber qué va a pasar. Puede decirle, por ejemplo:
   "Luego de lavarte las manos, iremos de paseo.
   A ti te gusta salir".
   "Después de que te lave las manos, te acostaré en la cuna.
   Tienes mucho sueño. ¿Te gustaría escuchar una canción?"
   "Antes de comer, hay que lavarse las manos".
   "Voy a leerte un libro antes de que duermas la siesta".

 Puntos destacados del desarrollo

Las rutinas crean un ambiente predecible y estable para los infantes al darles un modelo. Al prepararlo para la siguiente etapa de la rutina se afianza su sentido de seguridad.

VARIANTES:

☼ Contarles sobre lo que va a suceder produce un contexto para sucesos posteriores y estimula el desarrollo de la memoria auditiva.

INFORMACIÓN ADICIONAL:

☼ A los infantes también les gustan las canciones. Por lo tanto, para agregar variedad, intente comunicarle el cambio de rutina con una canción. (En los apéndices E y F se adjuntan algunos juegos de mímica y canciones, respectivamente.)

"Bumping Up and Down"

LENGUAJE Y COMUNICACIÓN

ÁREA DE DESARROLLO: Lenguaje y comunicación

Objetivos para el desarrollo del niño

✓ Asociar las palabras con acciones
✓ Desarrollar el lenguaje pasivo

MATERIALES:

Canción "Bumping Up and Down"

Cartulina o ficha y marcador con punta de fieltro

PREPARACIÓN:

- Si ha memorizado la letra de la canción "Bumping Up and Down", no se necesita preparación. Sin embargo, si le viene bien una ayuda, fabrique un póster o una nota con la letra y las acciones correspondientes.

ESTRATEGIAS EDUCATIVAS:

1. Siéntese y coloque al infante en sus rodillas para que se vean y, con suavidad, hágalo saltar.
2. Cante la canción que sigue:
   - ♫ Bumping up and down in a little red wagon (haga saltar al niño en su rodilla)
   - ♫ Bumping up and down in a little red wagon (haga saltar al niño en su rodilla)
   - ♫ Bumping up and down in a little red wagon (haga saltar al niño en su rodilla)
   - ♫ Won't you be my darling?
   - ♫ One wheel's gone and the axle's broken (haga saltar al niño en su rodilla)
   - ♫ One wheel's gone and the axle's broken (haga saltar al niño en su rodilla)
   - ♫ One wheel's gone and the axle's broken (haga saltar al niño en su rodilla)
   - ♫ Won't you be my darling?

- ♫ (*José*) gonna fix it with his (*martillo*) (produzca sonidos de herramienta)
- ♫ (*José*) gonna fix it with his (*martillo*) (produzca sonidos de herramienta)
- ♫ (*José*) gonna fix it with his (*martillo*) (produzca sonidos de herramienta)
- ♫ Won't you be my darling?

3. Reemplace a las personas que aparecen en la canción, utilizando a los padres, hermanos o amigos. También puede reemplazar las herramientas que se utilizan en los versos siguientes, como martillos, tenazas y reglas .
4. Continúe cantando mientras el infante muestre interés con sonrisas o con el contacto visual.

Puntos destacados del desarrollo

Los niños aprenden los sonidos de su lengua de origen por estar expuestos reiteradamente a ella. En esta etapa, el balbuceo es una imitación de los ritmos y sonidos que han oído. Preste atención. Se dará cuenta de que el infante producirá una entonación descendente como haciendo una afirmación y una ascendente al hacer una pregunta.

VARIANTES:

- Cante una canción infantil mientras realiza la acción correspondiente.

INFORMACIÓN ADICIONAL:

- Ésta es una canción larga. Usted puede cantar sólo la primera estrofa, hacer una pausa y luego cantar la segunda, siempre que el niño siga mostrando interés en la actividad.

LENGUAJE Y COMUNICACIÓN

Contar cuentos con libros ilustrados

ÁREA DE DESARROLLO: Lenguaje y comunicación

 Objetivos para el desarrollo del niño

✓ Desarrollar el lenguaje pasivo
✓ Producir balbuceos

MATERIALES:

Libro de dibujos

PREPARACIÓN:

❧ Observe la disponibilidad del niño a fin de determinar el momento más adecuado para desarrollar la experiencia.
❧ Ubique el libro en un lugar accesible.

ESTRATEGIAS EDUCATIVAS:

1. Alce al infante de manera tal que ambos puedan ver el libro.
2. Llame su atención diciendo:
   "(Tomás), tengo un libro. Habla sobre tus gatitos. A ti te gustan los gatitos. Vamos a mirarlo juntos".
3. Comience a "leerle" el libro. Describa los dibujos mientras los señala.
4. Estimúlelo a conversar señalándolos y haciendo preguntas tales como:
   "(Tomás), ¿qué está haciendo el gatito?"
   "¿Qué es esto?"
5. Haga una pausa para permitir que el infante responda con balbuceos.
6. Apruebe sus respuestas con comentarios como:
   "Muy bien, (Tomás). El gatito está empujando la pelota".
7. Si el infante muestra signos de interés, como sonrisas o balbuceos, vuelva a leerle el libro.

 Puntos destacados del desarrollo

Los infantes aprenden a hablar por turnos cuando los adultos les enseñan. Por ejemplo, los adultos deben primero hacer una pregunta. Luego, deben hacer una pausa a fin de darle al infante la oportunidad de responder con un balbuceo. Después de que produzca una sílaba reconocible, es necesario responderle o imitarlo.

VARIANTES:

❧ Prepare un libro ilustrado que se ajuste a los gustos del infante. Pueden ser recortes de revistas o fotos reales del niño, su familia y su mundo inmediato.

INFORMACIÓN ADICIONAL:

❧ Elija libros resistentes que tengan sólo un dibujo por página. Es preferible que las láminas reflejen objetos y situaciones de su entorno inmediato. En esta etapa del desarrollo, los infantes no pueden seguir una historia, lo que hace que el texto sea innecesario.
❧ Los libros de cartón son más fáciles de manejar, tanto para usted como para el infante. Además, este tipo de libros duran más.

"One, Two, Buckle . . .".

LENGUAJE Y COMUNICACIÓN

ÁREA DE DESARROLLO: Lenguaje y comunicación

 Objetivos para el desarrollo del niño

✓ Percibir formas del lenguaje de origen
✓ Desarrollar el ritmo

MATERIALES:

Silla infantil

Ficha y marcador con punta de fieltro

PREPARACIÓN:

☙ Si fuera necesario, escriba la letra de la canción "One, Two, Buckle My Shoe" en una ficha. Llévela en el bolsillo para tenerla siempre disponible.

☙ Elija un lugar para ubicar la silla infantil y límpielo.

ESTRATEGIAS EDUCATIVAS:

1. Asegure al infante a la silla con las bandas de seguridad.
2. Ubíquese de manera que pueda ver al pequeño y a todo niño que se encuentre a su cuidado.
3. Llame su atención con la siguiente canción infantil:

> One, two, buckle my shoe
> Three, four, shut the door Five, six, pick up sticks
> Seven, eight, lay them straight
> Nine, ten a big tall hen.

4. Mientras recita, golpee suavemente la pierna del infante con la mano al ritmo de la canción.
5. Continúe recitando mientras el infante muestre interés con vocalizaciones, sonrisas, movimientos corporales o contacto visual.

Puntos destacados del desarrollo

La primera experiencia que tiene un infante del ritmo es en el vientre materno, al oír los latidos del corazón de la madre. Ritmos tales como los que producen las aspas de un ventilador o un reloj lo ayudan a sobrellevar las aflicciones externas e internas. En consecuencia, la comunicación mediante expresiones con ritmo desarrolla un papel muy importante en su desarrollo.

VARIANTES:

☙ Cante canciones o recite juegos de mímica que tengan un ritmo constante y fácil. En el apéndice E se adjuntan juegos de mímica y en el F, canciones.

INFORMACIÓN ADICIONAL:

☙ En esta etapa del desarrollo, se cuenta a fin de desarrollar el sentido del ritmo, no para estimular el entendimiento de los conceptos numéricos.

Conversación

LENGUAJE Y COMUNICACIÓN

ÁREA DE DESARROLLO: Lenguaje y comunicación

 Objetivos para el desarrollo del niño

✓ Ejercitar la capacidad de hablar por turnos
✓ Desarrollar el lenguaje activo

MATERIALES:

Ninguno

PREPARACIÓN:

☼ Reunir todos los elementos necesarios para cambiarle el pañal facilitará la tarea, ya que le permitirá centrar su atención en el niño.

ESTRATEGIAS EDUCATIVAS:

1. Mientras le cambia el pañal, relátele lo que está haciendo. Puede decirle:
   "(Analía), me estoy poniendo los guantes como protección".
   "Esto puede estar frío. Te voy a limpiar con el paño".
2. Converse con el infante haciéndole preguntas como:
   "¿Qué pasa ahora?"
3. Haga una pausa para darle tiempo a que le responda con un balbuceo.
4. Elogie su respuesta. Puede decirle, por ejemplo:
   "(Analía), sí. Tengo que limpiar el cambiador".
   "Bien, debo ponerte el pañal limpio primero".

 Puntos destacados del desarrollo

Dar ejemplo del lenguaje desempeña un papel muy importante en el desarrollo del niño. La única manera de que los infantes aprendan a emitir sonidos es que los oigan. En consecuencia, un ambiente rico en palabras, suele tener como resultado que progrese el lenguaje del infante.

VARIANTES:

☼ Háblele sobre lo que está mirando.
☼ Repita esta experiencia durante otras actividades de cuidado de rutina, como las comidas.

INFORMACIÓN ADICIONAL:

☼ Los infantes adquieren capacidades importantes del lenguaje y la comunicación al conversar con los adultos. Por lo tanto, repita esta actividad con frecuencia a fin de estimular esta área del desarrollo.
☼ Existen semejanzas entre los balbuceos de los infantes de todos los ámbitos lingüísticos. Incluso los niños sordos balbucean. Debido a que carecen del efecto recíproco, dejan de hacerlo más tempranamente (Snow, 1998).
☼ En esta etapa, si el infante no responde con balbuceos, es probable que tenga dificultades de audición. Un niño con frecuentes infecciones en los oídos puede sufrir dificultades auditivas.

De cuatro a seis meses

DESARROLLO COGNOSCITIVO

COGNOSCITIVO

Agitar el sonajero

ÁREA DE DESARROLLO: Cognoscitivo

 Objetivos para el desarrollo del niño

✓ Iniciar, repetidamente, comportamientos intencionales
✓ Imitar las acciones de quien lo cuida

MATERIALES:

3 sonajeros de diferentes medidas y con diferentes sonidos

Manta o esterilla

PREPARACIÓN:

♡ Elija un lugar que pueda vigilar constantemente. Límpielo y extienda la manta.

ESTRATEGIAS EDUCATIVAS:

1. Acueste al infante boca arriba sobre la manta o esterilla.
2. Llame su atención agitando y describiéndole los sonajeros. Puede expresar:
   "(Sara), tengo tres sonajeros. Tienen sonidos diferentes. Escúchalos".
3. Ubique los sonajeros a su alcance. Incítelo a asir uno diciendo:
   "Toca el sonajero. Muy bien".
   "Agarra uno con la mano".
4. Si fuera necesario, refuerce sus palabras con acciones ubicando, con suavidad, la mano del infante sobre el sonajero y repitiendo:
   "Agarra uno con la mano".

5. Comente el sonido del sonajero elegido. Ejemplos de lo que puede decirle pueden ser:
   "El sonajero hace un ruido suave".
   "El sonajero hace ruidos. Suena fuerte".
6. Si elogia al infante puede lograr que repita la acción. Puede decirle, por ejemplo:
   "Agítalo, agítalo, agítalo".
   "(Sara), hazlo otra vez".
   "Quiero oír el sonajero. Sigue agitándolo".
   "Estás agitando el sonajero".

 Puntos destacados del desarrollo

Es necesario que los infantes repitan las acciones o comportamientos a fin de agregar información a sus estructuras cognoscitivas. En consecuencia, cuando el infante se canse de una actividad, deténgase y repítala más tarde.

VARIANTES:

♡ Mantener al infante sentado le proporcionará diferentes panoramas mientras agita los sonajeros.
♡ Mientras el niño se encuentra sentado, repita la actividad utilizando una pelota que produzca música suave.

INFORMACIÓN ADICIONAL:

♡ Llamará la atención del niño y mantendrá su interés dándole diferentes sonajeros. Los más atractivos son los transparentes que muestran colores y producen sonidos atrayentes.
♡ Cambie sus juguetes y sonajeros, a fin de que posea algunos nuevos y otros conocidos.

Caída del juguete

COGNOSCITIVO

ÁREA DE DESARROLLO: Cognoscitivo

 Objetivos para el desarrollo del niño

✓ Desarrollar la comprensión de la permanencia del objeto
✓ Desarrollar la capacidad de solucionar un problema

MATERIALES:

Silla infantil alta

Juguetes de materiales blandos, como un pie de goma

PREPARACIÓN:

♡ Junte los juguetes y prepare la silla infantil alta para el infante.

ESTRATEGIAS EDUCATIVAS:

1. Comience esta actividad mientras se termina de preparar la comida o el biberón.
2. Asegure al infante en la silla alta con las bandas de seguridad. Ajuste la bandeja.
3. Ponga el juguete de goma en la bandeja para llamar la atención del pequeño. Si fuera necesario, comente:
   "(Alfredo), mira el juguete. Es un juguete de goma. Los dedos se muerden bien".
4. Observe al infante mientras juega. En algún momento lo dejará caer de la bandeja. Hágale preguntas al respecto para que comprenda que el objeto sigue existiendo aunque no lo vea. Por ejemplo:
   "¿Adónde se fue el juguete (Alfredo)?"
   "¿Lo buscamos?"
5. Sugiérale qué hacer para encontrarlo. Por ejemplo, diga:
   "Búscalo por el suelo".
   "Búscalo".

6. Elogie todo intento o logro al buscar el juguete diciendo:
   "¡Estás buscando el juguete!"
7. Puede ser necesario que refuerce sus palabras con acciones. Puede expresar:
   "Aquí está tu juguete —estaba en el suelo", mientras levanta el juguete y se lo da.

 Puntos destacados del desarrollo

Entre los cuatro y cinco meses, los infantes se percatan del principio de causa y efecto. Cuando dejan caer juguetes, aprenden de su capacidad de influir en el medio, ya que notan las reacciones en cadena que producen.
En consecuencia, seguirán tirando objetos adrede.

VARIANTES:

♡ Repita esta actividad, en especial los pasos 4 a 7, en cualquier momento en que deje caer y olvide un juguete.
♡ Siente al infante en otra silla más baja.

INFORMACIÓN ADICIONAL:

♡ Los infantes dejan caer objetos cuando se relajan los reflejos de asimiento. En esta etapa no constituye un comportamiento intencional. Esta actividad les enseña a buscar los objetos perdidos.
♡ Utilice el nombre del niño mientras desarrolla esta actividad. En esta etapa, comienzan a responder a él.

COGNOSCITIVO

¿Adónde está?

ÁREA DE DESARROLLO: Cognoscitivo

 ## Objetivos para el desarrollo del niño

✓ Desarrollar la comprensión del principio de permanencia del objeto
✓ Desarrollar la capacidad de solucionar un problema

MATERIALES:

Un juguete que le guste, como un animal de felpa

Manta liviana

PREPARACIÓN:

☼ Si tuviera una mesa de la medida del niño, límpiela para esta actividad. Si no la tuviera, puede utilizar una mesa baja. Coloque el muñeco de felpa sobre ella.

ESTRATEGIAS EDUCATIVAS:

1. Siéntese sobre la mesa con las piernas cruzadas a la altura de los tobillos. Luego, siente al infante en su regazo a fin de proporcionarle el apoyo necesario. Colóquese para que el infante esté cerca de la mesa.
2. Atraiga su atención señalando el juguete, identificándolo y describiéndoselo. Por ejemplo, diga:
   "(Joaquín), mira el perrito. Es blanco y negro".
   "¿Ves este chanchito? Los chanchitos hacen 'oink.'"
3. Cuando el niño esté prestándole atención, cubra parcialmente el juguete con la manta.
4. Pregúntele:
   "¿Adónde se fue? ¿Dónde está el perrito?"

5. Si el niño no busca el juguete, propóngale pistas o sugerencias para estimularlo:
   "(Joaquín), busca el juguete".
   "Levanta la manta".
6. Elógielo por sus intentos y sus logros.
   "(Joaquín), lo buscaste. ¡Encontraste el perrito!"
   "Moviste la manta. ¡El chanchito estaba escondido!"

 ## Puntos destacados del desarrollo

Es este momento, el infante está aprendiendo el principio denominado "permanencia del objeto", que constituye la comprensión de que el objeto existe aunque esté fuera del campo de visión. En esta etapa, cuando se esconda un objeto parcialmente, en general, el infante lo buscará y lo encontrará.

VARIANTES:

☼ Esconda el juguete cuando el infante esté distraído para aumentar la dificultad de esta actividad.

INFORMACIÓN ADICIONAL:

☼ Si estimula al niño a buscar el objeto escondido, lo ayudará a desarrollar la comprensión del principio de permanencia del objeto.

4 A 6 MESES

¿Adónde se fue?

COGNOSCITIVO

ÁREA DE DESARROLLO: Cognoscitivo

 Objetivos para el desarrollo del niño

✓ Desarrollar la comprensión de la permanencia del objeto
✓ Desarrollar las capacidades de comprensión del principio causa y efecto

MATERIALES:

Manta liviana

Pañales

PREPARACIÓN:

☺ Reúna todos los materiales necesarios y colóquelos cerca del cambiador a fin de facilitar el desarrollo de la actividad.

ESTRATEGIAS EDUCATIVAS:

1. Comience con esta experiencia durante el cambio de pañales y luego de dicha actividad de rutina.
2. Haga una pelota con la manta y désela al infante estimulándolo a que la agarre con ambas manos.
3. Cuando se lleve la manta a la boca, no podrá ver su cara. Con un tono de entusiasmo, pregunte:
   "¿Adónde fue (Estefanía)?"

4. Probablemente, el infante bajará los brazos para mirarlo. Cuando esto ocurra, exclame:
   "¡Oh, ahí estás (Estefanía), no te fuiste!"
5. A fin de estimular el desarrollo del principio de causa y efecto, puede decirle:
   "(Estefanía), cuando cubriste tu cara, no podía verte".

☀ **Puntos destacados del desarrollo**

Ahora los infantes actúan más intencionalmente en sus relaciones con las personas y los objetos que los rodean. Obsérvelos. Agitan los sonajeros para oír los sonidos que producen o para saber qué sucede. Antes de esta etapa, cuando agitaba los sonajeros se concentraba en la actividad motriz. Ahora, balbuceará para llamar su atención.

VARIANTES:

☺ Cubra su propia cara con las manos y pregunte, *"¿dónde está (Estefanía)?"*

INFORMACIÓN ADICIONAL:

☺ Los juegos de escondidas son los favoritos de los niños de esta edad hasta, aproximadamente, los veinticuatro meses. Por lo tanto, es importante repetir este tipo de juegos con frecuencia. La repetición estimula el aprendizaje y el sentido de seguridad.

COGNOSCITIVO

Vamos de pesca

ÁREA DE DESARROLLO: Cognoscitivo

Objetivos para el desarrollo

✓ Experimentar con el principio de causa y efecto
✓ Desarrollar la comprensión del principio de permanencia del objeto

MATERIALES:

1 hebra de lana

Juguete liviano con forma de pez

PREPARACIÓN:

☼ Ate un extremo de la hebra al juguete.

ESTRATEGIAS EDUCATIVAS:

1. Siente al infante en la silla alta y asegúrela con las bandas de seguridad.
2. Mientras le muestra el pez, diga:
   "(Alicia), este es un pez. Míralo. Está atado al hilo".
3. Ate el juguete en la bandeja de la silla para que el infante pueda alcanzar la hebra con facilidad. Estimúlelo a asirla. Puede decirle, por ejemplo:
   "Busca el pez. ¿Adónde se fue?"
   "Tira del hilo para encontrarlo".
4. Si no lo busca, será necesario que refuerce sus palabras con acciones. Por ejemplo, mientras toca la hebra, exclame:
   "Levanta el hilo. Tira de él para que aparezca el pez".
5. Elogie las acciones del infante a fin de continuar con el juego. Por ejemplo, diga:
   "(Alicia), lo lograste. Tiraste del hilo. ¡El pez apareció!"
   "Encontraste el pez".

Puntos destacados del desarrollo

En esta etapa del desarrollo, la duración de la memoria y de la atención se está incrementando. Los niños saben que cuando mueven o agitan un sonajero, producirán un sonido. De la misma manera, saben que cuando dejan caer una cuchara, algo ocurrirá. Alguien la recogerá, hará un gesto o dirá algo. Como resultado, los infantes repetirán tales comportamientos para producir una reacción. De esta manera, están aprendiendo el principio de causa y efecto.

VARIANTES:

☼ Cuelgue tres hebras de lana. Ate el pez a una de ellas. Estimule al infante a buscar el juguete.

INFORMACIÓN ADICIONAL:

☼ Al principio, es posible que el infante no lo busque, pues que esté "fuera del campo de visión" significa que está "fuera de la mente". Si lo estimula a buscarlo estará colaborando con el desarrollo de la comprensión del principio de permanencia del objeto.

☼ En esta etapa del desarrollo, los infantes necesitan control constante cuando están jugando o desarrollando una actividad, incluso cuando están jugando con lana.

¿Qué hago con esto?

COGNOSCITIVO

ÁREA DE DESARROLLO: Cognoscitivo

 Objetivos para el desarrollo del niño

✔ Utilizar los esquemas cognoscitivos existentes
✔ Desarrollar esquemas cognoscitivos nuevos
✔ Experimentar con el principio de causa y efecto

MATERIALES:

Un juguete totalmente nuevo

Manta

3 ó 4 almohadas

PREPARACIÓN:

☼ Elija un lugar que pueda vigilar constantemente. Límpielo y extienda la manta.

☼ Coloque las almohadas en un pequeño semicírculo sobre la manta.

ESTRATEGIAS EDUCATIVAS:

1. Siente al infante en el centro del semicírculo. Acomode las almohadas según sea necesario a fin de que lo sostengan.

2. Atraiga su atención mostrándole un juguete y diciendo: *"(Ana), este es un juguete nuevo. ¿Qué puedes hacer con él?"*

3. Observe al infante mientras investiga el juguete. Note que utiliza los esquemas cognoscitivos para investigarlo, lo muerde, lo agarra, lo deja caer, lo agita, lo golpea, etc.

4. A fin de ayudarlo a desarrollar esquemas cognoscitivos nuevos, sugiérale investigar el objeto de manera diferente. Por ejemplo, si lo está mordiendo y agarrando, muéstrele que puede agitarlo. *"Agítalo. Agita, agita, agita".*

5. Cuando sea necesario, refuerce sus palabras con acciones. Por ejemplo: *Diga "agita, agita, agita", mientras mueve, con suavidad, el brazo del infante.*

 Puntos destacados del desarrollo

En esta etapa, los infantes necesitan objetos y oportunidades para investigar el principio de causa y efecto. Ya han desarrollado una cantidad increíble de maneras de investigar los objetos mediante los sentidos: mirar, saborear, tocar, oír y oler. Estimúlelos a seguir agregando nuevos esquemas de exploración a los ya existentes. Por razones de seguridad, es necesario que tales objetos sean lo suficientemente grandes como para que no los traguen. Además, deben ser livianos e irrompibles.

VARIANTES:

☼ Muéstrele su juguete favorito. Observe la manera en que el infante lo estudia. ¿Ha sufrido modificaciones?

INFORMACIÓN ADICIONAL:

☼ A menos que se les den juguetes nuevos o raros, el niño puede perder interés. Sin embargo, no es necesario que los juguetes sean caros. Reemplácelos por cajas, cucharas de madera, cucharas para medir con anillos, vasos irrompibles y tazas.

COGNOSCITIVO

Movamos el patito

ÁREA DE DESARROLLO: Cognoscitivo

 Objetivos para el desarrollo del niño

✓ Utilizar el cuerpo para obtener el efecto deseado
✓ Desarrollar la capacidad de solucionar un problema

MATERIALES:

Manta liviana

Un juguete que le guste, como un pato de goma

Mesa para niños o mesa baja

PREPARACIÓN:

❧ Para esta actividad, limpie una mesita y extienda allí la manta a 5 ó 6 pulgadas (12 a 15 cm) del lugar donde se encuentren.

❧ Coloque el juguete en el medio de la manta.

ESTRATEGIAS EDUCATIVAS:

1. Siéntese frente a la mesa y cruce las piernas a la altura de los tobillos. Luego, siente al infante en su regazo para proporcionarle el soporte físico necesario. Vuelva a acomodarse según sea necesario, de manera que el infante esté cerca de la mesa.

2. Llame su atención señalando el juguete y describiéndolo. Puede expresar:
   "(Héctor), mira el patito. Te gusta apretar el patito. Hace ruido"

3. Estimule al infante a asir el pato diciendo:
   "Agarra la manta. Tira de ella. Tira. Mueve el patito".

4. Puede ser necesario que refuerce sus palabras con acciones. Si lo fuera, coloque suavemente la mano del infante sobre la manta mientras dice:
   "Tócalo, (Héctor). Agarra la manta".
   "Ahora, tira de ella".

5. Continúe estimulándolo mientras dura la experiencia para mantenerlo atento. Puede decirle:
   "(Héctor), agarraste la manta".
   "Moviste la manta".
   "Sabes donde buscar el patito".
   "¡Mírate! Estás apretando el patito".

 Puntos destacados del desarrollo

En esta etapa, los niños aprenden rápido. Su desarrollo depende de la interacción que existe entre la naturaleza y la educación que reciben. Para desarrollarse adecuadamente, necesitan estimulación. Además, se ven beneficiados por las interacciones con los padres y demás personas que los cuidan.

VARIANTES:

❧ Repita esta actividad cuando el infante esté acostado boca abajo en el suelo. Esto lo incitará a soportar su peso con una mano o con uno de los lados del cuerpo. Además, en esta posición, fortalecerá la parte superior del cuerpo.

INFORMACIÓN ADICIONAL:

❧ Esta actividad promueve el desarrollo de la capacidad cognoscitiva de resolver un problema. Con su ayuda, los infantes pueden emprender esta actividad. Dentro de algunos meses, podrán repetirla de manera independiente.

De cuatro a seis meses

DESARROLLO SOCIAL

SOCIAL

¿Quieres jugar?

ÁREA DE DESARROLLO: Social

 Objetivos para el desarrollo del niño

✓ Interactuar con un adulto conocido
✓ Conseguir la atención de un adulto
✓ Desarrollar el sentido de confianza

MATERIALES:

Ninguno

PREPARACIÓN:

✿ Observe al niño detenidamente a fin de notar signos de interés y disponibilidad.

ESTRATEGIAS EDUCATIVAS:

1. El infante mostrará signos de querer interactuar mediante balbuceos o sonrisas mientras busca o mira a una persona que le es familiar.
2. Cuando vea tales signos, ubíquese de manera que puedan verse.
3. Responda a sus señales diciendo, por ejemplo:
   "Me estás diciendo que quieres jugar".
   "Te estoy prestando atención. Juguemos".
   "Te oí balbucear. Dime más".
4. Continúe estimulándolo, descríbale lo que sucede o imite sus balbuceos.

 Puntos destacados del desarrollo

En esta etapa del desarrollo, los infantes buscarán a un adulto que les sea familiar para interactuar. También les gusta jugar y responder a las expresiones emocionales de los demás. En realidad, a los cinco meses de edad ya pueden diferenciar una expresión vocal triste de una alegre (Feldman, 1998).

VARIANTES:

✿ Juegue compartiendo su juguete favorito.

INFORMACIÓN ADICIONAL:

✿ A los infantes, en general, les gusta balbucear para sí mismos. A fin de llamar la atención de quienes los cuidan, pueden sonreír o gritar, y pueden, también, utilizar el lenguaje corporal, como dar patadas. Esto ayuda a afianzar el desarrollo de las capacidades de comunicación.

Hagamos música

SOCIAL

ÁREA DE DESARROLLO: Social

 Objetivos para el desarrollo del niño

✓ Imitar el comportamiento del padre
✓ Proseguir el desarrollo de una relación con un adulto conocido

MATERIALES:

Manta o esterilla

4 almohadas o un acolchado

2 cucharas de madera

2 moldes de aluminio para tarta

PREPARACIÓN:

☼ Elija un lugar que pueda vigilar constantemente. Límpielo y coloque allí la manta o esterilla.

☼ Si el infante se puede sentar sin su ayuda, no necesita más preparación. Si aún no domina esta capacidad, acomode las almohadas o enrolle el acolchado en un semicírculo sobre la manta o esterilla.

ESTRATEGIAS EDUCATIVAS:

1. Siente al infante sobre la manta o esterilla. Separe sus piernas a manera de trípode a fin de crear una base amplia para que pueda mantener el equilibrio. Asegúrese de que las almohadas o el acolchado lo sostienen mientras está sentado.

2. Coloque el molde de aluminio entre sus piernas y sostenga la cuchara de madera.

3. Ubíquese de manera tal que se puedan ver. Además, coloque un molde de tarta en su regazo.

4. Observe al infante mientras investiga las herramientas nuevas.

5. Estimúlelo a producir música con las herramientas que le ha dado. Por ejemplo, puede decir:
   "(Morena), golpea la cuchara en el plato".
   "Golpéalos".

6. Puede ser necesaria más ayuda. Refuerce sus palabras con acciones de esta manera:
   "(Morena), mira como los golpeo".
   "Estoy golpeando el plato con la cuchara".

7. En general, la estimulación produce una prosecución del comportamiento deseado. Por ejemplo, exclame con entusiasmo:
   "(Morena), estás haciendo música".
   "Estás golpeando el plato con la cuchara".

8. Si le sugiere seguir jugando podrá continuar con la interacción. Utilice su voz para comunicar entusiasmo. Por ejemplo, diga:
   "Hagamos música juntos".
   "¿Puedo hacer música contigo?"
   Espere la respuesta afirmativa, y cuando le sonría o le mire únase a él.

 Puntos destacados del desarrollo

En esta etapa del desarrollo, los infantes muestran cariño por las personas a su cuidado. Sonríen, ríen, balbucean, se menean y los siguen con la mirada. Además, disfrutan al estar muy cerca de ellos.

VARIANTES:

☼ En el apéndice G se adjunta un listado de instrumentos rítmicos para utilizar con niños pequeños.

INFORMACIÓN ADICIONAL:

☼ A los infantes les encanta recibir respuestas por lo que hacen. Por lo tanto, esta actividad también estimula el desarrollo del principio de causa y efecto, que constituye una capacidad cognoscitiva.

☼ Debido a que existen peligros de sofocación, siempre que se utilicen almohadas o mantas es necesario vigilar.

SOCIAL

Cara a cara

ÁREA DE DESARROLLO: Social

 Objetivos para el desarrollo del niño

✓ Proseguir el desarrollo de una relación con un adulto conocido
✓ Desarrollar el sentido de confianza

MATERIALES:

Almohada de 1 pie (30 cm) de lado como mínimo

Manta o esterilla

PREPARACIÓN:

☙ Elija un lugar desde el cual pueda vigilar al infante. Límpielo y extienda la manta o esterilla.
☙ Ubique la almohada en el centro de la manta.

ESTRATEGIAS EDUCATIVAS:

1. Acueste al infante boca abajo sobre la almohada de manera que sus manos queden libres para investigar lo que lo rodea.
2. Acuéstese usted también boca abajo, colocando su cara a 8 a 12 pulgadas (20 ó 30 cm) de la del infante.
3. Llame su atención exclamando con entusiasmo:
   "(Julián), mira para arriba. ¿Qué ves?"
   "Levanta la cabeza".

4. Cuando el infante lo mire, sonría para estimular su reacción. Además, puede decir:
   "(Julián), veo que me estás mirando".
   "Alzaste tu cabeza. Ahora puedo verte".
5. Continúe con esta actividad hablando de situaciones pasadas o futuras mientras el infante muestre signos de interés.

 Puntos destacados del desarrollo

La mejor manera de hacer que los niños pequeños sean más curiosos, más capaces y sientan más confianza al aprender es proporcionarles un cuidado estable y cálido. Este cuidado debe responder a sus necesidades. Así, lo ayudará a establecer una buena relación con quienes cuidan de él (Shore, 1997).

VARIANTES:

☙ Repita esta actividad fuera de la casa.
☙ Acuéstese junto al infante a fin de poder describir y comentar los objetos que están mirando.

INFORMACIÓN ADICIONAL:

☙ Las interacciones breves son importantes, ya que su duración no guarda relación alguna con su calidad. Los contactos breves, intensos y recíprocos pueden colaborar intensamente en el desarrollo de la confianza.

Investigación de una pelotita

SOCIAL

ÁREA DE DESARROLLO: Social

 Objetivos para el desarrollo del niño

✓ Desarrollar la capacidad de llamar la atención
✓ Desarrollar el sentido de confianza

MATERIALES:

Manta o esterilla

4 almohadas o 1 acolchado

1 pelotita transparente con algo dentro

PREPARACIÓN:

☺ Elija y despeje un lugar que pueda vigilar constantemente y extienda allí la manta o esterilla.

☺ Si el infante se puede sentar sin su ayuda, no se necesita otra preparación. Si no pudiese, acomode las almohadas o enrolle el acolchado en un semicírculo sobre la manta o esterilla.

ESTRATEGIAS EDUCATIVAS:

1. Siente al infante sobre la manta o esterilla. Separe sus piernas en posición de trípode a fin de crear una base amplia. Si fuera necesario, acomode las almohadas o el acolchado para que el infante se encuentre seguro mientras está sentado.
2. Dele la pelotita y descríbasela. Por ejemplo:
   "(Sergio), esta es una pelotita. Es redonda".
3. Observe el comportamiento del infante frente a la pelota.

4. Esté atento a los signos de placer o disgusto que demuestre. Las pelotas se escapan con facilidad y pueden provocarle frustración. Si se concentra en sus señales podrá hacer algo al respecto con rapidez.
5. Responder a los sonidos de placer que emita, tales como balbuceos y risas, puede estimular dichos comportamientos e incrementar el tiempo que emplee en investigar el juguete. Puede decirle, por ejemplo:
   "(Sergio), estás mirando como gira la pelotita".
   "Estás moviendo el (payaso)".

 Puntos destacados del desarrollo

Las pelotitas sirven para jugar por mucho tiempo. A partir de los cuatro meses de edad, el niño seguirá una pelota de colores en movimiento si se encuentra cerca de él. De los cuatro a los ocho meses, interactuará tratando de alcanzarla. Además, las manos del niño se juntarán en un intento de jugar con ella. Mediante el sentido del tacto, el niño comenzará a asimilar la sensación de lo redondo (Abrams & Kaufman, 1990).

VARIANTES:

☺ Dele su juguete favorito para que lo investigue.

INFORMACIÓN ADICIONAL:

☺ El sentido de confianza se desarrolla si las personas que lo cuidan le demuestran su interés. Una respuesta rápida a los signos de malestar o placer también lo afianzará.

☺ Si la pelotita se le escapa, el niño puede frustrarse.

SOCIAL

Acción y reacción

ÁREA DE DESARROLLO: Social

 Objetivos para el desarrollo del niño

✓ Desarrollar la auto-identificación
✓ Percibir a otras personas

MATERIALES:

Manta o esterilla amplias

Ejercitador

PREPARACIÓN:

☼ Elija un lugar que pueda vigilar constantemente.
Límpielo y extienda allí la manta o esterilla.

ESTRATEGIAS EDUCATIVAS:

1. Acueste al infante boca arriba debajo del ejercitador.
2. Obsérvelo investigar e interactuar con él.
3. Describa sus reacciones. Por ejemplo:
   "(Tamara), estás golpeando el oso".
   "Ahora, agarraste el oso".
4. Estimule al infante a jugar de maneras diferentes.
   Sugiérale, por ejemplo:
   "(Tamara), ¿puedes mover los juguetes como yo? Mírame. Los estoy golpeando".
   "Ahora, ¿puedes golpearlos? Bien, lo lograste".
5. Refuerce todos sus intentos y logros a fin de prolongar estos comportamientos.

 Puntos destacados del desarrollo

Cuando los infantes se encuentran a disgusto o molestos, mostrarán signos de tensión con rapidez, ya que carecen de capacidades eficaces para hacer frente a la situación (Morrison, 1996). Los adultos deben asumir la responsabilidad de exponerlos, gradualmente, a otras personas y experiencias. Si no lo hicieran, estas formas nuevas de estimulación pueden provocar tensión, lo que los haría llorar. En ese caso, será necesario consolarlos.

VARIANTES:

☼ Acueste al infante boca arriba sobre la manta.
Luego coloque el ejercitador frente a él de manera que tenga una perspectiva nueva. Los movimientos necesarios para esta actividad fortalecerán los músculos de la parte superior del brazo y del cuerpo.

INFORMACIÓN ADICIONAL:

☼ Es probable que el infante pase más tiempo asiendo los juguetes que cuelgan del ejercitador que prestándole atención a usted. Dicho comportamiento es normal en niños de esta edad. Si se encontraran presentes otros niños o hermanos, incítelos a interactuar con él y con el ejercitador.

Juego con un amigo

SOCIAL

A 6 MESES

ÁREA DE DESARROLLO: Social

 Objetivos para el desarrollo del niño

✓ Desarrollar la auto-identificación
✓ Desarrollar una relación de confianza con un adulto conocido

MATERIALES:

Manta o esterilla amplias

4 almohadas o 1 acolchado

Juguete

PREPARACIÓN:

☼ Elija un lugar que pueda vigilar constantemente, límpielo y extienda allí la manta o esterilla.

☼ Si el infante puede sentarse sin su ayuda, no se necesita más preparación. Si no puede, acomode las almohadas o enrosque el acolchado en forma de semicírculo sobre la manta o esterilla.

ESTRATEGIAS EDUCATIVAS:

1. Siente al infante sobre la manta o esterilla. Separe sus piernas en posición de trípode a fin de crear una base amplia. Si fuera necesario, acomode las almohadas o el acolchado para que se encuentre seguro mientras está sentado. Siéntese cerca de él en una posición en la que se puedan ver.

2. Dele uno de los juguetes mientras se lo describe. Por ejemplo, dígale:
"(Luis), tengo un elefante para ti".
"Mira esta nariz tan grande".

3. Describa lo que hace el niño. Por ejemplo, exclame:
"(Luis), estás sosteniendo el elefante. Estás tocando su cuerpo".

4. Continúe hablándole sobre su comportamiento. Puede decirle, por ejemplo:
"(Luis), estás jugando con un elefante. Estás mordiendo su cuerpo".

5. Estimúlelo a investigar el juguete de maneras diferentes. Por ejemplo, sugiera:
"(Luis), agita el elefante. Escucha. Está haciendo ruido".

 Puntos destacados del desarrollo

Cuando nacen, los infantes no se diferencian a sí mismos de sus padres. Durante los primeros doce a dieciocho meses de vida, desarrollan su auto-identificación. Una manera de estimular dicho desarrollo es llamar al niño por su nombre con frecuencia. Además, que usted se identifique mediante su nombre propio demuestra que son dos personas independientes y diferentes las que interactúan.

VARIANTES:

☼ Realice esta actividad al aire libre, si fuera conveniente.

INFORMACIÓN ADICIONAL:

☼ Es probable que el infante pase más tiempo investigando los juguetes que prestándole atención a usted. Dicho comportamiento es normal en niños de esta edad. Sin embargo, si tuviera otros niños a su cargo, incítelos a jugar juntos. De esta manera, con el tiempo, desarrollarán capacidades sociales importantes.

SOCIAL

Viaje sobre una manta

ÁREA DE DESARROLLO: Social

 Objetivos para el desarrollo del niño

✓ Interactuar con un adulto conocido
✓ Desarrollar el sentido de confianza

MATERIALES:

Manta

PREPARACIÓN:

☙ Elija un lugar llano y suave. Límpielo y extienda allí la manta.

ESTRATEGIAS EDUCATIVAS:

1. Acueste al infante boca arriba sobre la manta.
2. Explique al infante qué va a suceder durante esta actividad. Por ejemplo, dígale:
   "(Marcos), vamos a viajar sobre la manta. Tú te sostienes y yo tiro de ella".
3. Puede ser necesario reforzar sus palabras con acciones para ayudar al infante a asirse de la manta.
4. Comience a tirar de ella con suavidad mientras camina para atrás. Responda a las expresiones del infante diciendo:
   "(Marcos), ¡qué bueno! ¡Te estás moviendo!"
   "¡Qué divertido! Te estoy llevando sobre la manta".
   "Oh, ¿te asustó? ¿Vamos más espacio?"

5. Háblele sobre lo que se siente al moverse de esa manera. Por ejemplo, diga:
   "(Marcos), qué viaje agitado".
   "¡Es gracioso andar así!"

 Puntos destacados del desarrollo

Llevar al niño al aire libre o a un medio nuevo constituye una experiencia muy importante para él. Mediante las actividades al aire libre o los paseos en cochecito, el infante se expone y se acostumbra al gran mundo.

VARIANTES:

☙ Un paseo en cochecito constituye otra manera de experimentar el movimiento.
☙ Realice esta actividad en un lugar con césped.

INFORMACIÓN ADICIONAL:

☙ Adapte el juego al temperamento del infante. A tal fin, preste mucha atención a los signos que muestre y responda a ellos. Si se asusta o se molesta con la actividad, suspéndala inmediatamente y tranquilícelo.

De cuatro a seis meses

DESARROLLO EMOCIONAL

EMOCIONAL

Agárralo

ÁREA DE DESARROLLO: Emocional

Objetivos para el desarrollo del niño

✔ Desarrollar la capacidad de ayudarse a sí mismo
✔ Desarrollar la independencia
✔ Afinar el sentido de sí mismo

MATERIALES:

Biberón

Mecedora del tamaño de un adulto

PREPARACIÓN:

☼ Caliente el biberón si hace falta.

ESTRATEGIAS EDUCATIVAS:

1. Siéntese en la mecedora. Sostenga al infante. Debe estar erguido a fin de que ambos se vean.
2. Ofrézcale el biberón.
3. Cuéntele lo que sucede. Por ejemplo:
   "(Sandra), es la hora del almuerzo. Hora del biberón".
   "Tienes hambre. Te lo estás tomando rápido".
4. Estimule al infante a sostener el biberón. Puede hacerle comentarios tales como:
   "(Sandra), ayúdame. Sostén tu biberón".
   "Tócalo con las manos".
5. Puede ser necesario reforzar sus palabras con acciones. Por ejemplo, mientras lleva las manos del infante hacia el biberón, diga:
   "(Sandra), toca el biberón. Sosténlo con las manos".

6. Si lo alienta puede hacer que el infante continúe con su comportamiento. Puede decirle, por ejemplo:
   "(Sandra), ¡lo lograste! Estás sosteniendo el biberón".
   "¡Qué niño tan grande!"
   "Estás comiendo solo".

Puntos destacados del desarrollo

Con frecuencia, los infantes ansían participar de sus propios cuidados. Una de las primeras cosas que intentan hacer es sostener el biberón mientras se alimentan.
Es muy común que los infantes comiencen a sostenerlo solos alrededor de los cinco o seis meses de edad.

VARIANTES:

☼ Ofrézcale juguetes para que los agarre.

INFORMACIÓN ADICIONAL:

☼ A los cinco o seis meses, se le puede dar una galleta para dentición.
☼ Mientras alimenta al infante, acúnelo en el hueco de su brazo para que la cabeza, bien sostenida, quede por encima del nivel del estómago. Esto permitirá que las burbujas de aire suban a la parte superior del estómago y pueda eructar con facilidad. Además, evitará los dolores de oídos que se producen cuando entra leche en el canal auditivo.

Espejito, espejito

EMOCIONAL

ÁREA DE DESARROLLO: Emocional

 Objetivos para el desarrollo del niño

✔ Exteriorizar las emociones básicas de interés, aversión, angustia y placer
✔ Responder a las emociones ajenas

MATERIALES:

Espejo irrompible

PREPARACIÓN:

♡ Coloque el espejo en la pared a la altura de un adulto.

ESTRATEGIAS EDUCATIVAS:

1. Incite al infante a jugar diciendo, por ejemplo:
   "(Emilio), ¿quieres jugar?"
2. Si el infante muestra signos de querer interacutuar mediante el contacto visual o una sonrisa, álcelo. Sosténgalo de manera que ambos queden mirando para el mismo lado.
3. Camine hacia el espejo.
4. Llame su atención golpeando suavemente el espejo. Por ejemplo, dígale:
   "Veo a (Emilio) en el espejo".
   "(Emilio) me está mirando".

5. Observe y descríbale las emociones que manifieste. Puede comentarle, por ejemplo:
   "Estás sonriendo. Debes de estar feliz".
   "Estás frunciendo el ceño. ¿Estás triste?"
6. Manifieste una emoción que el niño no haya sentido y descríbala verbalmente.

 Puntos destacados del desarrollo

A los infantes les atraen las imágenes reflejadas en los espejos. Sin embargo, carecen de la estructura cognoscitiva de reconocerse en la imagen (Berk, 1997). Obsérvelos. Con frecuencia, dejarán de llorar y se concentrarán en la imagen reflejada en el espejo.

VARIANTES:

♡ Mientras sostiene al niño frente al espejo, describa las expresiones de ambos.

INFORMACIÓN ADICIONAL:

♡ Los infantes están aprendiendo a expresar y controlar sus emociones. Necesitan aprender la manera de expresar correctamente tanto las emociones "negativas" como las positivas.
♡ El infante aprenderá de la manera en que usted maneja y expresa sus propias emociones. Ellos pueden leer su lenguaje corporal, su tono de voz y sus palabras, y responder a ellos. ¡Se dan cuenta de las incoherencias! Por lo tanto, piense el mensaje que le va a enviar antes de hacerlo.

EMOCIONAL

Te ayudaré

ÁREA DE DESARROLLO: Emocional

 Objetivos para el desarrollo del niño

✓ Responder a las maneras de calmar o tranquilizar de los adultos
✓ Aprender técnicas para calmarse a sí mismo

MATERIALES:

El juguete favorito del infante

PREPARACIÓN:

☼ Advierta los signos de malestar que muestre el infante.

ESTRATEGIAS EDUCATIVAS:

1. Cuando el infante se encuentre molesto, actúe de inmediato.
2. De acuerdo a sus conocimientos respecto de sus gustos, elija y realice aquellos comportamientos que piensa que lo calmarán. Por ejemplo, alzarlo y mecerlo, agitarlo suavemente o caminar pueden tener un efecto tranquilizador.
3. Háblele sobre sus sentimientos y emociones. Por ejemplo:
   "(Matías), tienes miedo. Fue un ruido muy fuerte".
   "Estás enojado".
   "Estás triste".
   A fin de entender sus emociones, es necesario observar detenidamente tanto al niño como el ambiente.

4. Cuando el infante se haya tranquilizado, dele su juguete favorito. Incítelo a morderlo, a golpearlo o a asirlo. Todos estos comportamientos pueden tener un efecto calmante.
5. Estimule el comportamiento del infante con el juguete. Por ejemplo, dígale:
   "(Matías), estás mordiendo el juguete. Esto te ayuda a calmarte".

 Puntos destacados del desarrollo

La expresión de felicidad se torna selectiva alrededor de los seis meses de edad. Los infantes sonreirán y reirán más cuando estén interactuando con personas conocidas. Se cree que éste es un método que utilizan para conservar la presencia de las personas que lo cuidan.

VARIANTES:

☼ Proporciónele un objeto que le infunda seguridad, como una manta o un chupete, para que se tranquilice. En la introducción se detallan maneras de calmar a un niño que llora.

INFORMACIÓN ADICIONAL:

☼ Durante este período, los infantes responden más a las personas conocidas y son más expresivos con ellos. Observe a los niños y sus reacciones.

¡Qué gracioso!

EMOCIONAL

ÁREA DE DESARROLLO: Emocional

 Objetivos para el desarrollo del niño

✓ Responder con risas al comportamiento del adulto
✓ Expresar placer

MATERIALES:

Manta, esterilla o silla infantil

PREPARACIÓN:

☼ Elija un lugar que pueda vigilar constantemente. Límpielo para colocar allí la manta, la esterilla o la silla infantil.

ESTRATEGIAS EDUCATIVAS:

1. Acueste al infante boca arriba sobre la manta o esterilla o asegúrelo a la silla con las bandas de seguridad.
2. Recite el siguiente juego de mímica mientras ejecuta las acciones:

Here is the beehive	(cierre el puño)
But where are the bees?	(mire el puño y encójase de hombros)
Hidden inside where nobody sees	
Here they come out of the hive	
One, two, three, four, five.	(abra la mano, un dedo por vez, hasta llegar al quinto; luego, hágale cosquillas en el abdomen).

3. La sonrisa le da al infante la pauta social de que esta actividad es placentera. Es probable que el infante imite su expresión.
4. Coméntele su reacción frente a la actividad. Puede decirle, por ejemplo:
   "(Mario), estás sonriendo. ¡Qué juego tan divertido!"
   "¡Qué risa, (Mario)! Te debe de gustar este juego".
5. Continúe esta interacción mientras el infante muestre interés con el contacto visual o la sonrisa.

 Puntos destacados del desarrollo

Los infantes se ríen en voz alta o producen una "risa ventral" a los seis meses, aproximadamente. Usted puede responder a su risa estimulándolo con sonrisas o risas propias.

VARIANTES:

☼ Cante su canción favorita. En los apéndices E y F se adjuntan listados de juegos de mímica y de canciones, respectivamente.

INFORMACIÓN ADICIONAL:

☼ Los infantes imitarán su expresión. Por lo tanto, rían y sonría para ellos.

EMOCIONAL

¡Eso duele!

ÁREA DE DESARROLLO: Emocional

Objetivos para el desarrollo del niño

✓ Comunicar emociones como el dolor
✓ Aprender técnicas para controlar las emociones

MATERIALES:

Mordillos

PREPARACIÓN:

♡ Coloque mordillos higienizados en la heladera para mantenerlos fríos.

ESTRATEGIAS EDUCATIVAS:

1. Cuando el infante esté llorando, actúe de inmediato. Con sus conocimientos del niño y de la situación podrá saber por qué llora.
2. Con voz suave y calma, hable al infante sobre sus sentimientos. Puede decirle, por ejemplo:
   "(Rolando), estás molesto porque estás húmedo. Vamos a cambiarte".
   "Sientes dolor. Te está saliendo un diente".
3. Si la causa del dolor es que le están saliendo los dientes, ofrézcale un mordillo. Cuéntele cómo esto hará que su boca se sienta mejor. Por ejemplo, dígale:
   "(Rolando), morder esto te va a ayudar. Está frío".
   "Los dientes nuevos duelen. Mastica esto".
4. Sugiérale maneras de controlar sus emociones. Puede expresar:
   "Si masticas esto te dolerá menos".
   "Si lloras te sentirás mejor".

Puntos destacados del desarrollo

A pesar de que el tiempo de desarrollo de los dientes varía en cada niño, a los seis meses a la mayoría de los niños les saldrá un diente frontal inferior. Durante el crecimiento del diente, el niño sentirá dolor y estará molesto y nervioso. En general, la erupción provoca irritación e hinchazón de la encía. Durante este proceso, intentará morder objetos. A fin de calmar el dolor, también se frotará las encías. Puede ayudarlo frotándoselas usted con los dedos. Con frecuencia, esto calmará el dolor.

VARIANTES:

♡ Ofrézcale otros juguetes higienizados para masticar.

INFORMACIÓN ADICIONAL:

♡ Lo más probable es que el primer sonido que un bebé emita sea el llanto. Sin embargo, los infantes lloran por muchas razones. Durante los seis primeros meses de vida lo hacen por cuatro razones principales. Por hambre, que es la causa más común, por dolor, por aburrimiento y por enojo. Obsérvelo detenidamente a fin de saber con más exactitud la razón por la que llora.

A desvestirse

EMOCIONAL

ÁREA DE DESARROLLO: Emocional

 Objetivos para el desarrollo del niño

✓ Desarrollar la capacidad de ayudarse a sí mismo
✓ Adquirir independencia

MATERIALES:

Ninguno

PREPARACIÓN:

❧ Junte los elementos necesarios para cambiarle los pañales y colóquelos sobre el cambiador o cerca de él.

ESTRATEGIAS EDUCATIVAS:

1. Luego de acostarlo sobre el cambiador, pídale ayuda para desvestirlo. Por ejemplo, diga:
   "(Corina), tengo que quitarte los zapatos. Dame un pie".
   "Tengo que quitarte el babero. Levántate".
2. Es posible que necesite reforzar sus palabras con acciones. Por ejemplo, dele golpecitos suaves en el pie mientras exclama:
   "(Corina), dame tu pie".
3. Elogie los intentos y logros del niño comentando:
   "(Corina), te levantaste, gracias".
   "Me ayudaste mucho a desvestirte".

Puntos destacados del desarrollo

A los infantes les gusta investigar su propio cuerpo. Obsérvelos. Pueden explorar sus oídos. Una y otra vez, tocarán y tirarán de las orejas. Además, pueden desarrollar interés por investigarse la nariz, el ombligo, los pies, el cabello y los genitales.

VARIANTES:

❧ Continúe pidiéndole ayuda para vestirlo y desvestirlo antes de salir de casa y al regresar a ella. Ponga énfasis en partes diferentes del cuerpo como brazos, manos, pies y piernas cada vez.

INFORMACIÓN ADICIONAL:

❧ Esta actividad, si se repite, estimula tanto el desarrollo emocional como el físico. Los infantes aprenden las partes del cuerpo y pueden demostrar sus conocimientos.

EMOCIONAL

Contemos

ÁREA DE DESARROLLO: Emocional

 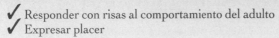

Objetivos para el desarrollo del niño

✓ Responder con risas al comportamiento del adulto
✓ Expresar placer

MATERIALES:

Ninguno

PREPARACIÓN:

♡ Coloque los elementos necesarios para cambiarle los pañales cerca del cambiador a fin de facilitar la interacción.

ESTRATEGIAS EDUCATIVAS:

1. Luego de cambiarle los pañales, invierta su tiempo de calidad interactuando con el infante.
2. Invítelo a jugar un juego con números preguntándole:
   "(Santiago), ¿quieres jugar?"
3. Si el infante muestra signos de querer interactuar mediante el contacto visual o una sonrisa, comience a jugar. Dígale:
   "(Santiago), vamos a ver cuántos dedos y cuántas manos tienes. Vamos a contarlos".
4. Cuente primero las manos. A medida que lo hace, refuerce sus palabras con acciones tocando cada una. Si fuera posible, cuente con ritmo.
5. Demuestre su interés por la actividad con una sonrisa. Existe la posibilidad de que el infante imite su expresión facial.

6. Continúe el juego contándole los dedos. Una vez más, toque cada dedo mientras pronuncia un número.
7. Si esta actividad le gusta, es probable que se ría.
8. Estimule las emociones expresadas por el infante. Por ejemplo, dígale:
   "(Santiago), te gustó este juego".
   "Qué risa. ¡Te estás divirtiendo!"

Puntos destacados del desarrollo

Comúnmente, los infantes comienzan a reírse entre los dos y los cuatro meses de edad. Al principio, la risa es una respuesta a la estimulación como sonidos fuertes o cosquillas. A partir de los seis meses de edad, los estímulos sociales y visuales basados en interpretaciones cognoscitivas estimularán la risa. Libros activos y juguetes como cajas sorpresa también estimulan la risa (Snow, 1998).

VARIANTES:

♡ Refuerce los nombres de las partes del cuerpo contando sus pies, dedos, orejas y nariz.

INFORMACIÓN ADICIONAL:

♡ Demuestre su entusiasmo. El éxito de esta actividad depende, en gran medida, de sus expresiones faciales. Los infantes buscarán en su cara pistas para reaccionar.
♡ En esta situación, se cuenta a fin de desarrollar el sentido del ritmo, no para estimular el entendimiento de los conceptos numé

De siete a nueve meses

DESARROLLO FÍSICO

FÍSICO

Aplaudamos

ÁREA DE DESARROLLO: Físico

 Objetivos para el desarrollo del niño

✓ Ejercitarse en batir palmas
✓ Ejercitar la coordinación de movimientos con las manos

MATERIALES:

Ninguno

PREPARACIÓN:

☼ Busque en el niño el momento adecuado para desarrollar la actividad.

ESTRATEGIAS EDUCATIVAS:

1. Si se trata de un niño activo, es posible desarrollar esta actividad en cualquier momento del día. Sin embargo, cuando mejor funciona es después de cambiarle los pañales.

2. Mientras le cambia el pañal, atraiga su atención cantando lentamente:

   ♫ Clap, clap, clap your hands
   ♫ Clap your hands together.
   ♫ Clap, clap, clap your hands
   ♫ Clap your hands together.

3. Si refuerza sus palabras con acciones puede ayudar al niño a desarrollar capacidades de asociación. Los niños de esta edad pueden imitar su comportamiento con facilidad aun cuando éste sea diferente del habitual. Si no lo imita, puede mover la mano del niño mientras canta la canción a fin de incitarlo a hacerlo.

4. Los niños demuestran su entusiasmo aplaudiendo. Es por eso que siguen sonriendo y aplaudiendo aun cuando la canción ha finalizado.

5. Continúe cantando la canción mientras el niño muestre interés con la sonrisa o el contacto visual.

 Puntos destacados del desarrollo

A los infantes les cuesta dominar la capacidad de aplaudir porque requiere coordinación de la vista y las manos y coordinación bilateral de las manos y los brazos, o sea, la capacidad de cruzar la línea media del cuerpo con las manos. Los infantes demuestran esta capacidad por primera vez cuando pasan objetos de una mano a la otra, alrededor de los cuatro a los seis meses. Para poder batir palmas, varios músculos deben trabajar juntos. Además, para que las manos se encuentren, es importante el ritmo de los movimientos.

VARIANTES:

☼ Cante su canción infantil favorita, demostrando su entusiasmo mediante aplausos.

INFORMACIÓN ADICIONAL:

☼ Los niños de esta edad no pueden mantener un ritmo estable debido a su falta de coordinación. Repitiendo con frecuencia esta actividad se favorecerá su desarrollo.

7 A 9 MESES

Salpiquemos

FÍSICO

ÁREA DE DESARROLLO: Físico

 Objetivos para el desarrollo del niño

✓ Perfeccionar las capacidades de coordinación entre vista y manos
✓ Desarrollar el equilibrio sentándose sin ayuda

MATERIALES:

Agua tibia

Bol grande irrompible

Mantel de vinilo

PREPARACIÓN:

☼ Tenga cuidado al elegir el lugar para desarrollar esta actividad. Extienda un mantel de vinilo para proteger el suelo.
☼ Llene un bol con agua tibia y colóquelo en el medio del mantel.
☼ Si la habitación en la que se encuentran es cálida y no hay corrientes de aire, quítele la ropa. En cambio, si no fuera de así, póngale un babero grande e impermeable y, si fuera necesario, arremánguelo.

ESTRATEGIAS EDUCATIVAS:

1. Siente al infante sobre el mantel, cerca del bol.
2. Llame su atención moviendo el agua con la mano mientras dice:
   "(Catrina), esto es agua tibia. ¡Tócala! ¡Siéntela!"
   "Salpica como yo".
3. Es probable que necesite reforzar sus palabras con acciones. Si así fuera, con su mano mojada toque la del niño y diga:
   "(Catrina), mira. Es agua tibia".
   Si el niño toca el agua, guíe suavemente su mano hacia el bol mientras le propone:
   "(Catrina), vamos a salpicar juntos".

4. Si lo incita a continuar puede lograr que repita el comportamiento. Puede decirle, por ejemplo:
   "(Catrina), estás salpicando".
   "¡Qué sonrisa! Te gusta salpicar".

 Puntos destacados del desarrollo

Hacia el final de esta etapa del desarrollo, los infantes habrán alcanzado muchos objetivos en lo que respecta al desarrollo motor. Serán capaces de mantenerse sentados sin perder el equilibrio, de sentarse solos, de levantarse apoyándose en los muebles y de caminar por la cuna ayudándose con la baranda. También podrán estirar las manos y asir objetos con ellas. Obsérvelos. Ahora pueden pasar objetos de una mano a otra (Black & Puckett, 1996). Aunque utilicen ambas manos, están desarrollando preferencia por una de ellas. En general, el dominio de uno de los lados del cuerpo no se estabiliza hasta los veinticuatro meses de edad aproximadamente.

VARIANTES:

☼ Si las condiciones climáticas lo permiten, repita esta actividad al aire libre.
☼ Coloque dentro del bol un objeto, como una taza.

INFORMACIÓN ADICIONAL:

☼ A fin de prevenir que el niño se queme la mano accidentalmente, pruebe la temperatura del agua. Debe ser parecida a la del biberón.
☼ Controle el agua regularmente para asegurarse de que tiene la temperatura correcta. Si fuera necesario, agregue agua tibia.

7 A 9 MESES

FÍSICO

Caminemos juntos

ÁREA DE DESARROLLO: Físico

 Objetivos para el desarrollo del niño

✓ Ejercitar los reflejos del paso
✓ Desarrollar el equilibrio

MATERIALES:

Ninguno

PREPARACIÓN:

☿ Por razones de seguridad, despeje áreas de paso.

ESTRATEGIAS EDUCATIVAS:

1. Responda a los deseos del infante de caminar. Puede que el infante esté intentándolo sin éxito. Obsérvelo e intervenga antes de que se frustre.
2. Estimúlelo con palabras como:
   "(Hernán), estás esforzándote mucho".
   "Caminar requiere práctica".
   "Bien hecho. ¡Lo estás logrando!"
3. Ofrézcale ayuda. Por ejemplo, diga:
   "(Hernán), ¿puedo ayudarte a caminar?"
   "¿Caminamos juntos?"
4. Si la respuesta del niño es afirmativa, tiéndale las manos mientras dice:
   "(Hernán), toma mis manos. Vamos a practicar juntos".
5. Si la respuesta es negativa, déjelo trabajar de manera independiente mientras continúa estimulándolo (véase paso 2).
6. Si, habiendo rechazado su ayuda, el niño se desilusiona porque no logra caminar, es momento de suspender la actividad. Dígale, por ejemplo:
   "(Hernán), caminar es difícil. Practicaremos más tarde".

 Puntos destacados del desarrollo

Aún no se sabe con certeza qué motiva a los infantes a caminar. Una de las motivaciones puede ser querer alcanzar objetos atractivos que se encuentran en su campo de visión. Los reflejos del paso están presentes al nacer, pero desaparecen unos días o semanas más tarde. Alrededor de los siete meses de edad, ponerse de pie constituye realmente un reflejo de atiesamiento del cuerpo. En general, los infantes comienzan a ponerse de pie sujetándose de algo e izándose. Comúnmente, les gusta levantarse y caminar con la ayuda de otro. En consecuencia, repiten estas acciones. También adquieren la capacidad de caminar sosteniéndose en los muebles. Antes de poder caminar, es necesario que dominen la posición erguida. Además, precisan tener la suficiente confianza como para soltarse y quedarse de pie sin ayuda (Snow, 1998).

VARIANTES:

☿ Ayude al infante a caminar siempre que deba trasladarlo de lugar. Su ayuda física le dará la dirección.

INFORMACIÓN ADICIONAL:

☿ Los infantes tienen temperamentos diferentes. Algunos se dan por vencidos con facilidad, mientras que otros seguirán con la tarea hasta sentirse angustiados. Su conocimiento del niño le ayudará a estimularlo lo suficiente y a intervenir en el momento adecuado.

7 A 9 MESES

A caminar

FÍSICO

ÁREA DE DESARROLLO: Físico

 Objetivos para el desarrollo del niño

✓ Ejercitar los reflejos para caminar
✓ Ejercitar el equilibrio

MATERIALES:

Superficie plana, como el suelo

PREPARACIÓN:

☼ Elija un lugar que pueda vigilar constantemente. Asegúrese de que puede controlar a los demás niños que se encuentren allí.

☼ Quite los juguetes que haya en el lugar y todo otro obstáculo que pueda ser peligroso.

ESTRATEGIAS EDUCATIVAS:

1. Mientras lleva al infante al lugar elegido, háblele sobre lo que va a suceder. Por ejemplo, comente:
   "(Emilia), vamos a jugar aquí. Puedes pararte en el suelo".
2. Siéntese con las piernas frente al cuerpo. Colóquelas en forma de "V". A fin de que usted y el infante se vean, póngale de pie entre sus piernas, frente a usted.
3. Debido a que en la posición erguida despierta un reflejo, las piernas del niño comenzarán a moverse cuando los pies toquen el suelo.
4. Sosténgalo por debajo de los brazos. No le agarre los brazos o las manos, ya que podría lastimarle el hombro si perdiera el equilibrio.

5. Cuidado: Es muy común que, durante esta actividad, los infantes sean muy activos. Se excitan con los movimientos y, entonces, saltan o bailan con más energía.
6. Es poco probable que necesite estimularlo debido a que esta actividad le resulta muy placentera. Sin embargo, si hace comentarios respecto de las expresiones del niño estimulará su desarrollo emocional. Diga, por ejemplo:
   "(Emilia), ¡qué risa! Te gusta mover las piernas".
   "Estás disfrutando mucho esta actividad".

☼ **Puntos destacados del desarrollo**

Cuando los infantes practican los reflejos del paso, es probable que las rodillas y los codos produzcan un sonido. Dicho sonido demuestra lo débiles que son aún las articulaciones en este período del desarrollo. El ruido desaparecerá a medida que los músculos se fortalezcan.

VARIANTES:

☼ Sostenga al infante de pie en su regazo mientras se encuentra sentado en una silla.

INFORMACIÓN ADICIONAL:

☼ Cuando se está preparando para caminar, el reflejo vuelve a manifestarse. Éste se desarrollará y pasará de ser un movimiento de salto, es decir, doblar y extender las rodillas al mismo tiempo, a un movimiento de baile, subir y bajar los pies alternativamente. Puede comenzar a caminar con ayuda después de que el reflejo haya alcanzado la etapa de "baile".

FÍSICO

Ven y agárralo

ÁREA DE DESARROLLO: Físico

 Objetivos para el desarrollo del niño

✓ Fortalecer y coordinar los músculos mediante el desarrollo de las capacidades de locomoción
✓ Mover el cuerpo para alcanzar el objeto deseado

MATERIALES:

Su muñeco de felpa favorito

Manta

PREPARACIÓN:

♡ Elija y despeje un lugar que pueda vigilar constantemente. Extienda allí la manta.
♡ Coloque el muñeco favorito del niño al borde de la manta.

ESTRATEGIAS EDUCATIVAS:

1. Mientras lleva al infante a la manta, coméntele la actividad. Por ejemplo, diga:
   "(Juan), puedes arrastrarte sobre la manta. Trata de llegar al conejito".
2. Acueste al infante boca abajo sobre la manta.
3. Vaya hacia el juguete. Llame su atención moviendo el juguete y diciendo:
   "(Juan), arrástrate acá. Ven hacia el conejito".
4. Si lo estimula, puede lograr que el infante continúe con el comportamiento deseado. Puede comentarle:
   "(Juan), te estás arrastrando. Sigue haciéndolo."
   "Casi llegaste".
   "Ven y agarra el conejito".
5. Estimule al infante a explorar el juguete una vez que lo haya alcanzado. Diga, por ejemplo:
   "(Juan), agítalo".
   "Tócalo. Usa tus dedos".

 Puntos destacados del desarrollo

Con frecuencia, en el uso común se invierten las definiciones de gatear y reptar. Reptar es la acción que realizan los infantes cuando el abdomen está sobre el suelo y utilizan las manos para trasladarse hacia delante o hacia atrás. En general, cuando reptan, las piernas se arrastran atrás. Gatear es diferente. La capacidad de gatear se desarrolla a medida que aumenta la fuerza de los músculos (Snow, 1998; Bukato & Daehler, 1995). Los infantes gatean cuando pueden levantarse ayudándose con las rodillas y con los codos doblados. La mayoría de ellos gatean hacia atrás antes de hacerlo hacia adelante. Cuando aprenden a hacerlo, se levantan con las manos y las rodillas y se balancean de un lado al otro (Herr, 1998). Durante esta actividad, es muy común que pierdan el equilibrio y se caigan.

VARIANTES:

♡ Estimule al infante a reptar hacia usted.

INFORMACIÓN ADICIONAL:

♡ Utilice sus conocimientos de las capacidades de locomoción del niño para saber a qué distancia debe colocar el juguete.

Juego en la rampa

FÍSICO

ÁREA DE DESARROLLO: Físico

 Objetivos para el desarrollo del niño

✓ Ejercicio de la capacidad de gatear
✓ Perfeccionamiento del equilibrio

MATERIALES:

Rampa de goma espuma

Trozos de goma espuma o esterillas

Juguetes que rueden

PREPARACIÓN:

☼ Elija un lugar que pueda vigilar constantemente.
☼ Acomode la rampa de goma espuma de manera que quede rodeada por las demás esterillas. Asegúrese que ha creado una zona de seguridad.
☼ Deje el juguete del infante en la parte superior de la rampa.

ESTRATEGIAS EDUCATIVAS:

1. Permítale elegir la actividad. Tan pronto como trepe, ayúdelo o estimúlelo.
2. Descríbale la actividad. Por ejemplo, diga:
   "(Sara), trepa por la rampa".
   "Trepa por la rampa y agarra la pelota".
3. Si la estimula, puede lograr que el niño continúe con el comportamiento deseado. Puede comentarle:
   "(Sara), te estás esforzando".
   "Sigue trepando. Casi llegaste a la cima".
   "(Sara), lo lograste. Llegaste a la pelotita".

Puntos destacados del desarrollo

En esta etapa del desarrollo, los niños se trasladan de un lugar a otro de muchas maneras. Algunos gatean empujándose con la barriga. Unos gatean con las manos y las rodillas y otros utilizan las manos y los pies. También pueden moverse a tirones, lo que sucede cuando pueden sentarse sin ayuda. Resbalan las nalgas por el suelo, ayudándose con los brazos y las piernas (Herr, 1998).

VARIANTES:

☼ Estimule al infante a que haga rodar los juguetes por la rampa.

INFORMACIÓN ADICIONAL:

☼ Una vez que el infante es capaz de ponerse boca abajo y de sentarse solo, comenzará a reptar.
☼ Desarrollar la locomoción contra la fuerza de gravedad constituye una tarea muy difícil. Por lo tanto, realice esta actividad sólo cuando el niño sea capaz de reptar.
☼ Por razones de seguridad, nunca deje a un infante solo durante este ejercicio.

7 A 9 MESES

FÍSICO

Tirar de la cuerda

ÁREA DE DESARROLLO: Físico

 Objetivos para el desarrollo del niño

✓ Desarrollar el asimiento de pinza
✓ Perfeccionar la capacidad de coordinación entre vista y manos

MATERIALES:

2 juguetes de arrastrar

PREPARACIÓN:

♡ Despeje un lugar en una zona que no esté alfombrada a fin de que los juguetes puedan rodar sin dificultad.
♡ Coloque los juguetes en una parte del lugar elegido.

ESTRATEGIAS EDUCATIVAS:

1. Mientras lleva al infante al lugar, háblele sobre la actividad que va a desarrollar. Diga, por ejemplo:
   "(Darío), tengo un juguete para ti. Tiras de la cuerda y se mueve".
2. Siente al infante en el suelo.
3. Estimúlelo a asir la cuerda. Por ejemplo, diga:
   "(Darío), agarra la cuerda".
4. Observe cómo agarra la cuerda. Pregúntese: "¿Utilizó el asimiento de pinza?"
   Si lo hubiera hecho, alabe su comportamiento diciendo:
   "¡Bien! Usaste el pulgar".
   Si no hubiera utilizado el asimiento de pinza, incítelo a hacerlo diciendo:
   "Usa el pulgar y el índice. Te enseñaré".
5. Es posible que sea necesario reforzar sus palabras con acciones. Si así fuera, dele ejemplo del asimiento de pinza mientras le explica:
   "Mírame. Estoy agarrando la cuerda con el pulgar y el índice".

6. Una vez que el infante haya asido la cuerda, observe cómo actúa con el juguete y cómo lo investiga.
7. Estimúlelo a tirar de él sugiriendo:
   "(Darío), mueve tu mano".
   "Tira de la cuerda".
8. Estimule el juego del infante. Por ejemplo, diga:
   "(Darío), mira cómo se mueven las ruedas".
   "Estás tirando del juguete".

 Puntos destacados del desarrollo

Los infantes están aprendiendo a utilizar las manos. Obsérvelos. En esta etapa del desarrollo, los movimientos son más sofisticados. Ahora, pueden saludar girando la mano y la muñeca. Hasta este momento, cuando saludaban, movían todo el brazo.

VARIANTES:

♡ Estimule al infante a tirar de la cuerda del juguete mientras gatea. Cuando pueda caminar, vuelva a darle el juguete.

INFORMACIÓN ADICIONAL:

♡ Los infantes están adquiriendo el control de los dedos por separado. Esto les permite tanto señalar como utilizar el asimiento de pinza.
♡ A fin de incitar los movimientos hacia adelante, coloque juguetes un poquito más allá del alcance de su brazo mientras gatea.

De siete a nueve meses

DESARROLLO DEL LENGUAJE Y LA COMUNICACIÓN

LENGUAJE Y
COMUNICACIÓN

Hagamos sonidos

ÁREA DE DESARROLLO: Lenguaje y comunicación

Objetivos para el desarrollo del niño

✓ Ejercitar la producción de sonidos de balbuceos
✓ Agregar sonidos nuevos al balbuceo

MATERIALES:

Ninguno

PREPARACIÓN:

❧ Preste atención al balbuceo del infante. Pregúntese,
"¿qué sonidos estoy oyendo?"

ESTRATEGIAS EDUCATIVAS:

1. Entable una conversación con el infante. Para hacerlo,
   espere a que el infante haga una pausa y luego imite el
   sonido que haya producido.
2. Cuando le vuelva a tocar el turno, produzca un sonido
   nuevo para que el infante lo imite. Por ejemplo, diga:
   "Go go go".
   "Nu nu nu".
3. Si lo apoya con elogios, puede lograr que el infante repita
   el sonido nuevo. Por ejemplo, diga:
   "Puedes hacerlo. Gogogogo. Sigue intentándolo".
   "Muy bien. Nununu. Ya lo tienes".
4. Escuche. Si el infante repite el sonido, vuelva a
   producirlo.

Puntos destacados del desarrollo

Los niños comienzan a balbucear aproximadamente a los
cuatro meses de edad y pueden continuar haciéndolo
hasta los dos años. En el balbuceo, el infante repetirá las
mismas vocales y consonantes. Sin embargo, el tono de
voz se hará más grave y el balbuceo más complejo. A los
siete meses, los infantes agregan los sonidos *m*, *t*, *b* y *p*
(Feldman, 1998).

VARIANTES:

❧ A fin de crear un desafío, agregue dos sonidos nuevos
por vez.

INFORMACIÓN ADICIONAL:

❧ Intente reducir la interferencia de otros medios de
estimulación como la televisión o la radio mientras anima
verbalmente al niño a balbucear.
❧ La comunicación con los niños es importante. Mediante
las manifestaciones de aprobación y las sonrisas de
las personas que los cuidan aprenden que son amados
y valiosos.

7 A 9 MESES

Conversación con juguetes

LENGUAJE Y COMUNICACIÓN

ÁREA DE DESARROLLO: Lenguaje y comunicación

 ## Objetivos para el desarrollo del niño

✔ Ejercitar la producción de sonidos de balbuceo
✔ Percibir formas del lenguaje de origen

MATERIALES:

2 ó 3 animales de felpa

PREPARACIÓN:

☼ Elija un lugar que pueda vigilar constantemente. Despéjelo y esparza los juguetes que haya elegido para la actividad.

ESTRATEGIAS EDUCATIVAS:

1. Si el infante no sabe gatear, llévelo a un lugar con alfombra. Si sabe, estimúlelo a que se desplace solo. Una manera de animarlo podría ser sostener uno de los juguetes mientras le dice:
   "(Eduardo), ven y agarra el chanchito. El chanchito quiere jugar".
   "Este es tu muñeco favorito. Es un oso".
2. Observe al infante relacionándose con el juguete o investigándolo.
3. Estimule los balbuceos espontáneos que produzca. Puede comentarle:
   "(Eduardo), estás hablando con el oso".
   "Dile más al chanchito".

 ## Puntos destacados del desarrollo

Mientras balbucean, los infantes comenzarán a experimentar con el ritmo y el volumen de la voz. Con frecuencia, usted notará sus cambios de voz. Si estimula dichas modificaciones, puede lograr que siga investigando.

VARIANTES:

☼ Mueva el juguete mientras le "habla".

INFORMACIÓN ADICIONAL:

☼ Algunos niños disfrutan de la experiencia de recordar. Cuando reconocen su juguete favorito, chillarán de alegría y producirán pequeños gorjeos de placer.
☼ Cuando quiera que repita determinados comportamientos, elógielo cuando los realice. Al hacerlo, mírelo y háblele con voz suave.

7 A 9 MESES

LENGUAJE Y COMUNICACIÓN

Mirando libros

ÁREA DE DESARROLLO: Lenguaje y comunicación

 Objetivos para el desarrollo del niño

✓ Percibir formas del lenguaje de origen
✓ Participar en una conversación por turnos

MATERIALES:

3 ó 4 libros de cartón con dibujos simples

PREPARACIÓN:

❦ Elija un lugar para realizar la actividad en la que el infante no se distraiga. Coloque los libros en forma vertical y ligeramente abiertos sobre el suelo.

ESTRATEGIAS EDUCATIVAS:

1. Cuando el infante gatee hacia el libro, acérquesele.
2. Observe sus reacciones frente al libro.
3. Propóngale leerlo diciendo, por ejemplo:
   "(Lucinda), ¿quieres que lea el libro?"
   "¿Puedo leerte el libro?"
4. Si el infante demuestra interés, comience a leerle el libro. Si no pareciera interesado, continúe observándolo.
5. Describa cada dibujo mientas lo señala.

6. Mientras lee el libro, esporádicamente, hágale preguntas respecto de los dibujos a fin de involucrarlo en una conversación. Haga una pausa después de cada pregunta para permitirle responder. Luego, exprese su aprobación por cada vocalización o gesto que produzca. Por ejemplo: *"(Lucinda), ¿qué es esto?" Haga una pausa. "Muy bien, es un bebé comiendo".*
   "(Lucinda), ¿qué animal es éste?" Haga una pausa. "Sí, señalaste el monito".

Puntos destacados del desarrollo

Los niños de entre siete y nueve meses de edad son capaces de producir muchos sonidos diferentes. Escúchelos. Podrá oír los sonidos de las letras *m*, *b* y *p*. Además, están comenzando a imitar el tono de su voz y el sonido de las palabras que utiliza. Es necesario que los infantes posean este tipo de conocimiento antes de producir sus propias palabras.

VARIANTES:

❦ Dé al infante libros de tela o de vinilo para que los investigue sin su ayuda.

INFORMACIÓN ADICIONAL:

❦ Debido a que la motricidad final del infante ya ha mejorado, pueden comenzar a leer libros sin ayuda. Les será más fácil hojear los libros de páginas gruesas. Los niños de esta edad suelen metérselos a la boca, razón por la cual los libros de vinilo constituyen una buena elección, ya que pueden lavarse o higienizarse con facilidad.

Vuelta de página

LENGUAJE Y COMUNICACIÓN

ÁREA DE DESARROLLO: Lenguaje y comunicación

Objetivos para el desarrollo del niño

✔ Ejercitar la producción de sonidos de balbuceo
✔ "Lectura" de un libro dando vuelta las páginas sin ayuda

MATERIALES:

2 ó 3 libros

PREPARACIÓN:

☼ Coloque los libros en forma vertical y levemente abiertos sobre el suelo a fin de atraer la atención del infante.

ESTRATEGIAS EDUCATIVAS:

1. Cuando el infante gatee hacia los libros, acérquese a él.
2. Observe sus reacciones respecto del libro. Note, por ejemplo, cómo da vuelta las páginas o cómo describe los dibujos verbalmente. Mientras realiza estas acciones, es posible que el infante señale y balbucee.
3. Si le muestra su aprobación, puede lograr que repita el comportamiento deseado. Refuerce los comportamientos que desee que continúe desarrollando. Diga, por ejemplo:
   "(Sandra), estás dando vuelta las páginas sola".
4. Si el infante no llevara a cabo el comportamiento deseado, estimúlelo a que lo realice. Sugiérale, por ejemplo:
   "(Sandra), señala al conejito. Háblale".

5. Si intentara hacerlo o lo realizara, elogie igualmente, diciendo, por ejemplo:
   "(Sandra), señalaste al conejito".
   "Estás hablando al conejito".

Puntos destacados del desarrollo

Investigaciones recientes han demostrado que el primer año de vida es el más importante en el desarrollo cerebral (Shore, 1997). Tales investigaciones fueron de mucha utilidad para comprender las necesidades de la primera infancia. Hablar, cantar, tenerlos en brazos leyendo un libro y acunarlos constituyen experiencias importantes para ellos.

VARIANTES:

☼ Lean el libro juntos. Señale los dibujos y describa los objetos verbalmente. El infante también puede participar dando vuelta las páginas y balbuceando.

INFORMACIÓN ADICIONAL:

☼ Algunos libros están especialmente diseñados para los infantes. Son aquellos en que una página se levanta cuando se da vuelta la anterior. Esto permite que los niños de esta edad puedan asir la página y darla vuelta con facilidad, utilizando los dedos índice y pulgar. Esta manera de asimiento se denomina de pinza.
☼ A fin de que no se agoten, los infantes también necesitan períodos de tranquilidad. En estos momentos podrán observar los objetos que los rodean y producir sonidos con sus propias voces (Abrams et al., 1990).

7 A 9 MESES

LENGUAJE Y
COMUNICACIÓN

Lectura de canciones infantiles

ÁREA DE DESARROLLO: Lenguaje y comunicación

 Objetivos para el desarrollo del niño

✓ Percibir formas del lenguaje de origen
✓ "Leer" un libro dando vuelta a las páginas sin ayuda
✓ Participar en una conversación

MATERIALES:

1 ó 2 libros de cartón con canciones infantiles tales como *Jack and Jill*

PREPARACIÓN:

❦ Coloque los libros en forma vertical y levemente abiertos. La exhibición que haga de ellos atraerá la atención del niño.

ESTRATEGIAS EDUCATIVAS:

1. Cuando el niño gatee hacia los libros, acérquese a él.
2. Observe sus reacciones frente al libro.
3. Háblele sobre el que está mirando. Comente, por ejemplo:
   "El cuento es sobre Jack y Jill. Jack y Jill subieron a una colina".
   "(Alfredo), el cuento es sobre unos chanchitos. Los chanchitos van al mercado".
4. Pregúntele:
   "¿Puedo leerte el libro?"
   Si el infante muestra signos de aceptar, comience a leerle el libro. Si no lo hiciera, permítale investigar el libro sin interrumpirlo.
5. Si utiliza su voz como herramienta para comunicar su entusiasmo, puede lograr atraer y mantener la atención del infante.

6. Mientras lee el libro, anime al niño a dar vuelta las páginas. Diga, por ejemplo:
   "(Alfredo), da vuelta la página. Esta ya la leímos".
   "¿Qué pasará ahora? Da vuelta la página para que podamos leer más".
7. Si le hace preguntas mientras lee puede lograr que el infante balbucee. Por ejemplo, mientras señala un dibujo, pregúntele:
   "(Alfredo), ¿quién es éste?"
   "¿Qué están llevando?"
8. Si lo incita a continuar puede lograr que mantenga conversaciones más largas. Por ejemplo, diga:
   "Muy bien. Jill tiene un balde".

 Puntos destacados del desarrollo

La exposición continua a las palabras y la identificación de personas y objetos ayudarán al desarrollo del lenguaje. Los infantes pueden comenzar a balbucear palabras por accidente. Pueden decir "mamá" por dos razones: Están ejercitando los sonidos mediante la repetición continua de la palabra, o pueden haber deducido que las palabras llaman la atención de las personas importantes para ellos.

VARIANTES:

❦ Dele al niño un libro si se necesitara una actividad para tranquilizarlo.

INFORMACIÓN ADICIONAL:

❦ Leerle libros de canciones infantiles es importante, ya que usted se las ha estado recitando los últimos siete u ocho meses. Las palabras que le sean familiares atraerán su atención.

Buenas noches

LENGUAJE Y COMUNICACIÓN

ÁREA DE DESARROLLO: Lenguaje y comunicación

 Objetivos para el desarrollo del niño

✓ Percibir formas del lenguaje de origen
✓ Emplear libros para relajar al niño

MATERIALES:

Libro de tapa dura *Goodnight Moon* de Margaret Wise Brown

Mecedora

Objetos necesarios para dormir, como manta, osito, etc.

PREPARACIÓN:

☼ Junte los objetos que hacen que el niño se sienta seguro y el libro y ubique la mecedora de manera tal que se encuentre cómodo.

ESTRATEGIAS EDUCATIVAS:

1. Alce al infante y siéntese en la mecedora.
2. Dele sus cosas familiares. Háblele, con voz calma y suave, sobre la hora de dormir, mientras se mece.
   Por ejemplo:
   "(Javier), es hora de dormir. Jugaste mucho hoy. Necesitas descansar".
3. Una vez que el niño esté relajado, comience a leerle el cuento, diciendo antes:
   "(Javier), elegí un cuento para que leamos hoy. Habla sobre irse a dormir".
4. Lea el cuento con voz suave y calma.
5. Responda a sus balbuceos, señales o todo intento de comunicarse que realice.

6. Evite las preguntas que lo inciten a balbucear o a conversar, ya que usted está utilizando el libro como herramienta para tranquilizarlo.
7. Si el infante continúa despierto, puede volver a leerle el cuento.

 Puntos destacados del desarrollo

Los libros pueden utilizarse para estimular a los niños o para tranquilizarlos. En realidad, un mismo libro puede utilizarse para ambos propósitos. Utilice su voz como herramienta para comunicar sus intenciones al infante. Estimúlelo a que contribuya a la lectura. Escúchelo. Existen posibilidades de que el balbuceo que produzca esté siguiendo la entonación que usted utiliza al leer.

VARIANTES:

☼ Elija otros libros que le gusten al infante. En el apéndice A se adjunta un listado.

INFORMACIÓN ADICIONAL:

☼ Observe las actitudes de los niños. Pueden tener libros favoritos. Leerles siempre el mismo libro puede constituir una experiencia agradable. Las que siguen son otras pautas para estimular desarrollo de las capacidades auditivas:
   ❀ hablar directamente al infante mientras tienen contacto visual.
   ❀ utilizar las denominaciones correspondientes a fin de ayudarlo a asociarlas con los objetos y las personas que lo rodean.
   ❀ darle la oportunidad de tocar los objetos mientras le habla sobre ellos.
☼ Al elegir los libros para niños de esta edad, opte por aquellos que sean a prueba de arrugas y que no se arruinen en caso de que los ensucie con saliva o los muerda.

7 A 9 MESES

LENGUAJE Y
COMUNICACIÓN

Mira quién llegó

ÁREA DE DESARROLLO: Lenguaje y comunicación

 Objetivos para el desarrollo del niño

✓ Asociación de las palabras con las personas correspondientes
✓ Reproducción de las palabras "mamá" y "papá"

MATERIALES:

Ninguno

PREPARACIÓN:

♥ Prepare al niño hablándole sobre las personas que llegarán.

ESTRATEGIAS EDUCATIVAS:

1. Háblele sobre las personas que vendrán a visitarla. Comente, por ejemplo:
   "(Mamá) vendrá pronto".
   "(Papá) está en la puerta".
2. Llame su atención cuando las personas entren a la habitación diciendo:
   "(Marina), mira quién llegó".
3. Refuerce los balbuceos o vocalizaciones que produzca diciendo:
   "Estás contento de ver a (mamá)".
   "Sí, (papá) vino a jugar contigo".

4. Reciba a quienes lleguen con la siguiente canción cuando entre:

   ♪ Hola, (*Mamá*),
   ♪ Hola, (*Mamá*),
   ♪ Hola, (*Mamá*),
   ♪ Estamos tan felices de que estés aquí.

 Puntos destacados del desarrollo

El cariño constituye la creación de un vínculo entre los adultos y los niños. El primero y principal es aquel que existe entre padres e hijos. Es posible percibir dicho sentimiento durante las separaciones y los encuentros. Por ejemplo, cuando una persona importante para el niño se encuentra visible durante un encuentro, puede sonreír, balbucear y, si le fuera posible, intentará acercarse a esa persona.

VARIANTES:

♥ Cuando una persona se vaya, cante la canción que se adjunta en la actividad "Canción de despedida" (Desarrollo social, Del nacimiento a tres meses).

INFORMACIÓN ADICIONAL:

♥ Mientras se están relacionando, dele al niño bastante tiempo para responder. Repita una y otra vez los nombres de las personas para que entienda que todos tienen uno.

7 A 9 MESES

De siete a nueve meses

DESARROLLO COGNOSCITIVO

COGNOSCITIVO

Encuéntralo

ÁREA DE DESARROLLO: Cognoscitivo

 Objetivos para el desarrollo del niño

✓ Desarrollar el sentido de permanencia del objeto
✓ Participar en comportamientos intencionales

MATERIALES:

Su juguete favorito

Manta liviana

PREPARACIÓN:

♥ Elija un lugar que pueda vigilar constantemente. Despéjelo para realizar allí la actividad.

♥ Coloque el juguete en el lugar elegido. Cúbralo parcialmente con la manta.

ESTRATEGIAS EDUCATIVAS:

1. Estimule al infante a encontrar su juguete favorito. Diga, por ejemplo:
   "(Leonardo), busca al osito Pooh. Mira. Pooh está en el suelo".
   "Gatea hacia la manta. Búscalo".

2. Estimule al infante a acercarse a la manta. Por ejemplo, puede expresar:
   "(Leonardo), sigue gateando".
   "Ya casi llegaste. Sigue gateando".

3. Observe sus reacciones frente a la manta. Si la mueve, espere hasta que el juguete quede al descubierto y reaccione con entusiasmo.

4. Si no, sugiéraselo:
   "(Leonardo), agarra la manta con las manos".
   "Mueve la manta con las manos".

5. Es posible que sea necesario reforzar sus palabras con acciones. Por ejemplo, mientras coloca suavemente la mano del infante sobre la manta, diga:
   "(Leonardo), agárrala". Haga una pausa. "Tira de la manta".

6. Elogie los intentos y los logros del infante. Por ejemplo, exclame:
   "(Leonardo), muy bien. Mueve la manta".
   "¡Sigue tirando! Ya casi lo lograste".

7. Cuando el infante descubra el juguete, reaccione con entusiasmo. Exclame, por ejemplo:
   "¡Lo lograste! Encontraste a Pooh".
   "¡Pooh estaba escondido!"

 Puntos destacados del desarrollo

En esta etapa, los niños de esta edad realizan comportamientos intencionales o dirigidos a un fin específico. En otras palabras, cuando se enfrentan a un problema, eligen una manera determinada para solucionarlo. Por ejemplo, si hay un objeto escondido bajo una manta, el niño puede apartarla para verlo.

VARIANTES:

♥ Cubra el juguete por completo con la manta.

♥ Reemplace al juguete por cubos, vasijas pequeñas o fuentes.

INFORMACIÓN ADICIONAL:

♥ Esta actividad es difícil. Si lo estimula lo suficiente con elogios puede lograr que el infante se mantenga interesado en la actividad. Utilice su voz para comunicar su entusiasmo.

¿Dónde está?

COGNOSCITIVO

ÁREA DE DESARROLLO: Cognoscitivo

Objetivos para el desarrollo del niño

✓ Desarrollar la comprensión de la permanencia del objeto
✓ Actuar de forma intencional para solucionar un problema

MATERIALES:

Trozo de cartón o tapa de caja de zapatos

Su juguete favorito

Mesa de tamaño infantil o mesa baja

PREPARACIÓN:

♡ Despeje un lugar para trabajar en la mesa. Coloque allí el cartón y el juguete.

ESTRATEGIAS EDUCATIVAS:

1. Lleve al infante hacia la mesa mientras le comenta la actividad. Puede decirle, por ejemplo:
   "(Sofía), tengo un juego especial para ti".
   "Vamos a jugar a esconder la jirafa".
2. Siéntese a la mesa con las piernas cruzadas a la altura de los tobillos. Siente al infante en su regazo. Acerque el cuerpo a la mesa de manera que el infante quede cerca de ella.
3. Llame su atención moviendo el juguete y diciendo:
   "(Sofía), aquí está tu juguete favorito. Es una jirafa".
4. Háblele del juego:
   "(Sofía), voy a esconder la jirafa. Encuéntrala".
5. Coloque la jirafa sobre la mesa y sostenga el trozo de cartón con una mano frente a él. Estimule al infante a buscarlo diciendo:
   "Encuentra la jirafa. Búscala".
6. Es posible que el infante necesite pistas para buscar el juguete. Puede sugerirle:
   "(Sofía), mueve el cartón".
   "Empuja el cartón con la mano".

7. Tal vez sea necesario reforzar sus palabras con acciones. Si es así, mueva la mano del infante con suavidad mientras le repite:
   "(Sofía), empuja el cartón con la mano".
8. Elogie todos los intentos y logros que realice. Por ejemplo, exclame con entusiasmo:
   "¡(Sofía), lo lograste! Encontraste la jirafa".

Puntos destacados del desarrollo

La comprensión de que los objetos existen aunque se encuentren fuera de su campo de visión constituye una tarea de desarrollo para los infantes. Al principio, pueden encontrar objetos escondidos parcialmente. Durante la etapa actual, pueden encontrar un objeto que se encuentre totalmente escondido. Sin embargo, el desarrollo de la comprensión de la permanencia del objeto permanece incompleto hasta que el infante aprende a buscar el objeto cuando esté escondido en otro lugar.

Observe el comportamiento del infante una vez que el objeto se encuentre a su alcance. "Deseo por el objeto" es el término que describe el comportamiento de juego de los infantes en esta etapa del desarrollo. Los infantes investigan las cosas oralmente, metiéndoselas en la boca, y así adquieren conocimiento físico del objeto.

VARIANTES:

♡ Utilice una almohada o su propio cuerpo para esconder el juguete. Estimule al infante a gatear o a reptar para encontrarlo.

INFORMACIÓN ADICIONAL:

♡ Es aceptable que el infante muestre más interés en empujar el cartón que en encontrar el objeto. De esta manera, estará ejercitando una habilidad importante para localizar los objetos deseados.
♡ A fin de adquirir conocimientos, los infantes realizan experiencias similares muchas veces.

7 A 9 MESES

COGNOSCITIVO

Investigación de pelotitas

ÁREA DE DESARROLLO: Cognoscitivo

 Objetivos para el desarrollo del niño:

✓ Ejecutar comportamientos intencionales
✓ Experimentar con el principio de causa y efecto

MATERIALES:

2 ó 3 pelotitas de, al menos, 6 pulgadas (15 cm) de diámetro

PREPARACIÓN:

☙ Elija un lugar que pueda vigilar constantemente. Despéjelo para realizar allí la actividad.
☙ Ubique las pelotitas en el suelo.

ESTRATEGIAS EDUCATIVAS:

1. Lleve al infante al lugar elegido mientras le habla de la actividad. Puede decirle:
   "(Carlitos), tengo unas pelotitas para que juegues con ellas".
   "Aquí hay algunas pelotitas. ¿Qué puedes hacer con ellas?"
2. Siente al infante en el suelo mientras pone las pelotitas a su alcance.
3. Observe sus reacciones frente a las pelotitas.
4. Descríbale su manera de estudiarlas. Por ejemplo:
   "(Carlitos), tocaste las pelotitas con las yemas de los dedos".
   "La pelotita es suave. La tocaste con la lengua".

5. Si estimula sus comportamientos accidentales puede lograr que los repita. Puede decirle:
   "(Carlitos), empujaste la pelotita. Hazlo otra vez".
   "Estás haciendo rodar la pelotita. Empújala hacia mí".
6. Esté preparado para recobrarla cuando ruede fuera del alcance o de la vista del infante.

 Puntos destacados del desarrollo

Con el crecimiento, la capacidad de los infantes de seguir objetos en movimiento mejora. Los movimientos que realizan se tornan más coordinados y moderados. En la etapa actual, pueden seguir pelotas y otros objetos en movimiento con facilidad.

VARIANTES:

☙ Utilice juguetes con ruedas en lugar de pelotas.

INFORMACIÓN ADICIONAL:

☙ Los infantes aprenden mediante la repetición. Por lo tanto, repetir esta experiencia muchas veces aumentará el conocimiento respecto de sí mismos y de los objetos que los rodean.
☙ Asegúrese de higienizar todos los juguetes que el infante toque o se meta en la boca.

¿Qué hay en la caja?

ÁREA DE DESARROLLO: Cognoscitivo

Objetivos para el desarrollo del niño:

✓ Desarrollar la comprensión de la permanencia del objeto
✓ Resolver problemas mediante comportamientos intencionales

MATERIALES:

Caja de zapatos con tapa

Su juguete favorito

PREPARACIÓN:

- Si lo desea, forre la caja y la tapa con papel adhesivo de colores, a fin de hacerla más atractiva.
- Coloque el juguete en la caja y tápela.

ESTRATEGIAS EDUCATIVAS:

1. Llame su atención diciendo su nombre, agitando la caja y diciendo:
   "(Natalia), escucha. ¿Qué puede haber en la caja?"
   "Mira dentro de la caja. ¿Qué oyes?"
2. Estimule al infante a abrir la caja y mirar dentro. Dígale, por ejemplo:
   "(Natalia), usa tus dedos. Levanta la tapa".
   "Quítale la tapa. Mira dentro de la caja".
3. Si utiliza su voz como herramienta para comunicar su entusiasmo y su satisfacción puede aumentar el interés del infante en la actividad. Por ejemplo, cuando quite la tapa, diga:
   "(Natalia), ¡lo lograste! Quitaste la tapa".
   "Mira, ¿qué hay en la caja? Es una pelotita".
4. Si el infante se muestra interesado, vuelva a jugar con él. A fin de mantener dicho interés, busque otro juguete para meter en la caja.

Puntos destacados del desarrollo

La duración de la atención de los infantes está mejorando gradualmente. Al mismo tiempo, se están diferenciando del mundo que los rodea. Por ejemplo, cuando descubren o encuentran un objeto, pueden investigarlo con acciones de succión. Luego, pueden alternar entre chuparse los dedos y meterse juguetes en la boca. De esta manera, en esta etapa del desarrollo, los infantes están aprendiendo a diferenciar sus cuerpos del medio en el que se encuentran.

VARIANTES:

- Muéstrele el juguete y luego métalo en la caja. Estimule al infante a buscarlo quitando la tapa.
- Coloque el juguete dentro de un paquete de regalo e incite al niño a buscarlo.

INFORMACIÓN ADICIONAL:

- Los infantes pueden pasar más tiempo jugando con la caja que tratando de encontrar el juguete que se encuentra en ella. En general, disfrutan sacando objetos y volviéndolos a colocar. Tales acciones también estimulan el desarrollo de los comportamientos intencionales.

7 A 9 MESES

COGNOSCITIVO

Golpeando las tapas

ÁREA DE DESARROLLO: Cognoscitivo

 Objetivos para el desarrollo del niño

✓ Repetir comportamientos descubiertos por accidente
✓ Ejercitarse en batir palmas

MATERIALES:

2 tapas de cacerolas de metal livianas

PREPARACIÓN:

☙ Elija y despeje un lugar que pueda vigilar constantemente. Coloque allí las tapas.

ESTRATEGIAS EDUCATIVAS:

1. Llame su atención golpeando las tapas suavemente.
2. Sugiérale que se acerque y que juegue con las tapas. Por ejemplo, dígale:
   "(Felicidad), gatea hacia aquí. Puedes aplaudir con las tapas".
   "Las tapas están por aquí. Ven a jugar con ellas".
3. Observe cómo juega con las tapas.
4. Si las golpea con un movimiento como de aplauso, estimúlelo diciendo:
   "(Felicidad), estás aplaudiendo con las tapas. Estás haciendo música".
5. Si el niño produce música de otra manera, dele tiempo para que investigue. Luego, puede enseñarle cómo usar las tapas.

6. Puede ser necesario reforzar las palabras con acciones y ayudar al infante. Si así fuera, acomode, con suavidad, sus manos en cada tapa mientras le dice:
   "(Felicidad), aplaude".
7. Si le demuestra aprobación puede lograr que repita el comportamiento. Entre los comentarios podrían incluirse:
   "(Felicidad), lo lograste. Estás aplaudiendo con las tapas".
   "¡Bien! Escucha la música que estás haciendo".

 Puntos destacados del desarrollo

Entre los siete y los nueve meses, los infantes repetirán los comportamientos o reacciones descubiertas por casualidad. Por ejemplo, luego de alcanzar accidentalmente una campana colgada de un ejercitador y de obtener respuesta a su comportamiento, repetirán el movimiento de patada, aprendiendo, de esta manera, un comportamiento nuevo.

VARIANTES:

☙ Dele la tapa de una cacerola y una cuchara de madera para que produzca música.
☙ Repita esta actividad al aire libre.

INFORMACIÓN ADICIONAL:

☙ Esta actividad puede producir mucho ruido. Los infantes gozarán con su capacidad para producir música. Por lo tanto, también estimula el desarrollo de la autoestima y de la autoeficacia.
☙ A fin de mejorar las capacidades auditivas y de promover la diferenciación por medio de la audición, dele juguetes que produzcan sonidos. A los niños les gustan mucho los juguetes que producen ruido o sonidos musicales suaves.

Alcancía

COGNOSCITIVO

ÁREA DE DESARROLLO: Cognoscitivo

Objetivos para el desarrollo del niño

✓ Desarrollar la comprensión de la permanencia del objeto
✓ Resolver problemas mediante comportamientos intencionales

MATERIALES:

Recipiente para harina con tapa de plástico

4 ó 5 tapas de latas de jugo

PREPARACIÓN:

- ☼ Examine los bordes de las tapas para asegurarse de que no tienen partes filosas.
- ☼ Haga una ranura en la tapa del recipiente de harina de manera que las tapas de las latas puedan insertarse con facilidad.
- ☼ Si lo desea, forre el recipiente para harina con papel adhesivo de colores para que sea más atractivo.
- ☼ Elija un lugar que pueda vigilar constantemente. Despéjelo y coloque el recipiente para harina y las tapas de las jugueras en el suelo.

ESTRATEGIAS EDUCATIVAS:

1. Si el infante gatea hacia los materiales necesarios para la actividad, acérquese a él.
2. Observe su comportamiento cuando le estudia.
3. Si fuera necesario, sugiérale que meta las tapas en el recipiente de esta manera:
   "(Débora), levanta la tapa. Ponla en la ranura".
   "Pon la tapa dentro del recipiente".
4. Es posible que sea necesario reforzar sus palabras con acciones. Si es así, señale las tapas de metal y toque el recipiente mientras dice:
   "(Débora), mete las tapas por la ranura".

5. Elogie sus intentos y sus logros. Puede exclamar:
   "Bien hecho. Metiste la tapa en el recipiente".
   "Sigue tratando. Casi lo lograste".
6. A fin de fortalecer la comprensión de la permanencia del objeto, pregúntele:
   "(Débora), ¿dónde están las tapas?"
7. Anime al infante a dar vuelta al recipiente y a sacudirlo para que salgan las tapas. Si fuera necesario, enséñele a hacerlo.

Puntos destacados del desarrollo

En este período, continúa perfeccionándose el principio de permanencia del objeto. Los infantes están aprendiendo que los objetos siguen existiendo aunque se encuentren fuera del campo de visión. Jugar con ellos a juegos tales como esconderles juguetes, los ayudará a ejercitar las habilidades que están desarrollando. Obsérvelos. Podrán esconder y encontrar muchos objetos sin su intervención.

VARIANTES:

- ☼ Utilice objetos con formas diferentes, como cortadores de galletas de plástico. Abra ranuras en la tapa de plástico para que quepan.

INFORMACIÓN ADICIONAL:

- ☼ A los infantes les encanta esconder objetos, en especial cuando están desarrollando el concepto de permanencia. Obsérvelos. Disfrutarán escondiendo y buscando toda clase de objetos.

COGNOSCITIVO

Tráemelo

ÁREA DE DESARROLLO: Cognoscitivo

Objetivos para el desarrollo del niño

✓ Desarrollar la comprensión de la permanencia del objeto
✓ Ejecutar comportamientos intencionales
✓ Obtener el objeto deseado mediante el movimiento del propio cuerpo

MATERIALES:

Juguete que pueda sostener mientras repta, como unas llaves de plástico grandes

PREPARACIÓN:

❀ Coloque el juguete a 4 ó 5 pies (1,2 ó 1,5 m) del infante. Asegúrese de que quede bien visible.

ESTRATEGIAS EDUCATIVAS:

1. Llame su atención señalando el juguete y describiéndoselo. Por ejemplo:
   "(Ariel), las llaves están sobre la alfombra".
2. Estimule al infante a acercarse a las llaves. Sugiérale, por ejemplo:
   "(Ariel), levanta las llaves".
   "Gatea hacia las llaves".
3. Observe al infante mientras investiga las llaves.
4. Descríbale la manera en que está estudiando los juguetes. Puede comentarle:
   "(Ariel), estás tocando las llaves con los dedos".
   "Estás mordiendo las llaves".

5. Anime al infante a llevarle los juguetes. Diga, por ejemplo:
   "(Ariel), tráeme los juguetes".
   "Ven hacia mí. Trae las llaves".
6. Elogie los intentos o logros del infante diciendo:
   "(Ariel), lo estás haciendo. Sigue gateando. Ya casi llegaste".
   "Gracias. Me trajiste las llaves".

Puntos destacados del desarrollo

Los infantes necesitan tiempo para jugar solos. No es necesario entretenerlos en todo momento. Una de las capacidades más importantes a desarrollar es la de entretenerse solos. Los juegos en solitario les ayudarán a crear, para más adelante, los cimientos necesarios contra el aburrimiento y la soledad.

VARIANTES:

❀ Pídale que levante el objeto que usted ha dejado caer y se lo dé.

INFORMACIÓN ADICIONAL:

❀ A los infantes les gusta sentirse útiles. Las nuevas capacidades motrices y cognoscitivas que han desarrollado les permiten ayudar cuando se les da una tarea razonable y adecuada a su desarrollo.
❀ Cubra las llaves con una manta a fin de ofrecerle un desafío.

De siete a nueve meses

DESARROLLO
SOCIAL

SOCIAL

A rodar

ÁREA DE DESARROLLO: Social

 Objetivos para el desarrollo del niño

✓ Relacionarse con una persona que le sea familiar
✓ Desarrollar el sentido de confianza

MATERIALES:

Superficie plana y suave

Pelota limpia de 6 a 12 pulgadas (15 a 30 cm) de diámetro

PREPARACIÓN:

♡ Elija una superficie suave y plana que permita a la pelota rodar.

ESTRATEGIAS EDUCATIVAS:

1. Mientras lleva al infante al lugar, háblele respecto de la actividad. Puede decirle:
   "(Teodoro), vamos a jugar con la pelotita. La podemos hacer rodar para un lado y para otro".
2. Siente al infante en el lugar elegido. Siéntese aproximadamente a 1 pie (30 cm) de él. Acomódese o acomode al infante según sea necesario.
3. Dele la pelotita.
4. Permítale investigarla. Comente sus reacciones, y por ejemplo, diga:
   "(Teodoro), estás tocando la pelota con los dedos. La pelota es suave".
   "Ahora estás golpeando la pelotita".
5. Estimule al infante a hacer girar la pelotita hacia usted. Puede comentarle:
   "(Teodoro), haz rodar la pelota hacia mí. Empújala".
   "Vamos a jugar a algo. Has rodar la pelota hacia mí. Luego, yo la hago rodar hacia ti".

6. Elogie los intentos y logros del infante. Por ejemplo, diga:
   "(Teodoro), hiciste rodar la pelotita".
   "Empujaste la pelotita hacia mí".
7. Mientras el infante demuestre interés por la actividad, continúe el juego empujando la pelotita con suavidad para un lado y para otro.

 Puntos destacados del desarrollo

La sonrisa de un infante está reservada para las caras que le son especiales y familiares. Esta es la manera que tienen de llamarles la atención y premiarlos. Cuando el infante sonríe, refuerce la importancia de la relación hablándole y devolviéndole la sonrisa.

VARIANTES:

♡ A medida que progresa el desarrollo de la motricidad fina, dele pelotas más pequeñas. Sin embargo, debe tener cuidado: Nunca utilice una que pueda ponerlo en peligro de asfixia.
♡ Realice esta actividad al aire libre si las condiciones climáticas son las adecuadas.

INFORMACIÓN ADICIONAL:

♡ Los infantes aprenden a confiar en los adultos cuando estos responden a sus pistas y señales con rapidez, interés y cariño. Por lo tanto, juegue sólo mientras el infante parezca interesado en esta actividad. Las señales que debe buscar son la sonrisa, el contacto visual y los balbuceos.

7 A 9 MESES

Acá está

SOCIAL

ÁREA DE DESARROLLO: Social

Objetivos para el desarrollo del niño

✓ Participar en un juego
✓ Entablar una relación social con un adulto

MATERIALES:

Elementos necesarios para cambiarle los pañales

PREPARACIÓN:

❀ Prepare el cambiador para que todos los materiales necesarios se encuentren disponibles.

ESTRATEGIAS EDUCATIVAS:

1. Mientras le quita la ropa o el pañal sucio o mojado, incítelo a sostener el limpio. Dígale, por ejemplo:
   "(Jesús), ayúdame. Sostén tu pañal".
2. En general, los infantes levantarán el pañal para que no pueda verle la cara. Cuando esto ocurra, utilice su voz como herramienta para comunicar su entusiasmo y exclame:
   "¿Adónde fue (Jesús)?"
3. Cuando el infante baje el pañal, diga:
   "Acá está (Jesús). ¡Te veo!"

4. Continúe con la relación mientras el infante muestre signos de interés riendo, sonriendo o cubriéndose la cara.
5. Cuando pierda el interés en el juego, termine de cambiarle el pañal.

Puntos destacados del desarrollo

Debido a las nuevas capacidades de anticiparse a los acontecimientos y de realizar comportamientos intencionales, ahora, los infantes pueden iniciar intencionadamente relaciones sociales. Por ejemplo, cuando ven a alguno de sus padres poniéndose un abrigo pueden gatear/reptar hacia él y asirle la pierna a fin de mantener la proximidad.

7 A 9 MESES

VARIANTES:

❀ Cubra la cara del infante con su manta favorita y siga jugando.

INFORMACIÓN ADICIONAL:

❀ A los infantes les encanta jugar a este tipo de juegos de escondidas. Si usted responde a sus deseos de jugar estará fomentando el desarrollo de las capacidades de autoeficacia. De esta manera, aprenderán que tienen cierto control sobre las relaciones con la gente que los rodean.

SOCIAL

¿Dónde se escondió?

ÁREA DE DESARROLLO: Social

Objetivos para el desarrollo del niño

✔ Aprender a hacer frente a la ansiedad producida por una separación
✔ Actuar deliberadamente para mantener el contacto con un adulto

MATERIALES:

Ninguno

PREPARACIÓN:

☞ Observe al infante a fin de determinar su grado de disponibilidad para jugar.

ESTRATEGIAS EDUCATIVAS:

1. Hable al infante respecto del juego. Por ejemplo, dígale:
   "(Silvina), me gustaría jugar a las escondidas".
2. Pídale que juegue con usted diciendo:
   "¿Quieres jugar conmigo?"
3. Explíquele las reglas de juego, por ejemplo:
   "(Silvina), me esconderé y tú me buscarás".
4. Teniendo en cuenta el desarrollo de la comprensión de la permanencia del objeto del niño, escóndase completamente o deje una parte de su cuerpo visible.

5. Cuando el niño lo encuentre, reaccione con entusiasmo. Por ejemplo, comente:
   "(Silvina), me encontraste. Sabías dónde buscar".
   "Juegas muy bien".
6. Continúe jugando mientas el niño demuestre interés.

Puntos destacados del desarrollo

Los juegos de escondidas ayudan a los infantes a comprender la manera en que funciona el mundo. Así, aprenden que las cosas existen aunque no las vean. Este conocimiento les ayudará a desarrollar, gradualmente, la comprensión de que el mundo tiene cierta coherencia y seguridad.

VARIANTES:

☞ Cuando acabe de entender el juego, pídale que esconda un objeto.

INFORMACIÓN ADICIONAL:

☞ Durante el día se suceden pequeñas separaciones. Por ejemplo, es posible que deba cambiar el pañal de otro niño. Si esto ocurriera, continúe hablándole a fin de disminuir la ansiedad que produce la separación.
☞ Continúe jugando a las escondidas y hablando sobre la llegada y partida de personas a fin de fortalecer el principio de permanencia del objeto.

Midamos agua

SOCIAL

ÁREA DE DESARROLLO: Social

Objetivos para el desarrollo del niño

✓ Imitar acciones de adultos
✓ Participar en relaciones y juegos sociales

MATERIALES:

1 taza para medir
½ taza de taza para medir
Bol para mezclar grande, irrompible
Agua
Mantel de vinilo
Babero grande

PREPARACIÓN:

- Elija un lugar que no se arruine con el agua. Despéjelo y extienda allí el mantel de vinilo.
- Vierta agua tibia en el bol. Luego, colóquelo sobre el mantel.
- Si la habitación es cálida y no hay corrientes de aire, quítele la ropa exterior. Si no, arremánguelo y póngale el babero grande.

ESTRATEGIAS EDUCATIVAS:

1. Siente al infante cerca del bol sobre el mantel.
2. Estimúlelo a investigar los materiales. Por ejemplo, pregúntele:
   "(Miguel), ¿qué puedes hacer con las tazas?"
   "¿Cómo está el agua?"
3. Observe al infante actuando con los materiales.
4. Puede ser necesario darle ejemplos de nuevas maneras de sostener las tazas. Por ejemplo, si las agarra con toda la mano, demuéstrele cómo tomar el asa con el asimiento de pinza.

5. Si sigue sosteniéndola de la misma manera, describa sus acciones con palabras tales como:
   "(Miguel), estoy sosteniendo la taza con los dedos pulgar e índice. Mírame. Intenta hacerlo".
   "Mírame. Intenta de esta manera".
6. Si le expresa su aprobación puede lograr que repita el comportamiento. Por ejemplo, diga:
   "¡(Miguel), lo lograste! La sostenemos de la misma manera".
   "Mírate. Estás usando tu pulgar".

Puntos destacados del desarrollo

Dado el desarrollo de sus capacidades motrices, los infantes pueden imitar la manera en que los adultos utilizan las manos. Si les muestra nuevas habilidades, puede lograr que refinen la motricidad y que agreguen nueva información a su autoidentificación.

VARIANTES:

- Agregue cucharas grandes para volcar líquidos. Esto puede también desarrollar la capacidad de alimentarse por sí mismo.
- Si estuvieran al aire libre, utilice una pileta para niños a fin de incentivarlo a que ejercite los movimientos de los brazos y las piernas. **Precaución:** Es esencial vigilar al niño siempre que juegue con agua. Deberá haber siempre un adulto a pocos centímetros de él cuando lo haga.

INFORMACIÓN ADICIONAL:

- Los niños pueden ahogarse en 1 pulgada (2,5 cm) de agua. Por lo tanto, es esencial que lo vigile constantemente cuando juegue con agua.
- Los niños disfrutan de la sensación sedante que brindan los juegos con agua.

7 A 9 MESES

SOCIAL

Voy a ayudarte

ÁREA DE DESARROLLO: Social

 Objetivos para el desarrollo del niño

✔ Emplear a un adulto como base de la seguridad
✔ Desarrollar el sentido de confianza

MATERIALES:

Ninguno

PREPARACIÓN:

☼ Esté preparado para cuando algún adulto o hermano se vaya.

ESTRATEGIAS EDUCATIVAS:

1. Prepare al infante para la partida de algún miembro de la familia. Diga, por ejemplo:
   "(Abuelo) se irá pronto. Vamos hasta la puerta para saludarlo".
   "(Tía Luisa) se va a la escuela. Dile adiós con la mano".
2. Si el infante se entristece cuando algún integrante de la familia se va, álcelo y háblele con voz calma. Identificar sus emociones es importante para que entienda cómo se siente. Por ejemplo, comente:
   "(Sergio), estás enojado porque (tía Luisa) se fue. Querías ir con ella".
   "Estás triste. No querías que el (abuelo) se fuera. Te gusta estar con el (abuelo)".
3. Hágale saber que usted puede ayudarle. Dígale, por ejemplo:
   "Estoy aquí para ayudarte".
   "Está bien que estés triste. Voy a mecerte un rato".
4. Cuando el infante esté preparado para comenzar el día, incítelo a investigar la habitación. Sugiérale cosas nuevas para buscar en ella, diciendo:
   "(Sergio), mira el espejo nuevo".
   "Te traje unos sonajeros nuevos".

5. Dele una base segura como punto de partida. Haga comentarios como:
   "Estoy aquí. Me quedaré en la habitación. No me voy a ir".
   "Estaré aquí por si me necesitas".
6. Mientras el infante estudia la habitación, elógielo a fin de que lo haga por más tiempo antes de ponerse en contacto con usted. Por ejemplo, diga:
   "(Sergio), estás mirando el espejo. ¿Qué ves?"
   "Encontraste el sonajero nuevo. ¿Cómo suena?"

 Puntos destacados del desarrollo

En esta etapa, los niños de esta edad comienzan a sentirse seguros con los adultos que conocen. Esto significa que pueden alejarse mientras investigan lo que los rodea, pero lo buscarán con frecuencia para asegurarse de que se encuentra cerca. Además, pueden acercarse a él para cerciorarse de que están seguros. La manera en que usted reaccione frente a sus investigaciones o la distancia que los separa ejerce influencia sobre estos factores; si demuestra miedo puede hacer que el niño se aproxime a usted.

VARIANTES:

☼ Utilice los nombres de los miembros de la familia al hablarle. Es necesario que sepa que cada persona y cada cosa tienen un nombre.

INFORMACIÓN ADICIONAL:

☼ Durante este período, los infantes sienten ansiedad ante las separaciones. Esto ocurre cuando uno de los padres, tutor o cuidador sale de su campo de visión. Su deber es proporcionarle apoyo frente a tales reacciones al mismo tiempo que estimula su independencia.

Apilando tazas

ÁREA DE DESARROLLO: Social

 Objetivos para el desarrollo del niño

✓ Relacionarse socialmente con un adulto
✓ Desarrollar un sentido de seguridad

MATERIALES:

1 juego de tazas que puedan apilarse

PREPARACIÓN:

☼ Elija y despeje un lugar que pueda vigilar constantemente. Coloque allí las tazas para apilar con el fin de motivar al infante.

ESTRATEGIAS EDUCATIVAS:

1. Cuando se aproxime el infante al lugar, acérquese a él a fin de ayudarlo o apoyarlo cuando sea necesario.
2. Observe sus reacciones frente a las tazas.
3. Describa lo que hace con ellas. Diga, por ejemplo:
   "(Jorge), estás apilando la taza pequeña sobre la grande".
   "Estás construyendo una torre".
4. Pregunte o sugiera según sea necesario. Puede hacer comentarios tales como:
   "¿Dónde puedes poner esta taza pequeña?"
   "Apila esta taza ahora".
   Si fuera necesario, señale la taza para mantener la atención del niño.

5. Háblele sobre sus reacciones al apilar las tazas. Diga, por ejemplo:
   "(Jorge), estás sonriendo. Te gusta apilar tazas".
   "Qué lástima, las tazas se cayeron. Inténtalo otra vez".
6. Si le muestra su aprobación puede hacer que el infante pase más tiempo jugando. Por ejemplo:
   "(Jorge), sigue intentando. ¡Usaste todas las tazas!"
   "Te estás esforzando. ¡Apilaste tres tazas!"

 Puntos destacados del desarrollo

A esta edad, los infantes prefieren a sus padres y cuidadores antes que a otras personas. Cuando las personas conocidas se encuentran fuera de su campo de visión, es posible que lloren y se irriten. Esto puede hacer que usted se sienta culpable. Al llorar, el niño está probando el comportamiento de usted. La ansiedad ante la separación es más común cuando están hambrientos, cansados o enfermos. Por eso, para disminuir los efectos de dicha ansiedad, es importante que el niño haya dormido y comido antes de que usted se vaya.

VARIANTES:

☼ A fin de darle un nuevo desafío, enséñele a ensamblarlas en lugar de apilarlas.

INFORMACIÓN ADICIONAL:

☼ Las nuevas capacidades motrices de asir y soltar objetos descubiertas a esta edad posibilitan esta actividad y hacen que tenga éxito. Un adulto que brinde apoyo puede ayudar al niño a hacer frente al fracaso, por ejemplo, cuando se caiga la pila de tazas.

7 A 9 MESES

SOCIAL

A rodar juntos

ÁREA DE DESARROLLO: Social

 Objetivos para el desarrollo del niño

✓ Manifestar interés en otras personas
✓ Jugar

MATERIALES:

2 juguetes iguales con ruedas

PREPARACIÓN:

❧ Elija y despeje un lugar que pueda vigilar constantemente y coloque allí los juguetes.

ESTRATEGIAS EDUCATIVAS:

1. Lleve al infante al lugar elegido mientras le explica la actividad. Por ejemplo, diga:
   "Tengo unos juguetes para que hagas rodar. Puedes empujarlos para un lado y para otro".
2. Siente al infante cerca, de manera que se vean.
3. Dele un juguete. Observe cómo lo investiga.
4. Estimúlelo a hacerlo rodar hacia usted. Por ejemplo, indíquele:
   "(Tamara), haz rodar el juguete hacia mí. Empújalo".
5. Si lo elogia puede lograr que repita el comportamiento deseado. Comente, por ejemplo:
   "Lo lograste (Tamara). Ahora tengo los dos juguetes".

6. Cuando el infante lo mire o mientras esté jugando, continúe mostrando su apoyo. Al hacerlo, estará enfatizando estas relaciones sociales. Por ejemplo, exprese:
   "(Tamara), me estás mirando".
   "Estamos jugando juntos".
   "Estamos empujando los juguetes para un lado y para el otro. Qué juego tan divertido".
7. Repita el juego mientras el infante se muestre interesado en él.

 Puntos destacados del desarrollo

Los infantes están comenzando a mostrar interés por algunas relaciones básicas con otras personas. Por ejemplo, buscan a aquellos que muestran signos de pena o de felicidad. Gracias a la nueva capacidad de gatear, ahora pueden acercarse a otros cuando lo desean. Por razones de seguridad, debe vigilarlo constantemente. Si no lo hiciera, es posible que tiren del pelo, que empujen o que tengan otros comportamientos por el estilo.

VARIANTES:

❧ Utilice pelotas en lugar de juguetes con ruedas.

INFORMACIÓN ADICIONAL:

❧ La actividad tendrá mucho éxito si el infante hace rodar la pelotita tres o cuatro veces.
❧ A fin de que se estire, coloque juguetes con ruedas frente al niño. Esto estimulará el ejercicio del brazo y los movimientos hacia adelante.

7 A 9 MESES

De siete a nueve meses

DESARROLLO EMOCIONAL

EMOCIONAL

Creación de música

ÁREA DE DESARROLLO: Emocional

Objetivos para el desarrollo del niño

✓ Expresar las emociones de interés y placer
✓ Expresar emociones según patrones claros y significativos

MATERIALES:

2 cacerolas livianas de diferentes medidas, con tapas

PREPARACIÓN:

☆ Elija y despeje un lugar que pueda vigilar constantemente y coloque allí las cacerolas y las tapas.

ESTRATEGIAS EDUCATIVAS:

1. Cuando el infante gatee o repte hacia las fuentes, acérquese a él.
2. Observe sus reacciones frente a las cacerolas y a las tapas.
3. Si las golpea para producir sonidos, apruebe diciendo:
   "¡(Raúl), estás haciendo música!"
   "Qué sonido fuerte que hiciste. ¡Hazlo otra vez!"
4. Si el infante investiga los juguetes de otras maneras, incítelo verbalmente a golpear las cacerolas.
   Por ejemplo, exprese:
   "(Raúl), golpea la cacerola con la tapa".
   "Golpea las tapas con las cacerolas. Así estás haciendo música".

5. Describa las reacciones del niño frente a la actividad. Puede comentarle:
   "(Raúl), estás riendo y sonriendo. Te debe de gustar mucho hacer música".
   "Te estás esforzando en hacer música".
   "Estás disfrutando esta actividad".

Puntos destacados del desarrollo

Los infantes pueden asustarse con ruidos fuertes como los producidos por los truenos, la aspiradora, las bocinas de automóviles, los fuegos artificiales, etc. Cuando esto ocurra, acérquese a ellos para mecerlos y para darles seguridad con palabras. Con el tiempo y a medida que la experiencia aumente, el miedo disminuirá.

VARIANTES:

☆ Reemplace las cacerolas y las tapas por cucharas de madera y tazones livianos e irrompibles como los de cereales o para mezclar.

INFORMACIÓN ADICIONAL:

☆ Algunos infantes pueden asustarse con los sonidos fuertes. Si esto ocurriera, dele utensilios que produzcan sonidos más suaves. Gradualmente, podrá volver a utilizar los que hacen ruido más fuerte.

7 A 9 MESES

Caja de sorpresas

EMOCIONAL

ÁREA DE DESARROLLO: Emocional

 Objetivos para el desarrollo del niño

✓ Empezar a hacer frente al miedo
✓ Expresar emociones según patrones claros y significativos

MATERIALES:

Caja de sorpresas

PREPARACIÓN:

♡ Elija y despeje un lugar que pueda vigilar constantemente y coloque allí la caja de sorpresas.

ESTRATEGIAS EDUCATIVAS:

1. Cuando el infante gatee hacia ella, acérquese. Comience la actividad haciéndole preguntas respecto del juguete. Por ejemplo, pregúntele:
   "(Antonio), ¿qué es esto?" Haga una pausa. "Es un juguete nuevo".
   "¿Cómo funciona?"
   "¿Qué puedes hacer con esta manija?"
2. Observe al infante mientras investiga el juguete.
3. Sugiérale como "abrir" la caja. Por ejemplo:
   "(Antonio), gira la manija".
   "Agarra la manija. Gira tu brazo".
4. Es posible que sea necesario reforzar sus palabras con acciones. Si lo fuera, señale la manija mientras le dice:
   "Agarra y gira la manija".
   "Tira de la manija en forma de círculo".
5. Describa cómo hacer música con el juguete. Por ejemplo, comente:
   "(Antonio), mira y oye. Si giras la manija produces música".
   "Oh, escucha la música que estás haciendo".

6. Prepare al infante para cuando salga el muñeco diciendo:
   "(Antonio), mira. Algo va a suceder".
   "Un muñeco salió de la caja".
7. Cuando salte el muñeco, describa las reacciones del infante. Diga, por ejemplo:
   "Te asustó. Te echaste para atrás".
8. Estimule al infante a volver a buscar el muñeco. Por ejemplo:
   "¿Adónde se fue el muñeco? Vamos a encontrarlo de vuelta".
   "Gira la manija para encontrarlo".

 Puntos destacados del desarrollo

Los infantes expresan más miedos desde esta edad hasta los dieciocho meses. Se cree que este proceso está relacionado con su capacidad de distinguir entre las caras familiares y las que no lo son. Dicha capacidad produce ansiedad ante la separación y ante los extraños.

VARIANTES:

♡ Utilice una caja de música o juguetes que se muevan.
♡ Muestre al niño otros juguetes que se muevan. Con frecuencia, los niños gritarán de satisfacción cuando lo hagan.

INFORMACIÓN ADICIONAL:

♡ Es posible que, la primera vez que se realiza esta actividad, los niños sientan miedo. Lo más probable es que este miedo esté relacionado con la falta de comprensión de la permanencia del objeto. En general, la exposición continua a este tipo de juguetes hará que les gusten mucho.
♡ Para la primera de las experiencias, deje la caja de sorpresas a cierta distancia del niño para reducir las posibilidades de que le cause miedo.

7 A 9 MESES

EMOCIONAL

A saltar

ÁREA DE DESARROLLO: Emocional

 Objetivos para el desarrollo del niño

✓ Utilizar a la persona que suele cuidarlo como punto de referencia social
✓ Expresar emociones según patrones claros y significativos

MATERIALES:

2 cajas de sorpresa

PREPARACIÓN:

♡ Elija y despeje un lugar que pueda vigilar constantemente. Coloque los juguetes en un estante al que el niño pueda llegar o en el suelo.

ESTRATEGIAS EDUCATIVAS:

1. Cuando un infante gatee o repte hacia el lugar, acérquese.
2. Descríbale el juguete. Explíquele, por ejemplo:
   "(Eugenia), si aprietas este botón, algo sucede".
   "Si das vuelta esta manija, aparecerá algo".
3. Observe las reacciones del infante frente al juguete.
4. Es posible que sea necesario reforzar sus palabras con acciones. Por ejemplo, enséñele a apretar el botón mientras le dice:
   "Cuando aprieto el botón, algo aparece".
5. Reaccione con entusiasmo para enseñarle cómo responder ante las cosas inesperadas. Cuando el infante mira hacia usted, lo está utilizando como punto de referencia social.
6. Estimúlelo a apretar el botón diciendo:
   "(Eugenia), ahora hazlo. Aprieta el botón con la mano".
   "Inténtalo. Muéstrame dónde está escondido el ratón Mickey".

7. Si le demuestra aprobación puede lograr que repita el comportamiento sin su ayuda. Puede comentarle:
   "Lo encontraste".
   "¡Lo lograste! Encontraste al ratón Mickey".
8. Al describir las reacciones del infante frente al comportamiento le ayudará a entender mejor las emociones. Por ejemplo, diga:
   "(Eugenia), estás feliz porque encontraste al ratón Mickey".
   "Estás riendo y sonriendo. Te gusta este juguete".

 Puntos destacados del desarrollo

En esta etapa, los infantes comienzan a prever las actividades de rutina. Por ejemplo, cuando quien le cuida llena el biberón, el infante puede gatear, sentarse y tratar de alcanzarlo. Cuando suena el timbre, es probable que gatee o repte hacia la puerta. De la misma manera, cuando juega con cajas de sorpresas, es posible que sepa que algo va a salir.

VARIANTES:

♡ Utilice otro tipo de cajas de sorpresas o juguetes que se muevan a fin de estimular las expresiones emocionales.

INFORMACIÓN ADICIONAL:

♡ En esta etapa, los infantes dependen de usted para saber cómo reaccionar ante situaciones u objetos nuevos o poco comunes. En otras palabras, los infantes usan a otras personas como puntos de referencia social. Por lo tanto, dar muestras de excitación o interés puede estimularlos a investigar de manera activa el entorno y puede disminuir el miedo que sienten ante las situaciones nuevas.

7 A 9 MESES

Un extraño entre nosotros

EMOCIONAL

ÁREA DE DESARROLLO: Emocional

Objetivos para el desarrollo del niño

✓ Empezar a hacer frente a la ansiedad ante extraños
✓ Expresar la emoción de miedo

MATERIALES:

Ninguno

PREPARACIÓN:

- Cuente al niño que llegará un invitado.

ESTRATEGIAS EDUCATIVAS:

1. Cuando entre un "extraño", prepárese para la reacción del infante. Es posible que llore o se acerque a usted.
2. Ubíquese de manera tal que ambos puedan verse. Luego, preséntele al invitado para que sepa que usted lo conoce. Diga, por ejemplo:
   "Él es mi amigo (Pablo). Va a alzarte (Víctor)".
   "Ella es mi amiga (Tania). Vino a ayudarme a preparar tu merienda".
3. Tranquilícelo permaneciendo cerca de él y hablándole con voz calma. Puede decirle:
   "Está bien que tengas miedo".
   "Las caras nuevas pueden asustarte".
4. Asegúrese de recordarle que está seguro. Explíquele, por ejemplo:
   "Estoy aquí para ayudarte. (Tania) es mi amiga".
   "Te voy a alzar mientras ella esté aquí".

Puntos destacados del desarrollo

Antes de la presente etapa, los infantes expresaban las emociones con todo el cuerpo. Ahora están comenzando a expresarlas de maneras perceptibles y coherentes.
Para transmitir un mensaje, pueden combinar expresiones faciales con la mirada, la voz y la posición del cuerpo. Por ejemplo, cuando un extraño entra en su campo de visión, pueden responder llorando, mirándolo y acercándose a usted.

VARIANTES:

- Preséntele todas las personas con las que entre en contacto.
- Haga que su lenguaje refleje la relación entre el visitante y el niño: madre, padre, tía, tío, etc.

INFORMACIÓN ADICIONAL:

- Los extraños, como los vecinos, amigos, carteros y recaderos van y vienen con frecuencia. Usted debe ayudar a los niños a enfrentarse a caras nuevas.
  Un contacto cálido y cariñoso les hará saber que se encuentran seguros.

7 A 9 MESES

EMOCIONAL

Encontré algo nuevo

ÁREA DE DESARROLLO: Emocional

Objetivos para el desarrollo del niño

✓ Expresar la emoción de interés
✓ Controlar la situación mediante los movimientos

MATERIALES:

Su juguete favorito

PREPARACIÓN:

☼ Elija un lugar que pueda vigilar constantemente. Despéjelo y coloque allí el juguete.

ESTRATEGIAS EDUCATIVAS:

1. Observe el comportamiento del infante en la habitación.
2. Cuando necesite algo con que jugar, anímelo a buscar su juguete favorito. Por ejemplo:
   "¿Dónde está el tambor? Sigue buscando".
   "Mira alrededor. Encuentra el tambor. Acércate a él para que puedas jugar".
3. Elogie sus intentos y sus logros diciendo:
   "(Emilia), encontraste el tambor".
   "Gateaste para encontrar algo nuevo con que jugar".

4. El objetivo es estimular al infante a buscar sin su ayuda cosas que le sean de interés. Intente alcanzar este objetivo a largo plazo diciendo:
   "Estabas aburrida. Encontraste algo nuevo e interesante con que jugar".
   "Cuando te canses de un juguete, busca otro".

Puntos destacados del desarrollo

Debido a que, a esta altura, la mayoría de los infantes pueden gatear, son capaces de controlar la situación. Pueden alejarse de una situación agobiante o sumarse a una atractiva.

VARIANTES:

☼ A fin de mantener el interés, cambie los juguetes de lugar.
☼ En lugar de juguetes convencionales, dele artículos domésticos como tazas, platos, ollas, cucharas de madera y sartenes.

INFORMACIÓN ADICIONAL:

☼ Una vez que adquieren movilidad, los infantes cambian de una actividad a otra. El objetivo es tener varios juguetes disponibles a fin de mantener el interés.

7 A 9 MESES

Un amigo nuevo

EMOCIONAL

ÁREA DE DESARROLLO: Emocional

Objetivos para el desarrollo del niño

✓ Empezar a hacer frente a la ansiedad ante extraños
✓ Utilizar a un adulto como punto de referencia social

MATERIALES:

Cochecito infantil

PREPARACIÓN:

- Cuéntele que van a dar un paseo en cochecito.
- Asegure al niño en el cochecito con las bandas de seguridad.

ESTRATEGIAS EDUCATIVAS:

1. Coméntele adónde van a ir y por qué lo van a hacer. Por ejemplo:
   "Estamos dando un paseo. Vamos a la tienda de la (Sra. Martínez). Ella nos vende el pan. Es mi amiga. Quiero que la conozcas".
2. Cuando llegue a la panadería, salude a su amiga. Expresen su agrado o su gozo sonriendo, estrechándose las manos y manteniendo el contacto visual. Cuando los vea relacionándose, el niño los utilizará como referencia social.
3. Hable con la (*Sra. Martínez*) durante dos o tres minutos para que el infante se sienta cómodo con ella.

4. Dígale que quiere presentarle a alguien. Por ejemplo:
   "(Sra. Martínez), él es (Héctor). Le gusta pasear en cochecito".
5. Observe las reacciones del infante frente al extraño. Cuando sea necesario, confórtelo. Por ejemplo, exclame:
   "Es lógico que tengas miedo. Voy a ayudarte. La (Sra. Martínez) es mi amiga".
6. Agradezca a la (*Sra. Martínez*) por su tiempo y diga al infante:
   "Vamos a seguir nuestro paseo. ¿Adónde vamos ahora?"

Puntos destacados del desarrollo

En general, tanto los extraños como los padres no entienden por qué los infantes se perturban frente a personas que no conocen. Es necesario que comprendan que ésta es una etapa natural por la que pasan los infantes. Con el tiempo y luego de repetir la situación, el temor a lo desconocido disminuirá.

VARIANTES:

- Llévelo a la oficina de correos, a tiendas, restaurantes, centro de compras, etc.

INFORMACIÓN ADICIONAL:

- Es necesario que los infantes aprendan las técnicas necesarias para enfrentarse a personas extrañas. Comience esta actividad presentándole personas desconocidas en medios en que se sienta seguro y protegido.

7 A 9 MESES

EMOCIONAL

Bailando Jazz

ÁREA DE DESARROLLO: Emocional

Objetivos para el desarrollo del niño

✓ Experimentar diferentes clases de música
✓ Practicar técnicas para calmarse

MATERIALES:

Reproductor de cintas o compactos

Cinta o disco compacto de música como "Lullabies Go Jazz" de Jon Crosse

PREPARACIÓN:

- ♡ Elija un enchufe para conectar el equipo de música. Deberá colocarlo en un estante o compartimento alto para que no quede al alcance del infante.
- ♡ Coloque la cinta o el disco compacto en el equipo y enchúfelo.

ESTRATEGIAS EDUCATIVAS:

1. Baje las luces y encienda el equipo de música.
2. Acueste al infante boca arriba en la cuna.
3. Hágale masajes suaves en el abdomen.
4. Con voz calma y cariñosa, háblele sobre la música. Diga, por ejemplo:
   "Escucha la música. El saxo es tranquilizador".
   "Qué linda canción de cuna. Relájate. Escucha la música".
5. Permítale utilizar la música para relajarse y dormirse. Con este fin, deberá salir de la habitación antes de que el infante se quede dormido.

Puntos destacados del desarrollo

En esta etapa, los infantes pueden experimentar enojo. Dicho sentimiento con frecuencia surge cuando tratan de alcanzar un objetivo sin lograrlo. Dadas las capacidades cognoscitivas de desarrollar comportamientos intencionales, también pueden expresar enojo cuando encuentran impedimentos para cumplir su propósito. Con frecuencia, los adultos impiden que se cumplan cuando no responden a sus señales. Un ejemplo de esto sería intentar hacerlos dormir cuando no tienen sueño.

VARIANTES:

- ♡ Estimule al infante a imitar sus tarareos.
- ♡ Utilice diferentes clases de música, como clásica o natural.

INFORMACIÓN ADICIONAL:

- ♡ La cinta es útil cuando los infantes necesitan actividades tranquilas y relajantes. En la introducción se explican diferentes maneras de calmar a un infante que llora..

De diez a doce meses

DESARROLLO FÍSICO

FÍSICO

A llenar y vaciar

ÁREA DE DESARROLLO: Físico

 Objetivos para el desarrollo del niño

✓ Soltar objetos relajando los dedos
✓ Colocar un objeto en un recipiente deliberadamente

MATERIALES:

Bloques de goma espuma

Recipiente de plástico grande

PREPARACIÓN:

♡ Elija y despeje un lugar que pueda vigilar constantemente.
♡ Coloque el recipiente de plástico en el medio del lugar elegido. Reparta los bloques de goma espuma en el piso alrededor del recipiente.

ESTRATEGIAS EDUCATIVAS:

1. Cuando el niño se acerque al lugar, ubíquese de manera tal que pueda ver su comportamiento respecto de los materiales.
2. Si, en lugar de llenar el recipiente, el infante investiga los bloques de goma espuma, obsérvelo. Luego, sugiérale llenar el recipiente con ellos diciendo:
   "(Andrea), pon los bloques de goma espuma en el recipiente".
3. Es posible que deba reforzar sus palabras con acciones. Si lo fuera, enséñele a levantar los bloques y a soltarlos en el recipiente mientras le dice:
   "Vamos a llenar el recipiente con los bloques".

4. Elógielo por sus logros y los intentos que realice. Puede comentar, por ejemplo:
   "(Andrea), te estás esforzando. El recipiente está casi lleno".
   "Estás poniendo los bloques en el recipiente".
   "¡Mírate! Recogiste todos los bloques".
5. Si el infante demuestra interés, vacíe el recipiente y vuelva a comenzar el juego.

 Puntos destacados del desarrollo

Alrededor de los diez meses de edad, los infantes aprenden a soltar voluntariamente objetos que tienen en las manos. Obsérvelos. Pasan mucho tiempo concentrándose para levantar y soltar objetos.

VARIANTES:

♡ Pídale que le ayude a llenar recipientes durante los momentos de aseo.
♡ Varíe el juego dándole juguetes de goma o de plástico para que ponga en el recipiente.

INFORMACIÓN ADICIONAL:

♡ Es posible que los infantes necesiten ayuda para soltar los bloques. Puede hacerlo de dos maneras, colocando su mano debajo del objeto que tiene asido el infante o sugiriéndole colocar el objeto en el fondo del recipiente. En general, una superficie firme los estimula a abrir las manos.
♡ Una vez que el niño demuestre interés, puede dejarlo jugar solo con los bloques y el recipiente para que repita y practique la actividad.
♡ Con la práctica, los movimientos se volverán más coordinados y eficaces.

10 A 12 MESES

Soltemos

FÍSICO

ÁREA DE DESARROLLO: Físico

Objetivos para el desarrollo del niño

✓ Desarrollar la relajación voluntaria de los músculos de la mano
✓ Perfeccionar la motricidad fina

MATERIALES:

Juguete complejo.

PREPARACIÓN:

❧ Busque en el niño los momentos de mejor predisposición. Asegúrese de que el juguete elegido está higienizado.

ESTRATEGIAS EDUCATIVAS:

1. Cuando el infante necesite un juguete que examinar, dele el que haya elegido mientras le dice:
   "(Viviana), aquí hay un juguete nuevo para ti".
   "Mira este juguete nuevo. Tócalo con los dedos".
2. Observe cómo el infante estudia el juguete. Note sus maneras de hacerlo, tales como metérselo en la boca y tocarlo con un dedo.
3. Estimule su lenguaje describiéndole lo que está haciendo, por ejemplo:
   "Estás tocando el juguete con el dedo índice".
   "Estás sosteniendo el juguete con la mano izquierda".
   "Estás tocando el circulito con la lengua".
4. Induzca al infante a soltar los objetos voluntariamente pidiéndole que le dé el juguete mientras extiende la mano.

5. Puede ser necesario ayudarle a soltar el objeto. En ese caso, coloque su mano debajo del objeto y presione con suavidad a fin de crear una superficie firme.
6. Si elogia sus intentos y sus logros puede hacer que repita el comportamiento. Por ejemplo, dígale:
   "(Viviana), ¡lo lograste! Me diste el juguete".
   "Te estás esforzando. Sigue intentándolo".
7. Si el infante continúa interesado en el juego, dele el juguete para repetir la actividad.

Puntos destacados del desarrollo

En esta etapa del desarrollo, los niños están aprendiendo a aflojar el puño voluntariamente. Cuando sostienen un bloque de goma espuma, por ejemplo, pueden abrir la mano para soltarlo.

VARIANTES:

❧ Dele un juguete que haya sido su favorito.

INFORMACIÓN ADICIONAL:

❧ Continúe conectando los comportamientos con las acciones describiéndole lo que está haciendo.
❧ Cuando elija un juguete, tenga en cuenta la manera en que está fabricado. Opte por aquellos que sean durables y que resistan manipulaciones enérgicas (Abrams et al., 1990).

10 A 12 MESES

FÍSICO

Cosas que se caen

ÁREA DE DESARROLLO: Físico

 Objetivos para el desarrollo del niño

✓ Soltar objetos abriendo los dedos
✓ Resolver un problema tirando de una cuerda para obtener el objeto deseado

MATERIALES:

3 juguetes

3 hebras de lana de 3 pies (90 cm) cada una

PREPARACIÓN:

☼ Ate el extremo de una de las hebras de lana a un juguete. Luego, ate el extremo libre de la hebra a uno de los brazos de la silla infantil alta. Repita este procedimiento con los demás juguetes y las otras hebras de lana.

☼ Siente al infante en la silla y asegúrelo con las bandas de seguridad. Coloque la bandeja y trábela.

ESTRATEGIAS EDUCATIVAS:

1. Hable sobre cada juguete mientras lo coloca en la bandeja. Diga, por ejemplo:
   "(Jacinto), éste es un dinosaurio de felpa".
   "Te gusta este juguete. Es una vaca. Las vacas hacen muu".
2. Explíquele qué debe hacer cuando el juguete se caiga de la bandeja. Por ejemplo:
   "(Jacinto), mira los juguetes. Están atados. Tira de la cuerda".
   "Si se cae, tira de esta cuerda".
3. Es posible que deba reforzar sus palabras con acciones. Si lo fuera, mientras toca el juguete, dígale:
   "Mira cómo tiro de la cuerda".

4. Observe al infante mientras estudia y deja caer los objetos.
5. Responda a sus vocalizaciones. Si se muestra interesado o entusiasmado, exclame:
   "(Jacinto), ¡encontraste la vaca!"
   "¡Te gusta este juego!"
   Si el infante siente frustración, recuérdele qué hacer con palabras cálidas y amables como por ejemplo:
   "Tira de la cuerda".
   "Puedes hacerlo. Encuentra la vaca".

 Puntos destacados del desarrollo

Cuando dejan caer objetos, los infantes están perfeccionando sus capacidades. De esta manera aprenden el principio de causa y efecto. Cada vez que cae algo al suelo, ven que se produce una respuesta inmediata a sus acciones. Si un adulto levanta el objeto de inmediato, es muy probable que el infante repita la acción convirtiéndola en un juego. En general, este juego estará acompañado por expresiones de emoción tales como la risa o los chillidos de satisfacción.

VARIANTES:

☼ Ate el juguete favorito del niño a la cuna con hebras de lana cortas.

INFORMACIÓN ADICIONAL:

☼ Las hebras de lana disminuyen todo tipo de riesgos, ya que se cortan antes de llegar al punto de estrangulación.

☼ Los infantes dejar caer objetos desde la silla alta naturalmente. Por lo tanto, esta actividad se basa en dicha inclinación.

10 A 12 MESES

Tiro a la canasta

FÍSICO

ÁREA DE DESARROLLO: Físico

Objetivos para el desarrollo del niño

✓ Ejercitarse en lanzar objetos
✓ Perfeccionar la habilidad para caminar

MATERIALES:

Canasta de paredes resistentes

6 u 8 pelotas de tenis u otras pelotas livianas

PREPARACIÓN:

✥ Despeje un lugar para colocar la canasta. Dentro de la casa, ubíquela contra una pared para que las pelotas reboten. Al aire libre, póngala contra un cerco o una pared.

✥ Deje las pelotas en el suelo alrededor de la canasta.

ESTRATEGIAS EDUCATIVAS:

1. Cuando el infante camine o gatee cerca del lugar, acérquese.
2. Explíquele la actividad diciendo:
   "(Hugo), éste es un juego. Lanza las pelotas a la canasta. ¿Cuántas pelotas puedes meter?"
3. Enséñele la actividad y luego anímelo a lanzar las pelotas a la canasta.
4. Cuente las pelotas que hay en ella.
5. Elógielo por sus logros y los intentos que realice. Puede decirle:
   "(Hugo), lanzaste la pelota a la canasta".
   "Una. Dos. Tres. Hay tres pelotas en la canasta".
   "Metiste todas las pelotas en la canasta".
   "Me estás ayudando a juntar las pelotas".

Puntos destacados del desarrollo

A los niños pequeños les encanta caminar. Obsérvelos. Reflejan el placer mediante la expresión de sus rostros. Además, son aficionados a esta actividad. Pueden comenzar a caminar y, casi de inmediato, caerse; pero esto no los detiene. Están empeñados y por eso, se levantarán y seguirán caminando.

VARIANTES:

✥ Dele pelotas más grandes, como de fútbol o de basket a fin de estimular el desarrollo de la motricidad gruesa.

INFORMACIÓN ADICIONAL:

✥ Cuando están aprendiendo a lanzar objetos, los niños carecen de coordinación. Con frecuencia dejan caer la pelota a sus espaldas o frente a ellos a la altura del brazo, ya que están experimentando con el momento oportuno para relajar el puño. Este comportamiento es normal y, con la práctica, aprenderán cuándo aflojarlo.

10 A 12 MESES

Mesa de garabatos

ÁREA DE DESARROLLO: Físico

 ## Objetivos para el desarrollo del niño

✓ Perfeccionar la motricidad fina
✓ Ejercitarse en parase frente a una mesa sosteniéndose con una mano

MATERIALES:

Página de diario o papel parafinado de color claro para cubrir toda la mesa

Cinta adhesiva

Crayones gruesos de color rojo, verde, azul y naranja

Recipiente de plástico

Mesa para niños o baja

PREPARACIÓN:

☙ Cubra la mesa con el papel y la cinta adhesiva.
☙ Coloque los crayones en el recipiente y sobre la mesa a, aproximadamente, 5 a 6 pulgadas (12 a 15 cm) de los bordes, para que el niño los alcance sin dificultades.

ESTRATEGIAS EDUCATIVAS:

1. Cuando el niño gatee o camine hacia la mesa, enséñele la actividad diciendo:
   "(Luis), mírame. Utiliza los crayones. Dibuja en el papel".
2. Incítelo a elegir un crayón del recipiente. Por ejemplo, dígale:
   "Elige un crayón".
   Si fuera necesario, acerque el recipiente.
3. Describa el crayón que haya elegido:
   "(Luis), elegiste un crayón (azul)".
4. Obsérvelo jugar. Dele tiempo para que piense en su tarea. Luego describa los movimientos o dibujos que haya hecho, diciendo:
   "Estás usando tu brazo para dibujar un círculo".
   "Estás dibujando líneas largas. Éstas van de un lado al otro".
5. Si lo elogia puede lograr que el infante pase más tiempo participando de la actividad. Puede comentar, por ejemplo:
   "(Luis), te estás esforzando".
   "Usaste tres colores diferentes: rojo, azul y naranja".

6. Antes de que pierda interés en la actividad, escriba su nombre cerca de los garabatos. Dé ejemplo de buena caligrafía utilizando mayúsculas para la primera letra y minúsculas para las demás. Asimismo y debido a que, culturalmente, escribimos de izquierda a derecha, utilice el extremo superior izquierdo del papel. Además, pronuncie cada letra a medida que la escribe.
7. A fin de elevar su autoestima, señale el nombre escrito y los garabatos mientras sonríe y exclama, por ejemplo:
   "(Luis), ¡hiciste todas estas marcas! Deberías de estar orgulloso".

Puntos destacados del desarrollo

En esta etapa, los infantes están perfeccionando las capacidades musculares complejas recién adquiridas. La capacidad de escribir con crayones se da una vez que se ha desarrollado el asimiento de pinza. Al igual que con otras actividades, les gustará comprobar el principio de causa y efecto que producen al garabatear, es decir, ver las marcas que hicieron con las manos.

VARIANTES:

☙ Luego de cubrir la mesa con el papel, pegue trozos de otro papel encima para que el niño decore.
☙ Realice esta actividad con el niño sentado en la silla alta.

INFORMACIÓN ADICIONAL:

☙ Cuando trabaja con infantes, la elección que haga del papel y de los crayones es importante. Si usa crayones de colores intensos sobre papel claro estará aumentando las posibilidades de que las marcas débiles que deje sean visibles. Además, es necesario usar crayones gruesos ya que la motricidad fina no está desarrollada.
☙ Escriba en el papel la fecha en que el niño completó el trabajo. Si los recopila, con el tiempo podrá ver la evolución de sus logros.
☙ Deberá vigilar al niño constantemente cuando realice una actividad con crayones para impedir que escriba en el suelo, en las paredes o en los muebles.

Momento para recorrer

FÍSICO

ÁREA DE DESARROLLO: Físico

 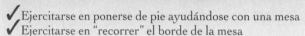
Objetivos para el desarrollo del niño

✓ Ejercitarse en ponerse de pie ayudándose con una mesa
✓ Ejercitarse en "recorrer" el borde de la mesa

MATERIALES:

Mesa para niño o baja, resistente

PREPARACIÓN:

☙ Despeje la mesa y el lugar alrededor de ella.

ESTRATEGIAS EDUCATIVAS:

1. Cuando el infante intente izarse sujetándose de un objeto poco seguro, llévelo hacia la mesa mientras le dice:
   "(Mario), la mesa es segura. Agárrate a la mesa".
2. Permanezca cerca de él, ya que puede perder el equilibrio y caer hacia atrás.
3. Observe su comportamiento. Si fuera necesario, hágale algunas sugerencias, pero no demasiadas, ya que los infantes aprenden mejor con sus propios ensayos y fracasos y con la práctica. Por ejemplo, sugiera:
   "(Mario), utiliza ambas manos".
   "Empújate con las piernas".
4. Elogie sus intentos y sus logros. Puede comentar, por ejemplo:
   "¡Mírate! Estás de pie".
   "Estás usando la mesa para caminar".
   "Puedes caminar rápido con la mesa".
   "Te estás esforzando".

5. Cuando crea que el infante está cansado y desea cambiar de actividad, ayúdelo a sentarse.
6. Finalice la actividad diciendo cosas como:
   "(Mario), trabajaste mucho hoy".
   "Estás caminando muy bien".
7. Si fuera necesario, ayude al infante a pasar a otra actividad. Por ejemplo, dígale:
   "Estás cansado luego de esta actividad. ¿Quieres mirar unos libros?"

Puntos destacados del desarrollo

Precaución: No es conveniente apurar a los niños a caminar o a ponerse de pie. Pocas veces se consigue este resultado por poner al niño en la posición adecuada. Lo conseguirán solos cuando su desarrollo se lo permita y cuando se les presente la oportunidad. Los muebles firmes, tales como las mesas bajas o los sofás, al servirles de apoyo, contribuyen a su progreso (Leach, 1992).

VARIANTES:

☙ Ayude al infante a elevarse y a caminar apoyándose en una estructura firme al aire libre.

INFORMACIÓN ADICIONAL:

☙ Ésta es una tarea muy agotadora para los infantes. Por lo tanto, luego de realizarla pueden estar más cansados o más hambrientos de lo habitual.
☙ Cuando los infantes se levantan solos no pueden volver a sentarse, ya que necesitan las manos para sostenerse. Con frecuencia, deberá ayudarlos.

10 A 12 MESES

FÍSICO

Caminemos a la hora de la merienda

ÁREA DE DESARROLLO: Físico

 Objetivos para el desarrollo del niño

✓ Caminar con ayuda
✓ Desarrollar el equilibrio al esforzarse por pararse o caminar sin ayuda

MATERIALES:

Ninguno

PREPARACIÓN:

❧ Anuncie al infante que pronto comerá y que, por eso, será necesario dejar de jugar y lavarse las manos.

ESTRATEGIAS EDUCATIVAS:

1. Ayúdelo a prepararse para comer diciendo:
   "(Marta), es hora de comer. Debes lavarte las manos".
2. Estimúlelo a que camine con usted hacia el baño o la pileta tendiéndole las manos y sugiriendo:
   "Dame las manos. Caminemos juntos".
   "Caminaremos hacia la pileta juntos, (Marta)".
3. Con ambas manos, ayúdele a levantarse con suavidad y comience a caminar hacia la pileta.
4. Si aprueba sus movimientos, logrará que se sienta bien con las capacidades recién adquiridas y, por lo tanto, aumente su autoestima. Por ejemplo, dígale:
   "Qué bien caminas".
   "Te estás esforzando".
   "(Marta), eres fuerte".

5. Lave y seque las manos del infante.
6. Repita el paso 4 mientras se dirige hacia el lugar donde va a comer.

 Puntos destacados del desarrollo

Las capacidades motrices trabajan como un sistema. Las más complejas se desarrollan cuando los sistemas individuales se fusionan y cooperan con otros. Por eso, antes de caminar, el niño debe ser capaz de ponerse de pie y de sentarse. Luego de aprender a gatear, la mayoría de los niños comienzan a caminar apoyándose en los muebles. A los once meses, pueden hacerlo cuando otra persona les da la mano y los guía. La mayoría de los niños pueden caminar solos en su primer cumpleaños (Berk, 1997).

VARIANTES:

❧ Ayúdelo a caminar cuando se dirige a realizar otra actividad, como comer, jugar al aire libre, etc.

INFORMACIÓN ADICIONAL:

❧ Se debe estimular a los infantes a caminar durante las diferentes rutinas diarias, aunque sin forzarlos. Mientras juegan, también se les debe estimular a que gateen o repten ya que estas formas de locomoción son necesarias para el desarrollo cerebral al ejercitar ambos lados del cuerpo y del cerebro al mismo tiempo.

10 A 12 MESES

De diez a doce meses

DESARROLLO DEL LENGUAJE Y LA COMUNICACIÓN

LENGUAJE Y COMUNICACIÓN

Vistámonos para salir

ÁREA DE DESARROLLO: Lenguaje y comunicación

Objetivos para el desarrollo del niño

✓ Perfeccionar el lenguaje pasivo
✓ Demostrar la comprensión de palabras

MATERIALES:

Ninguno

PREPARACIÓN:

♡ Asegúrese de vestir correctamente al niño para salir al exterior.

ESTRATEGIAS EDUCATIVAS:

1. Avísele que van a cambiar de actividad de esta manera:
   "(Silvia), en un rato vamos a ordenar los juguetes. Así estaremos listos para salir".

2. Luego de unos minutos cántele una canción referente a la actividad como la que sigue:

   ♪ Clean up, clean up.
   ♪ Everybody everywhere
   ♪ Clean up, clean up.
   ♪ Everybody do your share.

   Cántela mientras levanta los juguetes.

3. Cuando haya terminado, dígale, por ejemplo:
   "Vamos a prepararnos para salir. ¿Qué necesitamos? Hoy hay (viento). Busca tu (gorro y abrigo)".

4. Estimule al niño a buscar las prendas necesarias diciendo:
   "(Silvia), vamos a buscar tu gorro".
   "Ven aquí. Debes ponerte el abrigo".

5. Elogie al niño cuando le lleve alguna prenda. Esto le mostrará su nuevo grado de independencia. Refuerce las acciones que realizan diciendo:
   "Aquí está tu gorro. Lo encontramos".

6. Ayúdelo a vestirse y a salir.

Puntos destacados del desarrollo

Los infantes comienzan a señalar a los once meses de edad, aproximadamente. Emplean esta acción como herramienta de comunicación a fin de dirigir la atención de usted hacia otra persona u objeto que se encuentra a cierta distancia. Observe al infante durante este proceso. En general, lo mirará a usted mientras señala algo e inmediatamente después de hacerlo, ya que quiere saber si le ha hecho cambiar la dirección de su atención. Escúchelo. En esta etapa, los infantes producen un discurso prelingüístico conocido como ecolalia. Comienza a manifestarse entre los nueve y los diez meses. Los infantes comenzarán a imitar, conscientemente, las palabras de otros. Sin embargo, lo hacen sin comprenderlo (Bentzen, 1997).

Las investigaciones han demostrado que cuanto antes comience un infante a señalar, más palabras conocerá a los dos años de edad (Butterworth, 1997).

VARIANTES:

♡ Puede repetir esta actividad cuando le quita la ropa luego de haber estado jugando al aire libre.

INFORMACIÓN ADICIONAL:

♡ Los niños necesitan saber cuándo van a cambiar de una actividad a otra. Esto les permite finalizar una para comenzar otra.

♡ Incite al infante a participar, en la mayor medida posible, en la tarea de vestirse y desvestirse, ya que así estimulará el sentimiento de independencia.

Eso es lo que quiero

LENGUAJE Y COMUNICACIÓN

ÁREA DE DESARROLLO: Lenguaje y comunicación

Objetivos para el desarrollo del niño

✓ Usar la capacidad de gesticulación para alcanzar el objetivo deseado
✓ Aumentar el repertorio del lenguaje pasivo

MATERIALES:

Ninguno

PREPARACIÓN:

☞ Observe al infante detenidamente.

ESTRATEGIAS EDUCATIVAS:

1. Cuando el niño señale un objeto o demuestre, mediante otro gesto, alguna necesidad, respóndale expresando ampliamente o explicándole su necesidad. Por ejemplo, dígale:
   "Estás señalando la caja de galletas. ¿Tienes hambre? ¿Quieres una galleta?"
2. Refuerce su comportamiento diciendo:
   "Esto es una galleta. Señalaste la caja de galletas".
3. Ayúdele a lograr el objetivo deseado, como en este ejemplo, alcanzándole una galleta.
4. Obsérvelo. Si aún tiene hambre puede pedir otra. Si esto ocurriera, pregúntele:
   "¿Quieres otra galleta?"

Puntos destacados del desarrollo

Los infantes demuestran sus conocimientos del lenguaje cuando utilizan gestos preverbales, por ejemplo, al señalar un objeto que les llama la atención. En general, tales gestos están acompañados por balbuceos. Al describir estos gestos estará estimulando el desarrollo de las capacidades de expresión y comprensión del lenguaje.

VARIANTES:

☞ Cuando le dé instrucciones, refuerce sus palabras con gestos. Por ejemplo, mientras le dice "Pon el camión en el estante", coloque ahí la mano.

INFORMACIÓN ADICIONAL:

☞ Los infantes aprenderán con rapidez que las palabras son más efectivas que los gestos. Por lo tanto, esta actividad también estimula el desarrollo de las capacidades expresivas del lenguaje.

10 A 12 MESES

LENGUAJE Y COMUNICACIÓN

Más, Más, Más

ÁREA DE DESARROLLO: Lenguaje y comunicación

 ## Objetivos para el desarrollo del niño

✓ Expresar los deseos verbalmente
✓ Comunicarse mediante gestos

MATERIALES:

Merienda en un plato pequeño

Jarra de jugo y vaso con tapa

PREPARACIÓN:

❥ Prepare la merienda y acerque la silla alta a una mesa. Higienice la silla y las manos del niño.

ESTRATEGIAS EDUCATIVAS:

1. Asegure al niño en la silla con las bandas de seguridad.
2. Coloque el plato pequeño e irrompible con la merienda junto con el vaso en la bandeja de la silla.
3. Obsérvelo comer.
4. Si hace algún gesto o vocalización para pedir más comida, respóndale:
   "(Paula), ¿qué quieres?"
5. Estimúlelo a responder verbalmente. Puede comentar, por ejemplo:
   "Dime qué quieres".

6. Si produjese algún gesto, descríbalo. Por ejemplo:
   "(Paula), estás señalando la jarra. ¿Quieres más jugo?"
   "Estás señalando las galletas. ¿Quieres más galletas?"
7. Si fuera necesario, pronuncie las palabras correspondientes. Por ejemplo, dígale:
   "Más. Más jugo. Quieres más jugo".
   "Más. Galletas. Quieres más galletas".
8. Por supuesto, dele lo que desea.

 ## Puntos destacados del desarrollo

Las primeras palabras de los infantes aparecen, aproximadamente, a los doce meses de edad y se refieren, en general, a las personas importantes (mamá, abuelo), las acciones (adiós, no) o los objetos que se mueven (pelota, auto).

VARIANTES:

❥ Repita esta actividad durante el desayuno, el almuerzo o la cena.

INFORMACIÓN ADICIONAL:

❥ Estimule los esfuerzos del niño por comunicarse y los logros al hacerlo, demostrando su entusiasmo con la voz y las expresiones faciales.
❥ Asegúrese de que el niño no se atragante.

10 A 12 MESES

Sonidos de animales

LENGUAJE Y COMUNICACIÓN

ÁREA DE DESARROLLO: Lenguaje y comunicación

 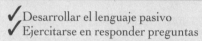
Objetivos para el desarrollo del niño

✓ Desarrollar el lenguaje pasivo
✓ Ejercitarse en responder preguntas

MATERIALES:

Libro de cartón con dibujos de animales comunes tales como perros, gatos o animales de granja

PREPARACIÓN:

☼ Coloque el libro en un lugar de la habitación donde el niño pueda alcanzarlo con facilidad. Esto le permitirá ser él quien lo elija.

ESTRATEGIAS EDUCATIVAS:

1. Cuando haya escogido el libro, ubíquese donde pueda observar cómo lo investiga.
2. Ofrézcase a leerlo diciendo:
   "(Oscar), ¿te gustaría que te leyera el libro?"
3. Si el infante responde de manera negativa con palabras o moviendo la cabeza, dígale que está dispuesto a hacerlo. Por ejemplo:
   "Estaré por aquí por si cambias de idea".
4. El infante puede responder afirmativamente con la cabeza o alcanzándole el libro. Cuando esto ocurra, siéntese junto a él sin perder de vista a los otros niños que esté cuidando.
5. Comience a leer el libro.
6. Mientras lo hace, hágale preguntas sobre los dibujos como las que siguen:
   "(Oscar), ¿qué sonido hace la vaca?"
   "¿Qué animal es éste?"

7. Si le demuestra su aprobación, lo ayudará a desarrollar la capacidad expresiva del lenguaje. Por ejemplo, exclame:
   "¡Muy bien! La vaca hace muu".
   "Sí. Esto es un pato".
8. Vuelva a leer el libro si el infante demuestra interés.

Puntos destacados del desarrollo

Las preguntas sirven para dirigir la atención del niño. También ayudan al desarrollo de las capacidades del lenguaje. En este momento, es más probable que respondan con gestos. Durante el segundo año de vida, el niño comienza a responder con palabras reconocibles.

VARIANTES:

☼ Mientras canta la canción "Old MacDonald", anímelo a producir los sonidos de los animales.

INFORMACIÓN ADICIONAL:

☼ Estimule el desarrollo del lenguaje del niño leyéndole durante el día. Si no tuviera libros, recite su cuento favorito o una canción infantil. No se puede desestimar el valor de estas actividades, ya que exponen al niño a su lengua de origen y promueven el desarrollo de las capacidades, tanto expresivas como receptivas, del lenguaje.

☼ Enseñe al niño cómo da vuelta las páginas del libro. Si quiere ayudar, estimúlelo a hacerlo.

☼ Es importante contar con libros. Es posible que los niños deseen mirarlos solos. Pueden hacerlo poniéndolo al revés o pasando varias páginas al mismo tiempo. Este comportamiento es normal.

10 A 12 MESES

LENGUAJE Y
COMUNICACIÓN

"This Is the Way"

ÁREA DE DESARROLLO: Lenguaje y comunicación

 Objetivos para el desarrollo del niño

✓ Desarrollar el lenguaje pasivo
✓ Imitar el comportamiento o las acciones de otra persona

MATERIALES:

Trozo de alfombra, toalla grande, manta o esterilla

Fotos de los objetos de la canción, incluyendo cepillo de dientes, cepillo de pelo y cuchara

PREPARACIÓN:

♡ Junte todos los materiales y colóquelos en un lugar donde se encuentren accesibles.

ESTRATEGIAS EDUCATIVAS:

1. Prepare la habitación. Luego, llame la atención del niño sentándose en el suelo y desparramando los objetos.
2. Invítelo a cantar con usted.
3. Presente la canción comentando:
   "(Mariano), tengo una canción para que cantemos hoy".
4. Mientras canta, muestre los objetos que aparecen en la estrofa.

   ♪ This is the way we brush our teeth,
   ♪ brush our teeth, brush our teeth.
   ♪ This is the way we brush our teeth
   ♪ so early in the morning.

   Estrofas adicionales:
   Cepillar el pelo (o peinar el pelo)
   Vestirse
   Tomar el desayuno
   Lavarse las manos
   Ir al colegio
   Hacer ejercicio

5. Estimúlelo a realizar la actividad haciendo comentarios tales como:
   "Muéstrame cómo te lavas los dientes".
6. Si el niño demuestra interés, vuelva a cantar la canción en otro momento del día.

 Puntos destacados del desarrollo

Las primeras palabras del niño, por lo común, aparecen a los doce meses y están, en general, relacionadas con acciones, personas u objetos. Por lo tanto, las canciones que incluyen acciones ayudan al niño a desarrollar el lenguaje, tanto en el aspecto de producción como de comprensión.

VARIANTES:

♡ Continúe agregando estrofas tales como "dormir la siesta, comer cereal", etc.

INFORMACIÓN ADICIONAL:

♡ El espacio de tiempo en que los infantes prestan atención a algo es corto. En consecuencia, pueden mantenerse sentados poco rato, en general, sólo unos minutos. Por lo tanto, no alargue las actividades. Si al niño le gusta, repítala en otro momento.

♡ Canciones como ésta, si las canta en el orden de las rutinas diarias, ayudarán a desarrollar en el niño el sentido del tiempo. Aprenderán que una acción precede a otra.

10 A 12 MESES

Títeres de animales

LENGUAJE Y
COMUNICACIÓN

ÁREA DE DESARROLLO: Lenguaje y comunicación

 ## Objetivos para el desarrollo del niño

✓ Continuar desarrollando el lenguaje activo
✓ Seguir acrecentando el lenguaje pasivo

MATERIALES:

2 títeres de animales

2 recipientes para jabón líquido vacíos e higienizados de la medida de los juguetes

PREPARACIÓN:

☼ Coloque los títeres sobre los recipientes de jabón líquido. Luego, colóquelos en un lugar donde llamen la atención del niño.

ESTRATEGIAS EDUCATIVAS:

1. Cuando lo vea elegir un títere del estante, acérquese y pregúntele si puede jugar:
   "(Mónica), ¿puedo jugar a los títeres contigo?"
2. Si el niño se niega, ya sea con palabras o con señales, dígale:
   "Sólo te miraré jugar".
3. Si produce un gesto o alguna palabra para aceptar su participación, exclame:
   "¡Bien! Jugaré con el títere del (pato)".
4. Si fuera necesario, refuerce sus acciones con palabras. Puede decirle:
   "(Mónica), mírame. Mi mano está dentro del títere".
   "Puedo mover el títere porque puse mi mano adentro".

5. Estimúlelo a producir los sonidos que emiten los animales. Pregúntele, por ejemplo:
   "¿Puedes hacer el sonido que hace la (vaca)? (Muu, muu)".
   "¿Cómo hace el (pato)? (Cua, cua)".
6. Elogie los sonidos que emita el infante exclamando:
   "¡Hiciste (muu) como la vaca!"
   "Qué (cua) tan fuerte".
7. Juegue a que los animales entablan una conversación. Haga que su títere hable con el del infante.
   Esto estimulará el desarrollo del lenguaje pasivo.

Puntos destacados del desarrollo

Para estimular las capacidades del lenguaje de los niños pequeños se pueden usar muchas herramientas como títeres, animales de felpa, libros y cintas. Aunque los niños demuestran preferencia por determinados objetos, cámbielos, a fin de que la actividad sea novedosa y estimule, de esta manera, su interés.

VARIANTES:

☼ Elija un libro o varios con dibujos de los mismos animales que los títeres para que el niño lea.

INFORMACIÓN ADICIONAL:

☼ Cuando compre un libro o un títere, elija aquellos que representen diferentes grupos étnicos.
☼ Elija los títeres con cuidado. Deberán ser fáciles de manejar ya que los niños pequeños carecen de capacidades motrices complejas.
☼ Los títeres también pueden utilizarse como herramienta para estimular a los niños a identificar los objetos que tocan.

LENGUAJE Y COMUNICACIÓN

Vamos a jugar

ÁREA DE DESARROLLO: Lenguaje y comunicación

Objetivos para el desarrollo del niño

✔ Comenzar un juego conocido
✔ Practicar la gesticulación para alcanzar el objetivo deseado

MATERIALES:

Ninguno

PREPARACIÓN:

☼ Busque en el niño los momentos de mejor predisposición.

ESTRATEGIAS EDUCATIVAS:

1. Mientras le cambia el pañal, observe las pautas que muestra con el comportamiento, tales como el intento de asirse los dedos de los pies.
2. Responda a las señales. Por ejemplo, dígale: *"(Micaela), ¿quieres cantar la canción 'This Little Piggy'?"* Haga una pausa. Esperar a que responda le mostrará el valor que tiene y el respeto que siente por él.
3. Si mueve la cabeza respondiendo negativamente, tenga en cuenta que los niños de esta edad comienzan a mostrar tales signos.
4. Si responde de manera afirmativa con la cabeza, sonriendo, o de alguna otra manera, comience a jugar.
5. Mientras realiza la actividad, siga sonriendo y mostrando interés. Este comportamiento no verbal estimulará al infante a comenzar el juego.
6. Cuando termine el juego, elogie al infante por iniciarlo, con comentarios como: *"(Micaela), elegiste un juego divertido".* *"Qué buena idea la de jugar a esto".*
7. Si el infante muestra interés sonriendo, balbuceando o manteniendo el contacto visual, comience el juego otra vez.

Puntos destacados del desarrollo

Los infantes usan dos maneras de gesticulación no verbal para influir en el comportamiento de otros. La primera es la **protodeclarativa**, según la cual el infante toca, agarra o señala objetos mientras mira a quien lo cuida, para atraer su atención. Con la segunda, denominada **protoimperativa**, el infante persuade a otras personas para que hagan algo, señalando, estirándose para alcanzar cosas y, con frecuencia, produciendo sonidos mientras lo hace (Bates, 1979; Fenson et al., 1994).

VARIANTES:

☼ En el apéndice E se adjunta un listado de juegos de mímica, canciones infantiles, recitados y juegos, tales como "Lovin' Rubbin" o "Where Are Your Toes" (véase "Del nacimiento a seis meses, Desarrollo físico" y "Desarrollo social" respectivamente).

INFORMACIÓN ADICIONAL:

☼ A medida que crecen, los niños comenzarán a iniciar algunos de sus juegos favoritos con usted. Si los observa atentamente sabrá cuál de todos quieren jugar.
☼ Si respeta las señales que den les demostrará que producen ciertos efectos en el ambiente. De esta manera, estará estimulando el sentido de autoeficacia.

De diez a doce meses

DESARROLLO COGNOSCITIVO

COGNOSCITIVO

Pelotas por un tubo

ÁREA DE DESARROLLO: Cognoscitivo

 Objetivos para el desarrollo del niño

✓ Perfeccionar la comprensión de la permanencia del objeto
✓ Desarrollar el principio de causa y efecto

MATERIALES:

6 a 8 pelotas de tenis

2 alfileres de gancho

Trozo de tubo de plástico de 4 pies (120 cm)

2 trozos de banda elástica de 12 pulgadas (30 cm) cada una

2 recipientes irrompibles

Cinta adhesiva

PREPARACIÓN:

❧ Lije los extremos del tubo de plástico para evitar que queden partes filosas.

❧ Elija, para esta actividad, un lugar llano cercano a un cerco de malla metálica. Si fuera necesario, quite los estorbos que se encontraran allí.

❧ Coloque el tubo inclinado a lo largo del cerco. El extremo deberá quedar a 2 ó 3 pies (60 a 90 cm) del suelo, según sea la altura de los niños. Sujete el tubo al cerco usando las tiras elásticas y los alfileres, poniendo una en la parte más alta y otra en la más baja del tubo.

❧ Coloque un recipiente en cada extremo del tubo. Ubique las pelotas de tenis en el que se encuentra en el extremo más alto. Acomode el recipiente que se encuentra en la parte inferior del tubo, para que, cuando las pelotas pasen por él, caigan adentro.

❧ **Precaución:** Luego de cerrar los alfileres de gancho, envuélvalos siempre con cinta adhesiva.

ESTRATEGIAS EDUCATIVAS:

1. Cuando el niño elija la actividad, observe su comportamiento.

2. Si pareciera no comprenderla, explíquesela, por ejemplo, de esta manera:
   "(Carlos), pon la pelota en la punta para que ruede por el tubo".

3. Si fuera necesario, refuerce sus palabras con acciones realizando la actividad y diciendo:
   "(Carlos), pon la pelota en el tubo".

4. A fin de trabajar con el concepto de permanencia del objeto, pregúntele:
   "¿Adónde se fue la pelota?"

5. Describa lo que sucede cuando el niño deja caer la pelota. Puede comentar, por ejemplo:
   "(Carlos), la pelota rueda por el tubo".
   "La pelota cae en el recipiente".
   Tales comentarios son importantes para el desarrollo del principio de causa y efecto.

6. Si le demuestra su aprobación logrará que el niño pase más tiempo jugando. Puede exclamar:
   "(Carlos), te estás esforzando".
   "Te gusta este juego. Muestras una enorme sonrisa".

 Puntos destacados del desarrollo

En esta etapa, los niños continúan desarrollando las capacidades de comprensión de la permanencia del objeto. Para los niños de tres meses, los objetos que se encontraban fuera del campo de visión quedaban fuera de la mente también. A los ocho meses, comienzan a buscar los objetos ocultos. Ahora, el progreso es evidente. Pueden buscar y encontrar objetos escondidos.

VARIANTES:

❧ Ponga el tubo más abajo para que los niños que aún no caminan puedan realizar la actividad sentados sobre una manta.

INFORMACIÓN ADICIONAL:

❧ Si los niños aún no han desarrollando el principio de permanencia, este juego parecerá magia.

¿Cuáles son iguales?

COGNOSCITIVO

ÁREA DE DESARROLLO: Cognoscitivo

Objetivos para el desarrollo del niño

✓ Clasificar objetos
✓ Ejercitarse en agrupar objetos similares

MATERIALES:

3 juguetes; 2 iguales y 1 diferente, tales como 2 autos y
1 camión

PREPARACIÓN:

☼ Elija y despeje un lugar que pueda vigilar
constantemente. Exhiba los juguetes.

ESTRATEGIAS EDUCATIVAS:

1. Cuando el niño elija la actividad, observe su
   comportamiento. Fíjese qué juguetes elige.
2. Mientras juega, acérquese a él y pregúntele:
   "(Benjamín), ¿cuáles son los dos juguetes iguales?"
3. Elogie sus intentos o logros al clasificar los juguetes.
   Dígale, Por ejemplo:
   "¡Muy bien! Hay dos autobuses".
   "Señalaste un bus y un camión".
4. Estimúlelo a separar los juguetes. Por ejemplo, mientras
   señala dígale:
   "(Benjamín), pon los autobuses aquí y el camión allí".
5. Si fuera necesario, refuerce sus palabras con acciones
   moviendo los juguetes y diciendo:
   "Junta los autobuses".

6. Elogie sus intentos y sus logros al separar los juguetes.
   Puede comentar, por ejemplo:
   "(Benjamín), juntaste los autobuses en un lugar".
   "Separaste los autobuses del camión".

Puntos destacados del desarrollo

La capacidad de clasificar es importante (Herr, 1998).
Para los niños de esta edad, constituye el proceso de
agrupar físicamente objetos en categorías o clases
basándose en características particulares. La clasificación
simple es la capacidad de agrupar por color, medida o
función. El lenguaje les ayuda a clasificar los objetos
relacionados, ya que les proporciona pautas respecto de
las diferencias y similitudes entre unos y otros.

VARIANTES:

☼ A fin de desafiarlo, aumente la cantidad de objetos a
clasificar.

INFORMACIÓN ADICIONAL:

☼ Los infantes comienzan a clasificar objetos desde muy
pequeños. En realidad, usted los ha ayudado a adquirir
estas capacidades cada vez que les ha descrito las
diferencias y similitudes entre los juguetes.
☼ La memoria el niño y su percepción visual están
creciendo. Ambas capacidades los ayudan a realizar
interpretaciones visuales.

COGNOSCITIVO

¿En qué caja está?

ÁREA DE DESARROLLO: Cognoscitivo

 ## Objetivos para el desarrollo del niño

✓ Perfeccionar la comprensión de la permanencia del objeto
✓ Recordar dónde se escondió un objeto
✓ Usar esquemas existentes para buscar objetos escondidos

MATERIALES:

2 cajas con tapas

1 de sus juguetes favoritos que quepa en ambas cajas

Mesa para niño o baja

PREPARACIÓN:

☼ Limpie la mesa. Coloque encima de ella las cajas y el juguete.

ESTRATEGIAS EDUCATIVAS:

1. Invite al niño a jugar con usted. Por ejemplo, dígale:
   "(Miguel), tengo un juego en la mesa. ¿Quieres jugar?"
2. Cuando el niño se acerque a la mesa, levante el juguete. Explíquele el juego de esta manera:
   "Voy a esconder el (auto) en una de las cajas. Trata de encontrarlo".
3. Esconda el juguete en la caja y sugiérale:
   "Encuentra el (auto)".

4. Elogie sus intentos y sus logros. Puede comentar, por ejemplo:
   "(Miguel), lo lograste; encontraste los (autos)".
   "Estás buscando en la caja".
   "Levantaste la tapa y miraste dentro".
5. Si el infante necesitara algo más difícil, esconda el juguete y luego cámbielo de caja mientras está mirando. Observe en cuál lo busca.
6. Repita el juego mientras demuestre interés.

 ## Puntos destacados del desarrollo

La comprensión de la permanencia del objeto demuestra que el niño está desarrollando las capacidades de la memoria y el pensamiento dirigido a un objetivo. Los niños de esta edad, en general tienen buena memoria.
Las estrategias para buscar han madurado. Obsérvelos. Ahora pueden seguir los movimientos de un objeto.

VARIANTES:

☼ Esconda el juguete en una bolsa de regalo o en una funda de almohada.

INFORMACIÓN ADICIONAL:

☼ Cuando los infantes buscan el juguete en un segundo escondite están demostrando su comprensión de la permanencia del objeto.

¿Dónde está?

COGNOSCITIVO

ÁREA DE DESARROLLO: Cognoscitivo

Objetivos para el desarrollo del niño

✓ Buscar el objeto deseado
✓ Realizar comportamientos intencionales

MATERIALES:

Objetos para tranquilizar al niño, tales como manta, osito, chupete, etc.

PREPARACIÓN:

☞ Coloque los objetos en un lugar adecuado.

ESTRATEGIAS EDUCATIVAS:

1. Cuando el niño esté molesto, sugiérale buscar su objeto favorito para tranquilizarse. Por ejemplo, dígale:
   "(Juana), ¿dónde está tu muñeca? Abrazarla te hace sentir mejor".
   "Ayúdame a buscar tu manta. ¿Dónde la dejaste?"
2. Sugiérale buscar el objeto de esta manera:
   "Mira. ¿Dónde puede estar? Busca en la habitación".
3. Ayúdelo a buscar sugiriéndole dónde hacerlo. Dígale, por ejemplo:
   "(Juana), tenías tu manta cuando dormiste la siesta. Mira en la cuna".
   "Estás jugando con tu muñeca".

4. Elogie sus intentos y sus logros. Haga comentarios como:
   "(Juana), te acordaste dónde habías dejado la muñeca".
   "Sigue buscando. La encontraremos pronto".

Puntos destacados del desarrollo

El papel que deben desempeñar los adultos es ayudar a los niños en las tareas que están más allá del nivel de capacidad que tienen. Esta ayuda puede realizarse en forma verbal o física. El término utilizado para describir el comportamiento de un adulto al ayudar a un niño es andamiaje (Vygotsky, 1978).

VARIANTES:

☞ A fin de estimular la memoria, pídale que busque el juguete perdido.

INFORMACIÓN ADICIONAL:

☞ Ayude a los infantes a encontrar los objetos "perdidos", en especial cuando se preocupen. La falta de capacidad para recordar es tan frustrante para los niños pequeños como para los adultos.

10 A 12 MESES

COGNOSCITIVO

A recolectar

ÁREA DE DESARROLLO: Cognoscitivo

Objetivos para el desarrollo del niño

✓ Perfeccionar la comprensión de la permanencia del objeto
✓ Desarrollar comportamientos intencionales para solucionar un problema

MATERIALES:

1 juego de construcciones

Balde para guardar el juego

PREPARACIÓN:

- Cuente y anote el número de piezas que hay en el juego.
- Escóndalas todas salvo una, ya sea en la casa o al aire libre. Véase el cuadro Puntos destacados del desarrollo.
- Guarde la pieza restante en el bolsillo para mostrársela al niño luego.
- Coloque el recipiente en el centro del lugar elegido.

ESTRATEGIAS EDUCATIVAS:

1. Enséñele la actividad. Con entusiasmo, dígale:
   "Escondí algunas piezas. ¿Me ayudas a encontrarlas?"
2. Saque la que tiene en el bolsillo y coméntele:
   "Esto es una pieza del juego. Vamos a encontrarlas".
3. Cuando el niño encuentre uno de los juguetes escondidos, ya sea gateando o caminando, aplauda y estimúlelo verbalmente. Esto puede incitarlo a seguir buscando los demás. Puede comentar, por ejemplo:
   "(Leandro), ¡encontraste uno!"
   "¡Genial! Juegas muy bien".
4. Explique el propósito del recipiente:
   "Éste es un balde especial que sirve para guardar las piezas. Ponlas aquí".

5. Si fuera necesario, enséñele a colocar los juguetes en el balde usando la pieza que tiene en el bolsillo.
6. Es posible que el niño necesite ayuda para encontrar un juguete escondido. Camine junto a él mientras le dice:
   "¿Dónde pueden estar escondidos? Vamos a buscar junto a la silla".
   "Mira detrás del árbol. ¡Encontraste uno!"
   "¡Buen trabajo! Ahora, pon la pieza en el balde".
7. Si el infante encuentra todos los juguetes y quiere seguir jugando, puede sacar algunos del recipiente y esconderlos.

Puntos destacados del desarrollo

Observe la comprensión del niño sobre la permanencia del objeto. Algunos niños de esta edad tienen un desarrollo suficiente para que les esconda los objetos por completo. A otros, los objetos escondidos parcialmente siguen constituyendo un desafío. Por lo tanto, será necesario conocer el nivel de desarrollo del niño a fin de proporcionarle un ambiente que lo estimule y le ofrezca desafíos.

VARIANTES:

- Esconda objetos relacionados pero que no sean idénticos, como animales de plástico.
- Modifique la actividad escondiendo bloques de plástico grandes para que busque.

INFORMACIÓN ADICIONAL:

- En general, a los niños les gusta buscar sus juguetes favoritos.
- Evalúe el nivel de comprensión de la permanencia del objeto del niño. Válgase de dicho conocimiento para esconder objetos.

Agrupando autos

COGNOSCITIVO

ÁREA DE DESARROLLO: Cognoscitivo

Objetivos para el desarrollo del niño

✔ Distinguir entre objetos diferentes
✔ Clasificar objetos en dos grupos

MATERIALES:

6 autos rojos

6 autos azules

Bol rojo

Bol azul

Recipiente transparente

Mesa para niños o baja

PREPARACIÓN:

☼ Despeje un lugar de la mesa. Coloque los autos en el recipiente. Ponga un bol a cada lado del recipiente.

ESTRATEGIAS EDUCATIVAS:

1. Cuando un niño muestre interés por la actividad, enséñesela diciendo:
   "(Matías), mira estos autos".
2. Descríbale los juguetes. Puede comentar, por ejemplo:
   "Aquí hay autos rojos y azules".
   Si fuera necesario, manifieste:
   "Los autos son de dos colores diferentes".

3. Observe al infante mientras juega. Pregúntese, *"¿está clasificando los autos por color?"*
4. Sugiérale clasificarlos. Dígale, por ejemplo:
   "¿Puedes poner los autos azules en el bol azul?"
   "¿Puedes separar los autos por color?"
5. Elógielo por sus logros y los intentos que realice. Puede comentar, por ejemplo:
   "(Matías), lo lograste. Pusiste un auto rojo en el bol rojo".
   "Estás clasificando los autos".

Puntos destacados del desarrollo

El desarrollo de las capacidades receptivas y expresivas del lenguaje se manifiesta en diferentes formas.
Las capacidades receptivas o de comprensión aparecen antes que las activas, es decir, de la capacidad de hablar.
Por lo tanto, al describir las acciones que realiza el niño, está creando conexiones entre dichas acciones y la palabra emitida. Los infantes pueden clasificar por categoría aunque, en esta etapa, no puedan decirnos qué están haciendo.

VARIANTES:

☼ Use otros objetos para clasificar.

INFORMACIÓN ADICIONAL:

☼ No fuerce a los infantes a elegir objetos, aunque demuestren poseer esta capacidad desde muy pequeños. Sugiérales hacerlo, pero incítelos a investigar libremente los materiales.

10 A 12 MESES

COGNOSCITIVO

Llega un visitante

ÁREA DE DESARROLLO: Cognoscitivo

 Objetivos para el desarrollo del niño

✓ Distinguir a los extraños de los conocidos que los cuidan
✓ Controlar la ansiedad ante los extraños

MATERIALES:

Ninguno

PREPARACIÓN:

☼ Si sabe que va a llegar una visita, programe su llegada para cuando el niño haya descasado y comido.

ESTRATEGIAS EDUCATIVAS:

1. Cuando entre un visitante en la habitación, salúdelo diciendo:
   "Hola, (Tomás). ¿Cómo te va?"
2. Acérquese a quien sienta ansiedad ante el extraño mientras dice con voz serena y tranquilizadora:
   "(Tomás) vino a visitarnos hoy".
3. Si el niño se perturba ante la presencia del visitante, comente la situación para que (Tomás) y el niño la comprendan. Diga, por ejemplo:
   "No te acuerdas de (Tomás), ¿no? (Tomás) es mi amigo. A veces viene a visitarnos".

4. Su voz puede servir de herramienta para calmar al niño. Además, tenga en cuenta los conocimientos que tiene de él al decidir la manera de calmarlo. Puede comentar, por ejemplo:
   "¿Te gustaría tener tu patito? Te hace sentir mejor".
   "¿Quieres que te frote la espalda? Esto te calmará".
5. Si la visita se perturba por la reacción del niño, explíquele que se trata de un comportamiento normal en niños de esa edad.

 Puntos destacados del desarrollo

Una vez que los niños comienzan a manejar el concepto de permanencia del objeto, empiezan a asustarse de las caras desconocidas. En general, esta reacción se produce entre los nueve y los quince meses. Luego, el miedo, gradualmente, se atenúa. Durante este proceso y a fin de ayudar a los niños, los adultos deben enseñarles y estimular el desarrollo de las técnicas para hacer frente a la situación.

VARIANTES:

☼ Presente al niño a otros adultos progresivamente cuando camina por la ciudad, cuando lo lleva de compras, etc.

INFORMACIÓN ADICIONAL:

☼ Anticípese a la reacción del niño ante los extraños y esté preparado para ayudarlo a reducir la ansiedad.

De diez a doce meses

DESARROLLO SOCIAL

SOCIAL

Mi vida

ÁREA DE DESARROLLO: Social

 Objetivos para el desarrollo del niño

✓ Reconocer fotos propias
✓ Reconocer a amigos o miembros de la familia

MATERIALES:

Cámara de fotos y película

Cinta adhesiva

Trozo de papel con un árbol dibujado

Fotos de amigos y miembros de la familia, si las tuviera

PREPARACIÓN:

☼ Saque fotografías al niño. Si tiene más de uno niño a su cargo, sáqueles fotografías también a ellos. Pegue las fotografías en el árbol dibujado. Cuelgue el dibujo en la pared o en un mural.

ESTRATEGIAS EDUCATIVAS:

1. Cuando el niño mire las fotografías, acérquese a él.
2. Obsérvelo mientras las mira o las toca. Es muy común que los infantes traten de despegarlas. Si no desea que lo haga, lea la sección Variantes.
3. Háblele sobre las fotos. Por ejemplo:
   "(Jorge), estos son los niños y los maestros de tu clase".
4. Estimúlelo a encontrar su foto preguntándole:
   "¿Dónde está (Jorge)?"

5. Anímelo a que la señale, diciendo:
   "Señala la foto. Muéstrame tu foto".
6. Elógielo por sus logros y los intentos que realice. Puede comentar, por ejemplo:
   "(Jorge), ¡sí! Este eres tú. En esa foto estás comiendo".
   "¡Lo lograste! Encontraste tu foto".
7. Repita los pasos 4 a 6 pidiéndole que busque las fotografías de los miembros de su familia, si las hubiere.

 Puntos destacados del desarrollo

Gradualmente, los niños comenzarán a reconocer las personas familiares y los objetos de su medio. Cuando se les enseñe una fotografía de ellos y los mencione, los señalarán. Además, utilizarán este método para comunicar sus intereses o para demostrar que reconocen algo.

VARIANTES:

☼ Si lo desea, cubra el papel con papel autoadhesivo transparente para que los niños puedan tocar las fotografías pero no puedan sacarlas o dañarlas.

INFORMACIÓN ADICIONAL:

☼ Aunque los infantes no pueden reconocerse en el espejo, están comenzando a reconocerse en fotografías. Actividades como estas son importantes para desarrollar una autoidentificación positiva.

10 A 12 MESES

Jugando en la arena

SOCIAL

ÁREA DE DESARROLLO: Social

 Objetivos para el desarrollo del niño

✓ Sumarse al juego de un hermano o amigo
✓ Jugar al lado de un hermano o amigo

MATERIALES:

Juguetes para la arena que incluyan un balde, una pala y un colador para cada niño que esté cuidando

PREPARACIÓN:

♡ Asegúrese de que en la arena no haya objetos peligrosos, como vidrios rotos o excremento de animales. Muestre a los infantes los juguetes para la arena a fin de atraer su atención y reparta los materiales.

ESTRATEGIAS EDUCATIVAS:

1. Cuando el niño elija la actividad, acérquese.
2. Obsérvelo jugar con los juguetes o investigarlos.
3. Si es posible, anime a otro infante a jugar con él en el arenero diciendo:

   "(Lorena), mira los juguetes para la arena. ¿Te gustaría hacer un pozo?"
4. Si el otro niño se acerca para jugar, comente cómo ambos están haciendo lo mismo:

   "Están jugando en la arena. (Lorena) está haciendo un pozo y (Marcos) está llenando un balde".

   "Están jugando en el arenero".

   "(Lorena) está jugando en el mismo lugar que (Marcos)".
5. Si no hubiera hermanos ni otros niños en el lugar, juegue con él.

 Puntos destacados del desarrollo

Antes de aprender a jugar con otros, los niños aprenden a hacerlo junto a ellos. Esto se denomina juego paralelo. Cuando juegan de esta manera, usan materiales similares a los de su compañero de juego pero no hay relación verbal ni visual.

VARIANTES:

♡ Utilice juguetes para la arena dentro de la casa en una piscina de plástico o en una mesa sensorial.
♡ Humedezca un poco la arena para proporcionarles una experiencia diferente.

INFORMACIÓN ADICIONAL:

♡ Dé a los niños juguetes iguales para reducir las posibilidades de que surjan conflictos entre ellos y para que, si se presentan, sean más fáciles de solucionar. Por ejemplo, si un niño toma la pala del otro, dígale: "Aquí está tu pala".
♡ Los juegos en la arena permiten investigar diferentes superficies.

10 A 12 MESES

SOCIAL

Un libro sobre mí

ÁREA DE DESARROLLO: Social

Objetivos para el desarrollo del niño

✓ Desarrollar un sentido positivo de la propia identidad
✓ Reconocerse en una fotografía

MATERIALES:

Cámara de fotos y película

Marcador

Papel de construcción

Perforadora

Hilo

Goma de pegar

PREPARACIÓN:

❧ Tome y revele fotografías del niño.

❧ Haga un libro del niño. Corte el papel de modo que sobren unas 2 pulgadas (5 cm) por todos los lados de la fotografía. Por ejemplo, si tiene una foto de 3 por 5 pulgadas (7 por 12 cm), corte el papel en fragmentos de 5 por 7 pulgadas (12 por 17 cm). Corte uno para cada fotografía. Si fuera posible, fabrique una tapa con un papel más duro. Pegue las fotos en cada página y déjelas secar. Acomode las páginas y las tapas del libro. Haga de cinco a siete agujeros en el lado izquierdo del libro. Pase el hilo por los agujeros para encuadernarlo y átelo en ambos extremos. Escriba "Un libro sobre (Corina)" en la tapa y "Fin" en la contratapa.

ESTRATEGIAS EDUCATIVAS:

1. Antes de la hora de la siesta, coloque el libro cerca de la cuna o cama del infante.
2. Léaselo antes de que se duerma. Si al niño le gusta que lo mezan, hágalo mientras lee. Si prefiere estar acostado, colóquelo en la cuna y frótele el estómago mientras lee.

3. Al contarle la historia, señale las fotos y pregunte: "¿Quién es?"
4. Elogie sus intentos y sus logros. Puede comentar, por ejemplo: "Sí, ésta es una foto tuya. Ésta es (Corina)".
5. Describa las fotografías haciendo referencia a las actividades que desarrolla el infante. Por ejemplo, puede decirle: "Aquí estás empujando un camión. Te gusta empujar camiones y decir 'buum, buum'". "En esta foto es la hora de la siesta. Estás abrazando a tu bebé y te estás por quedar dormido. Como ahora".
6. Si el infante se muestra interesado, vuelva a leerle el cuento.

Puntos destacados del desarrollo

Los infantes pueden reconocer fotografías de sí mismos aunque no puedan reconocerse en el espejo.

El reconocimiento de sí mismo está relacionado con la consciencia de ser una persona independiente, diferente de las demás y de los objetos que los rodean. Aunque este proceso comienza a desarrollarse durante los primeros meses de vida, en general tarda dos años en alcanzar un desarrollo completo. Cuando a los niños de nueve a doce meses se les muestran fotos o videos de sus comportamientos, juegan a las escondidas con sus propias imágenes (Berk, 1997).

VARIANTES:

❧ Mire libros de la familia del niño, de sus juguetes favoritos, etc.
❧ Prepare libros usando fotografías de catálogos de juguetes.

INFORMACIÓN ADICIONAL:

❧ Utilice fotografías grandes y de colores siempre que sea posible.
❧ Puede fabricar libros de "Mis juguetes favoritos", "Mis amigos", "Mi primer año de vida", "Mis mascotas", etc.

10 A 12 MESES

Bañemos a los bebés

SOCIAL

ÁREA DE DESARROLLO: Social

Objetivos para el desarrollo del niño

✓ Distinguir entre niños y niñas
✓ Ejercitar las capacidades prosociales

MATERIALES:

1 caja de plástico grande

1 toalla grande

Mantel del vinilo

Muñecos anatómicamente correctos, de diferentes razas, de sexo masculino y femenino

1 esponja

Guardapolvo o ropa seca

PREPARACIÓN:

☼ Elija y despeje un lugar que pueda vigilar constantemente. Luego, extienda el mantel.

☼ Llene la caja con 1 a 2 pulgadas (3 a 5 cm) de agua tibia. Colóquela sobre el mantel. Ponga los dos muñecos dentro. Coloque la esponja en el borde de la caja y la toalla sobre el mantel cerca de ella.

☼ Si participara más de un niño, se deberá dar a cada uno de ellos los materiales correspondientes.

ESTRATEGIAS EDUCATIVAS:

1. Cuando el niño elija la actividad, póngale el guardapolvo. Al explicarle lo que va a suceder, dígale, por ejemplo:
   "(Érica), vamos a jugar con agua. Puedes bañar al bebé".

2. Observe su comportamiento con el muñeco. Estimúlelo a ser cariñoso con él de esta manera:
   "Lávale la cara con suavidad. Al bebé no le gusta que le entre agua en los ojos".
   "Le estás lavando los dedos de los pies. Hazlo suavemente".

3. Ayúdelo a notar las diferencias entre los muñecos. Por ejemplo, comente que uno es hombre y el otro, mujer. Además, hable sobre los colores de piel diferentes. Relacione las características del muñeco con las del niño o las de los miembros de la familia. Por ejemplo, dígale:
   "(Érica), tienes el pelo oscuro y rizado como la muñeca".
   "Ésta es una niña. Tú también eres una niña".

4. Una vez que haya bañado al bebé, estimule al niño a secarlo con la toalla. Además, puede sugerirle que lo alce o lo abrace.

5. Elogiar dicho comportamiento en el infante puede estimular la comprensión de la manera de cuidar de otra persona. Puede comentar, por ejemplo:
   "(Érica), estás cuidando al bebé".
   "El bebé tenía frío, por eso lo estás secando".

Puntos destacados del desarrollo

Los niños de esta edad están comenzando a advertir algunas diferencias biológicas básicas entre los hombres y las mujeres. Es importante utilizar el lenguaje adecuado para designar las partes del cuerpo. Sin embargo, insista en que hay más similitudes que diferencias ente los sexos.

VARIANTES:

☼ Para ayudarlo a desarrollar la conciencia de su propio cuerpo, designe las partes del cuerpo del muñeco. Comience con las más evidentes como los ojos, los brazos, los dedos, las piernas, la boca, las orejas y la nariz.

INFORMACIÓN ADICIONAL:

☼ Todos los niños necesitan que les enseñen y que se estimulen los comportamientos de atención. El cuidado de otros constituye una capacidad importante que deben adquirir.

☼ Jugar con agua es, para los niños, una experiencia sensorial placentera que les ayuda a aprender del medio.

10 A 12 MESES

SOCIAL

Poniéndonos crema

ÁREA DE DESARROLLO: Social

Objetivos para el desarrollo del niño

✓ Aumentar la conciencia del cuerpo
✓ Relacionarse con un adulto

MATERIALES:

Crema de manos con dosificador

PREPARACIÓN:

 Coloque la crema en un lugar adecuado, preferentemente sobre el lavabo.

ESTRATEGIAS EDUCATIVAS:

1. Luego de cambiarle el pañal, usted y el infante deben lavarse las manos.
2. Después de hacerlo, estimule al infante a ponerse crema. Dígale, por ejemplo:
   "Cuando te lavas las manos, la piel se seca. ¿Quieres un poco de crema? La crema suaviza las manos".
   Si el niño dice "no", ayúdelo a encontrar una actividad.
   Si responde "sí", acerque el frasco de crema.
3. Enséñele a ponérsela. Conecte las palabras con acciones diciendo, por ejemplo:
   "Un poco de crema. Froto, froto, froto. Estoy frotando las manos".
4. Estimúlelo a estirar las manos mientras le pone crema. Luego dígale:
   "Frótate las manos. Distribuye la crema. ¡Frótate los dedos!"

5. Si fuera necesario, refuerce sus palabras con acciones distribuyendo la crema de las manos del niño mientras comenta:
   "Froto, froto, froto. Estoy frotando la crema en tu mano".
6. Si le muestra aprobación puede lograr que el infante se aplique la crema solo la próxima vez. Puede comentar, por ejemplo:
   "Te frotaste la crema. Ahora tienes las manos suaves".
   "Trabajamos juntos para poner crema a tus manos".

Puntos destacados del desarrollo

En esta etapa del desarrollo, el niño debe poder demostrar que conoce las partes del cuerpo. Este reconocimiento se demostrará, en general, mediante gestos tales como señalar o mostrar. Haber nombrado las partes del cuerpo durante el primer año de vida le ha ayudado a desarrollar esta capacidad.

VARIANTES:

 Estimúlelo a presionar el dosificador solo.

INFORMACIÓN ADICIONAL:

 Siempre compre crema sin perfume e hipoalérgica.
Precaución: Observe al infante para asegurarse de que no consume crema. No realice esta actividad con niños que se chupen las manos o los dedos.

10 A 12 MESES

Cuidado de bebés

SOCIAL

ÁREA DE DESARROLLO: Social

Objetivos para el desarrollo del niño

✔ Ejercitar las capacidades prosociales
✔ Jugar junto a otro niño, si fuera posible

MATERIALES:

2 muñecos multiétnicos anatómicamente correctos de ambos sexos

2 biberones

PREPARACIÓN:

 Despeje un lugar en un estante a la altura del niño para los muñecos y colóquelos allí.

ESTRATEGIAS EDUCATIVAS:

1. Cuando un niño comience a jugar con un muñeco, observe su comportamiento. Observe cómo lo cuida.
2. Sugiera maneras nuevas o diferentes para hacerlo, por ejemplo:
   "¿Tiene hambre el bebé? ¿Necesita el biberón?"
   "Quizá quiera que lo hamaques en la mecedora".
   "¿Le gustaría pasear por la habitación?"
3. Si hubiera otro niño, estimúlelo a jugar con los muñecos. Por ejemplo, dígale:
   "(Juan), ¿quieres darle de comer a este bebé? Tiene hambre".
   "(Héctor), aquí hay un bebé para ti".

4. Si hubiera más niños, comente cómo están jugando con juguetes similares. Puede comentar, por ejemplo:
   "(Carolina) y (Héctor) están jugando con muñecos".
   "(Juan) y (Caterina) están dando de comer a los bebés".
5. Elógielos por realizar comportamientos de cuidado. Por ejemplo, comente:
   "Estás abrazando al bebé despacio". "Ayudaste a tu bebé. Dejó de llorar".

Puntos destacados del desarrollo

Es necesario que los niños aprendan comportamientos prosociales como actos de amabilidad hacia otras personas. Tales comportamientos incluyen ayudar, compartir y cooperar. Ejemplos de ellos pueden ser consolar a otros de manera física o verbal, cooperar en los juegos y en los momentos de aseo, compartir los materiales y mostrar preocupación y afecto por otros (Herr, 1998). Por lo tanto, jugar con muñecos y cuidarlos puede fortalecer el comportamiento prosocial.

VARIANTES:

 Los muñecos de felpa o los títeres también estimulan los comportamientos de cuidado.

INFORMACIÓN ADICIONAL:

 Es necesario enseñar a todos los niños a cuidar de otras personas. Tales capacidades constituyen la base de la sociabilidad futura, tales como la comprensión y la visión en perspectiva real de las cosas. Todos los niños, sin distinción de sexo, necesitan tales capacidades.

 Siempre que esté tratando con niños pequeños, use sugerencias en lugar de órdenes ya que responden mejor a ellas.

10 A 12 MESES

SOCIAL

Garabatos de tiza

ÁREA DE DESARROLLO: Social

 Objetivos para el desarrollo del niño

✓ Jugar de forma paralela con otro niño
✓ Conversar con otra persona

MATERIALES:

Un juego de tizas de diferentes colores para cada niño

Recipiente irrompible

PREPARACIÓN:

☼ Elija un lugar de la acera en que no haya tránsito de gente.

☼ Luego, coloque el recipiente con las tizas en el lugar elegido. Si hubiera otros niños, ubíquelos de modo que haya espacio suficiente para trabajar.

ESTRATEGIAS EDUCATIVAS:

1. A fin de estimularlos a que hagan garabatos, siéntese cerca de un recipiente. Su presencia puede llamarle la atención.

2. Cuando el infante comience a hacer garabatos en la acera, describa sus acciones. Puede comentar, por ejemplo:
   "(Ciro), estás haciendo una línea larga con tiza roja".
   "Círculos. Estás dibujando círculos amarillos".
   "Tu brazo está dando vueltas y vueltas".

3. Para hacerlo conversar, hágale preguntas. Puede hablar de hechos presentes, pasados o futuros. Por ejemplo, dígale:
   "Te gusta dibujar".
   "Estás haciendo líneas largas".
   "Cuando entremos, vamos a comer algo. ¿Quieres manzanas o naranjas?"

4. Permítale siempre trabajar sin interrupciones. Responda a sus vocalizaciones con aprobación verbal y no verbal. Por ejemplo, mueva la cabeza y sonría mientras exclama:
   "¡Qué bien! No sabía. Dime más".
   "¡En serio! Debemos comer algo".

5. Si hay otro niño y se une a la actividad, dele la bienvenida diciendo:
   "Te gustaría dibujar con (Ciro)?"

6. Permita que los niños trabajen en silencio juntos.

7. Comente cómo los infantes están usando el mismo lugar y los mismos materiales. Puede comentar, por ejemplo:
   "(Ciro) y (Rosalía), ambos están dibujando con tiza. Estás haciendo un dibujo grande".
   "(Ciro) está haciendo círculos grandes. (Rosalía), tú estás haciendo círculos pequeños. Los dos están dibujando círculos".

 Puntos destacados del desarrollo

Las primeras palabras tienden a representar a las personas más queridas, objetos que se mueven y acciones corrientes. En esta etapa del desarrollo, la mayoría de los niños usará sólo una o dos palabras para comunicarse. Más tarde, aprenderán a formar oraciones haciendo series de palabras. Observe el lenguaje de sus cuerpos y preste atención a sus vocalizaciones para entender el mensaje que están enviando.

VARIANTES:

☼ Esta actividad puede realizarse en el interior, en una mesa para niños o baja. Cúbrala con papel y dele las tizas.

INFORMACIÓN ADICIONAL:

☼ Lo que comprenda usted del mensaje dependerá de las capacidades del lenguaje del infante. Lo importante de la conversación no es la comprensión de las vocalizaciones sino su aspecto social.

De diez a doce meses

DESARROLLO EMOCIONAL

EMOCIONAL

Cuando volvemos a casa

ÁREA DE DESARROLLO: Emocional

 Objetivos para el desarrollo del niño

✓ Responder a un pedido de quien lo cuida
✓ Ayudar a vestirse

MATERIALES:

Ropa de niños con broches grandes

PREPARACIÓN:

♡ Vista al niño con ropa que tenga broches o cierres grandes.

ESTRATEGIAS EDUCATIVAS:

1. Luego de llegar de afuera, háblele sobre lo que debe hacer antes de comenzar a jugar. Por ejemplo, manifieste: *"(Germán), debes quitarte el abrigo. Luego cuélgalo"*.
2. Si fuera necesario, ayúdelo a abrirse el abrigo. Estimúlelo a sacárselo diciendo: *"(Germán), sepáralos. Separa los broches"*.
3. Es posible que deba reforzar sus palabras con acciones. Si fuera necesario, abra uno de los broches e incítelo a continuar con los demás.

4. Elógielo por sus logros y los intentos que realice. Por ejemplo, dígale: *"Gracias por tu ayuda"*. *"¡Qué ayudante! Abriste el abrigo"*.
5. Una vez que se haya sacado el abrigo, dígale: *"Voy a colgar el abrigo"*.

 Puntos destacados del desarrollo

Los infantes necesitan mucho tiempo para practicar destrezas nuevas. Si se muestra impaciente o lo presiona verbalmente para que lo haga más rápido puede causar que el niño se niegue a ayudar. Intente fortalecer su independencia siendo cálido, cariñoso y paciente cuando están aprendiendo o practicando estas habilidades nuevas. Siempre ofrézcale el mínimo de ayuda, lo que le dará una mayor oportunidad de ser independiente.

VARIANTES:

♡ Busque la ayuda del niño cuando le pone el abrigo.

INFORMACIÓN ADICIONAL:

♡ Para el infante, vestirse puede constituir una experiencia larga y frustrante. Por lo tanto, obsérvelo detenidamente.
♡ Cuando compre ropa para niños pequeños, elija prendas con broches o presillas grandes y, por lo tanto, fáciles de manipular.
♡ Cuando las capacidades visuales y motrices de los niños mejoran, pueden usar los dedos y las manos para ayudar a vestirse.

Hora del postre

EMOCIONAL

ÁREA DE DESARROLLO: Emocional

 Objetivos para el desarrollo del niño

✓ Alimentarse solo con una cuchara
✓ Expresar entusiasmo

MATERIALES:

Silla alta o mesa

Bols irrompibles

Cuchara

Baberos

PREPARACIÓN:

❦ Prepare un postre de sobre o con su receta favorita. Colóquelo en un bol irrompible. Manténgalo refrigerado hasta el momento de comerlo.

ESTRATEGIAS EDUCATIVAS:

1. Antes de comer, adviértale que va a cambiar de actividad diciéndole:
   "Es casi la hora de comer. Debemos lavarnos las manos".
2. Antes de comer, tome el postre y colóquelo fuera del alcance del niño.
3. Dígale que debe ir al baño a lavarse las manos. Es probable que sea necesario ayudarlo durante todo el proceso.
4. Siente al niño en la silla alta o en una silla cerca de la mesa. A fin de estimular la independencia, dele a elegir entre dos baberos. Si fuera necesario, póngaselo.
5. Cuéntele al niño qué hay de comer:
   "Hoy tenemos postre. Puedes comerlo con la cuchara".
6. Dele un bol y una cuchara.
7. Estimúlelo a usar la cuchara. Puede sugerir, por ejemplo:
   "Usa tu cuchara".
   "Lleva el postre a la boca con la cuchara".

8. Si lo elogia por sus intentos y sus logros puede lograr que repita el comportamiento. Por ejemplo, dígale:
   "Oh, se cayó. Vuelve a intentarlo".
   "Te estás esforzando en usar la cuchara".
9. Comente los gestos del infante, en especial cuando la cuchara llega a la boca. Por ejemplo:
   "Estás sonriendo. Debes de estar contento por usar la cuchara".
   "Pareces feliz. ¿Está rico el postre?"

Puntos destacados del desarrollo

En esta etapa comienza, en general, el interés por alimentarse solo. Con frecuencia, los adultos deben ayudarlos en este proceso llenándoles la cuchara. Observe cómo manipulan los cubiertos. Debido a que carecen de coordinación, muchas veces giran la cuchara antes de que llegue a la boca. Por lo tanto, la comida se cae.

VARIANTES:

❦ Otros alimentos tales como manzana rallada o yogur ayudan al infante a aprender a usar la cuchara.

INFORMACIÓN ADICIONAL:

❦ Comer con una cuchara puede convertirse en una experiencia frustrante. En general, la comida se les cae antes de llegar a la boca. En consecuencia, incítelos a usar la cuchara pero también manifieste que pueden usar los dedos.
❦ Es necesario que los niños pequeños usen baberos ya que la comida se les cae a menudo.
❦ A fin de evitar resbalones, se deberá limpiar inmediatamente la comida que se caiga.

EMOCIONAL

Tocando una canción

ÁREA DE DESARROLLO: Emocional

 Objetivos para el desarrollo del niño

✓ Expresar los sentimientos mediante la música
✓ Iniciar un juego con un adulto

MATERIALES:

2 ó 3 recipientes de harina o similares con tapa

PREPARACIÓN:

♡ Limpie los recipientes y las tapas. Despeje un lugar y coloque los recipientes donde el niño los vea.

ESTRATEGIAS EDUCATIVAS:

1. Cuando el infante elija un recipiente, observe su comportamiento.
2. Si comienza a jugar con usted balbuceando o mirándolo, acérquese a él.
3. Describa lo que hace con el recipiente. Por ejemplo, dígale:
   "(Raúl), estás golpeando la tapa con los dedos".
   "Estás usando la palma de las manos para hacer música".
4. Si le viene a la mente una canción, cántela mientras el infante toca el tambor.
5. Si demuestra interés en continuar, siga la actividad.
6. Imite el comportamiento del infante con el tambor y comente:
   "(Raúl), mírame. Estoy haciendo lo que haces tú".

7. Estimúlelo a expresar sus sentimientos con la música. Comente los sentimientos del niño en ese momento. Puede decir, por ejemplo:
   "(Raúl), estás tocando una canción muy alegre".
   "Estás enojado. Estás golpeando el tambor muy fuerte".

 Puntos destacados del desarrollo

La música puede usarse para ayudar a los infantes a expresar sus emociones. El papel que debe desempeñar el adulto incluye identificar las expresiones emocionales del niño. Las palabras a utilizar son feliz, triste, excitado, frustrado y enojado.

VARIANTES:

♡ Utilice otros recipientes de comida irrompibles tales como de maní o de café. Preste atención. Verá que, en general, el sonido varía de acuerdo a la medida del recipiente.
♡ Elija una canción antes para acompañar el tambor.

INFORMACIÓN ADICIONAL:

♡ A los infantes les gusta hacer ruido. En esta etapa, aprenderán el principio de causa y efecto. En consecuencia, proporcióneles la manera adecuada para estimular el juego independiente.

10 A 12 MESES

Cómo vestirse

EMOCIONAL

ÁREA DE DESARROLLO: Emocional

Objetivos para el desarrollo del niño

✓ Aumentar el conocimiento de las capacidades de ayudarse a sí mismo
✓ Expresar la alegría mediante el aplauso

MATERIALES:

Libro de cartón sobre vestirse, tal como *My Clothes* de Sian Tucker

PREPARACIÓN:

☼ Observe la disponibilidad e interés del niño por aprender técnicas de autoayuda.
☼ Coloque el libro en un lugar accesible.

ESTRATEGIAS EDUCATIVAS:

1. Llame la atención del infante diciéndole que tiene un libro especial para leerle. Fíjese si desea sentarse en su regazo. Por ejemplo, dígale:
   "(Tomás), tengo un libro especial que habla sobre vestirse. ¿Te gustaría sentarte en mi regazo mientras lo leo?"
2. Comience a leer el libro. Al señalar cada prenda de vestir, nómbrela. Pídale que señale la correspondiente que tiene puesta. Por ejemplo, pregúntele:
   "¿Dónde está tu camisa?"
   "¿Dónde están mis zapatos?"
3. Elogie sus intentos y sus logros. Puede comentar, por ejemplo:
   "(Tomás), sí. Esa es tu camisa".
   "¡Excelente!"
   "¡Eres muy bueno en esto!"
   Además, enséñele a aplaudir para mostrar su excitación.

4. Comente las similitudes y diferencias de color y estilo de la ropa del infante y la suya. Por ejemplo:
   "(Tomás), tu camisa tiene botones y la mía, un cierre".
   "Tus zapatos son café y los míos azules".
   "Son iguales a los del libro. Los dos tienen zapatos color café".
5. Si el infante se muestra interesado, vuelva a leerle el libro.

Puntos destacados del desarrollo

Es importante crear un ambiente que lo estimule. Sin embargo, la relación constante entre un adulto y un niño puede provocar estimulación excesiva y, por lo tanto, estrés. Observe los signos del infante. Cuando se irrite, reduzca el nivel de la relación. Al igual que los adultos, los niños también necesitan tiempo para estar solos.

VARIANTES:

☼ A fin de fortalecer la capacidad de participar por turnos, luego de que haya identificado verbalmente y señalado una prenda de vestir, estimule al niño a repetir su comportamiento.

INFORMACIÓN ADICIONAL:

☼ Para que los niños desarrollen las capacidades de autoayuda necesitan contar con un vocabulario adecuado. Puede estimular este desarrollo creándole un ambiente rico en palabras.
☼ En esta etapa en general los niños utilizan ambas manos de manera simétrica cuando aplauden. Cuando esto ocurre, los lados del cuerpo están trabajando juntos, haciendo el mismo movimiento al mismo tiempo.

10 A 12 MESES

"I Know an Old Turtle"

EMOCIONAL

ÁREA DE DESARROLLO: Emocional

 Objetivos para el desarrollo del niño

✓ Reír en respuesta a algo gracioso
✓ Jugar con un adulto

MATERIALES:

Fichas

Marcador con punta de fieltro

PREPARACIÓN:

♡ Si lo desea, escriba la letra del juego de mímica en una ficha.

ESTRATEGIAS EDUCATIVAS:

1. Cuando el infante se acerque a usted, responda a sus señales verbales y no verbales. Por ejemplo, dígale:
   "¿Quieres jugar, (Ricardo)?" o
   "Bueno, (Ricardo). Vamos a jugar".

2. Invite al niño a cantar un juego de mímica con usted de esta manera:
   "Te gustó el juego de mímica que cantamos ayer. Vamos a hacerlo otra vez".

3. Realice el juego de mímica mientras hace las acciones que se mencionan:

   ♫ I know an old turtle
   (puño)
   ♫ Who lives in a box
   (coloque el puño en la palma de la otra mano)
   ♫ Who swam in the puddles
   (nade con los dedos)
   ♫ And climbed on the rocks.
   (escale con los dedos)

   ♫ She snapped at a minnow
   (aplauda)
   ♫ She snapped at a flea
   (aplauda)
   ♫ She snapped at a mosquito
   (aplauda)
   ♫ She snapped at me!
   (aplauda)

   ♫ She caught the minnow
   (aplauda con los brazos extendidos, llévelos hacia el cuerpo)
   ♫ She caught the flea
   (aplauda con los brazos extendidos, llévelos hacia el cuerpo)
   ♫ She caught the mosquito
   (aplauda con los brazos extendidos, llévelos hacia el cuerpo)
   ♫ But she didn't catch me!
   (sonría mientras niega con la cabeza)

4. Responda a las reacciones del infante ante el juego de mímica describiéndole lo que ve. Puede comentar, por ejemplo:
   "Qué risa. Te gusta este juego de mímica".
   "Sonreías mientras aplaudías. Creo que esta canción te gusta".

5. Si el niño muestra interés, vuelva a cantarlo.

 Puntos destacados del desarrollo

Con las personas conocidas, en general, los niños de un año son amistosos y sociables. En esta etapa del desarrollo, debe seguir jugando con ellos, hamacándolos, abrazándolos, meciéndolos, cantándoles y hablándoles. Así, les está enseñando que los ama, los valora y los respeta.

VARIANTES:

♡ Reemplace a los insectos de la canción por nombres de los miembros de la familia u otras personas.
♡ Cante su canción favorita.

INFORMACIÓN ADICIONAL:

♡ Con frecuencia, los infantes iniciarán el contacto con usted. Muchas veces es difícil entender sus intenciones. ¿Quieren algo en especial o sólo llamar su atención? Memorice algunos juegos de mímica o canciones para estas ocasiones.

Solución de problemas

EMOCIONAL

ÁREA DE DESARROLLO: Emocional

 Objetivos para el desarrollo del niño

✔ Expresar emociones tales como enojo
✔ Responder a un pedido o sugerencia

MATERIALES:

Juguete con cuerda

PREPARACIÓN:

♡ Coloque el juguete en un lugar llano y suave al aire libre.

ESTRATEGIAS EDUCATIVAS:

1. Observe al niño mientras arrastra el juguete. Cuando el juguete se caiga, es posible que siga tirando de él pero se frustre y llore.
2. Acérquese a él y describa lo que sucede. Por ejemplo, dígale:
   "(Lisa), tuviste un problema con el juguete. Estás llorando porque no funciona".
3. Formúlele una pregunta para ayudarle a resolver el problema. Por ejemplo:
   "¿Funciona el juguete?"
4. Si responde "no", dígale:
   "(Lisa), ponlo sobre las ruedas".
   Si responde "sí", dígale:
   "(Lisa), pruébalo en la acera".
5. Cuando el niño logre que el juguete se desplace por la acera, elógielo. Puede exclamar, por ejemplo:
   "¡Lo lograste! ¡Resolviste el problema! Ahora funciona".
   "Dedujiste cómo arreglar el juguete".

Puntos destacados del desarrollo

Solucionar los problemas de los infantes fortalece la dependencia y no la independencia. Darles pautas o sugerencias les permite encontrar la solución por sí mismos, estimulando, de esta manera, tanto la independencia como la autoestima.

VARIANTES:

♡ Fíjese en otras fuentes de frustración. Ayúdelo y estimúlelo a solucionar el problema.

INFORMACIÓN ADICIONAL:

♡ Observe al niño y préstele atención cuando se sienta frustrado por algo. Dele tiempo para que pruebe con soluciones posibles antes de ofrecerle su ayuda. Esto le dará la oportunidad de desarrollar su independencia.
♡ Ofrézcale un mínimo de ayuda a fin de permitirle desarrollar al máximo la experiencia del aprendizaje.
♡ Los juguetes con cuerdas son excelentes para estimular el movimiento. Mantienen la atención del niño mientras él practica sus pasos. Como los niños controlan físicamente un juguete con cuerda, aprenden a detenerse, a caminar y a cambiar de dirección. Obsérvelo jugar. Con la práctica y la experiencia, sus relaciones con el juguete se harán más refinadas.

10 A 12 MESES

EMOCIONAL

Árbol de familia

ÁREA DE DESARROLLO: Emocional

 Objetivos para el desarrollo del niño

✓ Manifestar la excitación
✓ Aplaudir cuando está orgulloso de sí mismo

MATERIALES:

Junte fotografías del infante, de los miembros de su familia y de sus mascotas

Hoja de papel grande

PREPARACIÓN:

☼ Pegue las fotografías en un papel grande. Luego pegue el papel en la pared a la altura del nivel de visión del niño. Si está en su casa, puede pegar las fotografías en la heladera o en el tablón de notas, si lo desea.

ESTRATEGIAS EDUCATIVAS:

1. Cuando un niño se acerque a las fotos, acérquese.
2. Obsérvelo mirándolas o tocándolas. Los comportamientos típicos son señalar, tocar e intentar quitarlas. Este comportamiento es normal y debe estimularse.
3. Comente las fotografías con el infante. Por ejemplo:
   "(Tamara), ésta es tu foto. Mira".
   "Ésta es tu familia".

4. Elogie sus intentos y sus logros. Dígale, Por ejemplo:
   "¡Estás contenta! Señalaste a tu (abuela)".
   "¡Lo lograste! Señalaste a tu (perro)".
5. Enséñele a aplaudir como una manera de mostrar orgullo. Por ejemplo, cuando el infante señale a su familia, aplauda mientras dice:
   "(Tamara), debes de estar orgullosa. Encontraste a tu (papá)".

 Puntos destacados del desarrollo

Para que esta experiencia funcione, al menos dos áreas del desarrollo deben trabajar simultáneamente. En principio, el infante debe demostrar su capacidad de recuperar información almacenada hace tiempo en su memoria para reconocer una cara familiar. Este reconocimiento, entonces, produce reacciones emocionales como la felicidad.

VARIANTES:

☼ Para permitirle repetir la acción, guarde el papel con las fotografías. Cúbralo con un papel autoadhesivo transparente para que el niño pueda tocarlas sin romperlas o quitarlas.
☼ Amplíe la actividad cortando fotos de revistas, catálogos y calendarios, de animales, vehículos y ropa, para crear imágenes de conceptos.

INFORMACIÓN ADICIONAL:

☼ Cambiar las fotografías a medida que pasa el tiempo generará interés. Además, mostrará los cambios producidos en el desarrollo del niño y en la familia.

10 A 12 MESES

Sección III

Promoción de un desarrollo óptimo en pequeños

De trece a dieciocho meses

De diecinueve a veinticuatro

FÍSICO

LENGUAJE Y COMUNICACIÓN

COGNOSCITIVO

SOCIAL

EMOCIONAL

De trece a dieciocho meses

DESARROLLO FÍSICO

FÍSICO

Empujar el osito de felpa

ÁREA DE DESARROLLO: Físico

Objetivos para el desarrollo del niño

✓ Mejorar el equilibrio
✓ Continuar desarrollando la coordinación entre vista y manos

MATERIALES:

2 trozos de 8 pies (2,4 m) de hebra de lana

2 ositos de felpa

PREPARACIÓN:

❀ Sujete el osito a una estructura firme. Para hacerlo, ate un extremo de cada hebra de lana a un brazo del osito. Enrolle las otras puntas de la lana alrededor de la estructura. Asegure la lana y ajuste la altura del osito para que pueda alcanzarlo el pequeño. Deje el otro osito en el suelo cerca de la estructura.

ESTRATEGIAS EDUCATIVAS:

1. Cuando el niño se interese por el juego, obsérvelo de cerca.
2. Si tira del osito en lugar de empujarlo, encauce la acción y llame su atención diciéndole:
   "(Juanita), empújalo como si fuera un columpio".
   "Balancea el osito de adelante a atrás. Con las manos".
3. Converse sobre la finalidad del juego mientras trabaja con los pequeños. Por ejemplo comente:
   "(Juanita), es difícil mantener el equilibrio".
   "Estás empujando con las manos mientras caminas hacia adelante".
   "Muévete hacia atrás para que el osito no te golpee y te haga caer".
4. Ofrecer apoyo positivo le ayudará al pequeño a desarrollar su identidad. Podría comentar:
   "(Juanita), trabajaste muy bien columpiando al osito".
   "Estás columpiando alto al osito".
   "Mantienes muy bien tu equilibrio".

5. Puede que el pequeño quiera llevarse el osito. Si es así, indíquele el otro osito y sugiérale jugar con él. Dígale:
   "(Juanita), aquí hay un osito que puedes llevarte por ahí".
   "Tengo otro osito por acá. Puedes llevártelo".

Puntos destacados del desarrollo

Las habilidades motoras básicas que se desarrollan durante el primer año de vida continúan afinándose durante el segundo. Los niños usan los ojos para ayudarse con el uso de las manos. En este proceso, los niños atienden a su propio movimiento. Mientras sucede así, su cerebro envía mensajes para hacer ajustes y aumentar la precisión. De esta manera sigue progresando la coordinación entre vista y manos.

VARIANTES:

❀ Para niños que no se desplazan, coloque el osito más bajo, de forma que se le pueda alcanzar estando sentado.

INFORMACIÓN ADICIONAL:

❀ Esta actividad resultará muy divertida para el pequeño. Según el número de niños, necesitará poner dos "ositos de felpa para empujar" con objeto de eludir los conflictos que pudieran surgir por esperas o turnos. Los más pequeños todavía tienen que dominar esas habilidades.

13 A 18 MESES

Pintar una lámina

FÍSICO

ÁREA DE DESARROLLO: Físico

 ## Objetivos para el desarrollo del niño

✓ Afinar la coordinación entre vista y manos
✓ Practicar la coordinación motora

MATERIALES:

Caballete

Hojas grandes de papel de dibujo

Cinta adhesiva

Periódicos

Guardapolvos o camisa de pintar

Colgadero para secar

Pinzas de ropa

Pinceles gruesos y cortos

Recipientes de témpera roja

PREPARACIÓN:

☙ Elija un recipiente y llénelo con pintura hasta un tercio para evitar limpiarlo continuamente. Meta un pincel adentro.
☙ Cubra el caballete, si lo tiene, con periódicos y sujételos con cinta adhesiva.
☙ Fije el papel al caballete. Si no se dispone de caballete, fije el papel a la pared con la cinta.
☙ Ponga periódicos en el suelo para limpiar más fácilmente.

ESTRATEGIAS EDUCATIVAS:

1. Cuando un pequeño se interese en el área, ayúdele a ponerse un guardapolvo o la camisa de pintar. Explíquele por qué deberá usarlo. Por ejemplo, dígale:
   "(Agustín), protegerá tu ropa de la pintura".
   "Así mantendrás tu ropa limpia".
   A pesar de todo, evite forzarle a llevar el guardapolvo.
2. Observe cuando esté analizando los materiales.

3. Guíele para encauzar su comportamiento, estableciendo límites de forma positiva. Por ejemplo:
   "(Agustín), pinta en el papel".
   "Usa el pincel para pintar".
4. Describa los movimientos del pequeño al hacer la pintura. O sea, dé más importancia al hecho de pintar que al resultado. Mientras señala la pintura dígale, por ejemplo:
   "Estás pintando líneas rojas largas. Van desde arriba hasta abajo".
   "Estás haciendo puntitos rojos".

Puntos destacados del desarrollo

El niño está mejorando su motricidad fina. Observe. Ahora puede tomar cosas pequeñas con el dedo índice y el pulgar. Por eso ha mejorado su capacidad para recoger y examinar juguetes y otros objetos. Además, va controlando el uso de algunos utensilios como la cuchara, el pincel, el cepillo de dientes, etc.

VARIANTES:

☙ Pintar en una mesa para niños o una mesa baja.
☙ Pintar en el exterior fijando pedazos grandes de papel a una cerca.

INFORMACIÓN ADICIONAL:

☙ Al hablar con el pequeño, concéntrese en el proceso más que en el resultado. Esta táctica evitará que el niño tenga que explicar su creación. A esta edad, él está interesado en usar herramientas y observar los resultados.
☙ Nunca fuerce al niño a usar el guardapolvos. Si les cae pintura o se salpican, cambie la ropa inmediatamente y enjuáguela.

13 A 18 MESES

FÍSICO

Apilar bloques

ÁREA DE DESARROLLO: Físico

 Objetivos para el desarrollo del niño

✓ Mejorar la motricidad fina
✓ Mejorar la coordinación entre vista y manos

MATERIALES:

Juego de bloques de espuma

Recipiente de plástico

PREPARACIÓN:

☞ Separe los bloques de manera que disponga de dos juegos iguales. Retire los bloques redondos, que son demasiado difíciles de manejar al principio.

☞ Meta el juego de bloques en el recipiente. Despeje un espacio del suelo y póngalo allí.

ESTRATEGIAS EDUCATIVAS:

1. Observe el comportamiento del pequeño al elegir los bloques.
2. Descríbale lo que hace con los bloques. Por ejemplo:
   "(Diana), estás poniendo en fila los cuadrados".
   "Estás llenando el recipiente con los bloques".
3. Únase al pequeño sentándose en el suelo. Colóquese de forma que no le impida observar a todos los que esté supervisando.
4. Continúe hablando con el pequeño en relación con los bloques.
5. Mientras tanto, haga una torre de bloques que sirva de modelo.
6. Descríbale oralmente lo que hizo con los bloques. Diga, por ejemplo:
   "(Diana), hice una torre. Usé tres bloques".
   "Puse dos bloques uno encima de otro".

7. Anime al pequeño a apilar los bloques de igual manera. Puede comentarle:
   "(Diana), coloca tus bloques como lo hice yo".
   "¿Puedes hacer esto? Apila los bloques".
8. Proporciónele apoyo elogiando tanto sus intentos como sus logros. Por ejemplo, dígale:
   "(Diana), ¡lo hiciste! Apilaste dos bloques".
   "¡Ay, se cayeron! Prueba otra vez. Seguro que puedes".

 Puntos destacados del desarrollo

Aunque el pequeño puede usar una de las manos mejor que la otra, está mejorando su capacidad de usar ambas. Ahora empiezan a gustarle actividades tales como apilar bloques, que requiere el uso de las dos manos. Durante las manipulaciones, el comportamiento normal incluye amontonar los bloques formando torres y luego echarlas abajo. Observe las expresiones faciales del niño durante el proceso. Algunos disfrutan realmente viendo caer los bloques.

VARIANTES:

☞ Use bloques de madera pequeños o solamente los cuadrados de un juego de bloques.

INFORMACIÓN ADICIONAL:

☞ Debe seleccionar cuidadosamente los bloques que da a los niños. Elija los bloques cuadrados o rectangulares primero porque son más fáciles de apilar. Es muy difícil apilar los bloques redondos, por lo que deberían usarse después. En consecuencia, retirar los bloques redondos puede impedir frustraciones y promover una mejor experiencia educativa.

13 A 18 MESES

Carrera de obstáculos

FÍSICO

ÁREA DE DESARROLLO: Físico

Objetivos para el desarrollo del niño

✓ Mejorar el equilibrio
✓ Mejorar la coordinación entre vista y pies

MATERIALES:

Escalera que pueda tenderse en el suelo

Túnel

PREPARACIÓN:

☼ Seleccione una zona plana, con hierba, que pueda ser vigilada constantemente. Retire de ella cualquier elemento móvil o desechos. Ponga el túnel y la escalera en la zona. Asegúrese de que cada pieza del equipo está tendida en el suelo.

ESTRATEGIAS EDUCATIVAS:

1. Al preparar al niño para salir, háblele de la actividad. Por ejemplo, dígale:
   "(Sandra), podrás gatear por un túnel. Después, caminar por una escalera".
   Use la voz para transmitirle entusiasmo.
2. Una vez en el exterior, observe el comportamiento del pequeño con los materiales.
3. Por razones de seguridad, sólo debería haber un niño por vez en el túnel. El número de niños en la escalera dependerá del tamaño de ésta. Establezca y refuerce los límites tantas veces como sea necesario. Podría comentar:
   "Uno por vez. El túnel es para uno solo".
   "(Sandra), tú serás la siguiente. Ya hay otros dos en la escalera".

4. Si lo cree oportuno, muéstreles cómo caminar entre los peldaños de la escalera. Mientras lo hace, refuerce las acciones con palabras diciendo, por ejemplo:
   "Estoy caminando sobre la hierba entre las partes de la escalera. Es difícil".
   "Para caminar entre los peldaños necesito mantener el equilibrio".
5. Recalque su aprobación por los intentos y logros del pequeño. Puede comentar:
   "Gateaste por el túnel".
   "¡Qué buen equilibrio! Has caminado por la escalera".

Puntos destacados del desarrollo

A medida que crecen los niños experimentan cambios físicos. En los primeros doce meses, el infante aumenta su tamaño aproximadamente un 50 por ciento. Por ejemplo, un niño de 22 pulgadas (56 cm) de alto en el momento de nacer tendrá al año unas 33 pulgadas (84 cm). Al aumentar su actividad, los músculos de los pequeños también se desarrollarán. Después de caminar unos cuantos meses cambiará su postura. Los pies tenderán a apuntar hacia adelante en lugar de hacia los lados. Sin embargo, incluso después de empezar a caminar, volverán a gatear cuando necesiten llegar en poco tiempo a algún lugar. Suele ser la forma más rápida de desplazarse para ellos.

VARIANTES:

☼ Si no dispone de un túnel, cubra con una manta un objeto para hacer una estructura parecida a una carpa.

INFORMACIÓN ADICIONAL:

☼ Por razones de seguridad, observe con mucho cuidado al pequeño para asegurarse de que camina por la hierba entre los peldaños de la escalera. Si caminara sobre la escalera podría perder el equilibrio o torcerse un tobillo.

FÍSICO

Rompecabezas de frutas

ÁREA DE DESARROLLO: Físico

 Objetivos para el desarrollo del niño

✓ Reforzar la habilidad de agarrar con el pulgar y el índice
✓ Continuar con el desarrollo de la motricidad fina

MATERIALES:

2 rompecabezas de madera con agarraderos, si los encuentra

Mesa para niños o mesa baja

PREPARACIÓN:

☼ Limpie una mesa para niños o una mesa baja y ponga en ella los rompecabezas. Retire una pieza de cada rompecabezas y póngala sobre la mesa.

ESTRATEGIAS EDUCATIVAS:

1. Cuando el pequeño busque un juego, diríjale a la mesa con los rompecabezas. Por ejemplo, dígale:
   "(Pablo), mira qué hay en la mesa. Puedes armar un rompecabezas".
2. Muéstrele cómo tomar las piezas una a una. Hable de las piezas del rompecabezas mientras el niño las retira.
3. Reubique las piezas y anímele después a repetir lo que hizo usted. Puede comentar:
   "Estás sacando una pieza del rompecabezas".
   "Ahora has sacado dos piezas".
4. Anímele verbalmente cuando esté colocando las piezas. Puede decirle:
   "(Pablo), dales vuelta. Ahí es donde va esa pieza".
   "Ésa es redonda. Encuentra un lugar redondo en el rompecabezas".

5. Ayudarle con elogios dará como resultado que el pequeño mantenga su atención y pase más tiempo con el juego. Por ejemplo, puede decirle:
   "¡Eso es, (Pablo)! Falta sólo una pieza. Eres bueno armando el rompecabezas".
   "¡Ya está! Eres rápido. ¿Vas a armar otro rompecabezas?"

 Puntos destacados del desarrollo

Cuando los pequeños hayan mejorado la coordinación entre vista y manos, serán capaces de armar rompecabezas. Además de favorecer sus habilidades físicas, los rompecabezas se pueden usar para incrementar el lenguaje y los conceptos. Por ejemplo, se pueden introducir y repasar colores. También sirven para enseñar conceptos espaciales como "arriba", "abajo", "dentro" y "encima".

VARIANTES:

☼ Ponga los rompecabezas en el suelo fuera de los lugares de acceso.
☼ Para darle más variedad introduzca rompecabezas distintos.

INFORMACIÓN ADICIONAL:

☼ Los más pequeños necesitan rompecabezas muy sencillos que tengan algo para asirlos. Todavía les falta la coordinación motora fina para agarrar las piezas si no tienen con qué. Además, los niños en esta etapa de su desarrollo pueden resolver rompecabezas de tres a cinco piezas. Cuando los niños mejoren la motricidad fina, podrá ponérselo más difícil proporcionándoles rompecabezas con agarraderos más pequeños y con más piezas.

13 A 18 MESES

De compras

FÍSICO

ÁREA DE DESARROLLO: Físico

Objetivos para el desarrollo del niño

✓ Afinar el equilibrio
✓ Mejorar las habilidades de coordinación

MATERIALES:

Un carrito de compras para niños, si lo tiene

Bebé de juguete multiétnico

Papel de construcción

Marcadores de fieltro

PREPARACIÓN:

 Ponga el bebé de juguete en el carrito de compras. Si desarrolla esta actividad en una guardería en lugar de en una vivienda, dibuje una señal de "devolución de carritos".

 Cuelgue la señal de devolución de carritos en la pared y coloque el carrito debajo de ella.

ESTRATEGIAS EDUCATIVAS:

1. Observe a los pequeños cuando muevan el carrito.
2. Puede ser necesario establecer y exigir límites específicos para usar el carrito. Por ejemplo, recuerde al niño caminar dentro del área designada.
3. Anímele a llevar de compras al muñeco. Puede decirle:
   "(Javier), el bebé está llorando. ¿Tienes que comprarle comida?"
   "Vas de compras con tu bebé. ¿Qué vas a comprar en la tienda de juguetes?"
   Nota: Sus comentarios deberían estar directamente relacionados con los materiales que tenga en el área de juego.

4. Refuerce el comportamiento positivo de los pequeños con los carritos comentándoles:
   "Empujas suavemente el carrito con el bebé".
   "¡Mira cuánto has comprado! Has estado muy atareado".
5. Cuando el pequeño haya terminado con el carrito, anímele a devolverlo al área de "devolución de carritos". Fomentará su independencia y el respeto por la propiedad ajena. Por ejemplo, mientras señala o se mueve hacia el lugar, diga:
   "Cuando termines debes dejar el carrito aquí".
   "Ayúdame a ordenar la habitación. Pon el carrito donde se devuelven".
6. Agradezca al pequeño por devolver el carrito.

Puntos destacados del desarrollo

A los pequeños les interesan más las actividades que obliguen a ejercitar los músculos grandes y a afinar la coordinación muscular de todo el cuerpo que las que exigen coordinación de los músculos pequeños (Bukato & Daechler, 1992). Algunas actividades interesantes son empujar carritos o coches; apilar cajas grandes o meter una dentro de otra o, en algún momento, montarse en un juguete o arrastrar un carro.

VARIANTES:

 Aumentará la dificultad si usa el cárrito de compras en el exterior. Es difícil empujar juguetes con ruedas en la hierba, en la arena o en superficies desparejas.

INFORMACIÓN ADICIONAL:

 Al establecer límites, use las palabras de forma positiva. Es decir, destaque la forma adecuada de actuar diciendo: *"Camina mientras empujas"* o *"Empuja el carrito con suavidad".*

13 A 18 MESES

FÍSICO

Hacer una torre

ÁREA DE DESARROLLO: Físico

 Objetivos para el desarrollo del niño

✓ Afinar la coordinación entre vista y manos
✓ Continuar con el desarrollo de la motricidad gruesa

MATERIALES:

4 ó 5 cajas de tamaño parecido

PREPARACIÓN:

☙ Para evitar que se corten o se arañen, ponga cinta en los bordes y la tapa de las cajas. Si lo desea, decore las cajas cubriéndolas con papel de colores autoadhesivo.
☙ Despeje un espacio para las cajas donde puedan atraer la atención del pequeño.

ESTRATEGIAS EDUCATIVAS:

1. Observe cómo el pequeño manipula y analiza los bloques.
2. Describa sus acciones. Por ejemplo:
   "(Ismael), estás alineando los bloques".
   "Has apilado dos bloques".
3. Anime al pequeño a hacer una torre. Puede sugerirle:
   "¿Puedes poner los bloques uno encima del otro?"
   "¿Hasta qué altura podrías llegar?"
4. Refuerce sus palabras con acciones si fuera necesario. Si es así, cuando tome el bloque, diga:
   "(Ismael), pon este bloque encima de ése".

5. Anime al niño a trabajar con usted apilando bloques. Comente, por ejemplo:
   "(Ismael), te puedo ayudar. La caja es muy pesada. Vamos a moverla juntos".
6. Alabe los esfuerzos del pequeño al hacer la torre y trabajar con usted. Puede comentarle:
   "¡(Ismael), hiciste un buen trabajo con la torre! Pusiste tres bloques".
   "Tu torre tiene tres bloques".

 Puntos destacados del desarrollo

El peso de los pequeños gravita en la parte alta.
Como resultado, caminan con las puntas de los pies hacia fuera y andan ladeándose como los patos. Al principio del proceso, se mueven lentamente. A menudo se caen.
De cualquier modo, su equilibrio mejora a la par que su cuerpo se hace menos pesado en la parte de arriba.
A medida que maduran, también caminan más deprisa.

VARIANTES:

☙ Elija cajas de tamaño y formas diferentes.

INFORMACIÓN ADICIONAL:

☙ A los pequeños les encanta construir y mover cosas de acá para allá. Este comportamiento se verá favorecido si les proporciona cajas o recipientes ligeros. Para niños de esta edad las cajas de papel de fotocopia o de máquina son particularmente efectivas porque son ligeras y fuertes. Además, esta actividad fomenta la sociabilidad al favorecer la interacción con otros.

13 A 18 MESES

Lavarse las manos

FÍSICO

ÁREA DE DESARROLLO: Físico

 Objetivos para el desarrollo del niño

✓ Aprender a frotarse con fuerza las dos manos
✓ Empezar a aprender a valerse por sí mismos al lavarse las manos

MATERIALES:

Jabón líquido

Toallas desechables

Póster con pasos a seguir y dibujos, si dispone de ellos o lo desea

Piletas o lavabos

PREPARACIÓN:

☙ Si quiere, haga un póster con la secuencia en correcto orden de todos los pasos a seguir al lavarse las manos. Incluya tantas fotografías o dibujos como sea posible.

☙ Cuelgue el póster al lado del lavabo a la altura de los ojos del pequeño.

☙ Si tiene más de un lavabo, haga un póster para cada uno.

☙ Revise los pasos a seguir para lavarse las manos:

PASOS EN EL LAVADO DE LAS MANOS

1. Abrir el grifo de agua a la temperatura adecuada.
2. Mojarse las manos.
3. Aplicarse jabón líquido.
4. Frotarse ambas manos con fuerza por lo menos durante 10 segundos.
5. Enjuagarse hasta quitar el jabón de las manos desde las muñecas hasta las puntas de los dedos.
6. Secarse las manos.
7. Cerrar el grifo de agua.

ESTRATEGIAS EDUCATIVAS:

1. Lleve al pequeño al lavabo o al baño.
2. Usando el póster como ayuda, dirija al pequeño en todos los pasos verbal y físicamente. Es decir, en cada paso, diga al pequeño lo que debe hacer. Empiece abriendo la llave del agua. Puede que sea necesario reforzar las palabras con acciones. En tal caso, guíe al pequeño en el movimiento describiéndole verbalmente la acción.

3. Durante el paso de frotarse las manos con fuerza, cante la siguiente canción. Al hacerlo aumentará el tiempo de frotarse las manos y, por tanto, se eliminarán más gérmenes.

♫ Wash, wash, wash your hands
♫ Wash them all day long
♫ Wash, wash, wash your hands
♫ While we sing this song.

4. Durante todo el proceso, continúe apoyándolo de forma positiva. Puede comentarle:
"(Sara), te estás dejando las manos muy limpias".
"¡Qué manos más secas!"

 Puntos destacados del desarrollo

Los niños necesitan acostumbrarse a lavarse las manos antes de comer y después de que les cambien el pañal. En esta etapa del desarrollo, mejora la coordinación de manos y dedos. Este progreso les proporciona la coordinación necesaria para empezar a cuidar sus propios cuerpos.

VARIANTES:

☙ Componga su propia canción adaptada a los pasos que los pequeños estén haciendo como "dale, dale, dale al jabón" mientras presiona el dispensador de jabón tres veces.

INFORMACIÓN ADICIONAL:

☙ Puesto que los pequeños ahora son más estables al estar de pie, pueden aprender a lavarse las manos de forma adecuada en un lavabo.

☙ Si bien durante un tiempo no serán capaces de seguir todos los pasos por sí mismos, empezar a enseñarles favorecerá la adquisición de habilidades y actitudes positivas.

13 A 18 MESES

FÍSICO

Subir por una escalera

ÁREA DE DESARROLLO: Físico

 Objetivos para el desarrollo del niño

✓ Subir por una escalera
✓ Bajar por una escalera

MATERIALES:

Si pudieran encontrarse, escaleras que se venden con barandillas

Esterilla

PREPARACIÓN:

☼ Si puede conseguir una escalera comprada, elija un lugar en la habitación desde el que pueda supervisar fácilmente.

☼ Despeje ese lugar y extienda la esterilla. Ponga las escaleras sobre la esterilla. Le ayudará a crear alrededor de la escalera una zona segura donde caerse sin peligro. Sin el equipo descrito, se podrán usar las escaleras de la casa si se supervisa muy cuidadosamente.

ESTRATEGIAS EDUCATIVAS:

1. Cuando un pequeño se acerque a la escalera, únase a él.
2. Observe cómo actúa y ayúdele físicamente si lo cree necesario.
3. Apóyele positivamente todo lo posible, siendo sincero con respecto a sus habilidades. Algunos comentarios podrían ser:
   "(Carlos), te sujetas a la barandilla. Así estarás seguro".
   "Primero un pie, después el otro. Así debes subir por una escalera".

4. Establezca y mantenga los límites necesarios para que el pequeño no corra riesgos. Diga, por ejemplo:
   "Sujétate a la barandilla. Agárrate con las dos manos".
   Si el niño sigue sin sujetarse, será el momento de decirle cuál será la consecuencia, por ejemplo:
   "No te sujetas. No subirás por la escalera".
   Si el niño continúa sin sujetarse, será necesario retirarle de la escalera. Explique la consecuencia diciendo:
   "No te sujetas. No puedes subir por la escalera".
   "No te sujetas. No subes. Lo intentarás más tarde".

 Puntos destacados del desarrollo

La mayoría de los niños aprenden a caminar cuando tienen un añito. Al mejorar su movilidad, se sienten atraídos por las escaleras; por eso subir escaleras es una actividad importante. Note cómo se mueven. Primero dirigen un pie al peldaño, y luego el otro pie al mismo peldaño. Después aprenderán a subir escaleras alternando los peldaños. Además, note que aprenden a subir las escaleras antes que a bajarlas.

VARIANTES:

☼ Practique subir y bajar escaleras mientras usted le toma de una mano y le pone la otra en la baranda. Así se sentirán impulsados a usar el pasamanos. Por razones de seguridad, deles mucho apoyo y ayuda.

INFORMACIÓN ADICIONAL:

☼ Para mayor seguridad, nunca debería dejar al pequeño solo cerca de las escaleras.

☼ Debido a diferencias individuales en su desarrollo, algunos niños suben las escaleras caminando y otros gateando.

13 A 18 MESES

Pintar la mesa

FÍSICO

ÁREA DE DESARROLLO: Físico

Objetivos para el desarrollo del niño

✓ Continuar el desarrollo de la motricidad fina
✓ Aprender por exploración sensorial
✓ Experimentar con causa y efecto

MATERIALES:

Pintura no tóxica de un color, para usar con los dedos

Mesa para niños o mesa baja

Cuchara

Toalla de papel

Esponja

Recipiente

Mantel lavable, si fuera necesario

Guardapolvos, camisas para pintar, baberos o delantales

PREPARACIÓN:

☼ Limpie y desinfecte una mesa para niños o baja. Si lo considera adecuado, ponga directamente sobre la mesa una cucharada de pintura. Si no, cúbrala con un mantel lavable. Llene el recipiente con agua tibia y ponga una esponja. Deje el recipiente en un lugar accesible.

ESTRATEGIAS EDUCATIVAS:

1. Ayude al pequeño a ponerse el guardapolvo, la camisa de pintar, el delantal o el babero. Y recójales las mangas si hace falta.
2. Ayúdele a sentarse, si lo necesita, y a acercarse a la mesa. Después explíquele el juego diciendo:
   "(Víctor), puedes pintar en la mesa usando las manos".
   "Mueve la pintura con los dedos".
3. Háblele de cómo usa la pintura. Puede decirle:
   "(Víctor), estás pintando".
   "Estás extendiendo la pintura con un dedo".
4. Para fomentar el desarrollo del lenguaje, introduzca palabras nuevas que describan acciones. Al hacerlo debe saber cuál es el vocabulario del pequeño. Repita la palabra varias veces mientras el niño trabaja.
   Por ejemplo, si la palabra fuera "chapoteo", afirme:
   "(Víctor), chapoteas en la pintura. Chapotea, chapotea, chapotea. Te sonríes. Debe divertirte chapotear con la pintura".

5. Pinte con el niño. Hable de cómo ambos usan procedimientos parecidos o diferentes con la pintura. Por ejemplo, diga:
   "(Víctor), estás haciendo un dibujo. Tú haces círculos y yo hago líneas".
   "Somos amigos. Trabajamos juntos".
6. Cuando el niño termine, límpiele las manos con una toalla de papel. Después pídale que termine de lavarse en el lavabo.

Puntos destacados del desarrollo

Pintar con los dedos es una actividad que estimula los sentidos del niño. Incluye ver y tocar. Además, el pequeño experimenta la causa y el efecto. Así sucede cuando la pintura corresponde al movimiento de los dedos y las manos, usadas como herramientas o pinceles.

VARIANTES:

☼ Colocando papel sobre la pintura hecha en la mesa, creará un negativo de la obra. Cuelgue el trabajo del pequeño en la pared, en el refrigerador o en un tablón de anuncios.
☼ Ponga la pintura en la mesa únicamente después de que el niño esté preparado para empezar la actividad.
☼ Sustituya la pintura por crema de afeitar.
   Precaución: La actividad precisa una supervisión constante para asegurarse de que el niño no se lleve a los ojos la crema de afeitar o se la coma.

INFORMACIÓN ADICIONAL:

☼ A los pequeños les gusta mancharse y todavía se llevan cosas a la boca. Por eso, necesitan una supervisión muy atenta para asegurarse de que no se coman la pintura. Incluso no siendo la pintura tóxica, si la comen pueden tener problemas de estómago.
☼ Tenga a mano una esponja para limpiar lo que se vierta.

13 A 18 MESES

FÍSICO

Alinear las pinzas

ÁREA DE DESARROLLO: Físico

Objetivos para el desarrollo del niño

✔ Continuar desarrollando la coordinación de la motricidad fina
✔ Mejorar la habilidad de pinzar

MATERIALES:

Caja de cartón para zapatos

10 pinzas de tender ropa

PREPARACIÓN:

❧ Elija y despeje un espacio para esta actividad.

❧ Si le parece, cubra la caja de zapatos con papel autoadhesivo. Ponga todas las pinzas menos una dentro de la caja. La otra déjela en el borde de la caja. Así le mostrará al pequeño cuál es el propósito de la actividad.

ESTRATEGIAS EDUCATIVAS:

1. Observe el comportamiento del pequeño al iniciar la actividad.
2. Colóquese cerca de él, pero dejándole actuar solo.
3. Si el niño empieza la interacción, respóndale con rapidez. Haga lo mismo si le escucha sonidos de angustia. Usando la voz como herramienta, comuníquele calidez y apoyo. Puede comentarle:
   "(Simón), se cayó una pinza. Ponla de nuevo en su lugar".
   "Estás trabajando mucho".
4. Después de que el niño haya colocado la pinza en el borde de la caja, enséñele a contarlas mientras las señala. Así no sólo une las palabras a la acción; también promueve el concepto matemático de correspondencia uno a uno.

5. Proporciónele aprobación cuando parezca que ha terminado la actividad. Puede comentar:
   "(Simón), lo hiciste muy bien".
   "Usaste todas las pinzas".
6. Anime al pequeño a volver a poner los materiales en su lugar. Por ejemplo, dígale:
   "Coloca de nuevo la caja en la mesa".

Puntos destacados del desarrollo

Los niños necesitan aprender a responsabilizarse de recoger sus juguetes. Por tanto, aliénteles a limpiar después de terminar de jugar. Durante este proceso, los niños necesitan que les ayuden física y verbalmente. Además, deles aprobación positiva y así desarrollarán responsabilidad y autonomía para continuar esta conducta.

VARIANTES:

❧ Use un envase de plástico redondo, como un pote de un galón (4 l) de helados en lugar de la caja de zapatos.

❧ Cuando el pequeño esté listo para algo más difícil, muéstrele pinzas de presión para colgar ropa.

INFORMACIÓN ADICIONAL:

❧ Los más pequeños no tienen la fuerza ni el control de la motricidad fina suficientes para manipular con éxito pinzas de presión. En unos seis u ocho meses deberían adquirir esta habilidad.

Empujar el andador de ejercitación

FÍSICO

ÁREA DE DESARROLLO: Físico

Objetivos para el desarrollo del niño

✓ Practicar la locomoción andando
✓ Continuar con la práctica del equilibrio

MATERIALES:

Andador de ejercitación

PREPARACIÓN:

❀ Retirar los obstáculos del suelo.

ESTRATEGIAS EDUCATIVAS:

1. Observe el comportamiento del niño con el andador. Puede que sea necesario establecer y mantener ciertos límites con esta actividad. Por ejemplo, diga:
   "(Hilda), camina empujando el andador".
   "Pasa al lado de los demás".
2. Si se bloquea el andador, ayude al pequeño a salir del atolladero. Puede comentarle:
   "(Hilda), tira del andador hacia atrás".
   "Se ha atascado con la mesa. Camina hacia atrás".
3. Puede que sea necesario reforzar sus palabras con acciones. Si es así, mientras tira del andador hacia atrás, diga:
   "El andador se ha atascado. Tirar hacia atrás ayuda a soltarlo".

4. Manifieste su aprobación por usar el juguete adecuadamente. Por ejemplo, diga:
   "(Hilda), estás empujando el juguete mientras caminas".
   "Gracias por evitar la silla".
5. Cuando el pequeño se canse, anímelo a volver a poner el andador en la pared. Puede decirle:
   "(Hilda), pon de vuelta el andador junto a la pared".

Puntos destacados del desarrollo

Los bebés que aún no han empezado a caminar no necesitan zapatos. Puede que interfieran con el crecimiento de los pies y dificulten el mantenimiento del equilibrio. Los zapatos disminuyen la capacidad de los dedos de los niños para agarrarse a las superficies.
Sin embargo, los niños que ya caminan necesitan hacerlo con zapatos cómodos, bien a su medida, con suelas no resbaladizas para favorecer su seguridad.

VARIANTES:

❀ Usar el andador en el exterior.

INFORMACIÓN ADICIONAL:

❀ Esta actividad es estupenda para usar con niños de esta edad, que disfrutan con su movilidad. Les proporciona confianza en sus habilidades con los músculos grandes y favorece sus capacidades para resolver problemas.

13 A 18 MESES

FÍSICO

"Abrir y cerrar"

ÁREA DE DESARROLLO: Físico

 Objetivos para el desarrollo del niño

✓ Aprender a dar palmadas coordinando las manos
✓ Imitar los movimientos del adulto

MATERIALES:

Tablero de póster

Marcador de fieltro

PREPARACIÓN:

☼ Si recuerda de memoria las palabras del juego de mímica no necesitará materiales. Si no es así y está trabajando con un grupo de niños, haga un póster con las palabras. Puede servir como herramienta eficaz para que los adultos insistan en la actividad.

ESTRATEGIAS EDUCATIVAS:

1. Poco a poco haga los movimientos de "Abrir y cerrar" dos veces. Fíjese en quién está imitándolos.

   ♪ Open, shut them
   ♪ Open, shut them
   ♪ Open, shut them
   ♪ Give a little clap.

   ♪ Open, shut them
   ♪ Open, shut them
   ♪ Open, shut them
   ♪ Put them in your lap.

2. Presente las palabras del juego de mímica diciendo: *"Vamos a nombrar las acciones"*.
3. Recite las palabras del juego lentamente. Transmita entusiasmo con sonrisas, gestos y la entonación de la voz.
4. Los elogios pueden aumentar el deseo del pequeño por imitar las acciones. Puede comentar: *"¡Qué bien lo has hecho! Has aprendido un juego de mímica nuevo. Te oí dar palmadas"*.
5. Si el niño muestra interés repita el juego de mímica.

 Puntos destacados del desarrollo

Es difícil para los niños aprender a dar palmadas. Aun cuando practiquen varios meses, es posible que no lleguen a hacerlo bien. Esta habilidad requiere no sólo coordinación entre ojos y manos, sino también coordinación bilateral y acompasamiento de los movimientos.

VARIANTES:

☼ Al desarrollar esta actividad, aumente el número de versos. Vea en el apéndice E todos los juegos de mímica.

INFORMACIÓN ADICIONAL:

☼ Si hay más niños o hermanos, anímeles a participar.
☼ Fíjese en cuáles son los juegos de mímica y las canciones que el niño prefiere y repítalos con frecuencia.

13 A 18 MESES

Vaciar arena

FÍSICO

ÁREA DE DESARROLLO: Físico

 Objetivos para el desarrollo del niño

✓ Experimentar con texturas ásperas
✓ Mejorar la motricidad fina

MATERIALES:

Caja de plástico de edredón

Arena limpia

Cucharas de metal

1 taza de medir con capacidad de 1 taza

½ de taza de capacidad

Escoba y recogedor o aspiradora

PREPARACIÓN:

☼ Ponga de 1½ a 2 pulgadas de arena (4 a 5 cm) en la caja de edredón. Deje las cucharas y tazas de medir en la arena.

☼ Elija un área fácil de supervisar constantemente. Despeje el espacio y extienda un mantel de vinilo. Coloque la caja de arena sobre el mantel.

☼ Tenga a mano una escoba, un recogedor y la aspiradora en un lugar conveniente.

ESTRATEGIAS EDUCATIVAS:

1. Cuando el niño se aproxime al lugar, establezca unos límites básicos. Por ejemplo, diga:
   "(Sofía), la arena está en la caja".
   "Debemos sacar la arena".

2. Observe cómo manipula el pequeño los utensilios.

3. Si fuera necesario, aliente al pequeño a usar las herramientas o a manejarlas de forma diferente. Puede comentarle:
   "(Sofía), usa la cuchara para llenar la taza".
   "Sostén la taza por el asa. Usa el pulgar".

4. Para estimular los sentidos y el lenguaje, pregúntele qué tacto tiene la arena. Por ejemplo:
   "¿Cómo es la arena?"

5. Continúe la conversación respondiendo a las vocalizaciones y gestos del pequeño. Puede comentar:
   "¡Muy bien (Sofía)! La arena es áspera".
   "La arena tiene grumos".

6. Las palabras de aprobación animan al pequeño a mantener el comportamiento que usted busca. Dígale, por ejemplo:
   "Has llenado las dos tazas, (Sofía). Y usaste la cuchara".
   "Has jugado bien. Llenaste las dos tazas".

Puntos destacados del desarrollo

A los niños pequeños les agradan las actividades sensoriales como los juegos con arena o agua. Estas actividades les relajan porque liberan su tensión.

VARIANTES:

☼ Si los niños fueran suficientemente altos, ponga la caja de arena encima de una mesa pequeña.

INFORMACIÓN ADICIONAL:

☼ Añada un poquito de agua a la arena. Así la arena se manejará mejor y añadirá un estímulo táctil nuevo.

13 A 18 MESES

De trece a dieciocho meses

DESARROLLO DEL LENGUAJE Y LA COMUNICACIÓN

LENGUAJE Y
COMUNICACIÓN

Cabeza y hombros

ÁREA DE DESARROLLO: Lenguaje y comunicación

 Objetivos para el desarrollo del niño

✔ Aumentar la capacidad de lenguaje pasivo
✔ Promover la expresión a través del lenguaje hablado

MATERIALES:

Marcador de fieltro

Ficha

PREPARACIÓN:

♡ Si hace falta, escriba las palabras de la canción de acción en una ficha y métasela al bolsillo.

ESTRATEGIAS EDUCATIVAS:

1. Repita esta canción espontáneamente cuando el pequeño parezca necesitar una experiencia nueva.
2. Presente la canción diciendo:
   "(Andrés), vamos a jugar. Muéstrame cuál es tu (cabeza)".
   Haga una pausa. *"¡Estupendo! Ahora muéstrame dónde están tus (rodillas)".*
   Ayude al pequeño a identificar todas las partes del cuerpo que figuran en la canción.
3. Comience a cantar realizando las acciones. Toque cada parte del cuerpo cuando las mencione la canción:

   ♫ Head, shoulders, knees, and toes
   ♫ Knees and toes
   ♫ Eyes and ears and mouth and nose
   ♫ Head, shoulders, knees, and toes
   ♫ Knees and toes.

4. Anime al niño a que se le una para cantar la canción. Los comentarios podrían incluir:
   "(Andrés), hazlo conmigo".
   "Hagámoslo juntos".
5. Exprese su aprobación cuando el niño se le sume verbal y físicamente, participando en el canto. Por ejemplo, diga:
   "¡(Andrés), estabas cantando! ¡Te oí decir 'toes'!"
   "¡Hiciste todos los ademanes!"
   "Bien hecho".
6. Repita la canción si el pequeño conserva el interés.

 Puntos destacados del desarrollo

La mayoría de los niños comienzan a ligar las palabras con su significado para cuando cumplen el año. En ese estadio, construyen lentamente su vocabulario. Alrededor de los dieciocho meses, la rapidez de adquisición de palabras se dispara (Cawley, 1997).

VARIANTES:

♡ Repita la canción, incluyendo a otros niños o miembros de la familia.

INFORMACIÓN ADICIONAL:

♡ Al cantar y hacer los ademanes, vaya muy despacio, permitiendo que el pequeño participe con éxito.
♡ Acelere el ritmo cuando el pequeño esté dispuesto para ello.

13 A 18 MESES

¿Qué puede ser?

LENGUAJE Y COMUNICACIÓN

ÁREA DE DESARROLLO: Lenguaje y comunicación

 Objetivos para el desarrollo del niño

✓ Asociar sonidos con los objetos que los producen
✓ Aumentar el lenguaje activo

MATERIALES:

Reproductor/grabador de cintas y cinta virgen

Fotografías de objetos que hacen ruido

PREPARACIÓN:

☼ Grabe cuatro o cinco sonidos familiares para el niño como el zumbido de aviso de un microondas. Al grabar, deje espacios entre los sonidos con objeto de darle tiempo al niño para identificarlos. Luego haga fotografías de los objetos grabados.

☼ Si lo prefiere, monte las fotografías en cartulina y cúbralas con papel transparente autoadhesivo para protegerlas y hacerlas más rígidas.

☼ Elija un espacio para esta actividad que tenga una mesa y sillas. También debería haber cerca una toma de corriente.

☼ Para fomentar el uso independiente, marque el botón de encendido con un punto verde y el de parada con uno rojo.

☼ Ponga el reproductor de cintas y las fotografías sobre la mesa.

ESTRATEGIAS EDUCATIVAS:

1. Cuando un niño se interese por la actividad, muéstrele en qué consiste diciéndole, por ejemplo:
   "Vamos a jugar, (Miranda). Escucha los sonidos. Luego dime a qué objeto de la fotografía corresponde cada sonido".

2. Ayude al pequeño a encender el reproductor diciendo:
   "El verde significa empezar. Aprieta el botón verde".

3. Refuerce las palabras con acciones si hace falta.
   Si así fuera, presione el botón verde y diga:
   "Ahora se oye la cinta".

4. Después del primer sonido, pregúntele:
   "Escucha, (Miranda). ¿Qué era eso?"
   Oriente la atención del niño hacia las fotografías que hay en la mesa. Por ejemplo:
   "¿Qué cosa suena así?"

5. Si empieza el siguiente sonido antes de haber identificado el primero, detenga la cinta. Exprese con palabras sus acciones. Puede comentar:
   "Voy a apretar el botón rojo, (Miranda). Significa parar. La cinta dejará de sonar hasta que averigües qué sonó antes".

6. Ayude al niño nombrando y describiendo las fotografías. Por ejemplo:
   "Esto es un microondas. Calienta los biberones. Cuando están listos suena 'bip, bip, bip'".

7. Apruébele de forma positiva si elige la fotografía que corresponde al sonido de la cinta. Puede comentar:
   "¡Lo conseguiste, (Miranda)!"
   "Sí. La aspiradora hace ese ruido".

8. Si el niño no identifica el objeto, debe seguir con el juego. Para hacerlo sugiérale que encienda el reproductor.

 Puntos destacados del desarrollo

Los niños en esta etapa del desarrollo se divierten con relaciones de causa y efecto. Obsérveles. Les gusta encender la televisión o apagar la radio. También disfrutan golpeando cosas que hagan ruido y chapoteando en el agua. Por eso les encantará identificar ruidos en la cinta.

VARIANTES:

☼ Repita la actividad con un grupo pequeño.

☼ Aumente la dificultad de los sonidos cuando haya identificado los grabados en la primera cinta.

INFORMACIÓN ADICIONAL:

☼ Salga del entorno del niño grabando sonidos como el ladrido de un perro, la bocina de un coche, el silbido de un tren, etc.

13 A 18 MESES

LENGUAJE Y COMUNICACIÓN

Nuestras familias

ÁREA DE DESARROLLO: Lenguaje y comunicación

 Objetivos para el desarrollo del niño

✓ Identificar verbalmente a los miembros de nuestra familia
✓ Expresar emoción al identificarse a sí mismo en una fotografía

MATERIALES:

Fotografías de la familia

Papel de colores

Lana o hilo

Marcador

PREPARACIÓN:

❀ Reúna varias fotografías de familiares.
❀ Monte cada fotografía en papel de color. Escriba una leyenda para cada fotografía, asegurándose de incluir todos los nombres de las personas que muestre la foto. Si lo desea, prepare un libro agujereando las hojas en el lado izquierdo del papel y atándolas con una hebra de lana o poniéndolas en un archivador de tres anillas.
❀ Coloque el libro en un lugar conveniente para el niño.

ESTRATEGIAS EDUCATIVAS:

1. Cuando el pequeño se interese por el libro, observe su comportamiento.
2. Hágale preguntas sobre las fotografías. Por ejemplo:
   "(Simón), ¿quién está en la foto?"
   "(Pedro) es tu hermano. ¿Qué está haciendo en la foto?"
3. Anime al pequeño a responder verbalmente a las preguntas en lugar de con gestos. Por ejemplo, dígale:
   "¿Quién es éste?"
   "(Simón), ¿cuál es el nombre del (perro)?"

4. Aprobarle puede dar como resultado que el pequeño hable más acerca de las fotografías. Puede decirle:
   "Me contaste muchas cosas con tus propias palabras".
   "Sí. Es tu (mamá)".
5. Describa al pequeño su reacción frente al libro. Puede comentarle:
   "(Simón), te emocionaste mucho cuando te viste en la foto".
   "Te sonríes. Debe de gustarte este libro".
6. Si el pequeño quiere, repasen el libro.

 Puntos destacados del desarrollo

Los estudios muestran que la cuantía del vocabulario a esta edad depende de las veces que el niño oiga palabras diferentes. Por tanto, es importante que le proporcione experiencias ricas en lenguaje y que tengan importancia para el niño.

VARIANTES:

❀ Prepare álbumes similares usando fotografías de revistas, con animales, alimentos, ropa, etc. Aunque el uso del lenguaje empieza lentamente, en la mayoría de los niños la habilidad para hablar surge alrededor de los dieciocho meses.
❀ Permita que el pequeño lea solo el libro después de que lo hayan visto juntos dos o tres veces.

INFORMACIÓN ADICIONAL:

❀ A los pequeños les gusta identificar a familiares en las fotos. Este tipo de actividades se puede usar no sólo para estimular el uso del lenguaje, sino también para fomentar el desarrollo emocional. Por ejemplo, si el niño está sintiendo angustia por una separación, puede dirigir su atención a la fotografía.

13 A 18 MESES

El habla del pequeño

LENGUAJE Y COMUNICACIÓN

ÁREA DE DESARROLLO: Lenguaje y comunicación

Objetivos para el desarrollo del niño

✓ Aumentar la capacidad del lenguaje activo
✓ Practicar el lenguaje telegráfico

MATERIALES:

Ninguno

PREPARACIÓN:

☙ Para entender lo que el niño dice, observe las claves que le da su comportamiento.

ESTRATEGIAS EDUCATIVAS:

1. Siempre que trabaje con un niño de esta edad, converse con él. Durante los cuidados diarios como la merienda, la actividad resulta especialmente exitosa.
2. Mientras come, hágale preguntas sobre las últimas actividades. Por ejemplo:
   "¿Qué hiciste afuera, (Julia)?"
   "¿Te divertiste con la pelota?"
3. La respuesta variará según el desarrollo del niño. Algunos usan una especie de "jerga" al hablar. Si es así, quizás pueda entender una palabra. Úsela para continuar la conversación con el niño. Por ejemplo:
   Si el pequeño dice, "xyzgrstuv pelota crput yrusd", respóndale diciendo:
   "Sí, me acuerdo que estuviste jugando con la pelota. La hiciste rodar cuesta abajo. ¿Le diste una patada?"
   Si el niño usa un lenguaje telegráfico, deberá emplear extensión. Significa que debe extender la frase telegráfica del pequeño haciendo una más completa. Por ejemplo:
   Si el pequeño dice "lavar muñeco", responda diciendo:
   "Lavaste al muñeco. ¿Fue divertido?"

4. Si hay más de un pequeño, anime a otro a unirse a la conversación. Empiece dando importancia a las cosas parecidas que hicieron o a las que hicieron juntos. Para continuar con los anteriores ejemplos, diga:
   "(Marina), te vi haciendo rodar la pelota cuesta abajo también. ¿La pateaste?"
   Necesitará relacionar las respuestas de los niños y después continuar. Por ejemplo, afirme:
   "Ninguno de los dos le dio una patada a la pelota. ¿Cómo la movieron?"
5. Continúe con la conversación tanto como pueda. Cuando vea que el tema está agotado, cambie a otro.

Puntos destacados del desarrollo

Alrededor de los quince meses, los pequeños se interesan cada vez más en aprender a hablar. Quieren que les lea con más frecuencia, incluso observan su boca cuando habla. Por eso, es el mejor momento para insistir con el lenguaje. Proporcióneles fotos, libros, cintas, títeres y, lo más importante, su propia voz.

VARIANTES:

☙ Describa el comportamiento del pequeño cuando está participando en una actividad. Le proporcionará conocimientos de lenguaje para usar en conversaciones posteriores.

INFORMACIÓN ADICIONAL:

☙ Como adulto, necesitará hacer preguntas muchas veces. Sin embargo, a menudo necesitará responderlas usted mismo.
☙ Puede introducir frases más completas. Los estudios demuestran que los niños acostumbrados a oír frases complicadas se sienten más inclinados a usarlas.

13 A 18 MESES

LENGUAJE Y
COMUNICACIÓN

Preguntar
"¿Dónde está mi. . . ?"

ÁREA DE DESARROLLO: Lenguaje y comunicación

 Objetivos para el desarrollo del niño

✓ Practicar preguntas
✓ Usar lenguaje activo para recibir el objeto que se desea

MATERIALES:

Ninguno

PREPARACIÓN:

❧ Observe cuándo el pequeño esté deseando interactuar.

ESTRATEGIAS EDUCATIVAS:

1. Responda a las señales que el pequeño le da.
   Estas señales pueden incluir tocar su cuerpo o repetir una palabra/frase. Si el pequeño, por ejemplo, dice "mana" amplíe haciendo una pregunta acerca de una manta como:
   "¿Dónde está tu manta, (Juan)?"
   "¿Has perdido tu manta?"
2. Ayude al niño a resolver el problema. Pregúntele, por ejemplo:
   "¿Dónde está tu manta?"
   "¿La dejaste en tu cunita?"
   Responda a su propia pregunta verbalmente.
   Si el pequeño no contesta, diga, por ejemplo:
   "Te vi con la manta en la cunita. Vamos a mirar allí".
   Luego vayan a buscar lo perdido.

3. Describa verbalmente lo que está haciendo. Por ejemplo:
   "Estoy buscando tu mantita. No la veo. Busquemos en otro sitio".
4. Apruebe al pequeño cuando resuelva un problema.
   Puede comentar:
   "Gracias por ayudarme a encontrar tu mantita, (Juan)".
   "¡Qué bien que la encontramos!"

 Puntos destacados del desarrollo

Los pequeños aprenden a hacer preguntas entre los doce y los dieciocho meses. Usan entonación más que palabras como "dónde", "por qué" y "qué" para indicar la pregunta. Por eso debe poner atención a la forma de decir las cosas para entender al niño.

VARIANTES:

❧ Repita la actividad, aprovechando otras palabras que use el niño.

INFORMACIÓN ADICIONAL:

❧ Recuerde: Usar un tono de voz alto al hablar a los ínfantes y pequeños normalmente capta su atención.
❧ Al hablar con los pequeños es útil usar "discurso de los padres". Las expresiones sencillas y las repeticiones mantienen la atención del pequeño y fomentan el desarrollo del lenguaje.

13 A 18 MESES

¡Moo, Baa, La La La!

LENGUAJE Y COMUNICACIÓN

ÁREA DE DESARROLLO: Lenguaje y comunicación

Objetivos para el desarrollo del niño

✓ Continuar acrecentando el lenguaje pasivo
✓ Identificar animales verbalmente

MATERIALES:

Libro con animales como *Moo, Baa, La La La!*
de Sandra Boynton

PREPARACIÓN:

♡ Ponga el libro en un lugar que atraiga la atención
del niño.

ESTRATEGIAS EDUCATIVAS:

1. Cuando el pequeño se interese en el libro, observe su
comportamiento.
2. Pregúntele si pueden leer el libro juntos. Observe las
reacciones no verbales del pequeño para saber cómo
seguir. Por ejemplo, si el pequeño mueve la cabeza en un
"no" o no le mira, diga:
"Quizás te gustaría mirar el libro solo".
En cambio, si el niño le sonríe o le da el libro, pregúntele:
"¿Te gustaría sentarte en mi regazo, (Simón)?"
3. Lea el título del cuento. Pregunte al pequeño:
"¿De qué trata el cuento?"
Deténgase siempre y dele tiempo para pensar o
responder.
4. Empiece a leer el cuento.

5. Para desarrollar su habilidad con el lenguaje, transforme
la actividad en interactiva haciéndole preguntas.
Por ejemplo:
"(Simón), ¿cómo hace el gato?"
"¿Qué animal es éste?" (apuntando a la fotografía).
6. Apruebe sus vocalizaciones y gestos. Puede comentar:
"(Simón), estás señalando al chanchito".
"Eso es. Los gatos hacen 'miau'".
7. Lea de nuevo el cuento si el pequeño se muestra
interesado.

Puntos destacados del desarrollo

Repetir las expresiones del niño es una técnica importante
para estimular el desarrollo del lenguaje. Al repetir la
expresión, les da la seguridad de haberlos entendido.
Por ejemplo, si el niño dice "auto", use esta palabra en una
frase completa. Por ejemplo, puede decir, "¡eso es! Es un
auto. Es un auto rojo".

VARIANTES:

♡ Prepare un libro recortando de revistas fotografías de
animales, cosas o personas.

INFORMACIÓN ADICIONAL:

♡ Los niños asimilarán más rápidamente la gramática si se
les dicen frases cortas. Aún así, no evite del todo las
frases complicadas.
♡ Los pequeños van desarrollando poco a poco el sentido
del humor. El libro puede ser particularmente interesante
porque mezcla los posibles sonidos de un chanchito.
Los que conozcan la voz de los chanchitos lo encontrarán
gracioso.

13 A 18 MESES

LENGUAJE Y COMUNICACIÓN

Nombrarlo

ÁREA DE DESARROLLO: Lenguaje y comunicación

 Objetivos para el desarrollo del niño

✓ Continuar acrecentando el lenguaje activo
✓ Asociar nombres con objetos

MATERIALES:

Ninguno

PREPARACIÓN:

♡ Que el niño se lave las manos antes de empezar a comer.

ESTRATEGIAS EDUCATIVAS:

1. Incite al niño a conversar acerca de la merienda.
   Por ejemplo, dígale:
   "¿Qué estamos comiendo para merendar, (Genaro)?"
   "¿De dónde vienen las bananas?"
2. Mientras reparte la merienda, hable de algunos límites a
   la hora de merendar. Por ejemplo:
   "Siéntate a la mesa para comer".
   *"Puedes comer tres pedacitos de banana y tomar dos vasos
   de leche".*
3. Anime al pequeño a expresar sus deseos oralmente.
   Por ejemplo, cuando un pequeño señale el envase de
   leche, diga:
   "¿Qué quieres, (Genaro)?"

4. Amplíe la respuesta del niño. Por ejemplo, si dice "más",
   responda:
   "¿Quieres más leche?"
   Extienda la mano y diga:
   "Por favor, alcánzame tu taza y te daré más leche".
5. Elogie sus expresiones verbales. Coméntele:
   "Usaste palabras para decirme lo que necesitabas".
   "Gracias por usar palabras".

 Puntos destacados del desarrollo

Algunas letras son difíciles de pronunciar para los
pequeños, como la "r" y la "g". La mayoría de los niños
incorporarán esos sonidos más adelante. Por lo tanto,
no hay necesidad de forzarlos a pronunciar correctamente
las palabras. Por ejemplo, admita "aua" por agua y "nana"
por banana y continúe enseñándole la pronunciación
correcta.

VARIANTES:

♡ Durante todo el día deberían continuar las interacciones
de lenguaje oral.

INFORMACIÓN ADICIONAL:

♡ Establezca comunicación sobre experiencias reales con
frecuencia a lo largo del día. Repetir las expresiones de
los niños es importante porque les confirma que se les ha
escuchado y que el lenguaje es importante.

13 A 18 MESES

Iluminar objetos

LENGUAJE Y COMUNICACIÓN

ÁREA DE DESARROLLO: Lenguaje y comunicación

Objetivos para el desarrollo del niño

✓ Identificar objetos verbalmente
✓ Continuar incrementando el lenguaje activo

MATERIALES:

1 linterna para cada niño

Cinta adhesiva transparente, fuerte

PREPARACIÓN:

☞ Con el fin de aumentar la seguridad, póngale cinta a la abertura de cada linterna para impedir que saquen y manipulen las pilas.

ESTRATEGIAS EDUCATIVAS:

1. Use las linternas en actividades de exploración libre. Por ejemplo, diga:
   "Esto es una linterna. ¿Has visto otra antes?" Deténgase para que le respondan. *"Las linternas nos dan luz. Mira. Puedo encenderla. Ahora voy a poner este sonajero en la luz. Ahora te toca a ti. ¿Qué quieres iluminar?"*
2. Observe cómo interactúan los niños con las luces.
3. Hable con ellos de las cosas que "iluminan".
   Para orientar sus respuestas, use el conocimiento que tiene de cada uno de los pequeños. Por ejemplo, si sabe que uno conoce una palabra en particular, fomente la identificación verbal preguntándole:
   "¿Qué es esto, (Hugo)?"
   "Dime. ¿Qué estás alumbrando con tu luz?"
   Por otra parte, si sabe que el niño no conoce la palabra, dígale:
   "(Hugo), tienes tu luz en el (picaporte)".

4. Después de nombrar un objeto, refuerce sus palabras con acciones mientras lo toca:
   "Esto es un (picaporte)".
5. Cuando el pequeño se familiarice con la linterna, empiece a discutir las formas de aumentar la intensidad de la luz. Una forma de hacerlo es apagar las luces de la habitación.
6. Elogie al pequeño cuando nombre correctamente algo. Puede comentar:
   "Sí, es un (títere)".
   "¡Es una palabra difícil! Es una (banana)".
7. Continúe con la actividad hasta que el pequeño pierda el interés por ella.

Puntos destacados del desarrollo

Se considera que la interacción social es un factor importante en el desarrollo del lenguaje. Los mayores son los principales modelos de lenguaje para los niños pequeños. En consecuencia, los ambientes y las interacciones que enriquecen el vocabulario favorecen el desarrollo tanto del lenguaje activo como del pasivo.

VARIANTES:

☞ Si quiere una actividad dirigida por un adulto, use la linterna para enfocar objetos no conocidos con el fin de fomentar el desarrollo del lenguaje activo.
☞ Para aumentar el lenguaje expresivo del pequeño, use linternas para iluminar las cosas conocidas que le rodean.

INFORMACIÓN ADICIONAL:

☞ Al apagar la luz, mantenga las persianas o las cortinas abiertas. Así permitirá que entre algo de luz en la habitación, para aminorar la posibilidad del miedo a la oscuridad.

13 A 18 MESES

LENGUAJE Y COMUNICACIÓN

Libro de texturas

ÁREA DE DESARROLLO: Lenguaje y comunicación

 Objetivos para el desarrollo del niño

✓ Continuar desarrollando el lenguaje activo
✓ Asociar nombres con experiencias sensoriales

MATERIALES:

Pedazos cuadrados de 3 (7,5 cm) por 3 pulgadas (7,5 cm) de tejidos de diferente textura como raso, piel, franela o corderoy

Una ficha de 4 (10 cm) por 6 pulgadas (15 cm) para cada pedazo de tejido y 2 fichas más

Agujereadora

Llavero

Pegamento

Marcador de fieltro

PREPARACIÓN:

* Agujeree la parte superior izquierda de cada ficha.
* Fije cada pedazo de tela a una ficha con pegamento. Asegúrese de que está bien pegada en las esquinas para que dure más.
* Use el marcador para escribir un título, como "Nuestro libro sensorial", en una ficha y "Fin" en otra.
* Cuando todo se haya secado, ordene las fichas desde la tarjeta del título hasta la de fin. Únalas introduciendo el aro del llavero por la perforación hecha en la parte superior izquierda de cada ficha.

ESTRATEGIAS EDUCATIVAS:

1. Cuando el pequeño muestre interés por el libro, observe su reacción a la textura de cada tela. Note si expresa preferencia por una de ellas.
2. Hable al pequeño acerca del libro. Puede comentarle:
"Ésta es muy suave, (Rafael). Siéntela. Me recuerda a tu mantita".
"Nota cómo se siente la tela. Parece rugosa".

3. Haga que converse preguntándole:
"¿Cómo la sientes en los dedos?"
"¿Qué otra cosa es igual?"
4. Elogiar al pequeño le animará a expresarse más. Por ejemplo, diga:
"Sí, es suave".
"Se parece a mi camisa".

Puntos destacados del desarrollo

Los pequeños aprenden las palabras que son importantes para ellos. Por tanto, introducir palabras fuera de contexto o que no forman parte de su entorno carecerá de significado, y les resultará más difícil recordarlas. Por eso, concéntrese en introducir y reforzar las palabras que se relacionen con su entorno más cercano.

VARIANTES:

* Use objetos reales en lugar de pedazos de tela. Por ejemplo, pegue arena, piedrecitas o papel de lija en las fichas. Por seguridad, barnice las fichas con un spray o cúbralas con papel autoadhesivo transparente.

INFORMACIÓN ADICIONAL:

* Use o refuerce la palabra que describa cada clase de tela. Así ayudará al pequeño a asociar la sensación con el nombre. Emplee términos como *áspero*, *suave*, *rugoso* o *peludo* dependiendo de las muestras de tela que tenga.

13 A 18 MESES

Paseo para tocar

LENGUAJE Y COMUNICACIÓN

ÁREA DE DESARROLLO: Lenguaje y comunicación

 Objetivos para el desarrollo del niño

✔ Continuar desarrollando el lenguaje activo
✔ Identificar objetos verbalmente

MATERIALES:

Ninguno

PREPARACIÓN:

☼ Observe. Cuando un pequeño necesite atención, álcelo y juegue con él a esta actividad.

ESTRATEGIAS EDUCATIVAS:

1. Pasee por la habitación tocando cosas. Anime al pequeño a nombrar lo que toca haciéndole preguntas como:
   "¿Qué es esto, (Teo)?"
   "¿Qué estoy tocando?"
2. Detenerse después de hacer la pregunta puede impulsar al pequeño a responderla. Si no lo hace, recurra al conocimiento que usted tiene del pequeño para decidir los pasos a seguir. Por ejemplo, si el pequeño no supo identificar el objeto, nómbrelo mientras lo toca. Diga:
   "Esto es un microondas. Calienta tu biberón".

3. Fomente su capacidad para dialogar haciéndole preguntas acerca de objetos que le resulten familiares. Por ejemplo:
   "¿Qué podríamos hacer con una (pelota)?"
   "Enséñame a (clasificar estas figuras)".
4. Aprobar lo que diga animará al pequeño a continuar hablando. Dígale, por ejemplo:
   "Dime más cosas acerca de la (pelota)".
   "¡Excelente! El (bloque encaja en el agujero)".

Puntos destacados del desarrollo

Poco después del año, los niños pequeños empiezan a usar frases de dos palabras. Las frases se centran en el significado y expresan necesidades o ideas. El niño hace saber lo que quiere con el lenguaje. Algunos ejemplos son "nene leche", "mamá adiós" o "ya está".

VARIANTES:

☼ Repita el paseo usando igual procedimiento con objetos del exterior.

INFORMACIÓN ADICIONAL:

☼ Concéntrese en cosas comunes dentro del entorno del pequeño.

13 A 18 MESES

LENGUAJE Y COMUNICACIÓN

Pizarrón

ÁREA DE DESARROLLO: Lenguaje y comunicación

 Objetivos para el desarrollo del niño

✓ Hacer señales en papel
✓ Comunicarse por medio de la expresión artística

MATERIALES:

1 pliego grande de cartulina fuerte

1 recipiente de plástico

1 esponja húmeda

Plastificado incoloro o papel autoadhesivo transparente

1 juego de marcadores lavables, no tóxicos

Guardapolvos

PREPARACIÓN:

☼ Plastifique el pliego de cartulina para hacer un pizarrón. Cuélguela en un caballete, en la pared o en el refrigerador.

☼ Ponga los marcadores en el recipiente cerca de la cartulina. Deje la esponja cerca de los marcadores.

☼ Cuelgue o muestre el guardapolvos para que el pequeño sepa lo que usted espera del juego.

ESTRATEGIAS EDUCATIVAS:

1. Cuando un pequeño se muestre interesado, mire lo que hace.
2. Si lo necesita, explíquele en qué consiste la actividad. Lo más probable es que tenga que explicarle el uso de la esponja. Como ejemplo, mientras hace una marquita y la borra, dígale:
   "Escribe con los marcadores en este papel especial. Luego lo borras con la esponja".
3. A medida que el niño trabaja, describa lo que ve. Por ejemplo:
   "Estás haciendo un círculo rojo, (Alberto)".
   "Aquí veo líneas verdes largas".
   "Éstas suben y bajan. Van de arriba abajo".

4. Aliente al niño a hablar de lo que hace con preguntas de respuesta libre o con afirmaciones como:
   "¿Te gustaría decirme lo que haces, (Alberto)?"
   "Dime algo de lo que pintas".
5. Converse sobre el efecto de la esponja sobre las marcas. Por ejemplo:
   "Borraste la marca verde, (Alberto)".
   "Mira, se fue el circulito rojo".
6. Amplíe las expresiones emocionales del pequeño. Diga por ejemplo:
   "Te sonríes. Te gusta escribir y borrar".
   "¡Qué cara más triste! ¿Borraste demasiado? Usa los marcadores otra vez".

 Puntos destacados del desarrollo

Durante el segundo año de vida, el vocabulario aumenta con bastante rapidez. La creciente movilidad del niño y el aumento de experiencias favorecen el desarrollo del lenguaje. Normalmente, aumenta también el número de personas, sucesos y objetos en su vida. Como resultado, su progreso es rápido. A los doce meses, suele tener un vocabulario de tres palabras. Alrededor de los quince, su vocabulario ha aumentado a veintidós palabras. A los dieciocho meses, el vocabulario del niño consta de unas cien palabras (Snow, 1998).

VARIANTES:

☼ Usar los dedos para pintar en la cartulina en lugar de marcadores.

☼ Reemplazar los marcadores por tizas.

INFORMACIÓN ADICIONAL:

☼ Esta actividad estimula no sólo el desarrollo de la comunicación escrita sino también el de las emociones. Proporciona a los pequeños un sentimiento de autoestima porque pueden borrar lo que han escrito.

Recoger después de la merienda

LENGUAJE Y COMUNICACIÓN

ÁREA DE DESARROLLO: Lenguaje y comunicación

 Objetivos para el desarrollo del niño

✓ Obedecer indicaciones sencillas
✓ Continuar desarrollando el lenguaje pasivo

MATERIALES:

Bandeja de servir

PREPARACIÓN:

☼ Prepare y sirva una merienda como es habitual. Coloque la bandeja para los platos sucios en el centro de la mesa.

ESTRATEGIAS EDUCATIVAS:

1. Mientras toma la merienda con el pequeño, háblele de la bandeja que hay en el centro de la mesa. Fomente el pensamiento original haciéndole preguntas de respuesta libre como:
   "¿Para qué es la bandeja?"
   "¿Por qué hay una bandeja?"
2. Acepte y comente sus respuestas. Por ejemplo, si el niño dice "pintar", puede responder:
   "¿Ponemos la pintura en una bandeja de servir la mesa? ¿Ves alguna pintura?"
3. Cuando pueda, vuelva atrás en la conversación para relacionar la merienda y la bandeja. Pregúntele, por ejemplo:
   "¿Cómo podríamos usar la bandeja en la merienda?"
4. Sus respuestas a los comentarios del pequeño le animarán a continuar la conversación.
5. Cuando el pequeño termine su merienda, explíquele el propósito de la bandeja. Por ejemplo, dígale:
   "Esta bandeja es para los platos sucios. Pon tu (taza, cuenco y cuchara) en la bandeja cuando hayas terminado".
6. Recuerde al niño que le ayude a limpiar después de comer. Diga, por ejemplo:
   "Pon tu taza en la bandeja, (Juan). Luego debes lavarte las manos".

7. Tal vez sea necesario que refuerce las palabras con acciones. Si es así, guíe al pequeño con suavidad en cada paso repitiendo las instrucciones. Por ejemplo, mientras le ayuda a poner la taza en la bandeja, dígale:
   "Pon la taza en la bandeja, (Juan)".
8. Elogiarle puede animar al pequeño a completar solo sus tareas. Coméntele:
   "(Juan), has hecho un buen trabajo limpiando después de la merienda".
   "Qué buen ayudante eres. Todas las cosas de la merienda están recogidas".

 Puntos destacados del desarrollo

Escuche a los pequeños. Muchas de sus palabras son muy generales. Pueden identificar cualquier animal de cuatro patas, vaca o caballo, como si fuera un perro. Al principio, los pequeños manejan sólo uno o dos significados por palabra. Gradualmente, después de unos años, los niños aprenderán nuevos significados. Con el tiempo, sus definiciones se corresponderán con las de un adulto.

VARIANTES:

☼ Desarrolle actividades similares de "seguir instrucciones" a lo largo del día. Estas actividades pueden ser introducidas en las tareas diarias como lavarse las manos, recoger juguetes o vestirse para salir a jugar fuera.

INFORMACIÓN ADICIONAL:

☼ Los más pequeños deberían ser capaces de obedecer dos o tres instrucciones sencillas dadas a la vez. Sin embargo, si un pequeño tiene dificultad en hacerlo, dele una sola orden. Poco a poco aumente a dos o tres.
☼ Procure que sus órdenes sean lo más sencillas y directas que pueda.

13 A 18 MESES

LENGUAJE Y COMUNICACIÓN

Poner huevos en una cesta

ÁREA DE DESARROLLO: Lenguaje y comunicación

 Objetivos para el desarrollo del niño

✓ Entender el significado de las palabras "lleno" y "vacío"
✓ Continuar desarrollando el lenguaje activo

MATERIALES:

5 ó 6 huevos de plástico de colores

Dos cestas para llevar huevos

PREPARACIÓN:

♡ Ponga los huevos en una de las cestas; luego, coloque ambas en un lugar accesible.

ESTRATEGIAS EDUCATIVAS:

1. Observe lo que hace el niño con los huevos y la cesta.
2. Si no parece saber qué hacer, inicie la actividad. Diga, por ejemplo:
   "Vacía la cesta, (Yolanda). Saca los huevos. Luego llénala otra vez".
3. Quizás sea necesario que le muestre cómo vaciar y llenar usando la otra cesta.
4. Refuerce sus acciones con palabras que describan lo que está haciendo el niño. Puede comentar:
   "(Yolanda), tu cesta está llena de huevos".
   "Muéstrame cómo se vacía".
5. Compruebe que el niño entiende los términos "lleno" y "vacío" haciéndole preguntas. Por ejemplo:
   "¿Puedes vaciar la cesta?"
   "¿Cómo llenas la cesta?"
   "¿La cesta está llena o vacía?"
6. Elogiarle puede aumentar el tiempo que el niño permanece jugando. Puede comentarle:
   "¡Lo hiciste, (Yolanda)! Tu cesta está llena ahora".

 Puntos destacados del desarrollo

Escuche cómo habla el niño. La mayor parte de sus primeras palabras son nombres relacionados con cosas que le son familiares o le interesan. Entre ellas normalmente se encuentran "gato", "perro", "no", "vamos", "pelota" y "auto". Tiende a terminar sus primeras palabras con "ito" como "pajarito", "mantita" y "gatito". Además, probablemente use las nuevas palabras de una en una. Posteriormente aprenderá verbos, adjetivos, adverbios y preposiciones (Snow, 1998).

VARIANTES:

♡ Cambiar los huevos por sus juguetes favoritos como pelotas, bloques o autos.
♡ Usar 6 huevos de plástico y un cartón de huevos en lugar de una cesta.

INFORMACIÓN ADICIONAL:

♡ A los pequeños les encanta llenar y salpicar. Con estos juegos controlados se disminuye la probabilidad de volcar otros recipientes. Aprenden también la relación entre tamaños.
♡ A medida que crece el pequeño y va aprendiendo el juego, añada nuevos elementos. Por ejemplo, contar el número de cosas que hay en la cesta o nombrar el color de cada cosa.

13 A 18 MESES

"Pease, Porridge Hot"

LENGUAJE Y COMUNICACIÓN

ÁREA DE DESARROLLO: Lenguaje y comunicación

 Objetivos para el desarrollo del niño

✓ Desarrollar el sentido del ritmo
✓ Continuar desarrollando el lenguaje activo

MATERIALES:

Un pliego de cartulina dura

Marcadores de fieltro lavables

Plastificado incoloro o papel autoadhesivo transparente

PREPARACIÓN:

❀ Prepare una ayuda escribiendo la canción en el pliego de cartulina:

Pease, porridge hot
Pease, porridge cold
Pease, porridge in the pot nine days old.

Some like it hot
Some like it cold
Some like it in the pot nine days old.

❀ Plastifique o cubra la cartulina con papel autoadhesivo transparente.

❀ Cuelgue el póster en un lugar adecuado.

ESTRATEGIAS EDUCATIVAS:

1. Siente al pequeño en su regazo o en una posición que les permita verse mutuamente.
2. Si fuera necesario, ubíquese usted de forma que vea la cartulina.
3. Recite la canción despacio mientras señala el ritmo con palmadas.

4. Aliente al pequeño a dar palmadas con usted. Dígale, por ejemplo:
   "(Evita), da palmadas cuando yo lo haga".
5. Apruebe los intentos y logros. Diga, por ejemplo:
   "(Evita), los dos damos palmadas juntos".
   "¡Qué hermosa sonrisa! Te debe de gustar seguir el ritmo con las palmas".
   "Estás repitiendo las palabras conmigo".
6. Continúe con la canción infantil mientras el pequeño conserve el interés.

 Puntos destacados del desarrollo

Cuando los pequeños sean capaces de formar frases de dos palabras, estarán demostrando su conocimiento de sintaxis. A este importante hito se le llama lenguaje telegráfico — como en un telegrama, sólo se usan en las frases las palabras clave, colocadas con un orden que refleja el del lenguaje adulto.

VARIANTES:

❀ Recite y dé palmadas siguiendo el ritmo de otra canción infantil que le guste. En el apéndice E encontrará otras enumeradas.

INFORMACIÓN ADICIONAL:

❀ Las canciones infantiles que le gusten más debería repetirlas una y otra vez. La repetición promueve el desarrollo del lenguaje activo. Cuanto más oiga el pequeño una palabra, más probabilidades hay de que la repita.

13 A 18 MESES

De trece a dieciocho meses

DESARROLLO COGNOSCITIVO

COGNOSCITIVO

¿En qué mano está?

ÁREA DE DESARROLLO: Cognoscitivo

 Objetivos para el desarrollo del niño

✓ Buscar un objeto escondido
✓ Ponerse a resolver un problema usando el método de intento y error

MATERIALES:

Juguete suficientemente pequeño para que quepa en su mano

PREPARACIÓN:

☼ Si el niño parece necesitar una actividad nueva, dígale que tiene un juego.

ESTRATEGIAS EDUCATIVAS:

1. Presente el juego diciendo:
   "(Beatriz), voy a esconder este juguete. A ver si puedes encontrarlo".
   A la vez que habla, muéstrele el juguete.
2. Ponga las manos a la espalda. Pase el juguete de una a otra mano. Usando su voz para comunicar entusiasmo, pregúntele:
   "¿Dónde crees que está?"
3. Ponga el juguete en una mano y guárdelo en el puño. Muestre al pequeño ambos puños y pregúntele:
   "(Beatriz), ¿dónde está el (autito)? Señálame en qué mano está escondido".
4. Cuando el pequeño señale un puño, describa las acciones con palabras. Puede comentar:
   "Piensas que está en mi mano derecha".
   "Señalaste mi mano izquierda".

5. Abra la mano que el pequeño haya escogido. Si era la correcta, responda con entusiasmo y aprobación. Puede decirle:
   "(Beatriz), ¡encontraste el (autito)!"
   "Eres buena en este juego".
   Si el pequeño elige la mano vacía, responda con disgusto mientras dice:
   "No, ésa es la mano vacía. Inténtalo otra vez".
6. Repita el juego tantas veces como el pequeño quiera.

 Puntos destacados del desarrollo

En esta etapa, los niños reconocen que un objeto escondido esté en alguna parte. Continuarán buscándolo mucho tiempo después de dejar de verlo. Es más, poco a poco empezarán a recordar dónde están los objetos escondidos después de dejar de verlos. Por ejemplo, si usted toma un juguete y lo mete en su bolso, lo normal será que lo recuerden. Además, probablemente lo buscarán.

VARIANTES:

☼ Que el niño esconda un juguete en una mano y usted lo busque.

INFORMACIÓN ADICIONAL:

☼ **Nota:** Nunca deje sólo al niño con el juguete. Si es fácil de esconder en su mano, puede representar un riesgo de ahogo para los más pequeños. Por eso, retírelo del alcance del pequeño tan pronto como terminen con el juego.

13 A 18 MESES

Separar bloques

COGNOSCITIVO

ÁREA DE DESARROLLO: Cognoscitivo

 Objetivos para el desarrollo del niño

✔ Concentrarse en una dimensión o forma
✔ Clasificar según la forma

MATERIALES:

10 bloques redondos y 10 cuadrados

Un recipiente irrompible redondo y otro cuadrado

Una mesa para niños o baja

PREPARACIÓN:

❀ Despeje una parte de una mesa para niños o baja. Ponga los bloques y los recipientes sobre la mesa.

ESTRATEGIAS EDUCATIVAS:

1. Cuando el pequeño escoja la actividad, observe cuidadosamente su comportamiento. Pregúntese "¿cuál es la reacción del niño hacia los bloques?"
2. Si usa los bloques para construir, apruébele. Diga, por ejemplo:
   "(Raquel), has apilado tres bloques. ¡Qué torre más alta!"
   Cuando el niño termine su construcción, comience con la actividad.
3. Hable de la forma de los bloques. Por ejemplo, mientras le señala las formas, diga:
   "Hay dos figuras, un cuadrado y un redondel".
4. Anime al pequeño a agrupar los bloques según su forma. Diga, por ejemplo:
   "Vamos a poner los bloques cuadrados en un montón".
5. Aliéntele cuando el pequeño agrupe los bloques. Puede comentar:
   "(Raquel), mira este montón de bloques cuadrados".
   "Has puesto todos los redondeles en una pila".

6. Si el pequeño no ha descubierto los recipientes redondos y cuadrados, muéstrele el recipiente y pregúntele:
   "¿Qué podemos hacer con éstos?"
7. Mientras el niño pone los bloques en los recipientes, cuenten los bloques cuadrados y redondos.
8. Continúe con la actividad mientras el pequeño se muestre interesado.

☀ **Puntos destacados del desarrollo**

Los niños necesitan materiales y experiencias interesantes. En consecuencia, es importante combinar experiencias lúdicas apropiadas a las habilidades de desarrollo. Si se les ofrece materiales y equipo que usaron anteriormente, puede que los rechacen. De igual forma, si son demasiado avanzados, lo más probable es que no les interesen.

VARIANTES:

❀ Introduzca bloques redondos y cuadrados de colores diferentes.
❀ Para aumentar la dificultad, use bloques cuadrados y rectangulares.

INFORMACIÓN ADICIONAL:

❀ Los niños de esta edad a menudo cambian de una actividad a otra con rapidez. Sin embargo, aumenta progresivamente su capacidad para prestar atención a una actividad durante más tiempo. Cuando están interesados, los pequeños llegan a mantenerse en un juego entre 5 y 10 minutos. El que usted esté presente a menudo aumenta la participación.

13 A 18 MESES

COGNOSCITIVO

Engrudo

ÁREA DE DESARROLLO: Cognoscitivo

 Objetivos para el desarrollo del niño

✓ Analizar materiales con los sentidos
✓ Añadir información y modificar estructuras cognoscitivas existentes

MATERIALES:

Caja de maicena

Agua

Taza de medir de ½ de taza de medida

Mesa sensorial o pileta de plástico

Guardapolvos

PREPARACIÓN:

♡ Vacíe la caja de maicena en la mesa sensorial o en la pileta. Añada una pequeña cantidad de agua y mezcle todo con una cuchara o con los dedos. La mezcla tendrá la consistencia correcta cuando esté dura al tacto y se moldee con la mano.

♡ Ponga el guardapolvos cerca de la mesa sensorial para que recuerden usarlo.

ESTRATEGIAS EDUCATIVAS:

1. Cuando el pequeño elija la actividad, si lo necesita ayúdele a ponerse el guardapolvos.
2. Háblele del material que puso en la mesa, incluyendo la sensación al tacto. Puede decirle:
   "(Matilde), hoy para jugar tenemos engrudo. ¡Es una cosa rara! A veces está dura y a veces se escurre entre los dedos".
3. Si el niño parece dudar, dele tiempo suficiente para examinarlo.
4. Si aún duda, mostrarle formas de analizar el engrudo puede ser de ayuda. Por ejemplo, ponga un poco de engrudo en su mano y déjelo correr entre los dedos. Luego describa las acciones del niño y las suyas. Por ejemplo, diga:
   "Mira. Meto los dedos en el engrudo".
   "Está duro".

5. Si el pequeño parece preocupado por ensuciarse, muéstrele que el engrudo se limpia muy bien con agua y jabón.
6. Aprobar su conducta podrá dar como resultado que el análisis que haga el pequeño dure más. Puede decirle:
   "(Matilde), eres muy trabajadora".
   "Estruja, estruja. Estás estrujando el engrudo".

 Puntos destacados del desarrollo

En esta etapa suceden cambios sutiles en la capacidad de los niños para usar las manos y los dedos. Van adquiriendo un mayor control de forma gradual. Como resultado, se entusiasman manipulando y analizando materiales y objetos. Al darle la oportunidad de usar los sentidos, aumentarán la información sobre su ambiente: cómo es, se siente, se mueve, responde, etc.

VARIANTES:

♡ Que el pequeño prepare el engrudo mezclando el almidón y el agua con sus propias manos. ¡Ésa sí es una experiencia sensorial única!

♡ Incluya otros materiales sensoriales como la arena o crema de afeitar. **Precaución:** Se requiere supervisión constante para asegurarse de que el niño no se lleve la crema de afeitar a los ojos o a la boca.

INFORMACIÓN ADICIONAL:

♡ Se puede conservar el engrudo durante una semana si se envuelve y se guarda en el refrigerador cuando no se esté usando. Puede hacer falta, sin embargo, añadir un poco de agua antes de usarlo de nuevo.

♡ Si un niño parece poco inclinado a jugar con el engrudo, proporciónele guantes o utensilios para usarlo en lugar de que lo haga con las manos directamente.

13 A 18 MESES

Clasificar figuras

COGNOSCITIVO

ÁREA DE DESARROLLO: Cognoscitivo

 Objetivos para el desarrollo del niño

✔ Diferenciar objetos por su forma
✔ Hacer corresponder figuras con formas y el clasificador

MATERIALES:

Clasificador de tres figuras

Mesa para niños o baja

PREPARACIÓN:

♡ Despeje una parte de la mesa. Saque las figuras del clasificador y póngalas cerca.

ESTRATEGIAS EDUCATIVAS:

1. Cuando el pequeño elija la actividad, observe lo que hace.
2. Describa las figuras a medida que el niño las toma. Comente, por ejemplo:
   "Has tomado un triángulo, (Mila). Tiene tres lados".
   "Esto es un círculo. Es redondo".
3. Anime al niño a que ponga el objeto en la figura del clasificador. Puede comentar:
   "Encuentra el círculo en el clasificador. Ponlo en la forma del círculo".
   "Empareja los triángulos".
4. Si lo cree oportuno, refuerce sus palabras con acciones mientras se lo demuestra poniendo el triángulo en el clasificador. Dígale:
   "Haz corresponder los triángulos".

5. Elogiar al pequeño le animará a continuar con la actividad más tiempo. Por ejemplo, diga:
   "(Mila), ¡has colocado bien todos los círculos!"
   "¡Lo conseguiste! Has acomodado todas las figuras".
6. Si el pequeño lo desea, permítale seguir trabajando solito con el clasificador de figuras.

Puntos destacados del desarrollo

En esta etapa de su desarrollo, los niños empiezan a comprender la posición espacial. Para impulsar su adquisición, háblele de "arriba", "abajo", "dentro" y "fuera" mientras el niño está resolviendo rompecabezas, jugando con el clasificador de figuras o colocando clavijas redondas en agujeros.

VARIANTES:

♡ Cuando el niño esté preparado, proporciónele un clasificador de más de tres figuras.
♡ Facilite al niño rompecabezas sencillos con asideros.

INFORMACIÓN ADICIONAL:

♡ Aliente al niño usando palabras que se apliquen a relaciones espaciales. Revise los puntos destacados del desarrollo para esta actividad.

13 A 18 MESES

COGNOSCITIVO

¿Qué hay dentro de la bolsa?

ÁREA DE DESARROLLO: Cognoscitivo

 Objetivos para el desarrollo del niño

✓ Usar un esquema conocido para resolver un problema
✓ Identificar sonidos

MATERIALES:

Bolsa de tela como, por ejemplo, una funda de almohada

Varios sonajeros

PREPARACIÓN:

☼ Ponga los sonajeros en la bolsa y luego déjela en un lugar seguro, fácilmente accesible.

ESTRATEGIAS EDUCATIVAS:

1. Cuando el pequeño busque una actividad nueva, recoja la bolsa. Preséntele la actividad. Mientras mueve la bolsa para llamar su atención, diga:
   "¿Qué puede haber en la bolsa, (Quique)?"
2. Anime al niño a usar su lenguaje activo diciéndole:
   "Adivina. ¿Qué puede haber en la bolsa?"
3. Apruebe las vocalizaciones y gestos. Por ejemplo, dígale:
   "Eres buen adivinador, (Quique)".
4. Haga que explore el contenido de la bolsa usando las manos y los dedos. Dígale:
   "Usemos las manos para ver qué hay".
   "¿Puedes averiguar qué hay en la bolsa?"
5. Apruébele otra vez las vocalizaciones y gestos:
   "¡Eso es, (Quique)! Haremos turnos. Sacaremos algo de la bolsa con las manos".

6. Llame al niño por su nombre (uno a uno) y diga:
   "Elige algo de la bolsa, (Quique). Sácalo con la mano".
7. Pregúntele:
   "¿Qué encontraste, (Quique)?"
8. Si el niño no responde, nombre el objeto. Diga, por ejemplo:
   "Encontraste un sonajero rojo".
9. Si hay más niños, aliente la participación en el juego preguntándoles:
   "¿Tú encontraste lo mismo en la bolsa?"
10. Responda a cualquier cosa que diga.

 Puntos destacados del desarrollo

En esta etapa los niños disfrutan de forma especial los juegos de escondite. También empiezan a comunicarle qué papel esperan que represente usted. Por ejemplo, el niño le da unas maracas. Luego, mirándole directamente puede tomar una y moverla. Con estas acciones, el pequeño intenta involucrarle a usted en el juego y dirigirlo.

VARIANTES:

☼ Ponga diferentes objetos en la bolsa, pelotas, bloques, autitos, etc.

INFORMACIÓN ADICIONAL:

☼ Puede que los pequeños se desenvuelvan mejor nombrando objetos sacados de la bolsa que averiguando lo que hay en ella. Se relaciona con la capacidad de expresarse. Por eso, no pase demasiado tiempo intentando que averigüen. A medida que hablen mejor, la parte de averiguación se ampliará con naturalidad.

13 A 18 MESES

Hacer un postre

COGNOSCITIVO

ÁREA DE DESARROLLO: Cognoscitivo

Objetivos para el desarrollo del niño

✓ Observar una transformación
✓ Obedecer órdenes sencillas

MATERIALES:

Tarjetas con recetas que incluyan dibujos y palabras

Bol mezclador

Batidor de huevos

Tazones pequeños

Tazas de medir

Leche

Postre instantáneo

Cucharas individuales y de servir

PREPARACIÓN:

❦ Si le parece bien, prepare una tarjeta para la receta.

❦ Reúna todos los ingredientes y póngalos en una bandeja. Lleve la bandeja a la mesa cuando esté preparado para empezar la actividad.

❦ Si trabaja en una guardería, puede que quiera poner un cartel de "lavarse las manos" en una mesa. Sirve como recordatorio para que se laven las manos antes de empezar.

ESTRATEGIAS EDUCATIVAS:

1. Recuerde al niño que es necesario lavarse las manos antes de empezar a preparar el postre. Por ejemplo, dígale:
   "Antes de empezar a cocinar hay que lavarse las manos".
   "(Cora), por favor, ve al baño. Lávate las manos. Luego haremos un postre".

2. Empiece la actividad diciendo:
   "Hoy vamos a hacer un postre".

3. Responda a los comentarios del niño. Háblele de a qué sabe y qué consistencia tiene el postre.

4. Si la tiene ya preparada, muéstrele la tarjeta. Explique que la tarjeta dice cómo hacer un postre. Léasela al niño.

5. Ayude al pequeño a terminar la tarea. Dele más ayuda oral que física siempre que sea posible. Por ejemplo, diga:
   "Mantén la taza con ambas manos, (Cora). Así es. ¡Lo haces muy bien! ¡No tiraste una sola gota!"

6. Con frecuencia, vuelva a referirse a la tarjeta como guía. Dígale:
   "Veamos en la tarjeta cuál es el siguiente paso".

7. Haga preguntas de respuesta libre durante la actividad para conseguir conversar con el pequeño. Pregúntele:
   "(Cora), ¿qué pasó con la mezcla seca que pusimos al principio en el bol?"
   "¿Cómo podemos deshacer los grumos del postre?"
   "¿Qué sabor te gusta más?"

8. Una vez que la preparación ha terminado, agradezca al niño su ayuda. Luego haga que se lave las manos.

9. Reparta el postre en los tazones pequeños y póngalos en el refrigerador hasta la hora de la merienda.

Puntos destacados del desarrollo

Involucrar a los niños en actividades de cocina es importante en el desarrollo de sus capacidades. Debe incluir conceptos básicos como color, forma, tamaño y número. El pensamiento crítico se adquiere analizando similitudes y diferencias. Además, los niños observan transformaciones al ver lo que resulta de mezclar ingredientes secos y líquidos.

VARIANTES:

❦ Agregar bananas al postre de vainilla o de chocolate.

INFORMACIÓN ADICIONAL:

❦ Los niños de esta edad están desarrollando su independencia. Puede fomentársela con actividades de cocina sencillas. Preparar la merienda también parece ser una buena técnica para que los escogidos con la comida prueben diferentes alimentos.

13 A 18 MESES

COGNOSCITIVO

Bolsa sensorial

ÁREA DE DESARROLLO: Cognoscitivo

MATERIALES:

Bolsa de papel decorada para regalo

6 objetos comunes como pelotitas, bloques, autitos, etc.

PREPARACIÓN:

 Ponga los seis objetos en la bolsa. Después déjela en un lugar accesible para el niño.

ESTRATEGIAS EDUCATIVAS:

1. Cuando el pequeño se interese por la actividad, observe su comportamiento.
2. Anímele a palpar los objetos dentro de la bolsa sin verlos. Por ejemplo, diga:
   "(Alfredo), mete la mano dentro de la bolsa. ¿Qué notas?"
   "Usa los dedos. Toca las cosas".
3. Que el pequeño averigüe qué está tocando dentro de la bolsa antes de mirar lo que es. Puede decirle:
   "¿Qué tienes en la mano? ¿Cómo lo sientes?"
   "Adivina antes de mirar".

4. Haga que mire el objeto para verificar su nombre.
5. Apruebe sus intentos y logros. Por ejemplo, dígale:
   "¡Es una pelotita, (Alfredo)! ¡Tenías razón!"
   "Es peludo como un osito, pero es un pato".
6. Si el pequeño tiene dificultades, cambie ligeramente el juego pidiéndole que "encuentre la pelota". Como anteriormente, anímele a estudiar los objetos tocándolos con los dedos y las manos.
7. Continúe el juego mientras el pequeño se muestre interesado.

Puntos destacados del desarrollo

El desarrollo cognoscitivo coincide con el del lenguaje. Aprender los nombres de los objetos es un ejemplo de esta superposición. Cognoscitivamente el niño está desarrollando y refinando la memoria y sus capacidades de clasificación. En cuanto al lenguaje, está aprendiendo a hacer corresponder nombres con objetos y a comunicarse a través de lenguaje activo.

VARIANTES:

 Sugiera que el pequeño encuentre objetos para poner en una bolsa decorada.

INFORMACIÓN ADICIONAL:

 Anime al niño a analizar despacio los objetos antes de nombrarlos.
 Elija cuidadosamente las cosas para poner en la bolsa. Al principio, seleccione solamente objetos conocidos. A medida que aumenta la habilidad del niño con el juego, trate de introducir una o dos cosas nuevas cada vez que juega.

13 A 18 MESES

Juego de correspondencias

COGNOSCITIVO

ÁREA DE DESARROLLO: Cognoscitivo

 Objetivos para el desarrollo del niño

✓ Emparejar objetos similares
✓ Desarrollar su habilidad de discriminación visual

MATERIALES:

5 ó 6 fotografías de juguetes de revistas o catálogos

Juguetes para hacer corresponder con las fotografías

2 cestas

Pegamento

Pliego de cartulina

Papel transparente autoadhesivo

Mesa para niños o baja

PREPARACIÓN:

☼ Corte la cartulina en trozos de igual tamaño, de forma que pueda poner las fotografías más grandes. Monte cada foto en un trozo de cartulina. Si lo desea, cubra las fotografías con papel transparente autoadhesivo.

☼ Ponga las fotografías en una de las cestas y los juguetes en otra.

☼ Coloque las cestas sobre la mesita. Empareje una fotografía con un juguete para que sirva de ejemplo.

ESTRATEGIAS EDUCATIVAS:

1. Cuando un pequeño se sienta atraído por el juego, obsérvelo.

2. Si lo cree necesario, dígale en qué consiste la actividad. Por ejemplo:
   "Es un juego de emparejar, (Delia). Encuentra el juguete que está en la foto. Mira lo que hago. ¿Ves que éstos dos son iguales? Son autos los dos".

3. Cuando sea preciso, ayude al pequeño a encontrar una pareja. Describa verbalmente sus acciones para que el pequeño asocie las palabras correspondientes. Dígale:
   "Aquí hay una fotografía de una pelotita. Voy a buscar en la cesta una pelota. Aquí está. ¡Estaba escondida! Ahora tengo dos pelotitas".

4. Aliente al pequeño a que juegue, diciéndole:
   "Es tu turno, (Delia). Encuentra la pareja".

5. Mientras el niño juega, ayúdele a estimular su capacidad de discriminación visual señalándole las semejanzas y las diferencias entre las dos cosas. Por ejemplo, dígale:
   "Los dos son verdes, pero sólo uno es una rana. ¿Cuál salta?"

 Puntos destacados del desarrollo

Para fomentar el desarrollo del niño, puede usarse una técnica llamada andamiaje. Se usa cuando el niño está a punto de darse por vencido. Consiste en enseñar o sugerir para ayudarle en su aprendizaje.

VARIANTES:

☼ Emparejar dos fotografías idénticas de revistas o catálogos.

INFORMACIÓN ADICIONAL:

☼ Para este juego necesitará seleccionar las fotografías cuidadosamente. Deben ser objetos familiares. Al principio, se elegirán cosas muy precisas como una pelota o un sonajero. Después de que el niño se acostumbre al juego, estimule el desarrollo cognoscitivo proporcionándole categorías de cosas como animales, medios de transporte, alimentos, ropa, etc.

13 A 18 MESES

COGNOSCITIVO

Comparación de manzanas

ÁREA DE DESARROLLO: Cognoscitivo

 Objetivos para el desarrollo del niño

✓ Identificar semejanzas entre objetos
✓ Identificar diferencias entre objetos

MATERIALES:

3 manzanas de color diferente: verde, roja y amarilla

Galletitas

Cuchillo para cortar las manzanas en rebanadas

Bol

Agua

Taza

Servilletas

Bandeja

PREPARACIÓN:

☼ Lave las manzanas.

☼ Llene una jarra con agua y ponga las galletitas en el bol.

☼ Coloque los primeros siete materiales de la lista en la bandeja para llevarlos más fácilmente a una mesa para merendar.

ESTRATEGIAS EDUCATIVAS:

1. Limpie la mesa.
2. Ayude al pequeño a lavarse las manos y encontrar un asiento en la mesa. Lávese también usted las manos.
3. Lleve a la mesa la bandeja con la merienda.
4. Enseñe al niño las manzanas y pregúntele:
   "¿Qué son?" Haga una pausa. "¿Son del mismo color?"
   "¿Crees que tendrán el mismo sabor?"

5. Corte las manzanas en rebanadas. Dele al niño a probar un color cada vez.
6. Hable acerca del sabor de las rebanadas de cada clase de manzanas. Use palabras como *dulce* o *ácido*.
7. Pregúntele si prefiere alguna clase de manzanas. Háblele de cómo a ciertas personas les gustan las mismas manzanas y otras las prefieren diferentes.
8. Dele galletitas y agua para complementar la comida. Continúe hablando sobre manzanas todo el tiempo que dure la merienda.

 Puntos destacados del desarrollo

Es fundamental para el desarrollo cognoscitivo del niño la facultad de percibir, almacenar, recordar y usar la información. Observe a los pequeños. A esta edad, se concentran en todo lo que hacen. Si las actividades son las adecuadas a su desarrollo, les resultarán interesantes. Pero si manejan juguetes de la etapa anterior puede que se aburran y se vayan.

VARIANTES:

☼ Con el fin de aumentar la dificultad, dele a probar varias clases de frutas.

INFORMACIÓN ADICIONAL:

☼ Tenga mucho cuidado en mantener el cuchillo fuera del alcance de los niños.

13 A 18 MESES

Detenme . . .

COGNOSCITIVO

ÁREA DE DESARROLLO: Cognoscitivo

 Objetivos para el desarrollo del niño

✓ Identificar partes del cuerpo
✓ Asociar las partes del cuerpo con su función

MATERIALES:

Ninguno

PREPARACIÓN:

❧ Fíjese en los deseos de interacción que tenga el niño.

ESTRATEGIAS EDUCATIVAS:

1. Ocúpese de un solo niño cada vez. Colóquese de forma que pueda mantener contacto visual con un pequeño y supervisar a los otros, si los hubiera.
2. Empiece la actividad diciendo al pequeño:
   "(Cristóbal), ¿con qué hablamos?" Haga una pausa. *"¿Con qué vemos?"* Espere.
   "En este juego, quiero que uses las manos despacito para no dejarme hacer algo".
3. Empiece el juego pidiéndole:
   "No me dejes ver".
   "No me permitas hablar".
   "No me dejes escuchar".
   Continúe la actividad usando otros ejemplos como sonreír, comer, caminar, tocar, besar, abrazar y hacer cosquillas.

4. Durante el juego, apruébele cuando tape con suavidad la parte correspondiente de su cuerpo. Puede comentarle:
   "¡Me tapaste los ojos, (Cristóbal)! Ahora no puedo ver".
   "Eso es. No puedo oler si me tapas la nariz".
   "Lo haces muy suavemente".
5. Cuando sea necesario, dé pistas al pequeño para que encuentre las partes correctas del cuerpo. Por ejemplo, si tiene dificultades con el tacto, puede decirle:
   "(Cristóbal), yo uso esta parte también para comer la merienda".
6. Continúe el juego hasta que el pequeño se canse.

 Puntos destacados del desarrollo

En este período del crecimiento los niños están almacenando datos acerca de sí mismos. Conocer los nombres correctos de las partes del cuerpo añade información importante a sus estructuras cognoscitivas, incluyendo la consciencia de sí mismos.

VARIANTES:

❧ Intercambie los papeles de la actividad haciendo que el pequeño le indique que tape partes de su cuerpo.

INFORMACIÓN ADICIONAL:

❧ Cuando hay niños mayores, quizás quieran jugar ellos con los más pequeños.

13 A 18 MESES

COGNOSCITIVO

Desaparición mágica de un juguete

ÁREA DE DESARROLLO: Cognoscitivo

 Objetivos para el desarrollo del niño

✓ Afinar la comprensión de la permanencia de un objeto
✓ Encontrar algo escondido

MATERIALES:

Tubo de toallas de papel

Un pedazo de cuerda de veinte pulgadas (50 cm)

Un juguete que quepa dentro del tubo

PREPARACIÓN:

💛 Pase un trozo de cuerda fuerte por el tubo. Ate los extremos de la cuerda a uno de los juguetes, formando una presilla. Compruebe los nudos tirando para asegurarse de que el juguete está bien atado.

ESTRATEGIAS EDUCATIVAS:

1. Cuando el pequeño muestre interés, observe lo que hace con el juguete.
2. Al desaparecer el juguete dentro del tubo, pregúntele con voz alterada:
   "¿Dónde se ha ido el pato, (Víctor)? ¡Estaba aquí y ahora ya no lo veo! ¿Dónde está?"
3. Anime al pequeño a buscar el juguete. Por ejemplo, dígale:
   "Búscalo. ¿Dónde podrá estar?"
4. Si el niño se muestra confundido, sugiérale una forma de encontrar el juguete. Puede decirle:
   "Tira de la cuerda. A ver qué ocurre".

5. Cuando el pequeño encuentre el juguete, alégrese con él y elógiele. Mientras aplaude, podría decir:
   "¡Lo conseguiste, (Víctor)! Has encontrado el (pato)".
   "Sí, lo has encontrado".
6. Deje que el pequeño manipule solito el juguete. Pero, si quiere que usted participe, hágalo con gusto.

 Puntos destacados del desarrollo

Hay un desarrollo progresivo de la risa. En su primer año, los infantes se ríen en respuesta a sonidos fuertes o por estimulación física como las cosquillas. Ahora puede ver que la risa de los niños es más cognoscitiva. En esta etapa, empiezan a reírse de las cosas al participar en ellas.
Con este juego, se echan a reír cuando al tirar de la cuerda empieza a aparecer el juguete.

VARIANTES:

💛 Esconda un juguete detrás de otro objeto y vea si el pequeño puede encontrarlo.
💛 Aumente la dificultad escondiendo algo en otro lugar.

INFORMACIÓN ADICIONAL:

💛 Normalmente, encontrar un juguete que desaparece es una tarea fácil para los niños con este nivel de desarrollo; sin embargo, una parte importante del aprendizaje es la repetición.

13 A 18 MESES

Construir con bloques

COGNOSCITIVO

ÁREA DE DESARROLLO: Cognoscitivo

 Objetivos para el desarrollo del niño

✓ Colocar bloques horizontal o verticalmente
✓ Clasificar bloques por tamaño

MATERIALES:

10 bloques de formas parecidas pero de dos tamaños diferentes

Un estante al que alcance el niño

PREPARACIÓN:

☼ Ponga los bloques en un estante, agrupándolos por tamaño.

ESTRATEGIAS EDUCATIVAS:

1. Cuando esté empezando a usar los bloques, deje al niño trabajar solo mientras usted lo observa.
2. Descríbale lo que hace con los bloques.
   Puede comentarle:
   "Llevas tres bloques, (Gabriel)".
   "Has formado una fila de cuatro bloques rectangulares".
3. Muéstrele cómo se colocan los bloques vertical y horizontalmente. Haga comentarios de lo que está haciendo.
4. Aliente al pequeño a usar los bloques de forma diferente. Por ejemplo, si el niño está llevando los bloques, pregúntele:
   "(Gabriel), ¿puedes formar una fila con los bloques?"
   "¿Puedes ayudarme a hacer una torre?"
5. Cuando sea hora de recoger, haga hincapié en el tamaño de los bloques y pregúntele:
   "¿Qué tamaño de bloques quieres recoger?"
6. Identifique el tamaño del bloque diciendo:
   "Estás recogiendo los bloques pequeños, (Gabriel). Entonces recogeré yo los grandes".

7. Hable de dónde se van a poner los bloques en el estante. Por ejemplo, diga:
   "Pongo los bloques grandes juntos. Mira, son todos del mismo tamaño".
8. Agradezca al pequeño por ordenar las cosas. Puede decirle:
   "Gracias por ayudarme con los bloques, (Gabriel)".
   "Qué buen ayudante eres. Ahora los bloques están colocados para jugar con ellos más tarde".

 Puntos destacados del desarrollo

Los pequeños aprenden a construir con bloques, igual que otras habilidades, por imitación y práctica.
En consecuencia, puede ayudarles enseñándoles otras formas de usar las manos y los materiales. Observando, notará que los niños disfrutan al manejar objetos en esta etapa de su desarrollo. A los dieciocho meses, normalmente son capaces de hacer torres de cuatro bloques. A los veinticuatro meses, podrán hacer torres de siete.

VARIANTES:

☼ Cuando coloquen los bloques horizontalmente, deles autitos y camiones como accesorios.

INFORMACIÓN ADICIONAL:

☼ El primer paso en la construcción de bloques es alzarlos para aprender cosas como su longitud y peso. Luego vendrá el juntarlos horizontal y verticalmente.

13 A 18 MESES

COGNOSCITIVO

Tesoro escondido

ÁREA DE DESARROLLO: Cognoscitivo

 Objetivos para el desarrollo del niño

✓ Usar varias tácticas para resolver un problema
✓ Aumentar la comprensión sobre la permanencia de las cosas

MATERIALES:

Algo para esconder, como un sonajero

3 toallas de mano

Una hebra de lana de 20 pulgadas (50 cm)

PREPARACIÓN:

☼ Ate la lana al sonajero. Ponga tres toallas en la mesa. Coloque el sonajero debajo de una toalla, dejando a la vista la hebra de lana.

ESTRATEGIAS EDUCATIVAS:

1. Cuando se interese por la actividad, observe el comportamiento del pequeño.
2. Haga preguntas o afirmaciones para ampliar el juego con los materiales. Por ejemplo, si el pequeño descubre el sonajero levantando la toalla, pregúntele mientras señala la cuerda:
   "¿(Daniel), para qué se usará la cuerda?"
   Así podrá alentar al pequeño a usar otros métodos para encontrar el juguete escondido.

3. Darle ánimo puede hacer que el pequeño emplee más tiempo buscando el juguete. Dígale:
   "Sigue buscando, (Daniel). Lo encontrarás".
   "Buscas muy bien".
   "Sé que lo encontrarás".
4. Cuando el pequeño encuentre el juguete, elógielo. Puede decirle:
   "Lo hiciste, (Daniel)".
   "Encontraste el sonajero".
5. Anímele a jugar solito, observando y hablándole a una distancia de 3 ó 4 pies (de 90 a 120 cm).

 Puntos destacados del desarrollo

Según Piaget (1952, 1997), las estructuras del conocimiento, o esquemas, se originan para organizar o interpretar nuestras experiencias. Las estructuras cognoscitivas, por tanto, se desarrollan a través de la interacción de los individuos con su entorno.
Esta perspectiva se ha llamado **constructivismo** porque los niños participan activamente en la adquisición del conocimiento del mundo, es decir, "construyen la realidad" a través de sus experiencias.

VARIANTES:

☼ Reduzca la dificultad del juego escondiendo sólo parcialmente el juguete.

INFORMACIÓN ADICIONAL:

☼ Los niños de esta edad disfrutan repitiendo las actividades que hacen bien. Por eso, se puede repetir frecuentemente la misma actividad durante el día, la semana, e incluso el mes.

13 A 18 MESES

Osito escondido

COGNOSCITIVO

ÁREA DE DESARROLLO: Cognoscitivo

Objetivos para el desarrollo del niño

✓ Afinar la comprensión sobre la permanencia de un objeto
✓ Buscar algo escondido en otro lugar

MATERIALES:

Pequeño osito de felpa

3 toallas de mano

PREPARACIÓN:

♡ Deje las tres toallas en la mesa y ponga el osito debajo de una de ellas.

ESTRATEGIAS EDUCATIVAS:

1. Si el pequeño no se interesa en la actividad, invítele a unirse a usted en el juego.
2. Presente la actividad brevemente. Por ejemplo:
   "(Lucía), guardé un osito. Ahora no lo encuentro. ¿Puedes ayudarme?"
3. Cuando el pequeño encuentre el osito, apruébeselo. Diga, por ejemplo:
   "¡Encontraste el osito, (Lucía)!"
   "Así se hace".
4. Aumente la dificultad de la actividad. Empiece escondiendo el juguete en un sitio y luego cámbielo a otro. Asegúrese de que el pequeño le ve cambiarlo al segundo lugar.
5. Invite al pequeño otra vez a encontrar el osito.

6. Ayúdele y apruébelo cuando encuentre el osito. Puede decirle:
   "Tú puedes hacerlo, (Lucía)".
   "Tómate tu tiempo. Piensa dónde viste por última vez el osito".
   "Sigue mirando. Sé que lo encontrarás".
7. Reaccione con entusiasmo cuando el pequeño encuentre el osito. Puede, por ejemplo, sonreír, aplaudir y decir:
   "Lo hiciste, (Lucía). Lo has encontrado".
8. Continúe el juego mientras el pequeño mantenga su atención.

Puntos destacados del desarrollo

La técnica de adecuar la ayuda prestada a las necesidades del niño se llama **andamiaje**. Al empezar una actividad por primera vez, debe darle al niño más instrucciones. A medida que él aprende con la práctica, debe disminuir la ayuda. Al hacerlo así, el pequeño se responsabiliza más por lo que hace.

VARIANTES:

♡ Esconda el osito y otro animalito de felpa. Enseñe al pequeño a encontrar uno de ellos en particular.

INFORMACIÓN ADICIONAL:

♡ Varíe la actividad dependiendo de la habilidad del niño. Evite originar frustración excesiva. A veces es buena para el aprendizaje, pero, si es excesiva, disminuye el deseo de participar o el interés en el juego.

13 A 18 MESES

De trece a dieciocho meses

DESARROLLO SOCIAL

SOCIAL

Desfile musical

ÁREA DE DESARROLLO: Social

Objetivos para el desarrollo del niño

✔ Participar en actividades de grupo
✔ Trabajar con otros para hacer música

MATERIALES:

1 juego de palillos rítmicos para cada niño y uno para el adulto

Recipiente para guardar los palillos rítmicos

PREPARACIÓN:

- ☼ Ponga los palillos en el recipiente.
- ☼ Estando el niño sentado, explíquele en qué consiste la actividad.

ESTRATEGIAS EDUCATIVAS:

1. Muestre al niño los palillos rítmicos y luego descríbale el modo de usarlos. Podría decir, por ejemplo:
   "(Mauricio), éstos son palillos rítmicos".
   "Mira cómo los golpeo para producir música. Escucha los sonidos que hago cuando los golpeo".
2. Antes de dar al niño un juego de palillos, será necesario que establezca algunos límites. Por ejemplo:
   "Los palillos rítmicos se golpean unos con otros solamente".
3. Pásele un juego a cada niño si tuviera más de uno a su cuidado.
4. Mientras están sentados, aliente al niño a hacer música. Puede comentarle:
   "Hagamos música juntos, (Mauricio)".
   "Ya puedes tocar tu instrumento".
5. Apruebe el comportamiento que usted quiere que el niño siga. Por ejemplo, puede decirle:
   "Hacemos música juntos".
   "¡Qué música tan bonita estamos haciendo!"

6. Cuando el pequeño esté familiarizado con el uso de los palillos, pídale que se ponga de pie y lo siga para desfilar por la habitación. Para atraer su atención, dígale:
   "(Mauricio), ¡hagamos un desfile! Ponte de pie y sígueme. No te olvides de hacer sonar los palillos".
7. Camine alrededor de la habitación haciendo música. Continúe mientras dure el interés del pequeño.
8. Deje de desfilar y camine hacia el recipiente para dejar los palillos. De igual forma, anime al pequeño a que haga lo mismo.
9. Termine la actividad diciendo:
   "Trabajamos juntos, (Mauricio). Hicimos una música maravillosa".

Puntos destacados del desarrollo

A esta edad a los pequeños les encanta tener público y están diferenciando entre ellos mismos y los otros. Les gusta que les aplauda cuando intentan aprender algo nuevo.

VARIANTES:

- ☼ Use bloques de arena o cascabeles sujetos a las muñecas en lugar de palillos rítmicos.

INFORMACIÓN ADICIONAL:

- ☼ Los palillos rítmicos son unos de los primeros instrumentos musicales para los pequeños porque son fáciles de usar y muy difíciles de romper. Los más pequeños normalmente no pueden producir un ritmo consistente, pero la práctica les ayudará a adquirir más habilidad en este tipo de desarrollo.

13 A 18 MESES

Barco mecedor

SOCIAL

ÁREA DE DESARROLLO: Social

Objetivos para el desarrollo del niño

✓ Colaborar en un trabajo de grupo
✓ Emprender un juego paralelo

MATERIALES:

Barco mecedor de madera

Esterilla más grande que el barco

PREPARACIÓN:

☼ Elija una zona que pueda ser supervisada constantemente. Despéjela para poner la esterilla y luego ponga el barco sobre la esterilla.

ESTRATEGIAS EDUCATIVAS:

1. Cuando el niño se interese por la actividad, vaya usted al área. Para evitar que se hieran, será necesario supervisar constantemente cuando estén cerca o en el barco.
2. Ayude al niño a entrar en el barco. Lo normal es que usted solamente vigile que el barco permanezca firme cuando el niño está entrando en él.
3. En ese momento establezca los límites. Por ejemplo:
   "(Charo), mécete con suavidad".
   "Siéntate mientras el barco se mece".
   "Agárrate con ambas manos".
4. Si el niño está solo en el barco, sugiérale que se una un amiguito, si es posible. Por ejemplo, dígale:
   "(Tito), (Charo) necesita a alguien que se meza con ella. ¿Te gustaría hacerlo?"
5. Si se une otro niño al juego, repita las pasos 2 y 3.

6. Mientras los niños se mecen, hable de lo que están haciendo. Por ejemplo:
   "(Charo) y (Tito) juegan juntos. Están meciéndose en el barquito".
   "Qué divertido debe de ser mecerse con un amiguito. Se están riendo mucho".
7. Para fomentar el lenguaje, consiga que los pequeños conversen mientras se mecen. Puede que disfruten hablar de pescar o de navegar en un barco de verdad.

Puntos destacados del desarrollo

En esta etapa, los pequeños empiezan a demostrar su interés por los demás. El aumento de su habilidad motora los acerca a otros niños. Mírelos. Notará que comparten materiales y espacio. Sin embargo, prefieren jugar con usted o con otros adultos más que entre ellos.

VARIANTES:

☼ Cante canciones como "Row, Row, Row Your Boat" mientras los niños juegan en el barco.

INFORMACIÓN ADICIONAL:

☼ A esta edad, los pequeños se sienten más atraídos por jugar a la misma cosa de forma paralela que a juegos asociativos.

13 A 18 MESES

SOCIAL

"Ring around the Rosie"

ÁREA DE DESARROLLO: Social

Objetivos para el desarrollo del niño

✓ Jugar con un adulto
✓ Participar en la actividad de un grupo pequeño

MATERIALES:

Ninguno

PREPARACIÓN:

☙ Aprenda de memoria la canción "Ring around the Rosie".
☙ Para esta actividad elija una superficie blanda, con hierba, en el exterior o un área alfombrada en el interior.

ESTRATEGIAS EDUCATIVAS:

1. Observe. Cuando vea que el pequeño anda de acá para allá con dificultades para elegir una actividad, invítele a jugar con usted. Puede comentarle:
   "Vamos a jugar a 'Ring around the Rosie', (Felipe). ¿Sabes cómo se juega?"
2. Explíquele la actividad si el pequeño le sugiere que no la conoce. Por ejemplo:
   "Cantaremos mientras caminamos en círculo. Cuando la canción lo diga, nos caemos al suelo".
3. Cante mientras camina en círculo. Lleve de la mano al pequeño mientras caminan. Cáiganse cuando la canción lo indique, riéndose. La canción dice:

   ♪ Ring around the rosie
   ♪ Pocket full of posie
   ♪ Ashes, ashes
   ♪ We all fall down!

4. Si hay más niños, invítelos a sumarse al juego.
5. Apruebe a los niños cuando jueguen juntos. Por ejemplo:
   "Somos cuatro jugando".
   "(Cora) y (Samuel) van de las manos".
6. Prosiga con el juego mientras los niños demuestren estar interesados.

Puntos destacados del desarrollo

Durante el segundo año, los pequeños empiezan a interesarse en interactuar con otros. Con su ayuda, pueden establecer interacciones breves. Para que la experiencia con otros sea positiva, debe procurar que participen muy pocos.

VARIANTES:

☙ Use un disco compacto o una cinta, ponga la música y enseñe al niño a caerse cuando se pare.

INFORMACIÓN ADICIONAL:

☙ A los niños les encanta este juego. Posiblemente, querrán empezar ellos a jugar con usted, más que a la inversa.

13 A 18 MESES

Ruedas de agua

SOCIAL

ÁREA DE DESARROLLO: Social

Objetivos para el desarrollo del niño

✓ Participar en juegos paralelos
✓ Hacerse dueño de juguetes

MATERIALES:

2 cajas de plástico de acolchados

Agua

4 tazas irrompibles iguales

2 ruedas de agua

Guardapolvos

Mantel de vinilo

Toalla

PREPARACIÓN:

- ♡ Coloque el mantel de vinilo para proteger el suelo y evitar resbalones.
- ♡ Llene las cajas con 1 ó 2 pulgadas (2,5 a 5 cm) de agua tibia. Ponga dos tazas irrompibles y una rueda de agua en la caja. Coloque las cajas sobre el mantel.
- ♡ Deje el guardapolvos cerca de la caja.

ESTRATEGIAS EDUCATIVAS:

1. Cuando un niño se muestre interesado, ayúdele a ponerse el guardapolvos. Explíquele por qué lo necesita.
   "(Jacobo), ponte el guardapolvos para que no te mojes".
2. Observe lo que el niño hace con los materiales. Sugiérale otras formas de usarlos. Por ejemplo:
   "(Jacobo), puedes usar el agua para mover la rueda".
   "Llena la taza con agua".

3. Si hay otro pequeño, invítelo a usar la otra rueda diciéndole:
   "(Marcia), ¿te gustaría jugar con la rueda de agua?"
   Repita los pasos 1 y 2 con este niño.
4. Hábleles de cómo están jugando con los mismos materiales diciendo:
   "(Marcia) y (Jacobo) están jugando a mover las ruedas para el agua".
   "(Marcia) saca el agua con las manos. (Jacobo) usa la taza".
   "Todos sacan el agua con las tazas".
5. Si el niño coge otros materiales, hable de que sus juguetes son iguales reforzando "a quién pertenecen". Por ejemplo:
   "La taza azul es de (Marcia). Está en su bañera".
   "(Jacobo), la taza azul es tuya. Los dos juegan con tazas azules".

Puntos destacados del desarrollo

Los juegos paralelos refuerzan la identidad así como el desarrollo social. Los pequeños necesitan aprender lo que es —suyo y lo que pertenece a otros. Necesitan aprenderlo antes de participar en actividades que promuevan la sociabilidad.

VARIANTES:

- ♡ Use arena o tierra con las ruedas para el agua.

INFORMACIÓN ADICIONAL:

- ♡ Los niños de esta edad, en su búsqueda de independencia, empiezan a distinguir qué cosas son suyas. Notará que no han desarrollado la capacidad de compartirlas. Por eso, es importante que les proporcione materiales idénticos con el fin de que más de uno use lo que ambos desean.
- ♡ Los pequeños se fijan sólo en un aspecto del objeto como el color o la forma.

13 A 18 MESES

SOCIAL

Caja de colores

ÁREA DE DESARROLLO: Social

 Objetivos para el desarrollo del niño

✓ Participar en juegos paralelos
✓ Contribuir a un proyecto de grupo

MATERIALES:

2 recipientes de plástico para los marcadores

2 juegos de marcadores lavables y no tóxicos

Caja grande de cartón

Papel satinado blanco para forrar la caja

Cinta transparente

PREPARACIÓN:

✢ Despeje una zona que pueda ser supervisada constantemente.

✢ Cubra la caja fijando encima el papel satinado con cinta. Coloque la caja en el espacio elegido.

✢ Revise cada marcador para asegurarse de que tiene tinta. Separe los marcadores y ponga un juego en cada recipiente.

✢ Ponga los recipientes en rincones opuestos de la caja.

ESTRATEGIAS EDUCATIVAS:

1. Invite al niño a colorear la caja diciéndole:
"Esta caja es para pintarla. Mira todos los marcadores que puedes usar para decorarla".

2. Si es preciso, ayude al pequeño a quitar y poner la tapa de los marcadores.

3. Observe lo que hace con los marcadores.

4. Establezca los límites que crea necesarios. Por ejemplo, para evitar que los marcadores salgan de la zona, diga:
"Pon los marcadores en el recipiente cuando hayas terminado de usarlos".

5. Describa lo que el pequeño hace. Diga, mientras señala:
"Estás usando el rojo, (Clara). Haces círculos rojos".
"Estás haciendo líneas. Líneas largas y cortas".

6. Hable de cómo el niño trabaja solo y con otro niño, cuando sea pertinente. Por ejemplo:
"(Miguel) y (José) juegan a la vez. Están coloreando la caja juntos".
"(Clara), estás jugando solita".

7. Cuando el niño termine, escriba su nombre junto al lugar donde pintó. Le dará al pequeño reconocimiento de su contribución al proyecto.

8. Termine la actividad del niño o del grupo dando importancia a todos por haber pintado juntos.
Diga, por ejemplo:
"Hicieron un buen trabajo hoy. Todos ayudaron a pintar de colores la caja".
"Hicimos esto juntos".

 Puntos destacados del desarrollo

Durante el segundo año de vida, los niños empiezan a mostrar posesividad por los juguetes que le pertenecen. Por ejemplo, si otro niño toma una de sus cosas o juguetes, reaccionará. Puede que se lo arrebate de las manos.
Si ocurre así, recuérdele al niño que tomó el objeto que no era suyo. Dígale "has tomado el juguete de (*Javier*). Devuélveselo. Aquí hay otro crayón azul igual. Usa éste".

VARIANTES:

✢ Prepare cajas más pequeñas forradas de papel para que los niños las decoren individualmente.

✢ Decórelas usando crayones o témpera lavable en lugar de marcadores.

✢ Que gateen dentro de la caja y la decoren con crayones o marcadores.

INFORMACIÓN ADICIONAL:

✢ Cuando hable a los pequeños de su arte, sea descriptivo. Diga lo que ve. Hable del color, de la forma, del tamaño y del uso del espacio. Es decir, dé más importancia al proceso que al resultado.

13 a 18 MESES

Adivinanza

SOCIAL

ÁREA DE DESARROLLO: Social

Objetivos para el desarrollo del niño

✓ Participar en juegos con un adulto
✓ Participar en una conversación

MATERIALES:

Calcetín de adulto

Cosas para esconder como un bloque, una cuchara, una pelota y un autito

Mesa para niño

PREPARACIÓN:

- Ponga una cosa dentro del calcetín y déjelo en la mesa para niños. Ponga las otras cosas al lado del calcetín.

ESTRATEGIAS EDUCATIVAS:

1. Cuando el niño esté preparado para la actividad, pregúntele:
   "¿Qué hay en el calcetín?"
2. Anime al pequeño a adivinar lo que hay en el calcetín antes de mirar.
3. Sugiérale mover o tocar el calcetín si no puede adivinar. Además ayúdele con alguna clave como:
   "Puedes hacerlo rodar".
   "Tiene ruedas".
4. Después de que el pequeño haya adivinado lo que es, saque lo escondido o anímelo a que lo haga él. Durante el proceso, apruebe sus intentos y sus logros. Puede decirle:
   "¡Adivinaste, (Dora)!"
   "¡Oh! Rueda como una pelota, pero es un autito".
5. Continúe el juego pidiéndole al pequeño que mire hacia otra parte mientras usted añade un juguete nuevo al calcetín.

Puntos destacados del desarrollo

En esta etapa del desarrollo a los niños les encanta tener público. Disfrutan repitiendo sus actuaciones. También les gusta relacionarse. Por lo tanto, les gustan los juegos de escondite y que les aplaudan sus intentos y sus logros.

VARIANTES:

- Anime a los pequeños a que pongan algo dentro del calcetín para que usted adivine.

INFORMACIÓN ADICIONAL:

- Los niños de esta edad disfrutan con juegos de adivinanza. Estos juegos activan no sólo el desarrollo social sino también el cognoscitivo, como la permanencia de las cosas y su capacidad de lenguaje y comunicación.

SOCIAL

Imítame

ÁREA DE DESARROLLO: Social

 Objetivos para el desarrollo del niño

✔ Imitar el comportamiento de un adulto
✔ Participar en las actividades de un grupo pequeño

MATERIALES:

Ninguno

PREPARACIÓN:

❦ Ninguna

ESTRATEGIAS EDUCATIVAS:

1. Cuando el pequeño necesite hacer algo, enséñele este juego. Por ejemplo, dígale:
   "Haz lo que yo hago. Sígueme".
2. Haga que el niño imite varias acciones: aplaudir, dar palmaditas en la cabeza, frotar la barriguita y taconear. Hágalo lentamente, para que el pequeño tenga tiempo de observar e imitarle.
3. Apruebe con palabras sus intentos y logros. Puede decirle:
   "¡Bien! Eres bueno dándote palmaditas en la cabeza".
   "¡Qué aplausos tan fuertes!"
4. Si hay otro pequeño cerca pero no se ha unido por sí mismo al juego, invítele a hacerlo. Dígale:
   "(Roberto), ¿te gustaría jugar con (Elsa) y conmigo?"
   "(Julieta), (Daniel) quiere jugar contigo".

5. Hable de cómo juegan juntos los dos diciendo:
   "(Roberto) y (Elsa) están taconeando".
   "(Julieta) y (Daniel) me están imitando".
   "Los dos están aplaudiendo".
6. Continúe el juego mientras el niño se muestre interesado.

 Puntos destacados del desarrollo

Desde que nace, el niño es un ser social. A través de la interacción social con otras personas, el niño aprende sobre las relaciones humanas y los valores de la sociedad. Por consiguiente, como cuidador, su comportamiento redundará o en beneficio o en perjuicio del desarrollo social del niño (Kostelnik et al., 1998).

VARIANTES:

❦ Cambie los papeles haciendo que el pequeño sea el guía y usted le imite.

INFORMACIÓN ADICIONAL:

❦ Seleccione muy cuidadosamente las acciones a imitar. Empiece por las que haya observado hacer a los pequeños independientemente.

"I'll Touch"

SOCIAL

ÁREA DE DESARROLLO: Social

Objetivos para el desarrollo del niño

✓ Aumentar la conciencia de sí mismo
✓ Interactuar con un adulto

MATERIALES:

Espejo irrompible para verse entero

Marcador de fieltro

Ficha

PREPARACIÓN:

☼ Ponga el espejo en la habitación de forma que haya espacio para que usted trabaje con el niño enfrente del espejo.

☼ Si lo desea, escriba las palabras de "I'll Touch" en una ficha:

I'll touch my hair
My lips, my hand.
I'll sit up straight
And then I'll stand.
I'll touch my foot
My legs, my chin
And then I'll sit
Back down again.

Refiérase a la ficha si lo necesita durante la actividad.

ESTRATEGIAS EDUCATIVAS:

1. Cuando el pequeño esté buscando un juego, dígale que conoce una canción nueva. Luego lleve al niño al espejo.
2. Pídale que apunte a las diferentes partes del cuerpo durante el recitado. Diga, por ejemplo:
   "(Trini), ¿dónde tienes el pelo?"
   Aliente al pequeño a ver lo que hace en el espejo.

3. Apruébele cuando identifique las partes correctamente. Puede decir:
   "Bien".
   "Buen trabajo. Puedo ver en el espejo que señalas tu (pelo)".
   "Lo haces bien".
4. Empiece a cantar, repitiéndolo despacio para darle tiempo al pequeño a seguirle.
5. Hágalo más deprisa cuando al pequeño le resulte más familiar.
6. Continúe con la canción mientras que el pequeño siga interesado.

Puntos destacados del desarrollo

El sentido del tacto es importante para construir y mantener las relaciones. También es una buena herramienta para guiar a los más pequeños. Cuando los niños necesiten su consejo, acérquese a ellos con cariño. Por ejemplo, sitúese a la altura de los ojos del niño. Hágale saber que se interesa por él acercándosele y manteniendo una postura relajada. Para ganar su atención, tóquele con suavidad el brazo. Por último proporciónele la guía adecuada.

VARIANTES:

☼ Repita los movimientos de la canción sin decir palabras. Observe si el niño le imita.

INFORMACIÓN ADICIONAL:

☼ Fíjese cuidadosamente mientras canta la canción. Cambie la velocidad para darle tiempo al pequeño a tocar la parte del cuerpo identificada.

13 A 18 MESES

SOCIAL

Árbol de la amistad

ÁREA DE DESARROLLO: Social

 Objetivos para el desarrollo del niño

✓ Contribuir a un proyecto de grupo
✓ Interactuar con un adulto

MATERIALES:

Papel satinado verde cortado un poco más grande que la mesa

Papel satinado color café, cortado en forma de tronco de árbol

Esponja o toalla húmeda

Cinta transparente

2 recipientes de plástico

Témpera roja

Jabón líquido

Guardapolvos

Mesa para niños

PREPARACIÓN:

☙ Retire las sillas que haya alrededor de la mesa.
☙ Cubra la mesa con papel satinado verde y fíjelo con cinta autoadhesiva.
☙ Mezcle la pintura y el jabón líquido hasta obtener la consistencia deseada y repártala en los recipientes de plástico. Ponga un recipiente a cada lado de la mesa.
☙ Deje guardapolvos cerca para que el pequeño sepa que debe ponérselo.
☙ Fije el tronco de árbol a la pared.

ESTRATEGIAS EDUCATIVAS:

1. Cuando el pequeño demuestre su interés, ayúdele a remangarse las mangas de la camisa y ponerse el guardapolvos.
2. Presente la actividad, si hace falta. Por ejemplo:
   "Estamos preparando un árbol de la amistad. Todos pintaremos en este papel. Puedes pintar con las manos. Colgaremos la pintura cuando la terminemos".
3. Observe cómo trabaja el pequeño.
4. Hable de cómo pinta usando los dedos o las manos como herramienta. Puede comentarle:
   "Estás extendiendo la pintura con las dos manos, (Raquel)".
   "Has hecho dos huellas de manos".

5. Hable con el pequeño del árbol de la amistad, asegurándose de señalar que todos están trabajando para hacer la pintura juntos.
6. Tenga a mano una esponja o una toalla húmeda para limpiar de inmediato gotas o salpicaduras.
7. Después de que acabe, ayúdele a limpiarse la pintura de las manos.
8. Cuando todos hayan terminado o sea hora de salir, deje la pintura en lugar seguro para que se seque.
9. Una vez que la pintura se haya secado, recorte el papel en forma de copa de árbol y fíjelo en la pared por encima del tronco.

 Puntos destacados del desarrollo

En esta etapa continúa el descubrimiento de la autoconsciencia. Los niños empiezan a distinguir entre ellos mismos y los demás. A menudo usan la palabra "mi" o "mío" cuando se refieren a los utensilios, juguetes y materiales. De hecho, pueden reclamar las cosas de otros abrazándolas y diciendo "mío". Esta conducta continuará, puesto que compartir juguetes es una tarea difícil de aprender. Desde los 2½ hasta los 3 años, empiezan a compartir más sus cosas. Mientras tanto, son vitales la ayuda y la supervisión del adulto.

VARIANTES:

☙ Recorte esponjas en forma de manzanas y úselas para aplicar la pintura. O bien, compre las esponjas en forma de manzanas en tiendas de artesanía o por catálogos de artículos para la primera infancia.

INFORMACIÓN ADICIONAL:

☙ La actividad requiere supervisión constante para evitar que viertan la pintura. Sin embargo, el hecho de que se ensucie todo es una atracción especial para los pequeños. Están investigando con los sentidos.
☙ Según el interés y el número de niños con los que trabaje, puede ser necesario limitar la cantidad de participantes en la actividad. Igualmente, la duración se puede reducir para permitir que todos tengan oportunidad de intervenir.

13 A 18 MESES

Bailando el Boogie

SOCIAL

ÁREA DE DESARROLLO: Social

Objetivos para el desarrollo del niño

✓ Participar en una actividad con por lo menos otro niño
✓ Empezar con juegos paralelos

MATERIALES:

Cinta o disco compacto de música de baile

Reproductor de cintas o discos compactos

PREPARACIÓN:

☼ Enchufe el aparato y póngalo fuera del alcance de los niños. Coloque la cinta o el disco en el reproductor. Luego seleccione una canción para bailarla.

☼ Para esta actividad elija un espacio grande y despéjelo.

ESTRATEGIAS EDUCATIVAS:

1. Reúna a por lo menos dos niños en la zona despejada. Empiece la actividad diciendo:
   "Tengo una música de baile muy especial. La escucharemos primero. Luego bailaremos".
2. Encienda el aparato y empiece a bailar.
3. Sugiera varias formas de bailar. Puede incluir acuclillarse mientras siguen el ritmo brincando; moverse a ritmo tendidos en el suelo; acompañar el ritmo, estando sentados, con palmadas o movimientos del torso; gatear a compás y caminar mientras saltan al ritmo de la música.
4. Puede que sea necesario añadir palabras a las acciones. Si es así, explique el comportamiento mientras muestra cómo se hace.

5. Describa cómo se mueven los pequeños siguiendo el ritmo.
6. Hable de cómo bailan los niños al mismo tiempo diciendo:
   "(León) y (Yolanda) están bailando juntos".
   "Hay cuatro niños bailando con la música".
7. Si los niños siguen interesados, ponga otra u otras canciones para bailar.

Puntos destacados del desarrollo

Moverse con ritmo es una capacidad para toda la vida. La música es importante para niños de esta edad. Es excelente para fomentar la audición, el lenguaje y la coordinación. Obsérvelos. A los niños les gusta oír la misma música una y otra vez. Aunque usted se aburra, ellos se sentirán cómodos.

Haga de la música una experiencia agradable eligiendo la apropiada a su desarrollo mental. Si el ritmo es muy rápido, los niños serán incapaces de mover sus cuerpos siguiendo el ritmo.

VARIANTES:

☼ Repita la actividad cuando vea a los pequeños bailar espontáneamente al ritmo de la música.

INFORMACIÓN ADICIONAL:

☼ Es importante que los pequeños gateen porque así ejercitan a la vez ambos lados del cerebro. Por tanto, anímeles a gatear con frecuencia en actividades de movimiento.

13 A 18 MESES

SOCIAL

"Here We Go Round"

ÁREA DE DESARROLLO: Social

Objetivos para el desarrollo del niño

✔ Interactuar con otra persona
✔ Cantar con otros una canción con ademanes

MATERIALES:

Ninguno

PREPARACIÓN:

☼ Ninguna

ESTRATEGIAS EDUCATIVAS:

1. Si ve a un pequeño moverse en círculos o que busca algo que hacer, invítele a jugar con usted.
2. Cante la canción mientras camine en círculo. Es así:

   ♫ Here we go round the mulberry bush
   ♫ The mulberry bush, the mulberry bush
   ♫ Here we go round the mulberry bush
   ♫ On a cold and frosty morning.

3. Anime a otros niños, si hubiera más, a unirse a cantar. Puede comentar:
   (Clara) y (Adolfo) necesitan un compañero. Ven a cantar con nosotros".
   "¿Te gustaría cantar con nosotros, (Marcos)?"
4. Tan pronto como pueda, retírese diciendo:
   "Estoy cansado. Yo cantaré mientras ustedes (tres) juegan".
5. Exprese su aprobación por jugar juntos. Haga comentarios como:
   "(Clara) y (Adolfo) están jugando juntos".
   "Estoy viendo a tres amiguitos jugando juntos".

Puntos destacados del desarrollo

El cerebro de los pequeños continúa desarrollándose y creando circuitos, que se construyen a través de experiencias sensoriomotoras: ver, oír, tocar y moverse. Como ejemplo podemos mencionar cantar, bailar y moverse siguiendo lo que dicen las canciones.
Así aprenden los niños pequeños relaciones espaciales, de causa y efecto, y consciencia de su propio cuerpo. Debido a eso, rodear a los niños de esta clase de experiencias adelanta su desarrollo.

VARIANTES:

☼ Enséñeles otras canciones de acción. Revise la lista del apéndice F.
☼ Si puede conseguirlo, traiga un arbusto de moras para que los niños lo vean, lo toquen y bailen alrededor. Les ayudará a entender la canción.

INFORMACIÓN ADICIONAL:

☼ Después de explicarles la actividad, lo normal es que usted se retire ayudándoles sólo con palabras cuando lo crea oportuno. Por ejemplo, puede ser necesario que invite a un niño a unirse a la actividad. Si el niño se incorpora, sus comentarios deben expresar que es consciente de las habilidades del pequeño.

13 A 18 MESES

Visita de un músico

ÁREA DE DESARROLLO: Social

Objetivos para el desarrollo del niño

✓ Aminorar la ansiedad ante un extraño
✓ Interactuar con un adulto a quien no se conoce

MATERIALES:

Ninguno

PREPARACIÓN:

☙ Invite a un músico a que les visite en un momento en el que el niño (o grupo de niños) esté seco, alimentado y descansado. Pídale al músico que toque un instrumento mientras el pequeño canta. Dele al músico una lista de las canciones preferidas de los niños.

ESTRATEGIAS EDUCATIVAS:

1. Cuando el músico llegue, preséntele diciendo:
   "Ésta es (Amanda). Es mi amiga. Quiso visitarnos hoy. (Amanda) va a tocar su instrumento. ¿Les gustaría cantar con (Amanda)?"
2. Canten siguiendo la música.
3. Anímeles con elogios entre una y otra canción. Sus comentarios pueden ser:
   "¡Qué bien cantas! Oí tu voz".
   "Estabas cantando".

4. Si tiene tiempo y el niño siente interés, pídale que le sugiera qué canciones cantar.
5. Agradezca al invitado que tocara el instrumento.
6. Escriba una carta de agradecimiento y haga que el niño la decore.
7. Den un paseo para enviar la carta por correo.

Puntos destacados del desarrollo

Al igual que la angustia por una separación, la ansiedad ante un extraño representa un progreso social.

La incomodidad ante un extraño es evidente en esta etapa del desarrollo para la mayoría de los niños. Si les observa notará que hay diferencias. No todos los extraños provocan la misma reacción. Para algunos niños, las mujeres desconocidas tienden a producir menos ansiedad que los hombres. Además, la reacción ante los niños desconocidos es menor que ante los adultos.

VARIANTES:

☙ Invite a visitarles a un amigo que toque un instrumento diferente o quiera leer a los niños.

INFORMACIÓN ADICIONAL:

☙ Ponga especial atención a la reacción del niño ante el visitante. Si parece que el niño se inquieta, acérquese a él y abrácele o háblele para calmarlo.

☙ Los niños se fijan muy bien en nuestras reacciones frente a otras personas. Por tanto, la calma y relajación en el trato les demuestra que el individuo es un amigo.

13 A 18 MESES

SOCIAL

Dibujos al pastel

ÁREA DE DESARROLLO: Social

 Objetivos para el desarrollo del niño

✓ Participar en un proyecto de grupo
✓ Compartir materiales con otros niños

MATERIALES:

Papel satinado blanco cortado ligeramente más grande que una mesa para niños o baja

Cinta transparente

Recipiente de plástico

1 juego de pinturas al pastel

Guardapolvos, si se desea

PREPARACIÓN:

- Cubra la mesa con el papel satinado y asegure los bordes con la cinta.
- Elija colores brillantes del juego de pinturas y póngalos en el recipiente.

ESTRATEGIAS EDUCATIVAS:

1. Observe cómo usa el pequeño las pinturas.
2. Describa el comportamiento del pequeño. Diga, por ejemplo:
   "Estás haciendo líneas con el rojo oscuro, (Cecilia)".
   "Mira todos los colores que has usado. Veo rojo, azul, verde y naranja".
3. Si es posible, anime al niño a jugar. Luego comente que los niños están trabajando juntos para crear un cuadro, diciendo:
   "(Cecilia) y (Damián) están haciendo una pintura juntos".

4. Haga que los niños se ayuden y se pasen entre ellos lo que necesitan. Por ejemplo, si el recipiente está cerca de uno, pídale que se lo pase a su amigo.
5. Hable de cómo los amigos se ayudan entre sí diciendo:
   "Eres un buen compañero. Le alcanzaste las pinturas a tu amiguito".
   Cuando sea posible, escriba el nombre de los pequeños cerca del área donde han trabajado.
6. Cuando termine la actividad, retire el papel de la mesa. Después cuelgue la pintura en la pared o en el tablero de anuncios para que todos la vean.

 Puntos destacados del desarrollo

Compartir es una cualidad social importante que los niños deben aprender. No obstante, por naturaleza, los más pequeños son egoístas y defienden su territorio. Por eso, compartir les resulta difícil. A medida que maduran, se les hace más normal y fácil repartir las cosas con las que juegan. Sin embargo, en esta etapa del desarrollo los niños pueden prestar sus cosas más fácilmente a un adulto que a sus compañeros o hermanos. Por eso, los adultos pueden enseñarles el concepto de compartir con instrucciones concretas y oportunas.

VARIANTES:

- Use otros útiles para pintar como crayones o marcadores no tóxicos.

INFORMACIÓN ADICIONAL:

- Cuando se trabaje con más de un pequeño, puede ocurrir que algunos niños quieran hacer su propio cuadro. Para complacerlos, tenga a mano papel adicional.

13 A 18 MESES

"Old MacDonald"

SOCIAL

ÁREA DE DESARROLLO: Social

Objetivos para el desarrollo del niño

✓ Interactuar con otros
✓ Sugerir un animal para la canción

MATERIALES:

Animalitos de felpa que correspondan a la canción

Bolsa, caja o cajón para guardar a los animalitos

PREPARACIÓN:

☼ Memorice las palabras de la canción:

♫ Old MacDonald had a farm
♫ E-I-E-I-O
♫ And on that farm there was a (*vaca*)
♫ E-I-E-I-O
♫ With a (*muu*), (*muu*) here
♫ And a (*muu*), (*muu*) there
♫ Here a (*muu*), there a (*muu*)
♫ Everywhere a (*muu*), (*muu*)
♫ Old MacDonald had a farm
♫ E-I-E-I-O.

Otras estrofas: oveja (bee), chanchito (oink), perrito (guau guau), caballo (hiii), gatito (miau), patito (cua), etc.

ESTRATEGIAS EDUCATIVAS:

1. Cuando un pequeño quiera jugar, empiece a cantar. Saque el animalito de felpa que corresponda.
2. Si el niño titubea, hágale una invitación especial. Por ejemplo, dígale:
   "(Antonio), ven a cantar conmigo".

3. Después de la primera estrofa, pregúntele por otro animalito de granja. Cante la canción incluyendo el animal sugerido. Aliente al pequeño a sostener el animalito mientras cantan.
4. Agradézcale la sugerencia después de cantar.
5. Si participa más de un niño, hable de cómo están cantando juntos. Puede comentarle:
   "Somos tres cantando".
   "(Antonio) y (Romina) sugirieron que cantáramos sobre una ovejita".
6. Continúen cantando mientras los pequeños se mantengan interesados.

Puntos destacados del desarrollo

Los pequeños empiezan a interesarse en clasificar a las personas en hombres y mujeres. Al cantar, omita los pronombres siempre que pueda. Si es imposible, use ambas clases de pronombres por igual. Por ejemplo, la primera vez que cante use "ella" y la segunda "él". Los pequeños necesitan experimentar el hecho de que varones y mujeres pueden comportarse de la misma manera.

VARIANTES:

☼ Recorte figuras de animales de fieltro para que los pequeños las pongan en un tablero de tela.

INFORMACIÓN ADICIONAL:

☼ Como puede notar, la versión de esta canción tradicional omite los pronombres. El cambio soslaya el género para recordar que tanto las mujeres como los hombres pueden poseer tierras.

13 A 18 MESES

De trece a dieciocho meses

DESARROLLO EMOCIONAL

EMOCIONAL

Rasgar papel

ÁREA DE DESARROLLO: Emocional

Objetivos para el desarrollo del niño

✓ Expresar satisfacción por terminar una tarea
✓ Expresar emociones como alegría o enojo

MATERIALES:

2 recipientes de plástico

Papel fino de colores para romper

Mesa para niños

PREPARACIÓN:

 Ponga cuatro pedazos de papel en una mesa para niños o baja, en el lugar donde quiera que se siente el niño. Coloque el recipiente de plástico cerca del papel.

ESTRATEGIAS EDUCATIVAS:

1. Cuando un niño se muestre interesado en el juego, dígale de qué se trata. Por ejemplo:
   "El papel es para que lo rompas. ¿Cuántos trozos puedes hacer? ¡Contemos!"
2. Para desarrollar el lenguaje, use palabras descriptivas como romper, rasgar, pequeño y grande cuando convenga.
3. Aliente al pequeño a romper el papel. Puede decirle:
   "(Sara), usa las dos manos para romper el papel".
   "¿Cuántos pedazos puedes hacer?"
4. Hable de cómo se siente el pequeño mientras actúa interpretando su comportamiento no verbal, incluyendo las expresiones faciales. Por ejemplo:
   "Te sonríes. ¿Te gusta romper papel?"
   "Qué cara de enojado. Arrugas la nariz".
5. Elogiarle ayudará a que actúe como se esperaba durante más tiempo. Puede comentar:
   "(Sara), estás rompiendo el papel".
   "Lo haces muy bien".
   "¡Qué papel más chiquitín! Antes era grandote y ahora es pequeñito".
   "Gracias por poner los trocitos en el recipiente de plástico".

6. Para introducir el concepto de correspondencia uno a uno, cuente el número de pedacitos. Dada la edad del pequeño, evite contar más de cuatro. Diga, por ejemplo:
   "Uno, dos, tres. Tienes tres pedacitos de papel".
   "Mira cuántos pedacitos tienes".
7. Al terminar el juego, hable de cómo se siente uno cuando termina algo. Puede comentar:
   "(Sara), lo hiciste muy bien. Debes estar orgullosa de ti misma".
   "Mira todos estos pedacitos. Trabajaste mucho hoy".

Puntos destacados del desarrollo

Las investigaciones tienden a sustentar la creencia de que las mujeres expresan más sus emociones que los varones. Las niñas lloran y sonríen más que los niños (Kostelnik, et al., 1998). Sin embargo, es importante ayudar a los niños a expresar sus emociones. Incluso puede que necesiten más apoyo en esta área del desarrollo.

VARIANTES:

 Continúe la actividad usando los pedazos de papel para hacer un collage. Péguelos a un papel autoadhesivo transparente.

INFORMACIÓN ADICIONAL:

 Algunos papeles son más difíciles de romper que otros. Como los pequeños no tienen suficiente fuerza para romper papel fuerte, elija el de gramaje adecuado a su desarrollo.

 Normalmente los pequeños disfrutan con actividades de romper; por consiguiente, esté preparado para reunir muchos papelitos.

13 A 18 MESES

"If You're Happy . . ."

ÁREA DE DESARROLLO: Emocional

 Objetivos para el desarrollo del niño

✓ Asociar nombres de emociones con conductas sociales
✓ Identificar emociones

MATERIALES:

Ficha

PREPARACIÓN:

♡ Si lo necesita, prepare una ficha y guárdesela en el bolsillo. Revísela cuando esté preparado para empezar la actividad.

ESTRATEGIAS EDUCATIVAS:

1. Cante con el niño:

   ♫ If you're happy and you know it
   ♫ Clap your hands   (dar dos palmadas)
   ♫ If you're happy and you know it
   ♫ Clap your hands.   (dar dos palmadas)
   ♫ If you're happy and you know it
   ♫ Then your face will surely show it   (sonreír)
   ♫ If you're happy and you know it
   ♫ Clap your hands.   (dar dos palmadas)

   Otras estrofas:
   . . . sad . . . diga "boo hoo" o "wipe your tears"
   . . . mad . . . diga "I'm mad" o "scowl"
   . . . happy . . . diga "hurray" o "smile"

2. Si un niño actúa según dice la canción, empiece por esa estrofa. Por ejemplo, si un niño expresa enojo, siga con "If you're mad and you know it".

3. Hable de la conexión entre emociones y conductas. Por ejemplo, diga:
   "¿Qué haces cuando estás (triste)?"
4. Responda a las palabras o gestos del pequeño.
5. Termine la actividad afirmando:
   "Hablamos de tres sentimientos distintos: felicidad, tristeza y enojo".

Puntos destacados del desarrollo

Los adultos juegan un papel importante en la correspondencia de nombres de emociones con experiencias sociales. En primer lugar se manifiestan las emociones del niño. Luego necesitará que le enseñe a asociar el nombre de la emoción con su comportamiento social, lo cual significa describir las expresiones emocionales del pequeño.

VARIANTES:

♡ Repita la actividad con más de un pequeño en un trabajo de grupo.

INFORMACIÓN ADICIONAL:

♡ Esta canción muestra expresiones emocionales simplistas. Así los pequeños aprenderán con rapidez que una emoción puede dar como resultado varios comportamientos sociales.

13 A 18 MESES

EMOCIONAL

Muéstrame

ÁREA DE DESARROLLO: Emocional

Objetivos para el desarrollo del niño

✓ Expresar una necesidad o deseo
✓ Hallar maneras de satisfacer una necesidad o un deseo

MATERIALES:

Ninguno

PREPARACIÓN:

 Ninguna

ESTRATEGIAS EDUCATIVAS:

1. Responda a la petición de ayuda, verbal o física, del pequeño.
2. Incite al pequeño a que sea más explícito sobre sus necesidades para que pueda ayudarle mejor.
   Puede decirle:
   "(Patricio), ¿qué pasa con tu (mantita)?"
   "Muéstrame. Dame la mano y muéstrame".
3. Actúe con el pequeño para resolver el problema.
4. Apruébele con palabras cuando se haya satisfecho el deseo o la necesidad. Por ejemplo, dígale:
   "Me mostraste lo que necesitabas. Resolvimos tu problema".
   "Me dijiste lo que necesitabas. Eso me ayudó mucho".

Puntos destacados del desarrollo

La mayoría de los niños a esta edad se encariñan con objetos suaves como ositos de felpa o mantas. Los juguetes a los que abrazar les dan seguridad. Les ayudan a controlar la tensión asociada con una separación. La necesidad por cosas que les proporcionen seguridad se manifiesta en un período en el que los pequeños van aumentando la separación psicológica con respecto a quienes los cuidan habitualmente.

VARIANTES:

 Ponga especial atención a los indicios no verbales del niño. Le permitirá responder con rapidez, y así descubrir sus necesidades emocionales.

INFORMACIÓN ADICIONAL:

 El uso de gestos disminuirá a medida que aumenta la capacidad de expresión oral. Enseñarles a los niños las palabras necesarias para comunicarse facilitará el proceso.

13 A 18 MESES

Máscaras de sentimientos

EMOCIONAL

ÁREA DE DESARROLLO: Emocional

 Objetivos para el desarrollo del niño

✓ Identificar emociones
✓ Asociar emociones con conductas sociales

MATERIALES:

4 platos de papel

4 palitos de helado

Colores multiculturales de marcadores de fieltro o crayones

Pegamento

PREPARACIÓN:

❤ Dibuje caras en los platos de papel que expresen los siguientes sentimientos: felicidad, tristeza, temor y sorpresa.

❤ Pegue los palitos de helados a la parte de debajo del plato.

ESTRATEGIAS EDUCATIVAS:

1. Explique al pequeño la actividad diciendo:
"Juguemos a adivinar un sentimiento. Averigua cómo me siento".
2. Levante una de las máscaras.
3. Anime al pequeño a adivinar cómo se siente.
4. Alabar los esfuerzos en la adivinación dará como resultado que el pequeño juegue durante más tiempo. Por ejemplo, dígale:
"(Esteban), mira mi máscara. ¿Cómo me siento?"
"Sí. La máscara que llevaba tenía cara de sorpresa".
5. Háblele de cómo se comportan las personas cuando se sienten de una manera en particular. Por ejemplo, pregúntele:
"¿Qué haces cuando algo te sorprende?"

6. Continúe la conversación haciendo más amplias o explícitas las respuestas verbales y los gestos de los pequeños. Por ejemplo, si se pone a saltar, dígale: *"(Esteban), cuando estás sorprendido, brincas".*
7. Use las máscaras tanto tiempo como el pequeño demuestre interés en ellas.

 Puntos destacados del desarrollo

Los signos emocionales de los niños, como sonreír o llorar, afectan la conducta de otras personas en gran manera. De igual forma, las reacciones emocionales de los demás modifican la conducta social de los niños. Con esta actividad, los pequeños serán capaces de cambiar sus reacciones basándose en las expresiones de una máscara.

VARIANTES:

❤ Aliente al niño a imitarle sosteniendo una máscara y actuando en consecuencia.

❤ Repita esta actividad con un grupo pequeño.

INFORMACIÓN ADICIONAL:

❤ Debido al nivel cognoscitivo de los pequeños, a menudo sienten temor ante las máscaras. Aminore esta angustia convirtiendo la actividad en algo reiterado. Además, mantenga la máscara de forma que su cara sea visible continuamente.

13 A 18 MESES

EMOCIONAL

Nombrar emociones

ÁREA DE DESARROLLO: Emocional

 Objetivos para el desarrollo del niño

✓ Nombrar emociones complejas
✓ Continuar identificando emociones

MATERIALES:

Ninguno

PREPARACIÓN:

☼ Ninguna

ESTRATEGIAS EDUCATIVAS:

1. Cuando observe que el pequeño muestra una emoción, nómbrela y explíquela. Por ejemplo, el pequeño puede estar escondiéndose detrás de su pierna. Si éste es el caso, diga, por ejemplo:
   "(Valeria), hoy te sientes tímida. Escondes la carita para que no te vea".
2. Si el niño llora, nombre el sentimiento diciendo:
   "Estás llorando. Debes de sentirte triste".

3. Si sonríe, de nuevo nombre el sentimiento diciendo:
   "Te sonríes, (Valeria). Debes de sentirte orgullosa porque colocaste los bloques".
4. Si parece frustrado, dígale:
   "Pareces frustrado. La pieza del rompecabezas no cabe ahí".

 Puntos destacados del desarrollo

Emociones más complicadas como la vergüenza, la turbación, la culpa, la timidez y el orgullo empiezan a mostrarse a los dos años de edad. Se les llama emociones autoconscientes porque cada una de ellas incluye perjuicio o acrecentamiento del sentido del propio yo. Los pequeños necesitan que se las nombren y expliquen para entenderlas.

VARIANTES:

☼ Continúe enseñándole los nombres de nuevas emociones cuando el pequeño las manifieste.

INFORMACIÓN ADICIONAL:

☼ Al nombrar las emociones a los más pequeños, usted les sirve de modelo. Con el tiempo, le imitarán cuando se relacionen con sus compañeros.

13 A 18 MESES

"Te quiero"

EMOCIONAL

ÁREA DE DESARROLLO: Emocional

Objetivos para el desarrollo del niño

✓ Expresar emoción de cariño con un abrazo o un beso
✓ Sentirse querido y valorado

MATERIALES:

Ninguno

PREPARACIÓN:

♡ Durante la preparación para la siesta, baje las luces y ponga música suave.

ESTRATEGIAS EDUCATIVAS:

1. Después de reunir cosas que hagan sentirse bien al pequeño, siéntelo en su regazo en una mecedora.
2. Mézase y cante suavemente la siguiente canción con la tonada de "Skip to My Lou":

   ♫ (*Andy*), (*Andy*), I love you
   ♫ (*Andy*), (*Andy*), I love you
   ♫ (*Andy*), (*Andy*), I love you
   ♫ Here's a kiss from me to you.

   (Warren and Spewock, 1995)

   Otro verso: Here's a hug from me to you.

3. Use su voz para transmitir calma, descanso.
4. Cuando el niño esté relajado, póngalo en una cuna o sobre una camita. Permanezca cerca de él hasta que se sienta cómodo.

Puntos destacados del desarrollo

Expresar amor por otro es el fundamento de posteriores conductas sociales o altruistas. Cuando los niños expresan cariño, lo hacen sin esperar recompensa para sí mismos. Pueden expresarlo con besos, abrazos e incluso dando palmaditas.

VARIANTES:

♡ Use la canción de nuevo cuando el pequeño se despierte de su siesta. Esta vez, puede cantarla más rápido, con un ritmo más activo.

INFORMACIÓN ADICIONAL:

♡ Si están presentes niños mayores, anímelos a cantar al pequeño o con él.
♡ Si tiene a su cuidado más de un niño, asegúrese de cantarle a cada uno por separado.
♡ Si cuida a los niños de otras personas, comparta la canción con los padres y cuidadores de esos niños.

13 A 18 MESES

EMOCIONAL

¿Cómo me siento?

ÁREA DE DESARROLLO: Emocional

 Objetivos para el desarrollo del niño

✔ Nombrar expresiones emocionales
✔ Asociar nombres de emociones con conductas sociales

MATERIALES:

Ninguno

PREPARACIÓN:

❀ Ninguna

ESTRATEGIAS EDUCATIVAS:

1. Si trabaja individualmente con un pequeño, empiece diciendo:
   "(Miguel), vamos a jugar a las adivinanzas. Averigua cómo me siento. Mira mi cara".
2. Haga gestos para mostrar los sentimientos siguientes: felicidad, tristeza, sorpresa y enojo.
3. Anime al pequeño a adivinar lo que usted está sintiendo.

4. Elogiar los esfuerzos del pequeño dará como resultado que siga interesado en la actividad más tiempo. Por ejemplo, dígale:
   "¡Lo haces muy bien, (Miguel)!"
   "Sí, tenía cara de enojo".
5. Siga con el juego mientras el pequeño muestre interés.

 Puntos destacados del desarrollo

Los niños de esta edad son enternecedores. Además, son sociables y cariñosos. Debido a su comprensión de la relación entre comportamientos y emociones, observan los rostros de otras personas buscando señales. Si el otro está triste y llora, es posible que se pongan a llorar. Igualmente, se alegrarán si los otros son felices.

VARIANTES:

❀ Una vez que el pequeño haya identificado las emociones enumeradas, pídale que las muestre él.

INFORMACIÓN ADICIONAL:

❀ Los niños de esta edad deberían ser capaces de identificar con facilidad las cuatro emociones de felicidad, tristeza, sorpresa y enojo.

Lanzar la bolsita de frijoles

EMOCIONAL

ÁREA DE DESARROLLO: Emocional

 Objetivos para el desarrollo del niño

✓ Expresar entusiasmo
✓ Sentir satisfacción por hacer algo bien

MATERIALES:

De 6 a 8 bolsitas de frijoles

Cesta de lavandería

PREPARACIÓN:

☼ Elija y despeje una zona que pueda ser supervisada constantemente. Ponga tres o cuatro bolsitas de frijoles en la cesta. Lleve la cesta al lugar elegido y deje el resto de las bolsitas al lado.

ESTRATEGIAS EDUCATIVAS:

1. Empiece la actividad cuando el pequeño se muestre interesado en el juego. Por ejemplo, dígale:
   "(Rita), hoy vamos a jugar con bolsitas de frijoles".
   Tire una bolsita dentro de la cesta y pregunte:
   "¿Cuántas bolsitas eres capaz de meter en la cesta?"
2. Aprobar con palabras los intentos y los logros del pequeño le ayudará a que conozca sus habilidades. Haga comentarios como:
   "Metiste una en la cesta, (Rita)".
   "Mira. Casi metiste la bolsita en la cesta".
3. Anímele a permanecer más tiempo jugando. Diga, por ejemplo:
   "Sigue intentándolo. Casi lo conseguiste".
4. Modifique la forma de jugar tanto como sea necesario para aumentar las posibilidades de embocar del pequeño. Puede hacerlo de dos maneras: acercando la cesta al pequeño, o indicándole que se acerque él a la cesta.

5. Háblele de las emociones que expresa mientras juega. Puede decirle:
   "¡Qué hermosa sonrisa, (Rita)! Debes sentirte feliz porque metiste la bolsita en la cesta".
   "Tienes carita triste. Sigue intentándolo. Sé que puedes hacerlo".
   "Estás brincando. Te sientes orgulloso de ti mismo. Embocaste tres bolsitas".

 Puntos destacados del desarrollo

Los niños de esta edad aprenden a sentir orgullo cuando los adultos les enseñan. Es decir, los adultos definen situaciones y reacciones en términos de emociones de autoconsciencia. Las situaciones que despiertan el orgullo varían ampliamente de una cultura a otra. Por ejemplo, en algunas, el orgullo se asocia con logros individuales, como meter una bolsita en la cesta (Berk, 1997).

VARIANTES:

☼ Cubra cajas de tamaños variados con diferentes colores de papel autoadhesivo. Después, dé instrucciones al niño. Por ejemplo, pídale que arroje la bolsita en la caja amarilla.

INFORMACIÓN ADICIONAL:

☼ Disponga los elementos del juego de forma que favorezcan los aciertos del niño.

13 A 18 MESES

EMOCIONAL

Verter agua

ÁREA DE DESARROLLO: Emocional

 Objetivos para el desarrollo del niño

✓ Desarrollar el valerse por sí mismo como medio de conseguir independencia
✓ Aumentar la autoestima

MATERIALES:

Jarrita para niños

2 tazas

Mesa sensorial, bañera de plástico, o caja de acolchado

Guardapolvos

PREPARACIÓN:

☼ Llene con agua hasta la mitad la jarra y póngala dentro de la mesa sensorial, de la bañera o de la caja. Coloque las tazas al lado de la jarra. Deje un guardapolvos donde el niño pueda verlo y sepa que lo necesita para jugar. Si hay más de un niño participando, aumente el número de materiales de la actividad.

ESTRATEGIAS EDUCATIVAS:

1. Observe el comportamiento del niño después de que empiece a jugar.
2. Si lo cree necesario, explique al pequeño qué debe hacer. Por ejemplo, dígale:
   "Puedes verter agua, (Crïstina). Echa el agua en las tazas".
3. Anime al pequeño a usar ambas manos para sostener la jarra. Haciéndolo así el pequeño incrementará su control y seguridad.
4. Ayúdele cuanto sea necesario para que lo haga bien. Por ejemplo, puede ser necesario sostener la taza mientras el niño vierte el líquido.

5. Elógielo si vierte el agua en la taza. Diga, por ejemplo:
   "¡Mira, (Cristina)! Estás echando el agua en la taza".
   "¡Lo conseguiste! Vertiste muy bien el agua".
6. Puede que los pequeños quieran beber el agua con la que juegan. El deseo puede verse aumentado al jugar con las tazas que usan para merendar. Esté preparado para proporcionarle otra agua para beber.

 Puntos destacados del desarrollo

Según Eriksen (1950), los niños de esta edad se enfrentan a una lucha entre sus deseos de autonomía y sus sentimientos de vergüenza y duda. Durante esta crisis, el desenlace más favorable es conseguir que los pequeños sean capaces de elegir y decidir por sí mismos.
Por supuesto, la autonomía se fomenta cuando los adultos les permiten una selección razonable de juegos y evitan que el pequeño se avergüence ante un accidente o un fracaso.

VARIANTES:

☼ Cuando el pequeño esté dispuesto, anímelo a verter agua, jugo o leche durante la merienda, proporcionándole jarras de plástico de tamaño apropiado. Ayúdele cuanto sea necesario.

INFORMACIÓN ADICIONAL:

☼ A los pequeños les encanta ayudar. Sin embargo, no tienen la habilidad motora necesaria para realizar algunas cosas. Por ello, debe seleccionar con mucha prudencia las tareas que fomenten su independencia y autoestima.

Ayudar con los pañales

EMOCIONAL

ÁREA DE DESARROLLO: Emocional

Objetivos para el desarrollo del niño

✓ Ayudar a vestirse
✓ Sentirse orgulloso por conseguir hacer algo

MATERIALES:

Las normales provisiones para cambiar pañales

PREPARACIÓN:

☼ Ponga los materiales encima o cerca del cambiador.

ESTRATEGIAS EDUCATIVAS:

1. Mientras le cambia el pañal, comuníquese visualmente con el niño.
2. Hable con él de lo que está haciendo. Por ejemplo, diga:
   "Me estoy poniendo los guantes, (Andrés)".
   "Esta toallita puede que esté fría. Voy a lavarte".
3. Mientras cambia el pañal al niño, solicite su ayuda siempre que sea posible durante el proceso. Dado el desarrollo de la motricidad fina y gruesa a esta edad, pueden participar subiéndose los pantaloncitos una vez que se les ha colocado el pañal limpio. Para ayudarle, mantenga de pie al pequeño en el cambiador mientras lo sujeta con ambas manos por las axilas. Después anímelo a que le ayude, por ejemplo:
   "Súbete los pantalones, (Andrés)".
   "Agarra los pantalones con las dos manos". Haga una pausa.
   "Tira ahora".
   Obsérvelo. Probablemente el pequeño sólo podrá subirse los pantalones por delante.

4. Exprese su aprobación por la ayuda. Puede comentarle:
   "Cuando lo hacemos juntos cambiamos el pañal rápido, (Andrés)".
   "Qué bien me ayudas. Tú solito te pusiste los pantalones".
5. Termine con el cambio de pañal.

Puntos destacados del desarrollo

El procedimiento más eficaz para ayudar al niño a vestirse suele ser hacerlo de forma que él lo vea. Con niños en esta etapa de la crianza, puede que necesite empezar una acción y luego dejar que ellos la terminen. Por ejemplo, muéstrele cómo sube un cierre sólo hasta la mitad. Luego anímele a que termine de cerrarlo. Los niños se sienten orgullosos cuando son capaces de hacer las cosas por sí mismos (Herr, 1998).

VARIANTES:

☼ Incite a los pequeños a que ayuden a ponerse la chaqueta u otra ropa cuando sea hora de salir.

INFORMACIÓN ADICIONAL:

☼ Durante su primer año, el cambio de pañales servía para que el adulto se ganara la confianza del niño. Durante el segundo, esta tarea debería enfocarse a fomentar la autonomía del pequeño.

13 A 18 MESES

EMOCIONAL

Baile de bufandas

ÁREA DE DESARROLLO: Emocional

 Objetivos para el desarrollo del niño

✓ Expresar emociones a través de movimientos
✓ Asociar sentimientos con comportamientos

MATERIALES:

Cinta o disco compacto de música clásica de ritmo rápido o jazz

Reproductor de cintas o de discos compactos

Una bufanda para cada persona que participe, niño o adulto

Bolsa, cesta u otro recipiente para las bufandas

PREPARACIÓN:

- Conecte el reproductor a la corriente y póngalo en un estante al que no alcance el niño.
- Seleccione la música en la cinta o en el disco.
- Ponga las bufandas en el recipiente.

ESTRATEGIAS EDUCATIVAS:

1. Explique la actividad, diciendo:
   "Hoy vamos a bailar con música. Tenemos bufandas para movernos al ritmo de la música. Les daré una".
2. Ponga la música y empiece a bailar. Muestre cómo mover la bufanda siguiendo el ritmo.
3. Indíqueles varias formas de mover la bufanda como abajo o arriba, rápido o con lentitud, en olas o en círculos. Además, hable de cómo le hace sentirse la música. Por ejemplo, los sonidos leves y rápidos le hacen sentir excitación, mientras que los sonidos largos y graves le recuerdan momentos de enojo.

4. Use los movimientos de los niños como modelo de sus comentarios. Si hay más de uno, puede decir:
   "Miren cómo mueve (Jimena) su bufanda. Flota hasta el suelo".
   "(Anita), te estás moviendo alrededor de tu parte de la alfombra".
5. Cuando pare la música ayude a los pequeños a calmarse moviendo lentamente sus bufandas. Por ejemplo, pregúnteles:
   "¿A ver quién mueve la bufanda más despacio?"
6. Pídales que pongan las bufandas en la cesta o bolsa.

Puntos destacados del desarrollo

Moverse al ritmo de la música puede ser una forma importante de expresar emociones. Además, promueve en los niños un desarrollo global: físico, emocional, social, cognoscitivo y de lenguaje. Por ejemplo, los movimientos originales fomentan las relaciones espaciales, la expresión emocional, las interacciones sociales, las relaciones de causa y efecto y el lenguaje pasivo.

VARIANTES:

- Usar cintas o campanas en lugar de bufandas, para bailar al ritmo de la música.

INFORMACIÓN ADICIONAL:

- A los pequeños se les debería ofrecer una amplia variedad de música. Sin embargo, deberá seleccionar con cuidado las piezas musicales que se adapten a las actividades para asegurarse de que se ajustan a las necesidades de la experiencia.

13 A 18 MESES

Pintar con crema de afeitar

EMOCIONAL

ÁREA DE DESARROLLO: Emocional

Objetivos para el desarrollo del niño

✓ Expresar emociones a través del arte
✓ Sentir satisfacción por hacer una tarea

MATERIALES:

Bote de crema de afeitar no perfumada

Esponja

Recipiente irrompible con agua tibia

Toalla húmeda

Guardapolvos

PREPARACIÓN:

❧ Llene el recipiente con agua tibia y ponga en él la esponja. Sumerja la toalla en el agua y retuérzala hasta que esté ligeramente húmeda. Ponga el agua y la toalla en donde se puedan alcanzar desde la silla alta.

❧ Si la habitación está calentita, sáquele la ropa al niño. Si hubiera corrientes de aire, recoja las mangas y las perneras del pequeño. Luego haga que se ponga el guardapolvos para no mojarse la ropa.

ESTRATEGIAS EDUCATIVAS:

1. Mientras prepara al pequeño, háblele de la actividad. Por ejemplo, puede decirle:
   "Hoy tenemos crema de afeitar, (Ester). Es suave. Puedes usarla con los dedos para pintar. Pinta la bandeja".
2. Coloque al pequeño en la silla alta. Asegure la bandeja en su lugar.
3. Ponga una pequeña cantidad de crema en la bandeja.
4. Observe lo que el pequeño hace con la crema. Cuando levante las manos hacia la cara, establezca el límite:
   "Pinta la bandeja".
5. Describa cómo usa el niño la crema y cómo reacciona con la experiencia. Puede comentarle:
   "(Ester), estás usando la crema con los dedos".
   "Pareces no saber qué hacer. ¿Necesitas más crema de afeitar?"
   "Te sonríes. Debes de sentirte orgulloso de tu trabajo".

6. Dele más crema si la necesita. Continúe la actividad mientras el pequeño muestre interés.
7. Para prevenir peligros, use la esponja de inmediato para limpiar las salpicaduras.
8. Cuando el pequeño haya terminado, retire la bandeja. Límpielo con la esponja húmeda para quitarle toda la crema que pueda. Llévelo al baño para terminar de limpiarlo.
9. Limpie la bandeja de la silla alta con la esponja.

Puntos destacados del desarrollo

No hay acuerdo en cuanto a materiales apropiados para experiencias sensoriales. Algunos sugieren usar alimentos. Puede ser una solución aceptable para el problema de la exploración oral de los niños; sin embargo, las actividades con alimentos pueden causar confusión. Jugar con comida enseña a los más pequeños que los materiales sensoriales son comestibles. Luego, aprenden a llevarse los materiales sensoriales a la boca. Usted tiene la responsabilidad de enseñar a los niños a distinguir entre materiales para jugar y sustancias para comer.

VARIANTES:

❧ Haga que los pequeños pinten con los dedos, estando de pie, en una mesa pequeña.
❧ Para aumentar el interés, añada unas gotitas de colorante de comida a la crema de afeitar.

INFORMACIÓN ADICIONAL:

❧ Esta experiencia requiere una constante supervisión para asegurarse de que la crema no le salpica por accidente a los ojos del niño y de que no se la come.
❧ Los niños pequeños toman contacto con el mundo a través de su boca. Puede ser problemático cuando se planean y supervisan las actividades. Por eso, se necesita una atenta vigilancia.

13 A 18 MESES

EMOCIONAL

Vestirse es divertido

ÁREA DE DESARROLLO: Emocional

 Objetivos para el desarrollo del niño

✓ Practicar la autonomía con ropa que sea fácil de poner
✓ Adquirir independencia

MATERIALES:

Sombreros y zapatos para disfrazarse

Estante para niños

Espejo grande irrompible

PREPARACIÓN:

☼ Exponga los sombreros y los zapatos en el estante.

ESTRATEGIAS EDUCATIVAS:

1. Observe cómo se pone el pequeño los zapatos y los sombreros.
2. Ayúdele física y verbalmente cuando lo necesite. Puede decirle:
   "Puede que sea más fácil quitarse los zapatos si te sientas".
   "¿Puedo ayudarte a desatarte los zapatos?"
3. Incite al niño a probarse varios pares de zapatos y sombreros. Sugiérale que se mire en el espejo.
4. Elogie sus intentos y logros. Puede comentarle:
   "Qué bonito sombrero llevas".
   "Lindos zapatos. ¿Son nuevos?"
5. Anime al niño a representar diferentes papeles cuando se vista. Por ejemplo, dígale:
   "Parece que te has vestido para ir de compras. ¿Qué vas a comprar en la tienda?"

6. Si le parece adecuado, sugiera que dos o más niños jueguen juntos. Por ejemplo:
   "(Dora) va a comprarse zapatos. ¿No debería (Tito) ir también para comprarse unos nuevos?"
7. Mire como se quita la ropa el niño y ayúdele si lo necesita.

 Puntos destacados del desarrollo

Jugar es importante para el desarrollo de los niños. El juego es el trabajo de los niños. El primer paso en las representaciones es funcional. Es decir, usarán las cosas como se usa la utilería. Por ejemplo, cuando se les proporciona ropa de disfrazarse, la analizarán, la manipularán y se la pondrán, con lo cual mejoran sus habilidades para valerse por sí mismos. A medida que progresan mentalmente, cambiarán su papel, haciéndose más imaginativos o creativos. Como ejemplo, puede que se vistan y finjan que toman el bus para ir a la biblioteca.

VARIANTES:

☼ Proporcióneles bolsos, maletas y dinero de jugar como accesorios. Añada ropa fácil de ponerse como pantalones con goma y camisas.

INFORMACIÓN ADICIONAL:

☼ Examine con cuidado los zapatos y los sombreros antes de que se los pongan. Elija zapatos bajos que se puedan poner y sacar fácilmente en lugar de con hebillas o cordones. Los sombreros deberán ser grandes y sin cuerdas. Compruebe que los sombreros no tienen adornos que puedan constituir un peligro si se les atragantan.
☼ Esta actividad favorece la autonomía y resulta divertida.

13 A 18 MESES

Mantequilla de maní y jalea

EMOCIONAL

ÁREA DE DESARROLLO: Emocional

Objetivos para el desarrollo del niño

✓ Mejorar el sentido de autonomía
✓ Sentir orgullo por una tarea realizada

MATERIALES:

Cuchillo de plástico para cada uno

2 cucharitas

Mantequilla de maní cremosa

Jalea

Galletitas saladas

Jarra de leche

Tazas y servilletas

3 bols de plástico irrompibles

PREPARACIÓN:

♡ Ponga cucharadas de mantequilla de maní y jalea en bols separados, dejando la cuchara en cada uno de ellos. Ponga galletitas en el tercer bol. Disponga los bols, las tazas, las servilletas, las cucharas, los cuchillos y la jarra de leche en una bandeja. Coloque la bandeja en la mesa.

♡ Limpie y desinfecte la mesa de la merienda.

ESTRATEGIAS EDUCATIVAS:

1. Ayude al niño a lavarse las manos antes de la merienda. Lávese las suyas después.
2. Si hay más de un niño, pida a uno de los pequeños que alcance las tazas, las servilletas y los cuchillos. Trabaje en correspondencias individuales proporcionando una cosa a cada niño. Por ejemplo, diga:
   "¿Todos tenemos taza (Cintia)?"
   "(Leticia) no tiene taza aún".
3. Pase el bol con galletitas. Recuerde a los niños cuántas galletitas pueden tomar de una vez. Por ejemplo:
   "Dos galletitas. Puedes tomar dos galletitas. Una para cada mano".
   Diga cuánto puede comer cada persona en esta merienda. Por ejemplo:
   "Puedes tomar seis galletitas y dos vasos de leche".

4. Ofrezca a los niños mantequilla de maní y jalea para extender sobre las galletitas.
5. Incite a los pequeños a usar la cuchara para poner la mantequilla o la jalea sobre las galletitas y el cuchillo para extenderla.
6. Apruébeles si extienden la crema. Por ejemplo:
   "(Leticia), extendiste muy bien la jalea".
   "Has extendido la mantequilla de maní".
   "Qué bien preparaste la galletita".
7. Vierta leche para que los niños la beban con las galletitas.

Puntos destacados del desarrollo

Mientras crecen, los activos cuerpos de los pequeños necesitan que les proporcionen gran cantidad de alimentos sanos y equilibrados. Durante su primer año, la dieta debería incluir todos los grupos de alimentos básicos. Sin embargo, sus estómagos son demasiado pequeños para consumir los nutrientes necesarios en tres comidas principales. Por eso necesitan comer pequeñas cantidades aproximadamente cada 2 ó 2½ horas.

VARIANTES:

♡ Prepare sandwiches de mantequilla de maní y jalea.
♡ Extienda queso crema blando o mantequilla de manzana sobre galletitas graham.

INFORMACIÓN ADICIONAL:

♡ Considere el tamaño de las porciones a servir en una merienda. Puede que necesite limitar la cantidad a consumir.

♡ Una merienda debería ser una pequeña cantidad de alimentos para que los niños ingieran entre las comidas principales. Es importante evitar que coman demasiado porque quita el apetito para la comida siguiente. Si eso ocurre, los niños no recibirán una dieta adecuada.

♡ Revise los informes de los niños para asegurarse de que no son alérgicos a la mantequilla de maní.

♡ Es importante decir a los niños cuáles son los límites a la hora de la merienda. Les enseña lenguaje, números y a compartir.

♡ **Precaución:** La mantequilla de maní puede causar ahogos. Para evitar el riesgo potencial, sirva pequeñas cantidades y mucho líquido.

13 A 18 MESES

De diecinueve a veinticuatro meses

DESARROLLO FÍSICO

FÍSICO

Salta, ranita, salta

ÁREA DE DESARROLLO: Físico

 Objetivos para el desarrollo del niño

✓ Practicar saltos
✓ Mejorar el equilibrio

MATERIALES:

Libro *Jump, Frog, Jump* de Robert Kalan

PREPARACIÓN:

☼ Elegir y despejar un espacio amplio para leer el libro.

ESTRATEGIAS EDUCATIVAS:

1. Reúna a los niños en el área elegida.
2. Lea el cuento *Jump, Frog, Jump*. Este libro contiene frases repetitivas; por lo tanto, lea despacio para que el pequeño pueda sumarse, si lo desea.
3. Comente cómo se mueven las ranas de un lugar a otro.
4. Pregunte a los niños si ellos se pueden mover así.
5. Recuérdeles ciertos límites, como saltar alrededor de sus amiguitos.
6. ¡Que comiencen los saltos!
7. Si se toman unos niños como modelos, tal vez los otros imiten su comportamiento. Los comentarios podrían incluir:
   "Con qué cuidado saltaste. Esperaste hasta que (Toña) cambió de posición".
   "Estás saltando sin moverte de tu lugar".

8. Es muy importante ayudar a los niños a calmarse después de estar saltando. Comience por animarlos a saltar despacio o a dar saltos cortos. Algunos comentarios podrían ser:
   "¿Quién es el que se puede mover más despacio?"
   "¡Qué saltito más chiquitín, apenas te has movido!"

 Puntos destacados del desarrollo

Este período de la infancia es una época de cambios rápidos. Continúa el desarrollo funcional de las habilidades. Igualmente, un mejor equilibrio y más destreza en la coordinación del cuerpo permiten a los niños saltar en su lugar. Los primeros intentos de salto ocurren alrededor de los dieciocho meses de edad. Obsérvelos. Desde que empiezan a caminar, a los pequeños les gusta saltar desde el peldaño inferior de una escalera con ayuda (Snow, 1998). A los veintitrés meses, los niños son capaces de saltar con los dos pies.

VARIANTES:

☼ Jugar a la pídola (al rango) haciendo que los niños salten por encima de un osito de felpa.

INFORMACIÓN ADICIONAL:

☼ Los pequeños ensayarán durante varios meses antes de que puedan dominar un salto empezado y terminado con ambos pies juntos. Al principio, los saltos semejan un paso elástico con un pie. Para evitar riesgos, se deberían favorecer todos los intentos desde lugares seguros.

Conducir un auto

FÍSICO

ÁREA DE DESARROLLO: Físico

Objetivos para el desarrollo del niño

✓ Mover un vehículo de juguete con ruedas
✓ Mejorar la coordinación entre la vista y los pies

MATERIALES:

Autito de plástico que se pueda empujar o con autopropulsión

Casco

PREPARACIÓN:

☙ Barra la acera o una sección de suelo encementado para quitar piedras o grava. Estacione el auto en la zona de estacionamiento. Finalmente, coloque el casco sobre el asiento del auto.

ESTRATEGIAS EDUCATIVAS:

1. Cuando se aproxime un niño al vehículo, dele algún indicio de que el casco es necesario y ayúdele, si hace falta.
2. Si precisa establecer límites, hágalo mientras le abrocha el casco. Algunos comentarios podrían ser:
   "(Santi), camina mientras empujas el auto".
   "Empuja el auto sobre el cemento".
3. Favorezca el juego imaginativo haciendo preguntas como:
   "¿Adónde vas con tu auto?"
   "¿Te vas de viaje?"
4. Describa lo que el pequeño esté haciendo con el auto. Algunos comentarios:
   "Estás empujando el auto cuesta arriba".
   "(Santi), estás conduciendo el auto, girando el volante y empujando con los pies".

5. Si se proporciona refuerzo, se favorece la continuación de un comportamiento positivo. Por ejemplo, haga comentarios como éstos:
   "(Santi), estás manejando despacito".
   "Llevas puesto el casco. Tu cabeza está protegida".
6. Anime al pequeño a que lleve el auto de vuelta a la zona de "estacionamiento" y coloque el casco sobre el asiento.

Puntos destacados del desarrollo

Observe a los pequeños mientras empujan el vehículo rodado. Tienen cierto desequilibrio natural, puesto que su cabeza representa un cuarto de su altura total.
Al madurar, y con la práctica, los niños caminan con mejor equilibrio. Las rodillas, a esta edad, están menos flexionadas y los pies se colocan más juntos. Además, los dedos de los pies apuntan a la dirección en que se mueve el cuerpo. En una etapa anterior, usaban los juguetes con ruedas para conseguir apoyo y equilibrio. Ahora pueden moverse con independencia de los juguetes y usarlos de manera funcional.

VARIANTES:

☙ Cuando esté empujando o tirando de un carrito, pida la colaboración de un pequeño.

INFORMACIÓN ADICIONAL:

☙ No ayude más de lo estrictamente necesario, para que el niño tenga el máximo de oportunidades de aumentar su independencia, promoviendo una actitud de "yo puedo hacerlo".
☙ Por razones de seguridad, compruebe que los juguetes con ruedas estén bien equilibrados y se muevan fácilmente.

19 A 24 MESES

FÍSICO

Prueba de equilibrio

ÁREA DE DESARROLLO: Físico

Objetivos para el desarrollo del niño

✓ Mejorar la coordinación entre la vista y los pies
✓ Practicar el equilibrio

MATERIALES:

5 pies (1,5 m) de cinta adhesiva

PREPARACIÓN:

☼ Elija y despeje una zona plana y lisa que se pueda observar con facilidad. Fije la cinta al suelo o a la alfombra en línea recta.

ESTRATEGIAS EDUCATIVAS:

1. Después de que el pequeño elija la actividad, observe su comportamiento.
2. Si pareciera que no sabe qué hacer, empiece la actividad. Por ejemplo, diga:
   "(Jorge), camina por la cinta. ¿Puedes hacerlo hasta donde se acaba la cinta?"
3. Sugiérale que ponga los brazos en cruz para mantener el equilibrio más fácilmente.

4. Si lo cree oportuno, muéstrele cómo hacerlo caminando por la línea. Hágalo con los brazos en cruz.
5. Ayude y favorezca los intentos y los logros. Puede, por ejemplo, comentar:
   "(Jorge), continúa. Lo estás haciendo bien. Estás caminando por la cinta".
   "Diste dos pasos sobre la línea".

Puntos destacados del desarrollo

Correr, saltar y trepar son actividades que entusiasman a los pequeños. Al observarlos, se dará cuenta de que aún no pueden correr con soltura porque todavía tienen dificultades para mantener su equilibrio. Por eso, para equilibrarse, a menudo dan unos cuantos pasos muy rápidos.

VARIANTES:

☼ Forme con cinta adhesiva un cuadrado, un rectángulo o un círculo.

INFORMACIÓN ADICIONAL:

☼ Si puede, use cinta de 2 ó 3 pulgadas (5 ó 7 cm) de anchura. Será más fácil para los pequeños verla, y por lo tanto, visualizar el camino que deben seguir.
☼ Como los pequeños de esta edad emplean la mayor parte del tiempo practicando sus habilidades motrices, para evitar riesgos proporcióneles espacios amplios, tanto en el interior como en el exterior.

19 A 24 MESES

Arrojar aros

FÍSICO

ÁREA DE DESARROLLO: Físico

 Objetivos para el desarrollo del niño

✓ Aumentar la coordinación entre vista y manos
✓ Perfeccionar la motricidad fina

MATERIALES:

Aros para embocar

PREPARACIÓN:

☼ Si no dispone de un juego de aros para embocar, puede hacerse uno usted mismo. Empiece por reunir de seis a ocho tapas de plástico y un envase de margarina. Recorte el centro de las tapas. Luego haga un agujero del tamaño de un rollo de toallas de papel en el fondo del envase. Si fuera necesario, proteja los bordes agudos con cinta adhesiva. Meta el tubo de cartón en el envase. Compruebe que cada aro encaje con facilidad.
☼ Escoja una zona de la clase o al aire libre, con espacio suficiente para esta actividad y ponga el juego en ella.

ESTRATEGIAS EDUCATIVAS:

1. Cuando el pequeño elija esta actividad, vea cómo se comporta. Observe la habilidad del niño con el juego.
2. Si se le ayuda y anima puede que el pequeño se entretenga con el juego durante más tiempo. Comente cosas como:
   "(Patricio), casi lo conseguiste. Inténtalo de nuevo".
   "Estás haciéndolo muy bien".

3. Modifique el entorno como crea necesario para aumentar o disminuir la dificultad pidiendo al pequeño que se acerque o se aleje del juego.
4. Introduzca la aritmética en la actividad contando el número de aros embocados en el tubo.
5. Aliéntele positivamente aplaudiendo o sonriendo cuando el pequeño consiga embocar un tubo.

 Puntos destacados del desarrollo

Para mejorar el desarrollo de los pequeños, es necesario elegir juguetes y materiales adecuados. A diferencia de los bebés, que suelen agarrar, sacudir y llevarse a la boca los objetos, cuando empiezan a caminar comienzan a cambiarlos de lugar. También les gusta apilarlos y arrojarlos. Además, los mayores de un año y medio prefieren juguetes con apariencia real que refuerzan la participación, como juguetes para transportar, muñecas o rompecabezas, en los que pueden provocar un resultado.

VARIANTES:

☼ Para aumentar el desafío use aros de goma de frascos conserveros de boca ancha para embocar en el tubo.

INFORMACIÓN ADICIONAL:

☼ Con frecuencia los juguetes se pueden hacer con objetos caseros. No sólo es más barato, además se enseña a los niños creatividad y reutilización.

FÍSICO

Práctica de bateo con algodón

ÁREA DE DESARROLLO: Físico

Objetivos para el desarrollo del niño

✓ Mejorar la coordinación entre vista y manos
✓ Perfeccionar la coordinación de músculos anchos

MATERIALES:

Una hebra de lana de 8 pies (2,4 m)

Cinta adhesiva

Pelota de goma o esponja de por lo menos 12 pulgadas (30 cm) de diámetro

Un árbol u otro soporte

PREPARACIÓN:

✧ Fije un extremo de la hebra de lana a la pelota y asegúrelo con la cinta adhesiva que sea necesaria. Sujete el otro extremo a una rama baja o a otra estructura, de forma que la pelota quede a la altura de las manos del niño.

ESTRATEGIAS EDUCATIVAS:

1. Presente la actividad diciéndole al pequeño:
   "(María), hay que golpear la pelota. Golpéala suavemente con la mano".
2. Si hay más niños establezca los límites que sean necesarios. Por ejemplo debe advertir:
   "Uno por vez" o "Quédate quieto mientras le das a la pelota".
3. Anime al pequeño a que golpee la pelota con ambas manos, diciéndole, por ejemplo:
   "Ahora usa la otra mano".
4. Comente cómo se mueve la pelota cuando la golpean. Por ejemplo:
   "(María), mira. La pelota pegó en el tronco y rebotó".
5. Apoye positivamente el comportamiento de los niños. Algunos comentarios podrían ser:
   "¡Qué golpe más suave!"
   "¡Bien! La pelota llegó más alto esta vez".

6. Si es necesario, cuando haya más niños presentes establezca límites para que otros puedan participar. Un avisador de cocina resulta estupendo para esto. Dígale al niño que cuando suene el reloj le tocará a otro jugar. Algunos comentarios podrían ser:
   "(Victoria), cuando suene el reloj le tocará a (Berta). Ella ha estado esperando su turno".

Puntos destacados del desarrollo

A los seis meses, los infantes comienzan a mostrar su inclinación por una u otra mano. La mayoría de las veces, los infantes usan la derecha. Para cuando tienen dos años, casi todos los infantes muestran preferencia por una mano. Aunque un diez por ciento tienden a usar la izquierda, el 90 por ciento prefieren la derecha.
Para comprobar si son zurdos o diestros, observe el comportamiento de los pequeños en esta actividad.
¿Qué mano emplean repetidamente para darle a la pelota? Algunos niños en esta etapa del desarrollo usan ambas manos con igual frecuencia.

VARIANTES:

✧ Cuando vaya mejorando la destreza del niño, reduzca el tamaño de la pelota.

INFORMACIÓN ADICIONAL:

✧ A esta edad están más interesados en la posesión que en compartir o respetar turnos. Por lo tanto, deberá proporcionarles objetos duplicados para impedir conflictos. Sin embargo, en esta actividad sería difícil supervisar a dos niños a la vez, por lo que será necesario ayudar a los niños a que se turnen. También, es un punto de partida para aprender a compartir y a resolver problemas.

Patear pelotas de playa

FÍSICO

ÁREA DE DESARROLLO: Físico

Objetivos para el desarrollo del niño

✓ Mejorar el equilibrio
✓ Practicar movimientos coordinando vista y pies

MATERIALES:

2 ó 3 pelotas de playa

PREPARACIÓN:

☞ Infle las pelotas de playa. Despeje de obstáculos una zona abierta, con hierba si es posible.

ESTRATEGIAS EDUCATIVAS:

1. Observe el comportamiento del pequeño con las pelotas.
2. Sugiérale maneras diferentes de usarlas. Por ejemplo, si el pequeño está empujando o golpeando la pelota con una mano, invítelo a que la patee con un pie.
3. Anímele a que patee con los dos pies.
4. Si el niño tiene dificultades para patear, dele mucho tiempo para que practique esa habilidad. Algunos comentarios podrían ser:
   "(Salvador), qué pena. Perdiste el equilibrio. Trata otra vez".
   "¡Ahora sí! Vi que la pelota se movió".
   "Lleva tiempo aprender algo nuevo".
5. Transforme en un juego la patada a la pelota, sugiriendo que el pequeño se la envíe a usted.
6. Muéstrele sugerencias que mejorarían la destreza para patear. Combine sus acciones con palabras que las describan verbalmente. Si el pequeño pierde el equilibrio, dele ejemplo pateando la pelota y extendiendo los brazos en cruz, mientras dice:
   "Abrir los brazos me mantiene en equilibrio".

Si, en cambio, el pequeño está intentando correr y patear la pelota, quédese quieto y diga:
"Voy a patear la pelota estando quieto en mi lugar. Así lo hago mejor".

7. Siga con el juego de pelota mientras se mantenga el interés del pequeño.

Puntos destacados del desarrollo

En este período de la infancia los pequeños normalmente muestran especial preferencia por un lado de su cuerpo. Será diestro o zurdo según que predomine un lado u otro. Mírelos. Los diestros usan la mano y el oído derecho. Además, patean con el pie derecho.

A los pequeños les gusta revolcarse, dar patadas y tirar pelotas. Para evitar que se lastimen, elija una pelota de espuma o goma blanda de tamaño aproximado al de una pelota de volleyball. Como los pequeños se muestran pasivos en sus primeros intentos de atrapar la pelota, debe tirársela suavemente.

VARIANTES:

☞ Si cuida a más de un niño, trate de que dos pequeños se pateen la pelota uno al otro.

INFORMACIÓN ADICIONAL:

☞ Para obtener resultados positivos, las pelotas para tirarse con el pie deben ser grandes y livianas.
☞ En esta etapa, a los pequeños también les encanta jugar a la pelota con un adulto.

MESES

19

FÍSICO

Práctica

ÁREA DE DESARROLLO: Físico

 Objetivos para el desarrollo del niño

✓ Aumentar el conocimiento del propio cuerpo
✓ Ejercitar los músculos largos
✓ Desarrollar hábitos sanos

MATERIALES:

Muñeca de felpa

PREPARACIÓN:

❧ Ninguna

ESTRATEGIAS EDUCATIVAS:

1. Si hay más de un niño, reúnalos en grupo.
2. Muéstreles la muñeca de felpa y empiece el ejercicio.
   Por ejemplo, diga:
   "Hoy me acompaña una amiga mía muy especial. Su nombre es (Yuji). A (Yuji) le gusta moverse. Veamos si puedes hacer lo mismo que ella".
3. Mueva la muñeca mientras describe con palabras el movimiento. Muéstreles acciones nuevas como por ejemplo saltar en el mismo sitio, tocarse los dedos de los pies, asentir con la cabeza, mover los brazos en círculo, estirarse para tocar el cielo y dar vueltas en círculo.

4. Si asistieron más niños, úselos como ejemplo para reforzar una respuesta positiva y la conducta deseada. Puede comentar:
   "Mira cómo salta (Lidia). Arriba, abajo".
   "(Patricia), estás moviendo los brazos en circulitos".
5. Consiga que los niños se tranquilicen estimulando movimientos lentos como sentarse en el suelo, aplaudir, tocarse las puntas de los pies.
6. Tenga a mano otras muñecas de felpa por si los pequeños quisieran continuar con el juego, para que ellos las manejen.

 Puntos destacados del desarrollo

Generalmente se relaciona la obesidad con la falta de ejercicio. Aunque no se debería hablar de pequeños con sobrepeso, es conveniente enseñarles hábitos sanos. Debería mostrarles las ventajas del ejercicio y los alimentos de pocas calorías. Los niños gorditos tienen mayores problemas de salud.

VARIANTES:

❧ Ejercicios con música.

INFORMACIÓN ADICIONAL:

❧ Si les da ejemplo de la importancia de la salud física, los niños le imitarán.

Tirar de un carrito

FÍSICO

ÁREA DE DESARROLLO: Físico

 ## Objetivos para el desarrollo del niño

✓ Mejorar la coordinación entre vista y pies
✓ Reforzar los músculos largos

MATERIALES:

Carrito de tamaño apropiado para la edad

2 animales de paño

PREPARACIÓN:

♡ Coloque los animales en el carro

ESTRATEGIAS EDUCATIVAS:

1. Cuando el pequeño empiece la actividad, observe su comportamiento.
2. Si lo estima necesario, enséñele cómo hacerlo.
   Puede decirle:
   "(Nico), los animales quieren que los lleves a dar una vuelta. Tira de la vara del carrito y camina. Permanece sobre el cemento".
3. Aclárele que estos animalitos van a ir a dar una vuelta en el carro. Dele a elegir. Pregúntele si quiere empujar o tirar del carro.
4. Describa su comportamiento con el carro. Comente por ejemplo:
   "(Nico) estás empujando el carro cuesta arriba".
5. Para mayor seguridad del pequeño vuelva a señalar las limitaciones cuantas veces sea necesario.

6. Refuerce hábitos positivos en cuanto a observar los límites y trabajar con otro niño, cuando corresponda. Puede comentar:
   "Te acordaste de que el carro no debe salirse de la acera".
   "(Nico), llevas a los animalitos a dar un paseo".
   "Juntos llevamos a los animalitos a dar un paseo".

 ## Puntos destacados del desarrollo

Los niños de esta edad se van haciendo cada vez más independientes. Como están interesados en sus propios fines y les gusta moverse, carecen de la capacidad de hacer juicios correctos sobre su seguridad. Les encanta treparse a casi cualquier cosa, meterse, subir o bajar, sea — una repisa, un carrito o incluso una cómoda. Para protegerlos, hay que **vigilarlos** continuamente.

VARIANTES:

♡ Consiga cochecitos de pasear infantes para que los empujen.
♡ Lleve al infante a dar una vuelta en el carrito.

INFORMACIÓN ADICIONAL:

♡ Observe atentamente a los pequeños para prevenir posibles accidentes, sobre todo cuando están dando vuelta a una esquina. Con frecuencia lo harán en un ángulo demasiado cerrado y volcarán la carga del carrito.
♡ Tirar de los carritos ayudará a aumentar su fuerza y resistencia.

FÍSICO

Recoger bolas de algodón

ÁREA DE DESARROLLO: Físico

 Objetivos para el desarrollo del niño

✓ Mejorar la coordinación entre vista y manos
✓ Practicar la motricidad fina

MATERIALES:

2 tazones irrompibles

Bolsa de bolas de algodón

2 tenazas

Mesita de tamaño infantil o mesa baja

PREPARACIÓN:

❧ Despeje una superficie en una mesita de tamaño apropiado para niños. Coloque varias bolas de algodón y unas tenazas en cada tazón. Desparrame unas 20 bolas de algodón sobre la mesa, frente a los tazones.

ESTRATEGIAS EDUCATIVAS:

1. Cuando un pequeño elija esta actividad, observe.
2. Si hace falta, presente la actividad. Por ejemplo, diga:
   "(Carlos), usa las tenazas para sujetar las bolitas. Después ponlas en el tazón".
3. Sugiera distintas maneras de sujetar las tenazas, como con una o con ambas manos.
4. Si es preciso, muéstreles diferentes formas de hacerlo. Refuerce sus acciones con palabras, diciendo, por ejemplo:
   "Agarro las tenazas con las dos manos".
5. Cuente las bolas de algodón que el pequeño echa en el tazón con las tenazas.

6. Aliente positivamente los intentos y los logros. Algunos comentarios podrían ser:
   "(Carlos), vas muy bien. Sigue intentándolo".
   "Pusiste (nueve) bolitas en el tazón. Son muchas".
7. Anime al pequeño a trabajar con independencia, diciendo:
   "Ven a buscarme si necesitas algo".

 Puntos destacados del desarrollo

Primero se desarrollan las habilidades motoras de los músculos pequeños. También son más fáciles de dominar que la habilidad de motricidad fina. Observe la progresión en el desarrollo del niño al manejar herramientas.
Al principio, los niños sujetan los utensilios de marcar, como lápices, crayones o tizas, apuñándolos para garrapatear. Más tarde, los sujetan con el pulgar y el índice. En esa etapa se puede empezar a usar tenazas para continuar fortaleciendo y desarrollando el control de los músculos de las manos y los dedos.

VARIANTES:

❧ Use diferentes herramientas, como cucharas grandes o alicates, para recoger las bolas de algodón.

INFORMACIÓN ADICIONAL:

❧ Supervise atentamente a los pequeños cuando estén empleando las tenazas. Esté dispuesto a establecer límites para su uso adecuado, si es necesario. Diga, por ejemplo:
"Usa las tenazas para recoger las bolas de algodón".

❧ Al entregar materiales a los pequeños, colóquelos frente al lado izquierdo o al derecho de su cuerpo, no al medio. Así los alentará a rotar el cuerpo y cruzar su eje para alcanzar los materiales.

Poner y quitar tapas

FÍSICO

ÁREA DE DESARROLLO: Físico

Objetivos para el desarrollo del niño

✔ Practicar la coordinación entre vista y manos
✔ Mejorar la motricidad fina

MATERIALES:

4 ó 5 envases irrompibles de plástico con tapas de presión

Cesta

PREPARACIÓN:

- ♥ Limpie los envases, revisando los bordes puntiagudos. Si los encuentra, cúbralos con cinta adhesiva.
- ♥ Ponga los envases en la cesta y ésta en un lugar adecuado para los niños.

ESTRATEGIAS EDUCATIVAS:

1. Observe el comportamiento del niño con los materiales.
2. Si fuera necesario, empiece la actividad.
   Por ejemplo, diga:
   "(Susana), encuentra las tapas de los recipientes".
3. Ayude y anime a los pequeños cuando están trabajando.
   Puede decir:
   "Empuja con los dedos. Encajará".
   "Sigue intentándolo. La tapa casi está en su sitio".
4. En caso de que el pequeño tenga dificultades para encontrar la tapa adecuada, ayúdele diciendo:
   "(Susana), inténtalo con la roja. Puede que encaje".
   "El recipiente es pequeño. Busca una tapa pequeña. Déjame ayudarte".

5. Cuando se le ayuda de forma adecuada el pequeño se sentirá animado a pasar más tiempo con la actividad.
   Puede decir:
   "(Susana), has encontrado las tapas de tres recipientes".
   "Estás haciéndolo muy bien con las tapitas".
6. Siga con la actividad durante tanto tiempo como el pequeño muestre interés.

Puntos destacados del desarrollo

El desarrollo motor del niño continúa en esta etapa en la que van dominando la motricidad fina. A pesar de las variaciones entre las formas de criar a los niños en las diferentes culturas, el desarrollo motor se sucede con casi la misma secuencia y velocidad. Los logros incluyen trazos en el papel más controlados. Al crecer su habilidad también crece la corrección al usar cajas para anidar, clasificar formas y colocar tapas.

VARIANTES:

- ♥ Aumente la dificultad usando envases irrompibles con tapa a rosca.

INFORMACIÓN ADICIONAL:

- ♥ Los pequeños disfrutan abriendo y cerrando envases, así como llenándolos y vaciándolos. Asegúrese de tener cosas para llenar y derramar.

FÍSICO

Saltar charcos

ÁREA DE DESARROLLO: Físico

 Objetivos para el desarrollo del niño

✓ Mejorar el equilibrio
✓ Saltar

MATERIALES:

Papel satinado azul

Cinta adhesiva transparente

Tijeras

PREPARACIÓN:

☼ Despeje una zona grande del suelo.
☼ Recorte seis "charcos" de papel azul. Póngalos en el suelo, separándolos de 8 a 12 pulgadas (12 a 30 cm). Pegue los charcos al suelo con la cinta.

ESTRATEGIAS EDUCATIVAS:

1. Cuando el pequeño se muestre interesado, hable de la actividad. Por ejemplo, diga:
   "(Aida), mira. Son charcos. Prueba a ver si puedes meterte en todos, saltando".
   "Mira cómo salto. Ahora muéstrame cómo lo haces tú".
2. Anime al pequeño a saltar a otro charco. Diga con entusiasmo, por ejemplo:
   "Salta, salta. Salta a otro charco".
3. Describa cómo salta el pequeño. Por ejemplo:
   "(Aida), saltaste con los pies juntos".
   "Moviste bien los brazos al saltar".
4. Ayúdele de forma positiva cuando esté ocupado con la actividad. Puede comentar:
   "Qué salto más largo. Caíste sobre el centro del charco".
   "¡Bien! Saltaste alto esta vez".

5. Si hay otros pequeños, invítelos a que se unan al juego.
6. Si dos o más pequeños juegan juntos, haga comentarios como:
   "(Manuel) y (Olga) saltan juntos".

 Puntos destacados del desarrollo

Un desarrollo normal puede asumir muchas formas y hacerse a un ritmo apropiado para cada niño. A pesar de que es aconsejable que los observe para verificar que se cumplen los hitos del desarrollo, evite crear un clima de comparaciones y competitividad (Greenman & Stonehouse, 1996).

VARIANTES:

☼ Pegue en el suelo con cinta adhesiva dos figuras diferentes, como cuadrados o triángulos. Anime a los pequeños a que salten al triángulo o al cuadrado. Este juego puede hacerse también con charcos de colores diferentes.
☼ Tenga a mano impermeables de plástico, sombreros y galochas para que usen cuando saltan.

INFORMACIÓN ADICIONAL:

☼ Observe al niño. Es característico en esta edad lo que les gusta mover el cuerpo. Cuando parezca que el niño disfruta especialmente con una actividad, repítala.

19 A 24 MESES

Seguir las huellas

FÍSICO

ÁREA DE DESARROLLO: Físico

 Objetivos para el desarrollo del niño

✓ Mejorar el equilibrio
✓ Practicar la coordinación entre vista y pies

MATERIALES:

Varios pares de zapatos del tamaño de un adulto

Papel de construcción

Tijeras

Papel autoadhesivo transparente

Bolsa

PREPARACIÓN:

☼ Dibuje el contorno de los zapatos en dos o tres pedazos de papel de construcción. Recorte las "huellas". Luego, corte rectángulos del papel autoadhesivo, más grandes que los pies.

☼ Despeje un sendero en el piso de vinilo o en la alfombra, de una puerta a otra. Disponga las "huellas" en el suelo, separándolas unas 6 pulgadas (15 cm) como si fueran huellas de pisadas. Péguelas al suelo con el papel autoadhesivo.

☼ Ponga los zapatos para adultos en la bolsa y déjelos donde terminan las huellas.

ESTRATEGIAS EDUCATIVAS:

1. Observe las reacciones a las huellas. ¿Se dan cuenta de inmediato? Si es así, ¿las siguen?
2. Comience a presentar la actividad diciendo:
   "¡Mira! Alguien entró en nuestra sala anoche. Dejó huellas. ¿Qué podemos hacer con las huellas?"
3. Fomente el pensamiento creativo haciendo preguntas abiertas, como:
   "¿Por qué crees que estuvo aquí esa persona?"
   "¿Crees que nos haya dejado algo?"
4. Sugiera al pequeño que siga las pisadas del principio al fin.

5. Refuerce positivamente cuando caminen sobre las huellas. Los comentarios podrían incluir:
   "Estás pisando en cada huella. Izquierda, derecha, izquierda, derecha".
   "Estás usando los brazos para mantener el equilibrio. Los tienes abiertos en cruz".
6. Si participa más de un niño, tome a uno como modelo. Por ejemplo, diga:
   "Mira cómo usa (Juani) sus brazos. Los lleva así para mantener el equilibrio".
7. Cuando llegue al final de las huellas, pregunte a los pequeños si ven algo nuevo.
8. Si hace falta, deles pistas para que descubran la bolsa de zapatos.
9. Anime a los pequeños a que tomen un par de zapatos, se los pongan y vuelvan a seguir las huellas.
10. Hablen de si moverse con los zapatos grandes es más fácil o más difícil que caminar con los propios.

 Puntos destacados del desarrollo

Poco a poco, los niños van mejorando su equilibrio. Obsérvelos. Les gusta imitar la manera de caminar de otra persona en la arena o la nieve. Puede incentivar las habilidades de equilibrio y coordinación entre vista y pies señalando un sendero para que los pequeños lo sigan.

VARIANTES:

☼ Recorte huellas de dinosaurio u otros animales para que las sigan.

INFORMACIÓN ADICIONAL:

☼ Esta actividad, aunque está pensada para el desarrollo físico, hace hincapié en el pensamiento creativo. Al hacer preguntas abiertas en una actividad, se puede alentar a los pequeños a pensar sobre las cosas de diferentes maneras, aunque tal vez les falte la capacidad de comunicar lo que están pensando.

19 A 24 MESES

FÍSICO

Romper burbujas

ÁREA DE DESARROLLO: Físico

Objetivos para el desarrollo del niño

✓ Practicar saltos en el lugar
✓ Mejorar la coordinación de todo el cuerpo

MATERIALES:

Un pedazo de 2 pies cuadrados (0,18 cm²) de material de embalaje abullonado

Cinta adhesiva ancha para pintores

PREPARACIÓN:

☼ Despeje una superficie que se pueda vigilar con facilidad. Si se dispone de una zona alfombrada, es preferible por motivos de seguridad. Sujete el material de embalaje al suelo con la cinta adhesiva.

ESTRATEGIAS EDUCATIVAS:

1. Presente la actividad al pequeño. Por ejemplo, diga: *"Mira, este papel tiene burbujas. Las burbujas tienen aire dentro. Cuando las rompes hacen ruido. ¿Cómo podríamos hacerlas estallar?"*
2. Converse con el pequeño sobre sus respuestas. Si es necesario, pregunte, por ejemplo: *"(Héctor), ¿qué pasaría si saltáramos sobre las burbujas?"*
3. Anime al pequeño a que salte sobre el abullonado y averigüe.
4. Finja sorprenderse cuando estalle una burbuja.
5. Anime al pequeño a que salte también. Supervise atentamente la actividad y establezca límites cuando haga falta.

6. Si hay sólo un niño saltando, puede sumarse usted al juego. Comience tomando al pequeño de las manos mientras saltan. Balancee los brazos mientras salta para favorecer la coordinación de todo el cuerpo.
7. Haga comentarios positivos de apoyo. Por ejemplo: *"(Héctor), estás saltando en tu lugar".* *"Escucha. Las burbujas estallan".*
8. Si hay otro niño, invítelo a que se sume a los saltos.

Puntos destacados del desarrollo

Recuerde que las normas representan el comportamiento promedio de un grupo de niños. Antes de que puedan separarse del suelo con un salto, caminan hacia atrás y suben escaleras. Lo típico es que puedan dar un salto con los dos pies alrededor de los veintitrés meses. Obsérvelos. Una vez que hayan dominado esta técnica, les gustará repetirla una y otra vez.

VARIANTES:

☼ Sujete material abullonado a bandejas de servir y proporcione martillos de madera para romper las burbujas.

INFORMACIÓN ADICIONAL:

☼ Es una actividad muy ruidosa. Por lo tanto, limítela a períodos cortos. Si encuentra una manera sin riesgos de presentarla al aire libre, hágalo. El nivel de ruido será menor.

19 A 24 MESES

"Hokey Pokey"

FÍSICO

ÁREA DE DESARROLLO: Físico

 Objetivos para el desarrollo del niño

✓ Mejorar el equilibrio
✓ Afinar la coordinación de todo el cuerpo

MATERIALES:

Ficha

Bolígrafo

PREPARACIÓN:

❦ Para esta actividad, despeje una zona grande de la alfombra.

❦ Escriba la letra de la canción en la ficha, si lo desea y guárdela en su bolsillo.

🎵 You put your arm in   (ponen el brazo en un círculo)
🎵 You put your arm out   (sacan el brazo del círculo)
🎵 You put your arm in   (el brazo hacia adentro y lo
    and you shake it all   sacuden)
    about.

🎵 You do the hokey pokey   (tuercen el cuerpo)
🎵 And you turn yourself about   (caminan en círculo)
🎵 That's what it's all about.   (dan palmadas a ritmo)

❦ Si quiere agregar estrofas, reemplace el brazo por la pierna, el codo, la mano, el pie, la cabeza y/o todo el cuerpo.

ESTRATEGIAS EDUCATIVAS:

1. Reúna a los pequeños y presente la actividad, haciendo de modelo si hace falta. Empiece diciendo:
"Vamos a cantar. Es divertido cantar. Levántense. Pongan los brazos a los costados. Para esta canción, necesitamos mucho espacio. Si tocan a alguien, muévanse. Bien. Ahora todos tienen bastante lugar. Cantemos".

2. Comience a cantar la canción a un ritmo muy lento, para permitir que los pequeños se sumen.

3. Dé refuerzo positivo en toda la actividad. Los comentarios podrían ser como éstos:
"Eres muy bueno cantando esta canción".
"¡Esto es divertido!"
"Lo estás haciendo muy bien, sin peligros".

4. Continúe la actividad mientras los pequeños parezcan interesados.

 Puntos destacados del desarrollo

A los dos años, los pequeños son capaces de controlar su cuerpo notablemente bien. Disfrutan saltando, corriendo y bailando. Además, pueden identificar las partes del cuerpo con facilidad. Por lo tanto, las actividades que combinan ambas habilidades pronto se convierten en favoritas que se repiten con frecuencia. Estas actividades producen el beneficio adicional de estimular los sistemas sensitivos y motores del pequeño.

VARIANTES:

❦ Si el tiempo lo permite, inicie esta actividad al aire libre, preferentemente en una zona con césped, si la hay.

INFORMACIÓN ADICIONAL:

❦ Por razones de seguridad, si participa más de un pequeño, cada uno va a necesitar mucho espacio. Por lo tanto, usted tendrá que ayudarles a colocarse a distancia segura uno de otro.

De diecinueve a veinticuatro meses

DESARROLLO DEL LENGUAJE Y LA COMUNICACIÓN

Oink, Oink Meow Beep Beep

LENGUAJE Y COMUNICACIÓN

Escuchar un cuento

ÁREA DE DESARROLLO: Lenguaje y comunicación

Objetivos para el desarrollo del niño

✓ Mejorar la capacidad de lenguaje pasivo
✓ Practicar seguir una historia con el libro

MATERIALES:

Grabador/reproductor de cintas o compactos

Audífonos

Conjunto de libro y cinta o compacto

PREPARACIÓN:

✿ Elija para esta actividad una zona que tenga sillas y mesas de tamaño infantil y esté cerca de una toma de corriente.
✿ Para fomentar la independencia, pegue un punto verde en el botón de marcha y otro rojo en el botón de parada.
✿ Coloque el aparato y los audífonos en la mesa.
✿ Ponga la cinta o el compacto en el aparato y deje un libro al lado. Para asegurarse de que funciona bien, compruebe el reproductor.

ESTRATEGIAS EDUCATIVAS:

1. Cuando un niño elija la actividad, preséntela diciendo:
   "(Elisa), esta es una manera nueva de leer un libro. Puedes escuchar las palabras con los audífonos. Vuelve la página cuando oigas un pitido".
2. Ayude al pequeño a colocarse los audífonos. Hablen de cómo los siente. Diga:
   "Los audífonos son pesados".
3. Muestre cómo se enciende el aparato. Señalando la marca verde, diga:
   "Verde quiere decir adelante. Aprieta la tecla verde".
4. Tal vez necesite reforzar sus palabras con acciones. De ser así, apriete la tecla verde mientras dice:
   "Verde es para avanzar. Aprieta la tecla. Ahora tocará la cinta".

5. Observe cómo "lee" el libro. Si el niño no da vuelta a las páginas, póngase usted unos audífonos y sirva de modelo. Describa verbalmente sus acciones con comentarios como éstos:
   "(Elisa), di vuelta a la página porque oí el pitido".
   "Cuando en la cinta sale un pitido, yo doy vuelta a la página".
6. Cuando el pequeño haya terminado de escuchar, ayúdele a quitarse los audífonos. Mientras lo hace, hable de la actividad, diciendo:
   "Ésta es una forma nueva de escuchar cuentos. ¿Te gusta?"
7. Anime al pequeño a que repita la actividad más tarde. Por ejemplo, diga:
   "El aparato y el libro quedarán aquí. Ven a escuchar el cuento otra vez".

Puntos destacados del desarrollo

El lenguaje es el método de comunicación más importante. Cuando esté leyéndole a un niño, responda a cualquier vocalización que haga. Reciba el lenguaje del niño con una sonrisa o una inclinación de cabeza, o reconózcalo verbalmente ampliando las palabras del niño en una oración. Estas estrategias reforzarán el valor del lenguaje, además de alentar al niño a repetir las palabras.

VARIANTES:

✿ Lea y grabe en cinta los cuentos favoritos de los niños.

INFORMACIÓN ADICIONAL:

✿ Si hay varios niños, tenga a mano dos o más audífonos.
✿ A algunos niños no les gusta ponerse audífonos. Anímelos a ponérselos. Sin embargo, si se sienten incómodos, permítales que se los quiten.
✿ Los cuentos grabados se deberían usar como complemento de los leídos, nunca como sustitutos de la lectura diaria.

19 A 24 MESES

© 2000, Delmar

Buscar a "Spot"

LENGUAJE Y COMUNICACIÓN

ÁREA DE DESARROLLO: Lenguaje y comunicación

Objetivos para el desarrollo del niño

✓ Aumentar la capacidad del lenguaje pasivo
✓ Demostrar habilidades para la expresión verbal

MATERIALES:

Libro *Where Is Spot?* de Eric Hill

Marcador de fieltro

Papel de color tostado

Modelo de perro para calcar

PREPARACIÓN:

☼ Calque y recorte un perro para el pequeño. Si hay más niños, prepare uno para cada uno. Luego recorte por lo menos dos perros más. Escriba el nombre del pequeño en el perro de papel.

ESTRATEGIAS EDUCATIVAS:

1. Señale la hora de recoger los juguetes entonando una canción que aluda a la limpieza. En el apéndice F encontrará una lista de canciones.
2. Dé ejemplos de hábitos de limpieza ayudando al pequeño a recoger los juguetes.
3. Rápidamente presente el libro diciendo:
   "Tengo un libro que trata de Spot. Está escondido. Veamos si podemos encontrarlo".
4. Lea el cuento. Pida al niño que describa dónde está escondido Spot. Mire en los lugares que sugiera el niño.
5. Anímele en las sugerencias que haga, tanto si son correctas como si no. Puede comentar:
   "(Tomás), qué buena idea".
   "¡Acertaste!"

6. Cuando termine el cuento, enséñele el perro. Cuando el niño cierre los ojos, esconda el perro en un lugar visible del área.
7. Anímele a adivinar dónde está escondido el perro.
8. Si el niño continúa interesado, esconda otra vez el perro.
9. Para terminar, dé un perrito a cada niño que haya participado.

Puntos destacados del desarrollo

Los niños aprenden nuevas palabras al conversar y al leer. La lectura ayuda a fomentar el disfrute de los libros y aumenta las habilidades lingüísticas. Al igual que otras áreas del desarrollo, el crecimiento con el lenguaje es asincrónico. Surge a borbotones que varían con cada niño (Deiner, 1997). Sin embargo, para cuando cumplen veinticuatro meses, la mayor parte de los niños usan frases de dos palabras.

VARIANTES:

☼ Jugar a "Esconder el hueso" con un hueso de goma, que se puede comprar en una tienda de mascotas.

INFORMACIÓN ADICIONAL:

☼ Dependiendo de la comprensión del niño sobre la permanencia de los objetos, elija cuidadosamente un lugar para esconder los juguetes. Para algunos niños el perro debería estar bien visible. Para otros, puede elegir un sitio que implique más dificultad.

19 A 24 MESES

**LENGUAJE Y
COMUNICACIÓN**

Hacer cosquillas a un osito

ÁREA DE DESARROLLO: Lenguaje y comunicación

Objetivos para el desarrollo del niño

✓ Interactuar con un adulto
✓ Seguir instrucciones

MATERIALES:

2 ó 3 ositos de felpa

PREPARACIÓN:

☙ Ponga los ositos en una zona abierta.

ESTRATEGIAS EDUCATIVAS:

1. Cuando el pequeño esté llevando un osito, sugiérale jugar con él.
2. Empiece diciendo:
   "(Amalia), juguemos a hacer cosquillas. Te diré qué hay que hacer. Luego tú se las haces al osito".
3. Mencione al pequeño dónde puede hacer cosquillas. Por ejemplo, los dedos del pie, la nariz, los ojos, la boca, la barbilla, los dedos, el brazo, la pierna, la rodilla, la oreja y el estómago.
4. Para conseguir mayor eficacia haga comentarios de refuerzo. Pueden ser:
   "(Amalia), encontraste la rodilla del osito".
   "Al osito le gusta que le hagan cosquillas en el estómago".
5. Hable con el pequeño de que le hagan cosquillas. Por ejemplo, empiece preguntándole:
   "(Amalia), ¿te gusta que te hagan cosquillas?"

6. Haga que el pequeño le repita el nombre de la zona donde están haciendo cosquillas preguntándole:
   "¿Dónde estás haciendo cosquillas ahora?"
7. Continúe el juego mientras el pequeño muestre interés.

Puntos destacados del desarrollo

En esta etapa los niños ya poseen la suficiente comprensión del lenguaje oral como para entender una orden simple. Sin embargo, si fuera necesario, ajuste las instrucciones a la capacidad del niño. Como ejemplo, puede decirle que toque sólo una parte del cuerpo. A otro niño, más capaz, puede decirle que toque dos partes del cuerpo. De esta forma desarrolla la actividad adecuándola a ambos niños.

VARIANTES:

☙ Repetir actividades parecidas usando una muñeca.
☙ Hacerle cosquillas al pequeño y animarle a que nos diga dónde se las hace.

INFORMACIÓN ADICIONAL:

☙ Los pequeños disfrutan moviendo cosas de un lugar a otro. Les da poder y control sobre el entorno. Por eso, evite desalentar este comportamiento hasta que sea la hora de recoger.

Ir de excursión

LENGUAJE Y COMUNICACIÓN

ÁREA DE DESARROLLO: Lenguaje y comunicación

 Objetivos para el desarrollo del niño

✓ Practicar la expresión oral
✓ Tomar parte en un juego de acción

MATERIALES:

1 maleta pequeña con cierres de aleta o mochila de tamaño apropiado para cada niño

una o más de las siguientes cosas: camisas, gorras, pares de zapatos, muñequitas o animales de paño

PREPARACIÓN:

✧ Arregle todas las cosas cuidadosamente. Si está en un centro de cuidado de niños, ponga las cosas en un estante o en una percha fuerte del área de representaciones.

ESTRATEGIAS EDUCATIVAS:

1. Observe al pequeño. Pregúntese, "¿está el niño usando la maleta?"
2. Si el pequeño no la está usando, imagine cómo puede hacer para introducirla en el juego en el que esté ocupado. Puede sugerirle que prepare una maleta para ir a casa de la abuelita, si es apropiado al caso. Si no es momento de que la maleta encaje en el juego, vuelva más tarde a intentar usarla.
3. Cuando el niño esté haciendo la maleta, para evitar que se distraiga, mantenga con él un pequeño diálogo. Puede comentarle:
   "(Esteban), aquí hay una camisa. ¿Necesitas llevar una camisa?"
   "¿Qué has guardado?"
   "¿Estás listo para ir de viaje?"

4. Cuando el niño llegue al lugar de destino, anímele a que deshaga la maleta. Haga hincapié en las habilidades de lenguaje mientras desempaca. Ayúdele a nombrar las cosas que no le son familiares.

Puntos destacados del desarrollo

Escuche a los niños. Las palabras que usan son los nombres de personas, cosas o acciones. Sus palabras favoritas se relacionan con juguetes, personas, animales y comidas. Los errores más comunes durante este período lo son por extensión insuficiente o por sobreextensión. Por ejemplo, por extensión insuficiente entendemos el uso de una palabra que incluya pocos elementos. El niño puede que use la palabra "osito" para referirse solamente a su osito favorito. El problema opuesto, sobreextensión, se da cuando el niño usa una palabra con demasiada amplitud; "Michi" se puede referir a todos los animales de cuatro patas. A medida que los niños perfeccionan el significado de las palabras, los errores de extensión insuficiente y sobreextensión desaparecerán gradualmente.

VARIANTES:

✧ Converse sobre accesorios de la vida real que puedan ponerse en la maleta para hacer un viaje.

INFORMACIÓN ADICIONAL:

✧ Use lenguaje para extender, elaborar o ayudar en la representación siguiendo las señales que marca el pequeño.
✧ Los pequeños tienden a intervenir en una representación sin interactuar con otros. Evite forzarles a que interactúen antes de que por desarrollo mental estén preparados.

LENGUAJE Y COMUNICACIÓN

Representación "Little Miss Muffet"

ÁREA DE DESARROLLO: Lenguaje y comunicación

Objetivos para el desarrollo del niño

✓ Combinar acciones y palabras
✓ Repetir una canción infantil conocida

MATERIALES:

Títere araña

Banquito o almohada

Cartulina

Marcadores de fieltro

Tazón y cuchara

PREPARACIÓN:

☼ Si lo desea, diseñe un póster que contenga las palabras de la canción infantil, que podrá encontrar en el apéndice E. Cuelgue el póster donde el niño pueda verlo a la altura de sus ojos.

☼ Despeje una zona para extender los materiales.

ESTRATEGIAS EDUCATIVAS:

1. Cuando el pequeño se interese por una actividad, pregunte:
   "¿Para qué se puede usar esto?"
   "¿Sabes alguna canción que hable de una araña?"

2. Comience la actividad diciendo, por ejemplo:
   "(Mónica), éstas son cosas para representar 'Little Miss Muffet'. Hay una araña, un títere, una almohada, una taza y una cuchara".
   "¿Te gustaría ser Miss Muffet o la araña?"

3. Hable de la canción y anime al pequeño a cantarla con usted. Pregúntele, por ejemplo:
   "¿Qué hizo la araña en la canción?"

4. Empiece a representar la canción. Apoye el comportamiento del pequeño. Los comentarios pueden ser:
   "Así que Miss Muffet se escapa al final".
   "La araña se mueve con rapidez".

5. Si hay otro pequeño, invítelo a sumarse a la actividad y continúe con la canción.

6. Siga así mientras los niños se muestren interesados.

Puntos destacados del desarrollo

Desde su nacimiento los niños necesitan ser expuestos continuamente a una gran variedad de actividades que estimulen el habla. Recuerde: La primera actividad de Lenguaje y comunicación para infantes desde que nacen hasta los tres meses es "Recitar canciones infantiles". Las habilidades de comprensión y expresión oral pueden aumentarse con el uso de ellas. Añadiendo un cambio o variando una canción infantil conocida, conseguirá atrapar el interés del niño e impulsará su participación activa.

VARIANTES:

☼ Represente otras canciones infantiles como "Jack and Jill", "Humpty Dumpty", etc. Repítalas tantas veces como quiera el niño.

INFORMACIÓN ADICIONAL:

☼ Si hay más de un niño, cambie los roles de la canción para que cada niño que quiera participar tenga una oportunidad. Puede que necesite tener más de una señorita Muffet para mantener la actividad sin inconvenientes.

19 A 24 MESES

Calma para descansar

LENGUAJE Y COMUNICACIÓN

ÁREA DE DESARROLLO: Lenguaje y comunicación

Objetivos para el desarrollo del niño

✓ Usar libros como relajación
✓ Mirar un libro por su cuenta

MATERIALES:

Cuentos tranquilos, sedantes como *The Sleepy Little Lion* de Ylla

Una caja de otros libros para la "siesta"

PREPARACIÓN:

☼ Revisar libros para la "siesta". Deberían ser cuentos conocidos que puedan usar los pequeños de forma independiente. Asegúrese de que tienen buenas ilustraciones. Vea en el apéndice A los criterios para elegir libros para infantes y preescolares.

ESTRATEGIAS EDUCATIVAS:

1. Prepare al niño para dormir cambiándole el pañal y haciendo que se limpie los dientes y beba agua. Asegúrese de que está protegido.
2. Disminuya la iluminación de la habitación y empiece a moverse con más lentitud.
3. Mientras lee el cuento, use la voz para tranquilizar al niño. Absténgase de hacerle preguntas o de hacerle intervenir en la historia.

4. Muéstrele su cariño abrazándolo, besándolo o frotándole la espalda.
5. Anímele a descansar pacíficamente eligiendo y mirando libros en la "caja de la siesta".
6. Tenga cuidado. En cuanto el niño se duerma, deje de leer.

Puntos destacados del desarrollo

Al elegir un libro para niños, tenga en cuenta el contenido, las ilustraciones, el vocabulario, la longitud y la durabilidad. A los niños les encanta mirar libros que repitan y añadan a sus propias experiencias otras. Por ejemplo, los libros que hablan de enseñar a usar el orinal; de no saber comer; del cuidado de animalitos y estar separado de los padres, los abuelos y de los hermanos, son todos de interés en esta etapa del desarrollo.

VARIANTES:

☼ Hacer sonar una música suave en lugar de leer un cuento.

INFORMACIÓN ADICIONAL:

☼ Si cuida a niños ajenos, pregunte a la familia cómo les gusta a los pequeños relajarse y cómo se los prepara para dormir normalmente en casa. Hacer lo mismo en cada caso, de forma tan parecida como se pueda, ayudará a disminuir su frustración y aumentará el tiempo de siesta para el pequeño.
☼ A esta edad, a los pequeños les gusta la rutina y la necesitan por su predictibilidad y continuidad, tanto como cuando eran bebés. Cree hábitos y manténgalos lo más que pueda.

19 A 24 MESES

LENGUAJE Y COMUNICACIÓN

Teatro de títeres

ÁREA DE DESARROLLO: Lenguaje y comunicación

Objetivos para el desarrollo del niño

✓ Hablar a través de un títere
✓ Practicar la expresión oral

MATERIALES:

Si se pueden conseguir, 6 títeres manuales de distinto sexo y multiculturales

Soportes para los títeres: 6 bloques cilíndricos o 6 botellas vacías de lavavajillas

PREPARACIÓN:

♡ Despeje una zona para los títeres. Coloque uno en cada soporte.

ESTRATEGIAS EDUCATIVAS:

1. Observe el comportamiento del pequeño después de elegir el títere.
2. Elija un títere y súmese al pequeño sentándose en el suelo. Si hay más niños, apoyar la espalda contra una pared le permitirá supervisar la habitación.
3. Muestre cómo el títere habla con el pequeño y con usted mismo. Por ejemplo, hable acerca de lo que ocurre. Diríjase al títere del pequeño y hágale una pregunta.
4. Estimule al pequeño para que charle usando el títere.

5. Cuando lo crea necesario, establezca un límite como por ejemplo:
   "(Pedro), habla con el títere".
6. Apóyele positivamente cuando haga hablar a su títere. Los comentarios pueden ser:
   "Estás haciendo hablar al títere".
   "Tu títere está hablando de los bloques".
7. Si fuera posible, invite a otro pequeño a jugar con los títeres.

Puntos destacados del desarrollo

Los títeres son herramientas maravillosas para fomentar el desarrollo del lenguaje. Usar un muñeco para contar un cuento le añade variedad. Los títeres son beneficiosos para despertar la atención de los niños y añadir originalidad. Son útiles para animar a los niños a hablar y contar sus experiencias e historias. Además, pueden ser inestimables para expresar emociones.

VARIANTES:

♡ Usar títeres animales.

INFORMACIÓN ADICIONAL:

♡ Para descartar un posible susto por ahogos, compruebe que los ojos del muñeco estén muy bien fijados.

19 A 24 MESES

¿Quién lo dijo?

Oink, Oink Meow Beep Beep

LENGUAJE Y COMUNICACIÓN

ÁREA DE DESARROLLO: Lenguaje y comunicación

Objetivos para el desarrollo del niño

✓ Identificar las voces de otros
✓ Practicar habilidades del lenguaje hablando por un micrófono

MATERIALES:

Una cinta de casete virgen

Una grabadora alimentada con pilas

Papel y lápiz

PREPARACIÓN:

❀ Introduzca la cinta en la grabadora. Haga una prueba de audición para asegurarse de que la grabadora funciona bien.

ESTRATEGIAS EDUCATIVAS:

1. Acerque la grabadora a cada pequeño. Empiece anunciando la actividad. Por ejemplo, puede decir:
   "Quiero que me hables. Así puedo guardar tu voz en esta máquina. Cuando termines, escucharemos tus palabras".
2. Enseñe al pequeño cómo funciona la máquina. Por ejemplo, muéstrele que cuando el botón de grabación está presionado, la cinta se mueve.
3. Hágale un par de preguntas para conseguir que hable, como:
   "¿Cómo te llamas?"
   "¿A qué te gustaría jugar?"
4. Rebobine y haga sonar la cinta con la voz del pequeño.
5. Comente cómo sonaba la voz del niño en la cinta.
6. Si participa más de un niño, escriba sus nombres en el papel en el orden en que grabaron.

7. Luego repita el proceso con otros niños. Si no hay más niños, grabe su propia voz.
8. Después de que cada uno haya tenido su oportunidad de ser grabado, reúnalos y haga sonar la cinta.
9. Anime a los niños a adivinar quién está hablando en la cinta.
10. Apoye de forma positiva sus esfuerzos y logros. Puede comentar:
    "¡Muy bien! (Tito) está hablando por la cinta".
    "Sigue tratando. No era (Dora) esa vez".

Puntos destacados del desarrollo

En esta etapa la capacidad de diferenciación auditiva y visual continúa desarrollándose con rapidez. Los niños están aprendiendo a asociar a las personas con señales verbales y no verbales. Cuando reconocen un sonido o una voz, se les nota muy excitados. Las señales no verbales pueden confundirles. Por ejemplo, un niño cuya madre es oficial de policía puede ver a otra mujer con el uniforme de policía y saludarla llamándola "mamá".

VARIANTES:

❀ Grabe a un pequeño o a un grupo de niños cantando una canción favorita. Toque la cinta y canten al mismo tiempo.

INFORMACIÓN ADICIONAL:

❀ Muestre a los niños cómo parar y hacer andar la grabadora usando pistas visuales. Para hacerlo, corte un redondel rojo y péguelo a la tecla de parada. Del mismo modo, ponga un círculo verde en la tecla de puesta en marcha.

19 A 24 MESES

LENGUAJE Y COMUNICACIÓN

Ensalada de fruta

ÁREA DE DESARROLLO: Lenguaje y comunicación

 Objetivos para el desarrollo del niño

✓ Identificar, comparar y contrastar frutas según su forma y color
✓ Hablar del sabor de la fruta

MATERIALES:

Frutas frescas como piña, banana, manzana, naranja y uvas

Bol de plástico grande, irrompible

Cuchillo

Tabla para cortar

Bandeja

PREPARACIÓN:

☺ Lave la fruta y póngala con los otros elementos en una bandeja. Ponga la bandeja en la mesa.
☺ Invite entonces al pequeño a lavarse las manos para merendar.

ESTRATEGIAS EDUCATIVAS:

1. Presente la actividad diciendo:
   "Mira lo que vamos a merendar. Voy a cortar un poco de fruta. Fíjate".
   "Después que corte la fruta, la podemos probar".
2. Establezca los límites necesarios, que pueden incluir:
   "Sólo yo puedo tocar el cuchillo".
   "Quédate sentado mientras corto la fruta".
3. Alce una fruta. Anime a los pequeños a que la identifiquen preguntando:
   "¿Cómo se llama esta fruta?"
4. Comente el aspecto de la fruta. Hable de tamaño, color, forma, etc.
5. Córtela en trozos y compártala con los niños. Anime a cada uno a que pruebe cada clase de fruta.
6. Converse sobre el sabor de la fruta.

7. Corte otro tipo de fruta y repita los pasos 3 a 6.
8. Anime a los pequeños a que hablen de la fruta que han probado, preguntando:
   "¿Qué fruta era crocante?"
   "¿Qué fruta era dulce?"
   "¿Qué fruta era agria?"
9. Deje en el bol la fruta que no se ha tocado. Podrá disfrutarse más tarde como ensalada de fruta.

 Puntos destacados del desarrollo

Un estudio muestra que hacer preguntas es un método eficaz para enseñar a los niños el significado de las palabras. Se compararon dos grupos de padres. Un grupo simplemente les leía a sus hijos y les hacía escuchar. Los padres del otro grupo leían el libro y se detenían después de ciertas partes para preguntar "dónde" y "qué". Al ser interrogados, los niños respondían con las palabras buscadas. Después de la experiencia, los niños que contestaban preguntas tenían más probabilidades de reproducir las palabras que aparecían en el cuento (Sénéchal et al., 1995; Kail, 1998). Por lo tanto, cuando se realiza una actividad, haga preguntas para enfocar la atención de los niños y mantener su participación.

VARIANTES:

☺ Introduzca nuevos tipos de frutas, como kiwi o papaya.
☺ Corte hortalizas para una ensalada y cómanla con el almuerzo.

INFORMACIÓN ADICIONAL:

☺ Antes de hacer su elección, asegúrese de que el niño no tiene alergia a la fruta.
☺ Para evitar sustos, tómese el cuidado de cortar la fruta en pedacitos. Las uvas pueden ser especialmente peligrosas; por tanto, se recomienda cortarlas por la mitad e incluso en pedazos más chiquitos.

"I'm a Little Teapot"

Oink, Oink Meow Beep Beep

LENGUAJE Y COMUNICACIÓN

ÁREA DE DESARROLLO: Lenguaje y comunicación

 Objetivos para el desarrollo del niño

✔ Continuar desarrollando habilidades de expresión oral
✔ Representar una canción usando comunicación no verbal

MATERIALES:

Ficha

Marcador de fieltro

PREPARACIÓN:

☼ Escriba la letra de la canción en la ficha, si lo desea. Es así:

♫ I'm a little teapot
♫ Short and stout
♫ Here is my handle   (poner una mano en la cadera)
♫ Here is my spout.   (extender el brazo doblando la mano y el codo)

♫ When I get all steamed up
♫ Hear me shout
♫ Just tip me over and
♫ Pour me out.   (inclinarse)

ESTRATEGIAS EDUCATIVAS:

1. Cuando un pequeño necesite algo que hacer, invítelo a cantar con usted.
2. Preséntele la actividad diciendo, por ejemplo:
   "(Jaime), me gustaría enseñarte una canción nueva. Podemos representarla mientras cantamos. Empecemos con los movimientos".
3. Muéstrele los movimientos siguiendo la secuencia. Combine sus acciones con palabras, describiendo cada uno. Por ejemplo:
   "Éste es mi mango".
   "Inclíname".

4. Cuando el pequeño consiga realizar los movimientos, comience a cantar con la mímica correspondiente.
5. Cante lentamente para promover la participación.
6. Si proporciona apoyo positivamente, favorecerá el comportamiento deseado. Podría decir:
   "Estás cantando conmigo. Tú sabes la letra".
   "(Jaime), estás representando una tetera".
7. Repita la canción mientras el pequeño conserve el interés.

☼ **Puntos destacados del desarrollo**

Los niños, igual que los adultos, comunican la mayor parte de sus mensajes de manera no verbal. Obsérvelos. A esta edad, hacen ademanes mientras balbucean o se expresan en lenguaje telegráfico. La música es otra forma importante de comunicación. Úsela como fondo para jugar. Puede contribuir a resaltar la expresión infantil de sentimientos. Además, ayuda a aumentar el vocabulario, liberar sentimientos escondidos y relajarse.

VARIANTES:

☼ Grabe la canción usando una grabadora de cintas y hágala sonar para el niño.

INFORMACIÓN ADICIONAL:

☼ Las experiencias musicales son beneficiosas para los niños pequeños. Haga de la música una parte natural de las experiencias diarias. Al participar en la música, construyen habilidades lingüísticas.

LENGUAJE Y
COMUNICACIÓN

Emparejar animales y sombras

ÁREA DE DESARROLLO: Lenguaje y comunicación

 Objetivos para el desarrollo del niño

✓ Aprender a nombrar objetos
✓ Continuar desarrollando la expresión lingüística

MATERIALES:

Tablero para carteles

Pegamento

Revistas

Papel de construcción negro

Tijeras

Papel autoadhesivo transparente

PREPARACIÓN:

☞ Recorte de revistas varias figuras de animales. Trace los contornos de cada animal en papel de construcción negro y recorte las formas. Con pegamento fije las formas de los animales al tablero. Después cubra el póster con papel autoadhesivo blanco. Finalmente, cubra cada una de las láminas de animales con papel autoadhesivo transparente y recorte los bordes.

☞ Despeje un espacio en el suelo y extienda el póster con las láminas de animales.

ESTRATEGIAS EDUCATIVAS:

1. Cuando el pequeño se decida a participar, dele tiempo para analizar los materiales. Durante este lapso observe su comportamiento.
2. Si lo cree necesario, empiece la actividad diciendo:
   "(Mari), haz coincidir las formas. ¿Qué forma del póster se parece a un (pájaro)?"
3. Pida al pequeño que identifique verbalmente los animales preguntando:
   "¿Qué animal es éste?"

4. Ayúdele a hacer coincidir las figuras describiendo las formas:
   "Este animal tiene cuatro patas y una cola larga. Busca una forma negra con una cola larga".
5. Anímele positivamente cuando el niño lo haga bien. Sonreír y aplaudir son formas de estimular al pequeño sin decir nada. Para dar apoyo verbal, puede decir:
   "(Mari), ¡lo conseguiste! Emparejaste bien la (vaca)".
6. Anime al pequeño a conversar acerca de los animales. Puede, por ejemplo, preguntarle:
   "¿Qué beben los (gatitos)?"
   "¿Qué les gusta comer a los (perritos)?"

 Puntos destacados del desarrollo

Los niños de estas edades necesitan un entorno enriquecedor, estimulante que provoque su desarrollo cognoscitivo, social, emocional, verbal y físico. Obsérvelos. Mirar fijamente es una de las actividades que más tiempo les lleva. Aproveche estas oportunidades para fomentar su capacidad de expresión oral. Nombrar y describir lo que están mirando aumentará su vocabulario.

VARIANTES:

☞ Cree sombras para emparejar, de diferentes formas como utensilios para comer, formas de transporte, juguetes, etc.

INFORMACIÓN ADICIONAL:

☞ Escoja animales que les sean familiares a los niños y que vean con frecuencia en su entorno. Aumentarán así sus oportunidades de darles el nombre adecuado.

Actuar como los perros

LENGUAJE Y COMUNICACIÓN

ÁREA DE DESARROLLO: Lenguaje y comunicación

Objetivos para el desarrollo del niño

✓ Actuar como los animales
✓ Hacer ruidos como los animales

MATERIALES:

Cintas para el pelo

Papel color café

Tijeras

Abrochadora o pegamento

PREPARACIÓN:

☙ Recorte "orejas" en papel café y fíjelas a la cinta.
☙ Despeje una zona grande en el suelo para tener suficiente espacio donde moverse.

ESTRATEGIAS EDUCATIVAS:

1. Reúna a los pequeños y empiece la actividad diciendo:
   "Vamos a jugar a que somos perros. ¿Qué ruido hacen los perros?"
2. Converse con los pequeños acerca de los perros. Hábleles de su aspecto, de cómo se sienten y lo que hacen.
3. Póngase en la cabeza un par de orejas. Luego dé otro par a los niños. Ayúdeles a ponérselas, si lo necesitan.
4. Actúe usted primero como un perro. Por ejemplo, arrástrese por el suelo y ladre.

5. Haga comentarios sobre el comportamiento de los niños, tales como:
   "(Sarita), eres un perro que se mueve muy deprisa".
   "¡Qué ladrido más fuerte!"
6. Ayúdele positivamente cuando actúe y ladre como los perros. Puede decir:
   "Ladras como perrito".
   "Mira a todos esos perritos que se mueven sobre la alfombra".

Puntos destacados del desarrollo

Hacer que participen en representaciones favorece el desarrollo cognoscitivo, imaginativo y de lenguaje. Además, imitar a los animales implica producir sonidos, lo que da como resultado que los niños ejerciten y refuercen los músculos de la lengua, la boca y las cuerdas vocales.

VARIANTES:

☙ Actuar como diferentes animales, tal como una vaca, un chanchito, un elefante, un gato, un caballo o un mono.

INFORMACIÓN ADICIONAL:

☙ Al representar animales, tenga presente arrastrarse por el suelo.
☙ Los niños a esta edad necesitan algo que les ayude en la representación; por eso las orejas contribuyen al éxito de la actividad.

LENGUAJE Y COMUNICACIÓN

Túnel para gatear

ÁREA DE DESARROLLO: Lenguaje y comunicación

 Objetivos para el desarrollo del niño

✓ Continuar aumentando el vocabulario
✓ Practicar la expresión oral

MATERIALES:

Cinta para tuberías

Varias cajas de cartón grandes

PREPARACIÓN:

✧ Una las cajas con cinta para hacer un túnel. Elija y despeje un área que pueda ser vigilada con facilidad y coloque allí el túnel.

ESTRATEGIAS EDUCATIVAS:

1. Cuando el niño empiece a tomar parte en la actividad, colóquese de manera que pueda supervisar el área. Para observar al niño dentro del túnel, necesitará sentarse en el suelo en uno de los extremos.
2. Establezca límites para proteger la seguridad del niño. Por ejemplo, si uno de los pequeños está trepando por el exterior de las cajas, dígale que gatee por dentro del túnel.
3. Puede que sea necesario reforzar las palabras con acciones. Si ocurriera así, golpee el interior de la caja mientras repite,
   "Gatea dentro del túnel".
4. Si están cerca, use a otros niños como modelos del comportamiento adecuado diciendo:
   "Mira a (Tina). Está gateando por el túnel".
5. Describa el comportamiento del niño dentro y cerca del túnel, haciendo hincapié en tres palabras: dentro, fuera, por. Diga por ejemplo:
   "(Beatriz) está gateando fuera del túnel".
   "(Gerardo) gateó por el túnel".
6. Hable con el pequeño de lo que sintió o imaginó durante la actividad. Pregúntele, por ejemplo:
   "¿Qué viste dentro del túnel?"

7. Ayudarle de forma positiva puede aumentar el tiempo de participación activa del pequeño en la actividad. Puede comentar:
   "Gateaste por el túnel con un amigo".
   "Te arrastras despacio. Tardaste mucho tiempo en gatear por el túnel".

 **Puntos destacados del desarrollo**

La relación entre la comprensión y la producción oral no es simétrica. Durante los primeros veinticuatro meses los pequeños normalmente entienden unas 300 palabras. En comparación, pueden emplear aproximadamente 250 palabras. Al principio se produce un retraso de unos cinco meses entre la comprensión y la expresión. Sin embargo, "adelantarse al programa" elimina virtualmente este lapso. Al ir madurando, el niño se hace capaz de unir una palabra nueva con un concepto real tras un breve encuentro (Berk, 1997; Santrock, 1993).

VARIANTES:

✧ Cree más obstáculos para que el pequeño los rodee y se mueva por ellos. Use un tendedero, una manta y pinzas de tender ropa para hacer una tienda.

INFORMACIÓN ADICIONAL:

✧ La mejor forma de enseñarle nuevas palabras para su vocabulario es crear experiencias y luego describirle su comportamiento. Es decir, los niños aprenden mejor las palabras que reflejan o describen su propia vida.
✧ Cuando ponga a los niños como modelos de otros, distribuya su atención por igual entre todos ellos. Los niños son capaces de reconocer las preferencias de los mayores desde edades muy tempranas.

19 A 24 MESES

El edredón de los cuentos

LENGUAJE Y COMUNICACIÓN

ÁREA DE DESARROLLO: Lenguaje y comunicación

Objetivos para el desarrollo del niño

✓ "Leer" un libro con independencia
✓ Usar un edredón como zona para descansar

MATERIALES:

Edredón

Envases como por ejemplo material de embalaje, cajas, bolsas o cestas

6 a 8 libros para niños; vea en el apéndice A una lista de libros para esta edad.

PREPARACIÓN:

☼ Extienda el edredón en un espacio abierto. Ponga los libros sobre él. Mantenga cerca los envases para guardar los libros y el edredón cuando acaben.

ESTRATEGIAS EDUCATIVAS:

1. Observe el comportamiento del pequeño después que se haya interesado por la actividad.
2. Evite interrumpirle mientras lee. Sin embargo, cuando haya terminado su lectura, hágale preguntas acerca del libro, tales como:
   "¿De quién hablaba el cuento que leíste?"
   "¿De qué trataba el cuento?"
3. Anime al pequeño a leer otro cuento él solito. Pero, si se lo pide, léale uno.
4. Si observa que el pequeño está muy excitado y necesita relajarse o calmarse, haga que se dirija al edredón.

5. Anime al pequeño a que escoja un libro para que se lo lea. Siéntese en el edredón a su lado. Use su cuerpo y su voz para calmarlo mientras lee el cuento.
6. Hable del libro durante su lectura y después.
7. Sugiera al pequeño que elija otro libro para leer. Búsquese una excusa y déjele que lea solo.

Puntos destacados del desarrollo

En la alfabetización del niño tienen mucha influencia sus primeras experiencias. Los niños a quienes se lee cuentos desde sus primeros años normalmente poseen mayor capacidad de aprendizaje para la lectura que los que no han tenido tales experiencias. La evidencia sugiere que escuchar cuentos leídos en libros y reaccionar ante ellos es probablemente la experiencia de alfabetización más importante para los niños. Sin embargo, no debe olvidarse tampoco la importancia de hablar y conversar (Rice, 1997).

VARIANTES:

☼ Disponga un área para cuentos dentro de una tienda de campaña o de un tepee.

INFORMACIÓN ADICIONAL:

☼ Puede que sea necesario establecer límites para usar libros al aire libre. Por ejemplo, para que los libros duren más, deben quedarse sobre el edredón.

De diecinueve a veinticuatro meses

DESARROLLO COGNOSCITIVO

COGNOSCITIVO

Clasificar calcetines

ÁREA DE DESARROLLO: Cognoscitivo

Objetivos para el desarrollo del niño

✓ Emparejar objetos similares
✓ Diferenciar objetos visualmente

MATERIALES:

6 pares de calcetines de diferente color tal como blancos, rojos y negros

Cesta para guardar los calcetines

PREPARACIÓN:

☼ Mezcle los calcetines. Colóquelos en la cesta. Ponga la cesta en la mesa o sobre el suelo donde esté al alcance del niño.

ESTRATEGIAS EDUCATIVAS:

1. Cuando el pequeño se interese, observe su comportamiento. Note cómo examina o coloca los calcetines.

2. Hable de su forma de actuar. Por ejemplo, puede decir:
   "(Luisa), juntaste los dos calcetines verdes".
   "Estás ordenando los calcetines".

3. Utilice el conocimiento que usted tiene de las habilidades del niño como pauta para comportarse. Si, por ejemplo, el pequeño sabe los nombres de los colores, señale un calcetín y pregúntele:
   "¿De qué color es este calcetín?"
   Si el niño no ha empezado a identificar por colores, enséñeselos. Comience nombrando el color del calcetín que esté tocando o manipulando el niño. Diga, por ejemplo:
   "(Luisa), estás tocando un calcetín (negro)".
   "Tienes dos calcetines en la mano. Éste es (café) y éste es (verde)".

4. Anime al pequeño a emparejar los calcetines según su color. Mientras levanta uno comente, por ejemplo:
   "Vamos a ordenar los calcetines. Encuentra otro que se parezca a éste".

5. Ayúdele positivamente cuando acierte a emparejar. Aplaudir o sonreír indica que está orgulloso de los logros del pequeño. Además, puede decir:
   "(Luisa), conseguiste un par. Los dos calcetines son (rojos)".
   "¡Eres muy rápida encontrando las parejas!"

6. Si el pequeño quiere, mezcle los calcetines y empiece de nuevo.

Puntos destacados del desarrollo

En esta etapa, los niños se involucran más activamente en las habilidades de clasificación agrupando físicamente objetos en clases o categorías que se basan en un atributo como: color, tamaño, forma, función o dibujo. Una forma de clasificación es emparejar. El proceso supone juntar objetos parecidos. Los pequeños son capaces de hacer emparejamientos sencillos. O sea, pueden juntar dos cosas idénticas como los calcetines de esta actividad (Herr, 1998).

VARIANTES:

☼ Clasificar zapatos de bebés, bufandas o camisas.

INFORMACIÓN ADICIONAL:

☼ Siempre que sea posible, induzca al niño a que le ayude a clasificar ropa para lavar, platos irrompibles, comestibles, bloques, etc.

19 A 24 MESES

Seguir al cabecilla

COGNOSCITIVO

ÁREA DE DESARROLLO: Cognoscitivo

 Objetivos para el desarrollo del niño

✓ Imitar a otros
✓ Obedecer una orden verbal

MATERIALES:

Ninguno

PREPARACIÓN:

☼ Ninguna

ESTRATEGIAS EDUCATIVAS:

1. Cuando el pequeño pierda el interés por una actividad cualquiera, sugiérale un juego. Por ejemplo, dígale: *"(Amelia), vamos a jugar un juego. Se llama "Seguir al cabecilla". Escucha y haz lo que yo diga o haga. ¿Estás lista?"*
2. Empiece con algo fácil, como tocar palmas o frotarse la barriguita. Alterne las acciones y las instrucciones verbales. Pueden ser caminar alrededor de la habitación, gatear debajo de la mesa, saltar/brincar sin cambiar de lugar, pisotear, mover los brazos, mover la nariz o sacudir la cabeza.
3. Ayudar positivamente al pequeño tendrá como resultado que ponga más atención o imite. Por ejemplo comente: *"(Amelia), escuchaste muy bien mis palabras. Gateaste (debajo) de la mesa. Ahora camina (alrededor) de la mesa". "Lo haces muy bien. Haces todo lo que yo hago".*

4. Si el niño está preparado, aumente la dificultad y simpleza del juego tratando de hacer dos cosas a la vez. Ríase de usted mismo por no ser capaz de hacer dos cosas a la vez. Hable de lo tonto que parece, por ejemplo, cuando se arrastra y sacude la cabeza.

☼ **Puntos destacados del desarrollo**

Los pequeños son muy hábiles para observar e imitar a las personas que los rodean y son importantes para ellos. Aprovéchelo. Demostrar conductas sociales positivas da como resultado que los pequeños las imiten. Por ejemplo, el niño le da algo, respóndale diciendo "gracias".
Así mismo cuando le pida que le dé algo, incluya las palabras "por favor". Gradualmente irán incorporando estas palabras en su vocabulario.

VARIANTES:

☼ Seguir al niño como guía.

INFORMACIÓN ADICIONAL:

☼ Como se comentó antes, anime a los pequeños a gatear en actividades como éstas. El gateo ejercita ambos lados del cerebro a la vez y debe ser estimulado a menudo.
☼ Respete los intentos del niño riéndose "con él" y no "de él".

19 A 24 MESES

COGNOSCITIVO

Búsqueda del color

ÁREA DE DESARROLLO: Cognoscitivo

 Objetivos para el desarrollo del niño

✓ Encontrar colores parecidos en el entorno
✓ Diferenciar objetos visualmente

MATERIALES:

Ninguno

PREPARACIÓN:

✿ Ninguno

ESTRATEGIAS EDUCATIVAS:

1. Invite al pequeño que necesite actividad a jugar con usted. Por ejemplo, diga:
   "(Daniel), vamos a jugar. Es un juego de emparejar colores. Yo señalo algo. Después tú señalas algo diferente del mismo color. Vamos".
2. Indique un objeto de la habitación y descríbalo verbalmente, poniendo énfasis en el color. Diga, por ejemplo:
   "(Daniel), esto es una manzana (amarilla)".
3. Recuérdele la parte que él tiene en el juego estableciendo:
   "Ahora tú mira por la habitación. Encuentra algo que también sea (amarillo)".
4. Ayúdele positivamente cuando el pequeño identifique otro objeto del mismo color. Diga, por ejemplo:
   "Este bus es (amarillo). ¡Bien hecho!"
   "Encontraste un plato (amarillo). ¡Buen ojo!"

5. Ayude y anime al pequeño que tenga dificultades para encontrar cosas del mismo color. Comente, por ejemplo:
   "El (azul) es un color difícil de encontrar; sigue mirando".
   "¿Te gustaría llevar el crayón (rojo) para emparejar con otras cosas?"
   "¿Has mirado los libros?"
6. Repita el juego mientras el pequeño se muestre interesado en él.

 Puntos destacados del desarrollo

Emparejar colores se considera una actividad matemática. Estas experiencias ayudan al niño en su desarrollo cognoscitivo refinando sus habilidades de diferenciación. Las experiencias de emparejar colores ayudan también a favorecer el desarrollo del lenguaje — generando una imagen visual con un nombre.

VARIANTES:

✿ Dele al niño un pedazo de papel de colores para emparejar.

INFORMACIÓN ADICIONAL:

✿ Use la búsqueda de un color a continuación de una actividad de lectura de cuentos. La búsqueda de colores puede practicarse en cualquier lugar. Puede hacerse mientras se pasea o esperando la comida en un restaurante.
✿ Cuando juegue a esto, elija el color del objeto cuidadosamente. Evite tonos que serían difíciles de emparejar.

Hacer pizzas

COGNOSCITIVO

ÁREA DE DESARROLLO: Cognoscitivo

 Objetivos para el desarrollo del niño

✓ Seguir instrucciones sencillas
✓ Observar y comentar transformaciones

MATERIALES:

Un mollete inglés por persona

1 frasco de salsa para pizza

1 bolsa de queso mozzarella

¼ de taza de medir

Tazones para batir de metal o plástico

Platos

Servilletas

Cinta adhesiva de pintor

Marcadores con punta de fieltro

Cartulina

Horno tostador

PREPARACIÓN:

❀ Si lo desea, prepare un tablero de recetas que use fotografías y palabras para describir paso a paso las instrucciones para hacer una pizza. Cuelgue el tablero de recetas en el área que vaya a usar para preparar la pizza.

❀ Enchufe el horno. Por seguridad evite usar prolongadores, en lo posible. Si no lo fuera, fije el cable al suelo con cinta autoadhesiva para reducir la posibilidad de tropezar.

❀ Vierta la salsa de pizza en uno de los tazones y el queso en el otro. Ponga ¼ de taza de medir en el queso. Reúna todo el equipo y los ingredientes, incluyendo los tazones, las cucharas, los platos, los molletes ingleses, el queso y las servilletas. Colóquelo todo en el área donde vaya a trabajar.

ESTRATEGIAS EDUCATIVAS:

1. Ayude al pequeño tanto como sea necesario a lavarse las manos.
2. Mientras señala el tablero de recetas, presente la actividad diciendo:
   "Vamos a hacer pizzas para la merienda. La receta y las instrucciones están aquí. ¿Qué quieres que tenga tu pizza?"
3. Explique al pequeño cómo hacer una pizza mientras trabaja. Refiérase al tablero de recetas.

4. Hable del sabor por separado de los molletes ingleses, la salsa para pizza y el queso. Adivine a qué podrán saber todos juntos.
5. Mientras pone el queso por encima describa cómo se ve. Hable de lo que le ocurre al queso cuando se calienta. Introduzca y explique las palabras "se funde".
6. Cuando llegue el momento de hornear la pizza, establezca límites relativos al horno. Sus comentarios pueden incluir:
   "El horno está caliente. Quédate cerca de este extremo de la mesa".
   "El horno puede quemarte. Siéntate en tu silla".
7. Deje que las pizzas se enfríen un poco antes de comerlas.
8. Mientras comen la merienda, hablen de cómo hicieron las pizzas, cómo saben y qué aspecto tienen ahora. Hágalo mientras pregunta, por ejemplo:
   "¿Cómo hiciste tu pizza?"
   "¿Qué aspecto tiene ahora el queso?"
   "¿Qué más podríamos poner en la pizza?"

❂ **Puntos destacados del desarrollo**

A esta edad, los pequeños descubren y aprenden por medio de experiencias concretas, prácticas. Para hacerlo así, necesitan que se les proporcione un entorno fértil en oportunidades para examinar, explorar, manipular y experimentar con objetos. De ahí que las actividades de cocina sean una forma de facilitar el crecimiento cognoscitivo de los pequeños.

Los más pequeños, como los preescolares, no aciertan en el reconocimiento de las transformaciones. Consideran el comienzo y el final como estados sin ninguna relación, desechando la transformación dinámica de uno en otro (Berk, 1997). Por lo tanto, observar y hablar de los cambios les ayudará en su desarrollo cognoscitivo y de lenguaje.

VARIANTES:

❀ Preparar una pizza grande para repartir entre todos.

INFORMACIÓN ADICIONAL:

❀ Tenga extremo cuidado una vez que el horno esté caliente. Nunca deje de vigilarlo, además de establecer y asegurar límites para prevenir accidentes. Si lo cree necesario, haga que el niño dé la vuelta a la silla con su espalda hacia la fuente de calor. Sentarse en esta posición puede impedir que el niño se eche hacia delante y posiblemente toque un aparato caliente.

 COGNOSCITIVO

Emparejar fotografías de niños

ÁREA DE DESARROLLO: Cognoscitivo

Objetivos para el desarrollo del niño

✓ Diferenciar visualmente entre objetos
✓ Identificar a personas en fotografías

MATERIALES:

Una cámara

Cartulina

Pegamento o cinta

Tijeras

Cesta

PREPARACIÓN:

- ☼ Haga fotografías a los pequeños cuando estén trabajando independientemente. Al revelar la película, pida dos copias.
- ☼ Recorte las cartulinas un poco más grandes que las fotografías. Fije una fotografía en cada cartulina con pegamento o cinta. Ponga los grupos de fotografías en una cesta y colóquelas en una mesa para niños.

ESTRATEGIAS EDUCATIVAS:

1. Cuando un niño se interese por la actividad, observe su comportamiento.
2. Si fuera necesario, inicie la actividad, diciendo, por ejemplo:
   "Mira las fotografías de nosotros. Empareja las que sean iguales".
3. Dar ayuda verbal puede ayudar al pequeño a emparejar fotografías. Los comentarios pueden incluir:
   "(Julio), aquí llevas una camisa roja. Busca una camisa roja".
   "Busca otra foto con muchos libros".
4. Anime al pequeño a identificar a otras personas de las fotografías. Las preguntas pueden incluir:
   "¿Quién está en esta fotografía?"
   "¿Dónde está la foto de (Nora)?"

5. Proporciónele ayuda y ánimo cuando tenga dificultades para encontrar una fotografía en particular. Haga comentarios como:
   "Sigue mirando. Estás trabajando bien".
   "¿Quién es? ¿Qué están haciendo en esta foto?"
6. Apoye al pequeño cuando acierte a emparejar. Por ejemplo, dígale:
   "¡(Julio), esas dos fotos son idénticas!"
   "Encontraste dos fotos iguales".
7. Aliente al pequeño a que continúe solo con el juego. Haga un seguimiento periódico ayudándole, animándole o apoyándole cuanto sea necesario.

Puntos destacados del desarrollo

La capacidad de memoria de los pequeños, aunque no es muy eficiente, sigue aumentando. Son capaces de reconocer a sus familiares en fotografías antes de reconocerse ellos mismos. Sin embargo, a los dos años, está bien establecido el reconocimiento propio (Berk, 1997). Para facilitarles que se reconozcan a sí mismos, proporcióneles espejos y fotografías.

VARIANTES:

- ☼ Si se trata de una clase, pida a los padres o tutores fotografías por duplicado de la familia. Repita la actividad emparejando las fotografías familiares.

INFORMACIÓN ADICIONAL:

- ☼ A los pequeños les encanta verse en fotografías. Por lo tanto, probablemente quieran repetir la actividad varias veces. Además, les gusta llevárselas para mirarlas y verlas con otros.

Clasificar tapas

COGNOSCITIVO

ÁREA DE DESARROLLO: Cognoscitivo

 Objetivos para el desarrollo del niño

✓ Clasificar objetos según el color
✓ Diferenciar objetos visualmente

MATERIALES:

1½ cartón de dos docenas de huevos

12 tapas de botellas de plástico de leche, 6 de un color y 6 de otro

PREPARACIÓN:

❧ Ponga las tapas en un cartón de huevos. Después, coloque el cartón en un lugar de fácil acceso.

ESTRATEGIAS EDUCATIVAS:

1. Cuando el niño escoja esta actividad, observe su comportamiento.
2. Pregunte al pequeño cómo se han agrupado las tapas. Por ejemplo, puede decirle:
   "Dime cosas de las tapas. ¿Cómo decides dónde ponerlas?"
3. Si el niño usa las tapas de forma diferente, dele tiempo para analizarlas. Después, háblele de ellas. Comente, por ejemplo, el color de las tapas. Puede decir:
   "(Dora), veo dos colores de tapas: (rojo) y (verde)".
   "Veo tapas (rojas) y tapas (verdes)".

4. Si lo cree necesario, anímele a continuar clasificando tapas preguntándole:
   "¿Cómo puedes agrupar las tapas?"
5. Ayúdele de forma positiva a clasificar las tapas por su color. Puede comentarle:
   "(Dora), has agrupado las tapas por su color".
   "Veo dos grupos de tapas: un grupo es (rojo) y el otro es (verde)"

 Puntos destacados del desarrollo

El pequeño normalmente es capaz de seguir instrucciones sencillas, clasificar objetos por su color y diferenciar objetos con la vista. Observe cuánto se concentra cuando está jugando. Igualmente, note cómo le mantiene a usted informado de su papel. Por ejemplo, mientras clasifica tapas, el niño puede cambiar los roles. En ese momento el pequeño puede considerarse el guía mostrándole o diciéndole lo que debe hacer. Apoye su comportamiento y sígalo en su papel de líder.

VARIANTES:

❧ Clasificar objetos, como autos y aviones, por el color.

INFORMACIÓN ADICIONAL:

❧ A veces los pequeños siguen explorando su mundo oralmente. Por tanto, si fuera necesario compruebe que los objetos que les proporciona no presentan peligro de que se atraganten.

19 A 24 MESES

COGNOSCITIVO

Fotos rompecabezas

ÁREA DE DESARROLLO: Cognoscitivo

Objetivos para el desarrollo del niño

✓ Unir partes para hacer un todo
✓ Emparejar fotos

MATERIALES:

4 ó 6 fotos de revistas o catálogos, de temas relacionados como animales, vehículos o ropa

Papel autoadhesivo

Cartulina o cartón grueso

Tijeras

PREPARACIÓN:

☼ Recorte fotografías de revistas o catálogos y fíjelas en cartulina o cartón grueso. Luego cúbralas con papel autoadhesivo. Corte cada fotografía por la mitad.

☼ Mezcle las fotografías y póngalas en una mesa de tamaño infantil.

ESTRATEGIAS EDUCATIVAS:

1. Invite a un pequeño a la mesa y señálele las fotografías. Enséñele la actividad diciendo, por ejemplo:
   "(Nora), ayúdame a armar estas fotografías".
2. Observe al niño cuando trabaja con las piezas de rompecabezas.
3. Ayudarle mientras trabaja contribuirá a que permanezca más tiempo participando. Puede comentarle:
   "Sigue (Nora). Has emparejado dos fotografías".
   "Casi las juntaste. Ambas son de animales negros, pero se ven diferentes. Busca una con una cola larga".

4. Ayude al pequeño tanto como sea necesario a completar los rompecabezas. Puede comentarle:
   "Aquí hay una cabeza de un perro. Busquemos una fotografía con una cola de perro".
   "Este animal es café. Busca una fotografía que tenga color café".
5. Cuando el pequeño consiga completar un rompecabezas, apóyele positivamente. Aplaudir o sonreír puede favorecer el comportamiento que se desea. Igualmente, ejemplos de apoyo verbal positivo pueden ser:
   "¡Lo has conseguido! Juntaste bien todas las piezas".
   "¡Qué trabajadora eres (Nora)! Completaste tres rompecabezas".
6. Mezcle las fotografías y empiece la actividad otra vez si el pequeño sigue interesado.

Puntos destacados del desarrollo

Al final del segundo año de vida, el pequeño ha hecho bastantes avances cognoscitivos. En ese momento, cuando juega es capaz de utilizar información ya aprendida.
Por ejemplo, puede reconocer partes del cuerpo, objetos y personas que le son familiares. Igualmente, cuando se nombran los objetos, el niño es capaz de señalarlos.
Por tanto, los rompecabezas y otras actividades semejantes desarrollarán su capacidad de resolver problemas.

VARIANTES:

☼ Usar rompecabezas en relieve de los que venden en las tiendas.

INFORMACIÓN ADICIONAL:

☼ Si las fotografías están montadas en cartulina a los pequeños les resulta más fácil manejarlas y agarrarlas.

¿Qué hay debajo de la cesta?

COGNOSCITIVO

ÁREA DE DESARROLLO: Cognoscitivo

Objetivos para el desarrollo del niño

✓ Perfeccionar el concepto de permanencia de los objetos
✓ Desarrollar la memoria visual recordando e identificando objetos que faltan

MATERIALES:

Cesta de tejido tupido

3 objetos favoritos del mismo color que quepan en la cesta

PREPARACIÓN:

☼ Coloque los tres objetos dentro de la cesta. Luego ponga la cesta fuera del alcance del niño.

ESTRATEGIAS EDUCATIVAS:

1. Cuando el pequeño necesite cambiar de actividad, busque la cesta e invite al niño a jugar con usted.
2. Presente la actividad al pequeño diciendo:
   "Mira. Tengo tres cosas aquí: (una pelota, un coche y un bloque). Todas son de color (rojo). Voy a esconder una debajo de la cesta y tú tratas de adivinar qué falta".
3. Dígale que debe cerrar los ojos mientras usted esconde el objeto debajo de la cesta.
4. Pídale que los abra y adivine lo que falta.

5. Ayúdele en el proceso de imaginar lo que falta. Puede comentarle:
   "La (pelota roja) está aquí. ¿Qué más puede haber en la cesta?"
   "¡Bien! El (bloque rojo) estaba en la cesta".
6. Continúe el juego mientras el pequeño demuestre estar interesado. Cambiar los objetos que se deben esconder puede mantener el interés del pequeño en el juego.

Puntos destacados del desarrollo

A los niños les encanta el juego del escondite. En esta etapa de su crecimiento, recordarán dónde están escondidas las cosas. De hecho, puede que incluso quieran intercambiar los papeles, que ellos escondan cosas y que usted las busque.

VARIANTES:

☼ Aumente la dificultad colocando un objeto dentro de la cesta y dejando los otros fuera. Dele indicios, si fuera necesario, para ayudar al pequeño a averiguar qué objeto está en la cesta.

INFORMACIÓN ADICIONAL:

☼ Apoye los esfuerzos del niño además de sus logros.

COGNOSCITIVO

Preparación de masa de jugar

ÁREA DE DESARROLLO: Cognoscitivo

 Objetivos para el desarrollo del niño

✓ Observar transformaciones
✓ Hablar de parecidos y diferencias

MATERIALES:

Receta de masa

Ingredientes de la receta

Una silla alta o una mesa para niños

PREPARACIÓN:

☼ Escoja una receta para hacer masa sin cocción de la lista del apéndice H. Reúna los ingredientes necesarios. Para grupos de esta edad, es preferible juntar los ingredientes secos y los húmedos por separado de forma que los pequeños mezclen dos cosas solamente.

ESTRATEGIAS EDUCATIVAS:

1. Ayude al pequeño, si fuera necesario, a lavarse las manos.
2. Haga sentar al pequeño en una silla alta, asegurándole con las bandas.
3. Empiece diciéndole, por ejemplo:
   "(Gabriel), hoy vamos a hacer masa para jugar. Ayúdame. Tú puedes mezclarla".
4. Comente y amplíe las respuestas del pequeño.
5. Vierta los ingredientes secos en la bandeja del pequeño. Anímele a analizarlos usando sus dedos.
6. Introduzca y refuerce las palabras adecuadas como grumoso, arenoso y seco.
7. Vierta los ingredientes húmedos en un rinconcito de la bandeja. De nuevo, anime al pequeño a estudiar las sustancias con sus dedos.

8. Introduzca y refuerce el vocabulario como húmedo, aceitoso y suave.
9. Sugiérale mezclar todo. Comente lo que ocurre con los ingredientes secos cuando se añaden los líquidos. Además, háblele de qué tacto y qué aspecto tiene ahora la masa.
10. Anime al pequeño a continuar analizando la masa una vez que está todo mezclado.

 Puntos destacados del desarrollo

La mayoría de los niños disfrutan jugando con la masa, porque es un material que puede ser formado, moldeado y remoldeado. Se divierten con el atractivo táctil y la respuesta al tacto. Los comportamientos típicos incluyen apretar, estirar, estrujar y hacer rodar. Obsérvelos mientras lo hacen. Cuando estén listos, proporcióneles utensilios como palitos para amasar y cortapastas para galletitas para usar con la masa.

VARIANTES:

☼ Si hay más de un niño, anímeles a trabajar juntos en la preparación de la masa.

INFORMACIÓN ADICIONAL:

☼ Normalmente, jugando con masa se produce bastante desorden. Controle el desaliño poniendo la silla alta en un mantel de hule y con toallas húmedas a mano para lavar las manos de los niños.

 **19 A 24 MESES**

Probar pan

COGNOSCITIVO

ÁREA DE DESARROLLO: Cognoscitivo

Objetivos para el desarrollo del niño

✓ Usar estimulación sensorial para diferenciar objetos por su textura
✓ Comparar y contrastar objetos

MATERIALES:

Pan de pita
Pancitos con levadura
Bagels
Pan italiano
Tabla de cortar y cuchillo
Servilletas
Tazas
Jarra de leche o jugo

PREPARACIÓN:

♡ Limpie y desinfecte una mesa para niños. Reúna los ingredientes de la merienda y colóquelos en la bandeja.

ESTRATEGIAS EDUCATIVAS:

1. Anime al niño a lavarse las manos. Si lo cree necesario, ayúdele.
2. Lleve las provisiones a la mesa y pídale que se siente.
3. Muestre al niño una clase de pan. Nómbrelo y trate de obtener de él descripciones preguntándole, por ejemplo:
   "¿Qué es esto?"
   "¿Qué aspecto tiene?"
4. Comente el tamaño, la forma y el color del pan.
5. Corte el pan y aliente al niño a probarlo.
6. Conversen sobre el tacto y el sabor del pan.

7. Elija otra clase de pan y repita los pasos 3 a 6.
8. Compare y contraste el tacto y el sabor del pan.
9. Siga con el resto de los panes.
10. Refuerce positivamente la comparación y diferenciación de los panes. Sus comentarios pueden ser:
    "Sí, (Simón). El bagel y el pan italiano hay que masticarlos bien".
    "¡Buena observación! El pan de pita y los pancitos con levadura tienen agujeros".

Puntos destacados del desarrollo

Probar sabores es una experiencia importante porque los niños pequeños aprenden a través de sus sentidos —palpando, oliendo, viendo, oyendo y saboreando. Al observar y probar las diferentes clases de pan, el niño puede aprender el color, la textura, el olor, la sensación y el sabor de cada uno. Además, usted puede ayudarle en el proceso cognoscitivo a través de comparaciones y diferenciaciones haciendo las preguntas enumeradas en esta actividad.

VARIANTES:

♡ Hacer pan con máquina.
♡ Incluya otros tipos de pan como tortillas, waffles, panqueques y crêpes.

INFORMACIÓN ADICIONAL:

♡ La seguridad es siempre lo primero. En consecuencia, establezca límites de seguridad al usar el cuchillo.

19 A 24 MESES

COGNOSCITIVO

Mezcla de colores

ÁREA DE DESARROLLO: Cognoscitivo

Objetivos para el desarrollo del niño

✓ Preparar un color secundario mezclando dos primarios
✓ Observar transformaciones

MATERIALES:

Receta de estofado arco iris; revise la lista de recetas en el apéndice H.

Colorante de alimentos rojo y azul

Bandeja

Bolsas con cierre

Ingredientes y equipo necesario para preparar el estofado

PREPARACIÓN:

☙ Prepare el estofado arco iris. Deje enfriar a temperatura ambiente y métalo a cucharadas en las bolsas con cierre. Ponga las bolsas y el colorante de alimentos en una bandeja.

☙ Limpie una mesa para niños y coloque la bandeja en el centro.

ESTRATEGIAS EDUCATIVAS:

1. Cuando el niño muestre interés, cámbiese a la mesa.
2. Explique la actividad diciendo, por ejemplo:
   "Esta bolsa es para mezclar colores. Voy a meter colorante azul y rojo. Ayúdame. Sostén la bolsa mientras pongo en ella el colorante".
3. Deje caer el colorante en partes diferentes de la bolsa.
4. Saque cuanto más aire pueda de la bolsa y ciérrela.

5. Anime al pequeño a hablar de lo que le está ocurriendo al estofado arco iris. Comente, por ejemplo, cómo se mueven los colores en la bolsa.
6. Cuando empiece a aparecer el nuevo color, finja sorpresa y diga, por ejemplo:
   "¿Qué ocurre? Pusimos los colores rojo y azul. Mira, ahora se ve morado. ¿Qué pasó?"
7. Charle con el pequeño de la transformación.

Puntos destacados del desarrollo

Los niños están rodeados de colores. Son capaces de describir su mundo nombrando los colores. Muchos pequeños de dos años pueden reconocer también el color de una muestra. Una forma de empezar a enseñar el concepto de color a los niños es mezclarlos. Junte dos colores primarios para obtener un color secundario.

VARIANTES:

☙ Como actividad al aire libre ponga el estofado arco iris en un balde de lavar o en una caja. Añada colorante de alimentos y anime al niño a mezclarlos.

INFORMACIÓN ADICIONAL:

☙ Muchos pequeños siguen explorando el mundo con la boca. Todos los materiales que se usen en la preparación del estofado arco iris, así como los colorantes, no son tóxicos. A pesar de todo, comer mucha cantidad puede causar malestar de estómago. Por tanto, se recomienda supervisar la actividad muy bien.

19 A 24 MESES

¿Hundirse o flotar?

COGNOSCITIVO

ÁREA DE DESARROLLO: Cognoscitivo

Objetivos para el desarrollo del niño

✓ Entender los términos "hundirse" y "flotar"
✓ Crear una hipótesis y demostrarla

MATERIALES:

Toallas de baño

Recipiente de plástico

Cesta

Cosas que pueden meterse en el agua como corcho, flotadores de pesca, madera, barcos, coche de plástico, pelotas de golf

Guardapolvos

PREPARACIÓN:

☼ Despeje una mesa para niños. Extienda una toalla y coloque sobre ella el recipiente de plástico. Vierta agua hasta 1 ó 2 pulgadas (2,5 a 5 cm).

☼ Ponga las cosas que se hunden y las que flotan en la cesta. Luego coloque la cesta al lado del recipiente con agua en la mesa. Deje los guardapolvos en una esquina de la mesa.

☼ Tenga las toallas a mano por si se derrama agua.

ESTRATEGIAS EDUCATIVAS:

1. Cuando el pequeño se interese por la actividad, acérquese y observe su comportamiento. Note cómo interactúa con los materiales que tiene a mano.

2. Hable acerca de las cosas que el pequeño mete en el agua. Señálele lo que flota y lo que se hunde hasta el fondo. Para aclararle los conceptos, dígale:
"Los pedazos de corcho y madera están flotando sobre el agua. ¿Ves cómo se quedan arriba? Pero mira el coche. Se hundió hasta el fondo".

3. Cuando el pequeño saque otra cosa de la cesta, pregúntele si se hundirá o flotará. Puede decirle:
"(Sonia), ¿crees que la (pelota de golf) se hundirá o flotará?"
"¿Qué pasará con el (barco) cuando lo pongas en el agua? ¿Se hundirá o flotará?"

4. Repita la sugerencia del pequeño y luego anímele a que demuestre su hipótesis.

5. Apóyelo y refuerce la ayuda cuando descubra los resultados. Afirme, por ejemplo:
"Mira. La (pelota) se hundió, como tú creías que lo haría".
"El (barco) flota. Se queda encima del agua".

6. Consiga que el pequeño cree y pruebe hipótesis para el resto de los objetos.

Puntos destacados del desarrollo

Los niños a esta edad están ansiosos por explorar su mundo usando las manos como aproximación.
Por exploración elaboran su conocimiento. Proporcióneles un entorno estimulante con materiales que puedan manipular. Cuando jueguen con los materiales, observarán y resolverán problemas. Por eso, algunos conceptos científicos complejos pueden ser introducidos a través de actividades simples como "hundirse" y "flotar".

VARIANTES:

☼ Reúna piedras grandecitas y barcos en la mesa de agua. Hable de por qué algunos objetos se hunden y otros flotan.

INFORMACIÓN ADICIONAL:

☼ Si los pequeños se muestran más interesados en tan sólo jugar con el agua, aliente este comportamiento removiendo los objetos que se hunden y los que flotan.

Embocar tuercas y pernos

ÁREA DE DESARROLLO: Cognoscitivo

 Objetivos para el desarrollo del niño

✓ Diferenciar tamaños
✓ Emparejar objetos

MATERIALES:

6 tuercas y pernos de plástico de tamaños distintos, diferenciados por color

Cesta

PREPARACIÓN:

☼ Ponga las tuercas y los pernos en la cesta y ésta en un estante al alcance del niño.

ESTRATEGIAS EDUCATIVAS:

1. Cuando el pequeño esté listo para la actividad, observe su comportamiento.
2. Si lo necesita, comience el ejercicio señalando a cada uno y diciendo:
   "(Roberto), hay una tuerca para cada perno. A ver si puedes embocarlos".
3. Dar apoyo oral puede disminuir la frustración del pequeño con este ejercicio. Puede decirle:
   "El perno que tienes en la mano es muy grande. Busca la tuerca más grande y prueba con ella".
4. Cuando sea pertinente ayude al pequeño a poner la tuerca en el perno.
5. Haga que ponga todas las tuercas con sus pernos correspondientes.

6. Para darle ánimo de forma positiva en los intentos y logros puede decirle:
   "(Roberto), estás haciéndolo muy bien con las tuercas y los pernos".
   "Te faltan dos más. ¡Casi los has terminado!"

 Puntos destacados del desarrollo

Incluso en esta edad, los niños van captando los conceptos matemáticos. Las matemáticas se pueden definir como la ciencia de las formas y de los números. Los niños pueden aprender a conocer las formas jugando con tuercas y pernos de plástico de diferentes colores según el tamaño. También pueden usarlos para clasificar por colores.

VARIANTES:

☼ Cuando estén preparados en su desarrollo mental, deles llaves inglesas para usar con las tuercas y los pernos.
☼ Con objeto de centrar la actividad en habilidades de motricidad fina, proporcióneles tuercas y pernos del mismo tamaño.

INFORMACIÓN ADICIONAL:

☼ Modifique su forma de interactuar para descubrir las necesidades individuales de los pequeños. Por ejemplo, un pequeño puede desear su presencia física solamente, mientras que otro puede que desee también su ayuda verbal.
☼ Supervise la actividad para asegurarse de que el niño usa las tuercas y los pernos como se debe.

¿Debajo de cuál está?

COGNOSCITIVO

ÁREA DE DESARROLLO: Cognoscitivo

 Objetivos para el desarrollo del niño

✓ Aumentar la memoria
✓ Encontrar un objeto escondido

MATERIALES:

3 latas de tamaños diferentes

1 juguete que encaje fácilmente dentro de latas pequeñas, pero lo suficientemente grande como para evitar que se atraganten

Cinta adhesiva

PREPARACIÓN:

☼ Cubrir con cinta adhesiva cualquier rebaba o borde afilado de las latas. Si le parece, decórelas por fuera con papel autoadhesivo, con papel de envolver o de construcción.

☼ Despeje una mesa para niños y ponga las latas en ella.

☼ Esconda el juguete dentro de una de las latas.

ESTRATEGIAS EDUCATIVAS:

1. Cuando el pequeño se muestre interesado, pregúntele: *"(Teresa), ¿para qué son estas latas?"*

2. Hable con él del propósito de las latas. Mientras habla, levante cada una. Sorpréndase cuando descubra el juguete, ya que con ello puede despertar el interés del niño.

3. Muéstrele en qué envase ha escondido el juguete y cambie las latas.

4. Haga que el pequeño adivine bajo qué lata está el juguete.

5. Ayude y refuerce sus intentos. Puede decirle: *"(Teresa), encontraste el juguete. Estaba en el envase alto y delgado".*
"Sigue tratando de adivinar. Sé que lo encontrarás".

6. Cambie los papeles del juego y deje al pequeño esconder el juguete y mover las latas, y usted adivine dónde está escondido.

 Puntos destacados del desarrollo

Entre los dieciocho y los veinticuatro meses, se da un pico de crecimiento en el cerebro del niño, que coincide con un aumento en el desarrollo del pensamiento representacional, de la memoria y de las habilidades lingüísticas (Berk, 1997). Las investigaciones actuales destacan la importancia que tiene un entorno fértil, que ayude y fomente tal desarrollo (Shore, 1997).

VARIANTES:

☼ Esconda dos cosas e induzca al pequeño a encontrar una de ellas, para aumentar la dificultad si es que está mentalmente preparado.

INFORMACIÓN ADICIONAL:

☼ Cuando cambie los papeles del juego, para favorecer la autoestima del pequeño, elija a propósito el envase que no tiene el juguete.

De diecinueve a veinticuatro meses

DESARROLLO SOCIAL

SOCIAL

Pasar la bolsa de frijoles

ÁREA DE DESARROLLO: Social

 Objetivos para el desarrollo del niño

✓ Relacionarse con otros
✓ Participar en actividades de grupo

MATERIALES:

2 ó 3 bolsas de frijoles idénticas

Reproductor de cinta o de discos compactos

Cintas de música o discos compactos

PREPARACIÓN:

☼ Elija un lugar con toma de corriente para esta actividad. Enchufe el reproductor de cintas o el de discos compactos. Elija una canción rebobinando o hacia delante. Para mayor seguridad, ponga el reproductor fuera del alcance de los niños.

☼ Disponga las bolsas con frijoles en el suelo en el lugar elegido.

ESTRATEGIAS EDUCATIVAS:

1. Cuando el pequeño elija las bolsitas, hable del objeto de la actividad. Por ejemplo, pregúntele:
   "(Lidia), ¿para qué son las bolsas con frijoles?"
   "¿Qué podemos hacer con esto?"
2. Ayudarle positivamente aumentará las respuestas creativas o el pensamiento original. Puede decir:
   "Buena idea. A mí no se me habría ocurrido que sirvieran para (llevarlas de compras)".
   "¡Genial! Pensaste en cuatro cosas que se pueden hacer con las bolsas de frijoles".
3. Si un niño sugiere pasar la bolsa de frijoles de uno a otro, diga:
   "Vamos a jugar a lo que (Elena) sugirió. Vamos a pasarnos la bolsa de frijoles entre nosotros".

4. Anime y dé sugerencias para jugar. Por ejemplo, pregunte si deberían jugar de pie o sentados.
5. Pásense la bolsa de frijoles varias veces.
6. Si es posible, invite a otros a unirse al juego.
7. Después de que se hayan pasado la bolsa de frijoles, sugiera jugar con música. Diga, por ejemplo:
   "Vamos a poner música mientras jugamos a pasarnos la bolsa de frijoles".
8. Empiece de nuevo el juego. Cuando no tenga la bolsa de frijoles, toque palmas o baile al ritmo de la música para expresar que se divierte.
9. Continúe mientras los pequeños se muestren atentos al juego.

 Puntos destacados del desarrollo

Durante la infancia empiezan a aparecer asomos de sociabilidad con otros niños. En esta etapa, las primeras manifestaciones sociales consisten en sonrisas a otros bebés y sonidos articulados. A los dos años, sin embargo, los niños empiezan a tener preferencias por algunas personas en particular, y como resultado, las buscan (Spodek, 1993).

VARIANTES:

☼ Use otras cosas para pasarse como un muñeco de felpa del tamaño adecuado, un bloque o un coche.

☼ Juegue a "quedarse quieto" mientras pasa la bolsita de frijoles con música.

INFORMACIÓN ADICIONAL:

☼ Si trabaja con más de un niño, fomente la autoestima de cada uno asegurándose de que todos tengan igual oportunidad de participar.

19 A 24 MESES

Rociador artístico

SOCIAL

ÁREA DE DESARROLLO: Social

Objetivos para el desarrollo del niño

✓ Participar en un proyecto de grupo
✓ Interactuar con otros

MATERIALES:

Pedazo grande de papel de parafina blanco

Cinta adhesiva

4 botellas con atomizador ajustado a un chorro fino

Colorante de alimentos y agua

PREPARACIÓN:

☞ Pegue el papel de parafina a una valla o pared con la cinta adhesiva.

☞ Prepare los atomizadores llenando las botellitas hasta la mitad con agua y añadiendo unas gotas de colorante. Prepare dos botellitas con los colores que quiera. Ajuste el atomizador a un chorro fino para evitar que se ablande el papel.

ESTRATEGIAS EDUCATIVAS:

1. Cuando el niño quiera, presente la actividad diciendo:
   "Ésta es una nueva forma de pintar. Aprieta el gatillo y apunta al papel. Los colores se extenderán en él".
2. Mientras hable, acompañe las palabras con acciones mostrando al niño cómo usar el atomizador. Establezca los límites claramente y de forma positiva. Diga, por ejemplo:
   "(José), rocía el papel".
3. Describa la pintura del niño. Puede decir:
   "Estás usando el (verde)".
   "Estás rociando la parte de arriba de la página. Mira, está goteando".

4. Reafirme los límites cuando sea preciso. Si el niño sigue sin respetarlos, establezca una consecuencia lógica de su comportamiento. Diga, por ejemplo:
   "(José), pinta en el papel. O tendrás que hacer otra cosa".
   Cumpla con las consecuencias si fuera necesario.
5. Ayudar positivamente dará como resultado que conseguirá la repetición del comportamiento deseado. Si están participando varios niños, puede comentar:
   "(José) está rociando el papel para hacer una pintura".
   "(María) está echando chorros de colores en el papel".

Puntos destacados del desarrollo

Los pequeños pueden entretenerse — jugando solos — más que con cualquier otro juego. También se entretienen con juegos paralelos, como pintar con atomizadores. Al observarles, notará que están ocupados con la misma actividad pero usando los materiales y el equipo de forma independiente. Con objeto de favorecer conductas sociales positivas así como para minimizar las negativas, los adultos necesitan proporcionarles materiales duplicados.

VARIANTES:

☞ Si lo cree acertado, repita la actividad durante el invierno pintando la nieve con agua coloreada.

INFORMACIÓN ADICIONAL:

☞ A los niños les encantan los atomizadores para pintar porque pueden ver de forma inmediata el resultado de sus acciones. Se deberían reforzar constantemente los límites que se relacionan con el rociado del papel. Si el límite fuera repetidamente violado, actúe en consecuencia retirando los atomizadores y buscando otro ejercicio.

SOCIAL

Picnic en el patio de recreo

ÁREA DE DESARROLLO: Social

 Objetivos para el desarrollo del niño

✓ Ocuparse en juegos funcionales
✓ Interactuar con un adulto

MATERIALES:

Manta

Cesta de picnic

Animalitos de felpa

Platos y tazas de plástico

Comida de plástico surtida

PREPARACIÓN:

♨ Elija una zona plana fácil de supervisar y extienda una manta. Ponga sobre la manta los animalitos de felpa.

♨ Meta los platos, las tazas y la comida dentro de la cesta de picnic.

ESTRATEGIAS EDUCATIVAS:

1. Mientras prepara al niño para salir, enséñele la cesta de picnic. Por ejemplo, pregúntele:
   "(Rosita), ¿para qué es esto?"
2. Explique las respuestas de forma breve. Si le parece oportuno, dígale:
   "Vamos a hacer como que celebramos un picnic en el patio. Nos esperan algunos amigos".
3. Haga que los pequeños ayuden a llevar la cesta de picnic.
4. Anímeles a actuar en el juego haciéndoles preguntas, como:
   "(Rosita), ¿qué hace la gente en un picnic?"
   "¿Qué come la gente en un picnic?"
   "¿Crees que el (osito) tiene hambre?"
5. Describa oralmente las acciones de los niños. Si hay más de uno, los comentarios pueden ser:
   "(Rosita), le estás dando espaguetis al (león)".
   "(Tito), has puesto dos pedazos de pan juntos. Hiciste un sandwich".

6. Cuando sea posible, centre la atención en la interacción social entre los niños. Hable de cómo dos o más niños están ocupados en la misma actividad. Unos comentarios podrían ser:
   "(Rosita) y (Tito) están dando de comer a los animalitos".
   "En este momento somos (cuatro) que estamos de picnic".

 Puntos destacados del desarrollo

Los pequeños están empezando a entregarse a juegos de representación. En particular disfrutan imitando los comportamientos de otros, lo cual forma parte de su proceso de aprendizaje. Observe. Su forma de actuar en el juego está cambiando. Antes, podían estar jugando con unas llaves sacudiéndolas o manipulándolas, sin más. Ahora están empezando a usar los objetos, como las llaves, en su uso específico. Como ejemplo, los pequeños en esta etapa tratarán de introducir las llaves en el cerrojo de una puerta o en un supuesto coche.

VARIANTES:

♨ Programe un picnic dentro del aula en un día lluvioso sirviendo una merienda sobre una manta.

INFORMACIÓN ADICIONAL:

♨ Los juegos de representación implican que los niños usen cosas para su uso específico, como dar de comer o vestir. Al continuar su desarrollo social y cognoscitivo, en los juegos empiezan a usar juguetes como muñecas y animales. Por tanto, debería tener a mano juguetes de este tipo.

Animales en el zoológico

SOCIAL

ÁREA DE DESARROLLO: Social

Objetivos para el desarrollo del niño

✓ Participar en actividades de grupos pequeños
✓ Cantar con otros

MATERIALES:

Animales de felpa o figuritas de plástico sobre los que quiera cantar

Bolsa

PREPARACIÓN:

☼ Meta los animalitos en la bolsa. Cuando todo esté preparado comience la actividad, llevando la bolsa al lugar donde quiere que los niños interactúen con usted.

ESTRATEGIAS EDUCATIVAS:

1. Reúna a los pequeños y empiece la actividad diciendo:
   "Vamos a cantar una canción sobre animales que viven en el zoológico. Es una canción nueva, por eso yo voy a cantar con ustedes".
2. Saque el primer animalito de la bolsa y cante:

   ♪ The (*león*) in the zoo
   ♪ Go (*gr gr, gr, gr, gr*)
   ♪ The (*león*) in the zoo
   ♪ Go (*gr, gr, gr*)
   ♪ All around their home.

   Otras estrofas incluyen: serpientes que silba sss-sst; monos que chillan ji-ji; loros — que charlan guac-suac; gorilas que — hacen ju-ju; asnos que — rebuznan ji-jo; osos que — gruñen arf-arf.
3. Haga que cada niño saque un animalito de la bolsa cada vez. Al cantar el verso que se refiere al animalito, el niño puede permanecer al lado de usted.

4. Apoye positivamente a los niños al final de la canción. Diga, por ejemplo:
   "Gracias por ayudarnos a cantar. Ayudaste mucho eligiendo un animalito de la bolsa. Trabajamos juntos cantando".
5. Deje la bolsa y los animalitos donde los pequeños puedan seguir explorando y cantando si quieren.

Puntos destacados del desarrollo

A esta edad, los pequeños son conscientes de ser seres diferentes a sus cuidadores, padres, hermanos y compañeros. Normalmente se les considera egocéntricos. Desde su posición, todos piensan como ellos. Por eso, los pequeños tienen dificultades para relacionarse con otros. Favorezca relaciones sanas entre varios niños, deles ejemplo en compartir tareas y respetar turnos.

VARIANTES:

☼ Canciones sobre animalitos de granja o mascotas.
☼ Acompañe la canción con acciones.

INFORMACIÓN ADICIONAL:

☼ Los pequeños están creciendo continuamente en independencia. Animarles a participar en actividades que la desarrollen aumentará su sentido de orgullo personal y autovaloración además de su independencia. Se debe a que ahora son capaces de realizar tareas por sí mismos.

SOCIAL

Paseo por la naturaleza

ÁREA DE DESARROLLO: Social

Objetivos para el desarrollo del niño

✓ Explorar el entorno físico
✓ Tomarse de la mano de otra persona mientras pasean

MATERIALES:

Una bolsa de papel del tamaño de un almuerzo para cada niño

Marcadores con punta de fieltro

Cosas para excursiones como pañuelos de papel, botiquín de primeros auxilios, formulario(s) de permisos médicos

PREPARACIÓN:

♡ Recorra el itinerario que vayan a seguir buscando alguna ocasión de peligro. Si es posible subsane los inconvenientes; si no, cambie de ruta.

♡ Escriba el nombre del niño en una bolsa de papel. Si hay más de un niño, dele una bolsa a cada uno.

♡ Reúna lo necesario para el paseo, incluyendo los formularios médicos, el botiquín, pañuelos de papel y ponga todo en una bolsa.

ESTRATEGIAS EDUCATIVAS:

1. Mientras se preparan para salir, hable del paseo que van a dar. Puede decir, por ejemplo:
   "Hoy haremos algo especial. Vamos a dar un paseo. Vamos a un (parque con muchos árboles). Debemos tomarnos de la mano".
2. Ayúdeles a tomarse de las manos.
3. Empiecen a caminar. Conversar con los niños ayudará a aumentar su capacidad de observación, especialmente cuando hablen de cosas que los rodean. Puede comentar:
   "(Ángela), ¿qué estás mirando?"
   "Viene un (coche). Mirad, es (rojo)".
   Concéntrese en los objetos y en las personas que estén dentro del campo visual de los pequeños.

4. Cuando lleguen a su destino, dé a cada pequeño una bolsa y explíqueles su uso. Puede decir:
   "Si encuentras algo especial que quieras guardar ponlo en tu bolsa. Mañana usaremos esos tesoros en nuestra actividad de arte".
5. Nombre las cosas que meten en cada bolsa, describiéndolas tanto como sea posible.
   Por ejemplo, diga:
   "¡Qué piedra azul tan brillante!" mejor que "Encontraste una piedra".
6. A la vuelta, hable de las cosas vistas y recolectadas.
7. Si los niños se cansan de hablar, cantar su canción favorita puede ser efectivo.

Puntos destacados del desarrollo

Como los pequeños son curiosos por naturaleza, disfrutan al caminar por los alrededores. Obsérvelos. Usan sus sentidos haciendo un esfuerzo por entender el mundo. Sin embargo, en los paseos se debe tener cuidado continuamente. Si los pequeños ven algo o a alguien que llamen su atención, suelen perder la capacidad de juicio para evitar los peligros. Por tanto, necesitan supervisión muy cuidadosa.

VARIANTES:

♡ Den un paseo sólo para disfrutar de la naturaleza.

INFORMACIÓN ADICIONAL:

♡ Si los pequeños llenaran demasiado sus bolsas, dígales que dejen algunas cosas para que las disfruten otros.
♡ Continúe aprovechando el paseo usando las cosas recogidas en un collage.
♡ Los pequeños se cansan con facilidad y hacen difícil el camino de vuelta. Por eso, tal vez necesite usar la silla de paseo.

19 A 24 MESES

Leer a un "amigo"

SOCIAL

ÁREA DE DESARROLLO: Social

MATERIALES:

2 animalitos de felpa

Libros favoritos

PREPARACIÓN:

☙ Ponga los libros en un área que atraiga la atención del niño o dispóngalos ordenadamente en un estante a la altura del niño.

☙ Siente a los animalitos a ambos lados de los libros.

ESTRATEGIAS EDUCATIVAS:

1. Cuando el pequeño elija un libro, observe su comportamiento.
2. Si el niño le invita a participar dándole el libro, léaselo.
3. Mientras lo lee, coloque los animalitos más cerca o incluso en su regazo. Refuerce sus acciones con palabras diciendo, por ejemplo:
   "El (osito de felpa) no puede ver los dibujos. Él también quiere leer el cuento".
4. Cuando se termine el cuento, diga al pequeño que usted debe hacer alguna otra cosa y anímele a leer otro cuento. Comente, por ejemplo:
   "Necesito (comprobar los gráficos). (Teo) quiere seguir leyendo. ¿Qué libro vas a leerle?"
5. Observe al pequeño de vez en cuando.

6. Anímele positivamente después de terminar la actividad. Puede comentar:
   "El (osito de felpa) se ha divertido con el cuento".
   "Leíste dos cuentos".

Puntos destacados del desarrollo

Empezará a mostrar un aumento de ternura hacia los juguetes. Por ejemplo, los niños en esta etapa manifiestan cariño hacia un juguete de felpa en particular, hacia una muñeca, etc. Empezarán jugando afectuosamente con él abrazándolo, sonriéndole, besándolo. Cuando esto ocurre, es buena señal. Los niños que han sido criados adecuadamente serán capaces de mostrar este comportamiento.

VARIANTES:

☙ Anime al pequeño a mirar libros antes de dormir.

INFORMACIÓN ADICIONAL:

☙ Leer a otros es útil para aumentar la autoestima e independencia de los pequeños.

☙ Algunos pequeños disfrutan teniendo un libro en su cama. Pueden mirarlo antes de dormir o cuando se despiertan.

Quedarse quietos

SOCIAL

ÁREA DE DESARROLLO: Social

Objetivos para el desarrollo del niño

✓ Relacionarse
✓ Controlar su propio cuerpo

MATERIALES:

Reproductor de cintas o de discos compactos

Cintas o discos compactos de la canción favorita

PREPARACIÓN:

- Enchufe el reproductor de cintas o de discos compactos y póngalo en un estante fuera del alcance de los niños. Avance o retroceda la cinta o el disco hasta la canción que desee bailar.
- Despeje un espacio para bailar.

ESTRATEGIAS EDUCATIVAS:

1. Lleve al pequeño al espacio despejado.
2. Presente la actividad:
   "Vamos a bailar con música. Cuando no suene la música nos paramos".
3. Encienda el reproductor. Baile usted con la música.
4. Establezca límites si lo cree oportuno. Si debe supervisar a más de un niño, necesitará que los bailarines permanezcan en una cierta zona para que dejen trabajar a otros sin molestias.
5. Apague la música y pare el baile. Probablemente necesite recordar al niño que se detenga. Si están participando varios niños, una forma de hacerlo es utilizar a un niño como modelo diciendo:
   "(Hugo), te detuviste en cuanto paró la música".

6. Encienda el reproductor de nuevo y empiece a bailar. Exprese alegría sonriendo o riendo. Así animará al pequeño a expresar sus sentimientos.

Puntos destacados del desarrollo

Debido a que los móviles de los pequeños están orientados a sí mismos, tienen dificultades para relacionarse con otros. Necesitan que los mayores les ayuden a tomar conciencia y reconocer cuándo otra persona necesita apoyo y ayuda. Además, a los pequeños les resulta difícil entender las intenciones de los demás. Por tanto, durante esta actividad, debe explicar el por qué de un determinado comportamiento. Por ejemplo, si un niño accidentalmente choca con otro, diga: "Fue un accidente. A veces cuando bailamos muy cerca nos podemos chocar".

VARIANTES:

- Varíe el tipo de música de baile incluyendo ritmos rápidos, lentos, jazz, country o canciones folclóricas.

INFORMACIÓN ADICIONAL:

- Esta actividad es buena para fomentar la conducta social y favorecer el desarrollo de los músculos anchos. Los pequeños se esfuerzan por detener los movimientos después de haberlos iniciado. Por tanto, necesitan unos segundos para "quedarse quietos". Además, están aprendiendo a mantener el equilibrio, así que limite el tiempo de juego a 10 ó 15 segundos. Una vez que los niños muestren su disposición, vaya aumentando el tiempo.

19 A 24 MESES

Salto de colores

SOCIAL

ÁREA DE DESARROLLO: Social

Objetivos para el desarrollo del niño

✓ Jugar a la par de otro
✓ Empezar un juego

MATERIALES:

Esterilla "Twister", si fuera posible; si no, vea la sección Variantes

Cinta ancha y clara

PREPARACIÓN:

♡ Elija un espacio que pueda ser supervisado con facilidad. Despeje un área y ponga la esterilla. Asegure la esterilla con cinta para evitar caídas.

ESTRATEGIAS EDUCATIVAS:

1. Cuando el pequeño se interese por la actividad, observe su comportamiento.
2. Haga comentarios acerca de la actividad seleccionada como:
   "(Reina), escogiste esta actividad. ¿Qué harás aquí?"
3. Hable de los posibles usos de la esterilla. Si el niño no menciona saltar de color en color, sugiéraselo.
4. Anime al pequeño a que permanezca en un color de la esterilla y luego salte a otro círculo. Describa los círculos en los que se quede. Por ejemplo, diga:
   "Saltaste de un círculo (rojo) a uno (verde)".
   "Has saltado de un círculo (rojo) a otro (rojo). Saltaste al mismo color".
5. Como usted sabe cuál es el conocimiento que el pequeño tiene de los colores, tal vez pueda animarle a saltar a un color en particular diciendo:
   "Ahora salta al círculo (verde)".

6. Si hay más de un niño, hable de cómo están usando la esterilla, si lo hacen de igual forma o de forma diferente. Por ejemplo:
   "Los dos están saltando de color en color".
   "(Elías), está en un círculo (rojo) y (Toña) en uno (azul)".
7. Animar con comentarios positivos da como resultado que los pequeños permanezcan más tiempo jugando a la par. Por ejemplo:
   "Se están divirtiendo saltando juntos en la esterilla".
   "Dos amigos están saltando y jugando juntos".

Puntos destacados del desarrollo

Las tres clases de juegos que se ven normalmente en esta etapa son en solitario, paralelos y en grupo. Dominan los juegos en solitario y en paralelo, mientras que son menos frecuentes en grupo. En los juegos en grupo, los niños se cambian los juguetes y/o hablan de su forma de comportarse. Por ejemplo, pueden sonreír, hablar e intercambiarse juguetes.

VARIANTES:

♡ Prepare una esterilla como un mapa, pegando círculos de diferentes colores a un trozo de hule. Otra forma de hacerlo sería cortar círculos de papel de construcción y pegarlos con cinta adhesiva al suelo.

INFORMACIÓN ADICIONAL:

♡ Revise periódicamente la esterilla asegurándose de que está bien fija al suelo. Dadas las condiciones de equilibrio y de coordinación del cuerpo de los pequeños, será probable que se caigan si se mueve la esterilla.
♡ Compruebe la distancia que el niño es capaz de saltar.

19 A 24 MESES

Edredón acogedor

ÁREA DE DESARROLLO: Social

 Objetivos para el desarrollo del niño

✓ Compartir espacio con otro niño
✓ Leer un libro a una muñeca o a un adulto

MATERIALES:

Un edredón de plumas grande

Almohadones

Muñecas

Libros

PREPARACIÓN:

☼ Extienda el edredón en un espacio despejado de la habitación. Ponga encima almohadones, muñecas y libros.

ESTRATEGIAS EDUCATIVAS:

1. Cuando uno de los pequeños muestre interés por la actividad, acérquesele para ayudarle.
2. Pregúntele para qué es el edredón. Amplíe las respuestas del niño. Por ejemplo, si dice, "libros", responda: "Sí, este edredón es un lugar para leer libros".
3. Anime al pequeño para que lea un cuento a una muñeca.
4. Si hay más niños que quieran unírseles, hable de la forma de compartir el lugar diciendo:
   "En el edredón caben tres niños. ¿Dónde se puede sentar (Silvia)?"

5. Ayude a los niños a resolver el problema de limitación de espacio y poner en práctica soluciones.
6. Si hay más de tres niños que quieren estar en el edredón, haga una lista de espera y dirija los niños "adicionales" a otra actividad. Convénzalos de que los llamará cuando les toque el turno.

 Puntos destacados del desarrollo

En esta edad los pequeños se debaten entre el deseo de independencia y la necesidad de depender. Esta lucha se evidencia en las incongruencias de su comportamiento. En un momento dado los pequeños actúan como independientes. En ese momento, es importante para ellos hacer las cosas solos. En el instante siguiente mostrarán una conducta dependiente y pedirán ayuda.

VARIANTES:

☼ Extienda el edredón, ponga las muñecas y los libros en el exterior como actividad al aire libre.

INFORMACIÓN ADICIONAL:

☼ Los pequeños necesitan tener oportunidad para explorar los materiales antes de ser capaces de usarlos para un propósito determinado.

19 A 24 MESES

Huellas de animales

SOCIAL

ÁREA DE DESARROLLO: Social

Objetivos para el desarrollo del niño

✓ Incorporarse a juegos paralelos
✓ Relacionarse con adultos

MATERIALES:

Receta de masa para jugar; vea una lista de recetas de masa en el apéndice H

4 mantelitos individuales

Juegos idénticos de figuras de plástico de animales como dinosaurios, monos, perros

Mesa para niños o mesa de café

PREPARACIÓN:

♡ Elija una mesa para niños y ponga en ella los mantelitos. Divida la masa por la mitad y déjela sobre los manteles con dos figuras de animales.

ESTRATEGIAS EDUCATIVAS:

1. Cuando el pequeño muestre interés, observe su comportamiento.
2. Anímele a analizar sensorialmente con los dedos y las manos.
3. Describa sus acciones con la masa. Puede decir:
   "(Delia), estás estrujando la masa con los dedos".
   "Estás metiendo el dedo en la masa".
   "Estás estirando la masa con las palmas de las manos".
4. Sugiera a los pequeños incorporar los animales al juego preguntando:
   "¿Para qué son los (animales)?"
5. Si lo cree necesario, imprima usted mismo la pata del animalito en la masa para aumentar el nivel del juego.

6. Invite a otro niño, si hay más, a sumarse a la actividad.
7. Haga comentarios sobre las semejanzas y las diferencias de la forma de actuar de los niños, si son varios. Por ejemplo, diga:
   "(Anita) está haciendo huellas de dinosaurios y (Lucía) está aplastando la masa con el puño".

Puntos destacados del desarrollo

Se necesita guía para promover una autoestima sana. Se puede describir esta guía como las acciones directas o indirectas usadas por los adultos para ayudar a los niños a conducirse de una forma aceptada socialmente.

Con juegos paralelos o asociativos, puede que los niños invadan el espacio físico de otros o que se queden con cosas que no son suyas. Si ocurre así, necesitará establecer y mantener límites. Si fuera preciso, le hará falta establecer una consecuencia de las conductas negativas. Por ejemplo, si un niño intenta que su animal muerda, diga: *"A (Sara) no le gusta que finjan morderla. Si lo haces de nuevo, me tendrás que dar el animalito".*

VARIANTES:

♡ Ponga un mantel de hule en el suelo como superficie de trabajo.

INFORMACIÓN ADICIONAL:

♡ Experimente con varias recetas de masa para jugar porque cada una es ligeramente diferente en textura. Compare y contraste las masas.
♡ Use diferentes animalitos, pequeños rodillos de amasar o cortapastas para galletitas.

19 A 24 MESES

SOCIAL

Cubos de hielo

ÁREA DE DESARROLLO: Social

Objetivos para el desarrollo del niño

✔ Mostrar ser dueño de algo
✔ Hablar de cómo es el medio

MATERIALES:

Recipiente de plástico grande o caja de edredones para un par de niños

Cubitos de hielo o hielo picado

½ de taza de medir para cada niño

Tazón pequeño de plástico para cada niño

PREPARACIÓN:

☙ Dividir el hielo entre los recipientes de plástico, si se usa más de uno. Ponga dos tazas de medir y dos tazones en cada recipiente.

ESTRATEGIAS EDUCATIVAS:

1. Si dos pequeños se muestran interesados en la actividad, anímeles a jugar con el mismo recipiente. Dígales, por ejemplo:
   "Hay lugar y juguetes para los dos".
2. Ayude a los pequeños a repartir los juguetes en el recipiente para evitar conflictos. Describa los juguetes diciendo que son para (*Enrique*) y (*Amelia*).
3. Influya en los pequeños para que toquen el hielo. Hable de la sensación que da el hielo usando palabras como frío, resbaladizo, duro.
4. Describa las acciones del niño con los utensilios diciendo:
   "Estás usando la taza de medir para llenar el recipiente con hielo".
   "Estás sacando el hielo con las manos".
5. Dele ánimos de forma positiva por compartir los utensilios. Puede comentar:
   "Cada uno tiene una taza medidora".
   "Los dos están jugando con hielo".

Puntos destacados del desarrollo

Los niños de esta edad no entienden los sentimientos de otra persona, incluyendo los de sus compañeros de juego, los de sus hermanos, ni los de sus mascotas. A menudo ponen mucha energía al golpear, agarrar o empujar. Debe conocer esta característica del comportamiento y responder de inmediato a cualquier agresión física. Por ejemplo, debe decir: "A tu amigo *(Juan)* no le gusta que le peguen. Tócale con cuidado en el brazo para llamar su atención".

VARIANTES:

☙ Use tenazas o cucharas grandes para tomar los cubitos de hielo.

INFORMACIÓN ADICIONAL:

☙ Los pequeños tienen que ser capaces de mostrar y experimentar la propiedad de los materiales antes de que puedan compartirlos.
☙ Es frecuente que los pequeños quieran comerse el hielo. Por cuestiones de sanidad, ponga más hielo picado que se pueda comer en unas tazas.
☙ **Precaución:** Vigile con cuidado para reducir el riesgo potencial de que se atraganten.

Bolos

SOCIAL

ÁREA DE DESARROLLO: Social

Objetivos para el desarrollo del niño

✓ Interactuar con otra persona, por lo menos
✓ Participar en un juego

MATERIALES:

6 botellas de dos litros

Pelota de plástico liviana

PREPARACIÓN:

☺ Disponga las seis botellas formando un triángulo. Deje la pelota a varios pies de distancia en la acera. Si hay varios niños, ponga otro juego de bolos y otra pelota en una zona separada.

ESTRATEGIAS EDUCATIVAS:

1. Cuando un pequeño elija la actividad, observe su comportamiento.
2. Introduzca la actividad diciendo:
   "Se trata de un juego de bolos. Haz rodar la pelota para que golpee y voltee las botellas. Cuando las hagas caer al suelo, enderézalas otra vez, así podrás tirar de nuevo la pelota".
3. Observe cómo juega el pequeño. Si hay otros presentes, invítelos a sumarse.
4. Si participa más de un niño, ayúdeles a trabajar juntos. Los comentarios podrían incluir:
   "(Celia), tú puedes tirar la pelota después de que (Samuel) lo haga".
   "Coloca las botellas para que tu amigo pueda jugar".

5. Dé positivamente su apoyo tanto por la habilidad individual como por jugar juntos. Algunos comentarios podrían ser:
   "¡Qué bien! Volteaste las seis botellas".
   "Están compartiendo el juego de bolos. (Celia) juega ahora y luego le toca a (Samuel)".

Puntos destacados del desarrollo

A los niños de esta edad les cuesta pasar de una actividad a otra. Obsérvelos. La transición significa a menudo un tiempo de espera. Es difícil para los pequeños, acostumbrados a estar haciendo algo. A veces lo que hacen es probar los límites que se les han impuesto. Por ejemplo, cuando se les dice que recojan el juego, pueden rehusarse a hacerlo, llorar y lanzar juguetes. Para evitar este comportamiento, adviértales varios minutos antes de la hora de recoger. El aviso les dará tiempo para terminar lo que estén haciendo y para prepararse mentalmente para la siguiente transición. Con el fin de reducir las dificultades potenciales de guía, evite las esperas durante un cambio de actividad.

VARIANTES:

☺ Jueguen en un pasillo de entrada o en una parte abierta de una habitación.

INFORMACIÓN ADICIONAL:

☺ Según el número de niños presentes que estén interesados, puede ser necesario limitar el juego de bolos a dos o tres niños por juego.

SOCIAL

De campamento

ÁREA DE DESARROLLO: Social

 Objetivos para el desarrollo del niño

✓ Compartir espacio físico con otra persona
✓ Participar en un juego funcional y/o de ficción

MATERIALES:

Carpa con lugar para 2 a 4 niños

Mochilas

Camisas de franela para adultos

Cosas que llevar en las mochilas

PREPARACIÓN:

☼ Seleccione y despeje una zona que se pueda vigilar constantemente. Levante la tienda de campaña en esta zona. Deje las camisas, las mochilas y los otros elementos cerca de la carpa.

ESTRATEGIAS EDUCATIVAS:

1. Presente la actividad al pequeño. Por ejemplo, diga:
   "Vamos a jugar a que vamos de campamento. Puedes entrar en la carpa. Hay mochilas para llevar cosas".
2. Observe cómo el pequeño explora los materiales disponibles.
3. Ayúdele a ponerse la camisa, a abrir y cerrar la mochila y a ponérsela. Anímelo a que ayude también, lo más posible. Algunos comentarios podrían ser:
   "Mete el brazo por la manga".
   "Yo la sujeto mientras tú corres el cierre".

4. Sugiera que dos pequeños, si hay presentes, se metan en la carpa.
5. Subraye positivamente que comparten el espacio. Haga comentarios como éstos:
   "Están compartiendo la carpa".
   "Los dos están dentro de la carpa".
6. Anime al pequeño a tomar parte en el juego haciendo preguntas relacionadas con la acampada, como:
   "¿Qué te llevas para acampar?"
   "¿Adónde te vas de campamento?"

 Puntos destacados del desarrollo

Los pequeños necesitan ser responsables del cuidado de los juguetes y de conservar el ambiente. Por lo tanto, es un hábito importante que participen en actividades de limpieza. Proponga expectativas que se acomoden al desarrollo de los niños. A esta edad, guardar dos juguetes puede ser suficiente. Cuando vayan madurando, se elevarán consiguientemente las expectativas.

VARIANTES:

☼ Destine un área al aire libre para el campamento.

INFORMACIÓN ADICIONAL:

☼ A los pequeños les gustan los espacios privados, como el que les ofrece una carpa.

☼ Las carpas son juguetes sin riesgos y sin embargo con sabor de aventura. Para favorecer la participación en juego funcional o de ficción, coloque accesorios en la carpa como linternas, radios portátiles y bolsas de dormir.

19 A 24 MESES

Patear la pelota

SOCIAL

ÁREA DE DESARROLLO: Social

Objetivos para el desarrollo del niño

✓ Participar en juegos paralelos
✓ Interactuar con un adulto

MATERIALES:

2 pelotas de goma

PREPARACIÓN:

☼ Deje las pelotas al aire libre, en una parte con hierba y/o abierta.

ESTRATEGIAS EDUCATIVAS:

1. Observe cómo juega el pequeño con la pelota.
2. Sugiérale otras maneras de usarla. Por ejemplo, si está haciendo rodar la pelota, indíquele que la patee.
3. Además, sugiérale que la patee hacia usted. Cuando la reciba, devuélvasela con una patada suave.
4. Comente cómo el niño o el grupo de niños, juegan con la pelota. Podría decir:
   "Están pateando las pelotas".
   "(Javier) y (Dora) van a buscar las pelotas".

5. Si les proporciona ayuda de forma positiva los pequeños puede que pasen más tiempo con la actividad.
   Por ejemplo, dígales:
   "Me has enviado la pelota con una patadita".
   "Qué buen puntapié".
6. Es posible que los pequeños en sus primeros intentos de dar patadas no coordinen bien. Por tanto, necesitarán mucha ayuda y ánimo.

Puntos destacados del desarrollo

Es importante para el éxito de la actividad elegir una pelota adecuada, y, por tanto, también para la opinión que los niños tengan de sí mismos. Las pelotitas deberían ser ligeras y de un tamaño aproximado a las del volleyball. Si son demasiado pequeñas, puede que los niños pierdan la coordinación necesaria entre vista y pie para golpearlas cuando balancean la pierna. Asegurarse de que lo harán bien es importante porque los niños se autoevalúan según sus capacidades físicas.

VARIANTES:

☼ Anime al pequeño a enviar la pelota de una patada a otra persona.

INFORMACIÓN ADICIONAL:

☼ Si son varios los niños que participan, trate de compartir por igual su tiempo entre ellos. Para los niños es importante recibir atención que les haga sentirse valorados como individuos.

19 A 24 MESES

De diecinueve a veinticuatro meses

**DESARROLLO
EMOCIONAL**

EMOCIONAL

Estrujar papel

ÁREA DE DESARROLLO: Emocional

 Objetivos para el desarrollo del niño

✓ Expresar emociones como enojo o alegría
✓ Coordinar la conducta con las emociones

MATERIALES:

Papel de envolver usado de diferentes tamaños y diseños

PREPARACIÓN:

☼ Si es necesario corte las hojas grandes de papel en pedazos más pequeños. Coloque el papel de envolver en el centro de una mesa para niños.

ESTRATEGIAS EDUCATIVAS:

1. Cuando uno de los pequeños muestre interés, observe su comportamiento.
2. Si cree que lo necesita enséñele en qué consiste la actividad. Por ejemplo, dígale:
   "(Rodolfo), este papel es para arrugarlo y estrujarlo. Puedes hacerlo una bola".
3. Describa las emociones que muestra el niño mientras lo hace. Diga, por ejemplo:
   "Estás sonriéndote. Estrujar papel te hace sentirte contento".
   "Tienes cara de susto. ¿Te da miedo el ruido?"
4. Animar al pequeño a expresar diferentes emociones es beneficioso para llegar a conocerle mejor.
   Puede comentar:
   "Si estuvieras furioso, ¿cómo arrugarías el papel?"

5. Continúe señalando de forma positiva la relación del comportamiento del niño con las emociones que muestra. Por ejemplo:
   "Se nota que estás furioso. Estás arrugando mucho el papel. Incluso estás arrugando tu nariz".
6. Puede que necesite servirle de modelo y estrujar el papel expresando diferentes emociones como sentirse feliz, asustado, furioso o triste. Pida al niño que adivine cómo se siente usted.
7. Siga con la actividad hasta que el pequeño pierda interés por ella.

 Puntos destacados del desarrollo

Los pequeños se muestran enojados más frecuentemente, con mayor intensidad y en más situaciones que los infantes. Este cambio está estrechamente relacionado con un crecimiento en el desarrollo cognoscitivo.
Al comprometerse en un comportamiento más intencional y al poder identificar mejor el origen de sus fracasos, sus expresiones de enojo pueden llegar a ser particularmente intensas. (Berk, 1997).

VARIANTES:

☼ Echar pelotitas de papel en una cesta de lavandería para practicar la coordinación entre vista y manos.

INFORMACIÓN ADICIONAL:

☼ A los pequeños les encanta la causa y el efecto así como también el sonido que hacen al estrujar papel.
Tener disponible papel para este propósito ayudará a reencauzar un comportamiento inapropiado con otra clase de materiales como el periódico o las páginas de un libro.

La arañita triste

EMOCIONAL

ÁREA DE DESARROLLO: Emocional

Objetivos para el desarrollo del niño

✓ Asociar emociones con conductas
✓ Expresar emociones con una canción

MATERIALES:

Marcador con punta de fieltro

Ficha

PREPARACIÓN:

♥ En el apéndice F encontrará la canción "The Itsy Bitsy-Spider". Si lo desea, copie la canción en una ficha.

ESTRATEGIAS EDUCATIVAS:

1. Cuando vea a un pequeño ir de acá para allá buscando una actividad, invítele a cantar diciéndole:
   "Tengo ganas de cantar. ¿Te gustaría cantar conmigo?"
2. Cante "The Itsy Bitsy Spider".
3. Diga al niño que a usted le gustaría cantar una canción que habla de una araña triste.
4. Converse un poco con él de algunas cosas que les hacen sentirse tristes a los dos.
5. Pídale al pequeño que le muestre qué cara tiene cuando está triste.
6. Describa gestos faciales y corporales que le hagan parecer triste. Diga, por ejemplo:
   "Cuando estás triste, sacas el labio inferior. También miras al suelo. Hagamos eso mientras cantamos la canción de la arañita".

7. Canten la canción otra vez, cambiando "itsy bitsy" por "sad little".
8. Anímelo con comentarios positivos por cantar y hacer los movimientos de la canción. Puede decir:
   "Tu arañita estaba muy triste".
   "Has hecho todos los movimientos de la canción".
   "Cantaste toda la canción conmigo".

Puntos destacados del desarrollo

A esta edad, los pequeños experimentan una amplia variedad de emociones. Para ayudarle, las personas mayores deben proporcionarle ayuda verbal o de otro tipo cuando el niño está haciendo algo bien, cuando se sienta frustrado o cuando falle. Responder a los logros del niño con gestos como una sonrisa o asentir con la cabeza puede significar un entendimiento emocional importante.
Cuando vea al niño frustrado, dígale: "Inténtalo de nuevo. Es difícil". De igual forma, si el niño no consigue terminar una tarea como armar un rompecabezas, puede decirle: "Pon esta pieza al revés. Encajará mejor".

VARIANTES:

♥ Cambie las palabras que reflejan emociones como enfadado, feliz o entusiasmado.
♥ Mientras cantan haga gestos con la cara que se correspondan con las emociones que se expresan en la canción. Luego pida al niño que identifique la emoción.

INFORMACIÓN ADICIONAL:

♥ Observe y evalúe el lenguaje del cuerpo del pequeño mientras canta. ¿Es capaz el niño de asociar emociones con comportamientos? Si no es así, continúe haciendo hincapié en estas habilidades. En caso contrario, empiece a introducir emociones más complejas.

19 A 24

EMOCIONAL

Palomitas de maíz

ÁREA DE DESARROLLO: Emocional

Objetivos para el desarrollo del niño

✓ Desarrollar la capacidad de autocontrolarse cuando se está excitado
✓ Expresar emociones al cantar

MATERIALES:

Aparato de aire caliente para hacer palomitas

Maíz para palomitas

Bol mezclador de plástico o metal

Cable de extensión (si se necesita)

PREPARACIÓN:

♡ Reúna todo lo necesario y póngalo fuera del alcance de los niños.
♡ Despeje un espacio en el suelo para el aparato y los niños.
♡ Reúna los otros elementos necesarios para merendar y póngalos en ese espacio.

ESTRATEGIAS EDUCATIVAS:

1. Presente la actividad diciendo:
   "Hoy vamos a hacer palomitas de maíz para merendar.
   ¿Alguno ha comido palomitas de maíz antes?"
2. Establezca límites para prevenir posibles peligros.
   Por ejemplo, comente:
   "La máquina se calienta. Puede quemarnos. Quédense sentados".
3. Enchufe y encienda el aparato. Eche el maíz dentro.
4. Hable del sonido del maíz cuando estalla.
5. Cante y toque palmas con la canción:
   (Tonada: "Hot Dog Song")

   ♪ Three little kernels
   ♪ In the pan
   ♪ The air got hot
   ♪ And one went bam!
      (Continúe hasta que se acaben los granos:
      "The air got hot and the pan went bam!")

6. Los niños se excitarán cuando estallen las primeras palomitas.
7. Ayúdeles a quedarse quietos. Puede decir:
   "Qué bien escuchas".
   "No corriste peligro porque obedeciste las reglas".
8. Que se laven las manos y disfruten la merienda.

Puntos destacados del desarrollo

Los niños a esta edad son más hábiles imitando acciones. Obsérvelos mientras presenta otra canción. Es posible que traten de dar palmadas siguiendo el ritmo y repitan alguna palabra.

VARIANTES:

♡ Actúe como si fuera un grano de maíz.
♡ Para buscar más canciones sobre palomitas de maíz consulte el apéndice E.

INFORMACIÓN ADICIONAL:

♡ A los niños les encanta comer aquello que ayudaron a preparar. En algunos casos, incluso puede que prueben cosas nuevas porque se han sentido involucrados.
♡ **Precaución:** Las palomitas de maíz pueden resultar peligrosas si los niños se atragantan. Por eso, proponga esta actividad sólo a niños de veinticuatro meses o más. Preste mucha atención a los que tienden a no masticar los alimentos, ya que corren más peligro de ahogarse, aunque tengan más de dos años.
♡ **Precaución:** Mantenga lejos de los niños los granos de maíz para palomitas.

Pintar el patio de juegos

EMOCIONAL

ÁREA DE DESARROLLO: Emocional

 Objetivos para el desarrollo del niño

✓ Expresar el gusto por una actividad
✓ Experimentar satisfacción

MATERIALES:

Balde para cada niño

Brocha de 2 pulgadas (5 cm) para cada niño

Agua

PREPARACIÓN:

❧ Llenar el balde hasta la mitad con agua y meter una brocha dentro. Colocarlo sobre la acera. Repetir cuando sea necesario si hay otros niños.

ESTRATEGIAS EDUCATIVAS:

1. Presente la actividad diciendo:
   "(Andrea), puedes pintar. Aquí tienes una brocha y un balde de agua".
2. Observe el comportamiento del niño.
3. Esté preparado para desviar la atención del pequeño, si hace falta. Por ejemplo, si está pintando el tobogán, sugiérale que pinte la cerca.
4. Describir el comportamiento del niño le ayudará a conectar las acciones con el lenguaje. Algunos comentarios podrían ser:
   "(Andrea), estirarse. Estás estirando el cuerpo para alcanzar lo alto del palo".
   "Estás pintando de un lado al otro".

5. Si hay dos o más niños pintando, comente cómo están trabajando juntos. Por ejemplo:
   "Todos están pintando. Están trabajando mucho".
   "La pintura fresca hace que todo parezca nuevo".
6. Describa las emociones que muestran los niños. Podría hacer comentarios como éstos:
   "(Alberto), estás sonriendo. Te gusta pintar".
   "(Victoria), paraste. Debes de haber terminado".

Puntos destacados del desarrollo

La visión que los niños tienen de sí mismos se compone de dos elementos separados y, sin embargo, relacionados — la valoración personal y la competencia (Berk, 1997). La valoración personal es la creencia de que se es importante como persona (Herr, 1998). La competencia, en cambio, es el convencimiento de que se pueden hacer bien las cosas (Berk, 1997). Por lo tanto, es preciso que considere ambos componentes cuando ayude a los niños de esta edad a desarrollar una visión sana de sí mismos. No hay que limitarse a concentrarse sólo en la evaluación de la autovaloración de los niños. Crear experiencias apropiadas para su desarrollo es una forma de contribuir a que se vean a sí mismos como individuos competentes.

VARIANTES:

❧ Darles brochas de tamaños diferentes puede hacer que experimenten.

INFORMACIÓN ADICIONAL:

❧ Se trata de una actividad estupenda para los días cálidos del verano. Repítala mientras resulte atractiva para el niño.

Cepillarse los dientes

EMOCIONAL

ÁREA DE DESARROLLO: Emocional

 Objetivos para el desarrollo del niño

✓ Practicar las técnicas para valerse por sí mismo
✓ Desarrollar hábitos y prácticas sanas en la vida diaria

MATERIALES:

Lavabo

Cepillo y pasta de dientes

Toallas de papel

Cesta

PREPARACIÓN:

❀ Guarde el cepillo y el dentífrico del pequeño en un armario o estante que él pueda alcanzar. En una guardería, habrá que identificar claramente las pertenencias personales de los niños.

ESTRATEGIAS EDUCATIVAS:

1. Después de comer o merendar, encamine al pequeño al lavabo a que se cepille los dientes. Acompáñelo y ayúdele si es necesario.
2. Ayude al niño a seleccionar la cesta que contiene los elementos. Dígale, por ejemplo:
   "(Carolina), C, C, C—¿Dónde está la cesta de (Carolina)? Acá está" (señalando la etiqueta).
3. Solicite la ayuda del pequeño para que sostenga el cepillo mientras usted pone un poquito de dentífrico.
4. Indíquele que empiece a cepillarse.
5. Mientras lo hace, cante esta canción:

   ♫ Brush, brush, brush your teeth
   ♫ Until they're nice and strong
   ♫ Brush, brush, brush your teeth
   ♫ While we sing this song.

6. Manifieste su aprobación por el cepillado de dientes. Podría decirle:
   "Te limpiaste los dientes de delante y los de atrás".
   "Limpiaste tus dientes por fuera y por dentro".

7. Haga que el pequeño escupa la pasta en vez de tragársela. Para lograrlo, dígale algo como:
   "(Carolina), escupe la pasta en el lavabo".
8. Después de que se enjuague, haga que el pequeño lleve el cepillo a su lugar. Es probable que sea necesario quitar restos de dentífrico de la cara y las manos con toallas de papel.

 Puntos destacados del desarrollo

Los niños difieren en su respuesta a los pedidos de los adultos. Algunos obedecen dócilmente, otros se resisten. En este caso, lo típico es que los niños se sientan frustrados. Esta frustración puede expresarse como una pataleta. Es el modo que tienen de comunicar que están hartos. Obsérvelos. Se tiran al suelo, chillan y patean. Cuando ocurra algo así, tal vez baste con ignorar sencillamente la pataleta. Si no, la distracción es una de las técnicas más seguras para desviar su atención. Sin embargo, como necesitan expresar estas emociones, no se los debería distraer inmediatamente.

VARIANTES:

❀ Anime al niño a que se lave la cara después de una comida, dándole una toallita húmeda y tibia.

INFORMACIÓN ADICIONAL:

❀ Es importante prevenir las caries. Desde que nace el primer diente, debería cepillarse después de las comidas o los biberones. Hasta que el pequeño pueda estar de pie sin ayuda, usted tendrá que realizar el cepillado. Enseñar hábitos de vida sana que durarán para siempre es un papel necesario de los adultos.

Feliz y triste

EMOCIONAL

ÁREA DE DESARROLLO: Emocional

 Objetivos para el desarrollo del niño

✓ Identificar emociones
✓ Asociar emociones y comportamientos

MATERIALES:

Máscaras con diferentes expresiones (si no las tiene, hágalas con platos de papel y marcadores)

PREPARACIÓN:

☼ Si usa máscaras compradas, elija una cara feliz y una triste. Si las hace usted, dibuje una cara feliz en un lado del plato de papel y una cara triste en el otro. Decore las máscaras con marcadores para que sean fáciles de ver.

ESTRATEGIAS EDUCATIVAS:

1. Reúna las máscaras e introduzca la actividad diciendo: *"Hoy tengo una historia que contarles. Es sobre dos niños. A veces están felices, otras veces están tristes. Veamos cómo se sienten los niños".*
2. Comience a contar su historia. Haga un paralelo con la vida de los niños que la escuchan. Por ejemplo, hable de un incidente reciente en que un niño se sintió herido.
3. Durante la narración, sostenga una máscara mientras describe una emoción.

4. Pida a los niños que identifiquen la emoción que se describe. Pregunte, por ejemplo: *"¿Cómo se siente (Sonia) hoy?"*
5. Termine la actividad pidiendo a los niños que describan algo que les hace sentir alegría y tristeza.

 Puntos destacados del desarrollo

Los pequeños aprenden reglas de expresión de emociones, que son pautas que especifican cuándo, dónde y cómo es apropiado mostrarlas en su cultura y lo hacen tanto por instrucción directa como indirecta. A los pequeños se les puede decir o alentar, por ejemplo, a que expresen enojo como defensa propia, como cuando un amigo les agarra un juguete los golpea. Indirectamente, los niños aprenden comportamiento emocional observando cómo otros dominan o expresan sus sentimientos (Kostelnik et al., 1998).

VARIANTES:

☼ Recorte de revistas unas caras que representen distintas emociones como sorpresa, miedo o enojo. Monte las fotos sobre un tablero de póster y muéstreselas a los niños.

INFORMACIÓN ADICIONAL:

☼ A esta edad, los pequeños suelen asustarse de las máscaras, porque no comprenden con claridad las transformaciones. No ven la relación entre estados de comienzo y de fin. Por lo tanto, no se ponga las máscaras directamente frente a la cara durante esta actividad.

24 MESES

EMOCIONAL

Ayudar con el almuerzo

ÁREA DE DESARROLLO: Emocional

 Objetivos para el desarrollo del niño

✓ Experimentar autosatisfacción
✓ Mejorar la capacidad de valerse por sí mismo

MATERIALES:

Frijoles frescos

Sal y pimienta

Cesta

Agua

Cacerola con tapa

PREPARACIÓN:

- Lave y escurra las vainas y póngalas en la cesta. Luego coloque la cesta en una mesa para niños. Finalmente, ponga la cacerola en el centro de la mesa.

ESTRATEGIAS EDUCATIVAS:

1. Ponga la mesa y empiece a romper los cabitos de los frijoles.
2. Invite al niño a ayudarle. Diga, por ejemplo:
   "(Olga), estoy cortando los cabitos de los frijoles para cocerlos para el almuerzo. ¿Te gustaría ayudarme? Lávate las manos primero".
3. Hable de cómo y por qué están cortando los cabitos. Comente, por ejemplo:
   "Las puntas son duras. Hay que quitarlas. Mírame. Mira cómo doblo el extremo de la vaina. Así se romperá. Pongo los cabitos en este montón".
4. Mientras le alcanza una vaina al niño, anímele a unirse a la actividad diciéndole:
   "(Olga), trata de romper esta punta".
5. Ayúdele celebrando sus intentos y logros. Puede comentar:
   "(Carmen), rompiste los cabitos. Me estás ayudando".
   "Ya no hay cabitos. Has trabajado mucho".

6. Antes de poner las vainas en la olla, enséñele a romperlas por la mitad.
7. Coméntele que los frijoles verdes son más fáciles de comer cuando son más pequeños. Por eso están cortándolos en pedacitos.
8. Cuente las vainas que preparó el pequeño. Diga, por ejemplo:
   "Ahora tienes dos vainas para poner en la olla".
9. Agradézcale que partiera los frijoles.
10. Lave, sazone y cocine las legumbres. Sírvalas en el almuerzo o merienda.

 Puntos destacados del desarrollo

Los pequeños se divierten imitando y ayudando a los adultos. Es importante que participen en actividades diarias como ayudar en la preparación del almuerzo, comer, vestirse y cuidar el medio ambiente. Cuando se comienza con estas actividades, esté preparado para emplear mucho tiempo. Con madurez y práctica los niños llegarán a ser más hábiles. Mientras tanto, necesitan tiempo, instrucción, ánimo y elogios.

VARIANTES:

- Desgranar arvejas o porotos
- Haga una huerta y, cuando maduren los frutos, prepare ensaladas frescas.

INFORMACIÓN ADICIONAL:

- Mientras comen los frijoles cocidos, saque unos crudos para comparar el sabor. Hable de las diferencias. Interponga comentarios de cómo los pequeños ayudaron a preparar las vainas del almuerzo. Para reforzar la memoria, recapitule los pasos dados en la preparación de las legumbres.

MESES

6L

Necesito un abrazo

EMOCIONAL

ÁREA DE DESARROLLO: Emocional

Objetivos para el desarrollo del niño

✓ Expresar emociones cariñosas
✓ Aprender formas de satisfacer necesidades

MATERIALES:

Ninguno

PREPARACIÓN:

☙ Ninguna

ESTRATEGIAS EDUCATIVAS:

1. Observe al pequeño mientras trabaja, fijándose en cómo se siente.
2. Si el niño se siente frustrado, triste o cansado, acérquesele y póngase a su nivel.
3. Implíquese en el juego del pequeño sin interrumpirle. Por ejemplo, si el pequeño está dando de comer a una muñeca, dé de comer usted a otra muñeca.
4. Cuando termine esa parte del juego, diga al pequeño:
   "(Darío), estoy triste y necesito que me abraces. ¿Quieres abrazarme?"
5. Durante el abrazo, podría decir:
   "Me siento mejor siempre que me abrazan".
6. Agradezca al niño que le haya hecho sentirse mejor. Algunos comentarios podrían ser:
   "Gracias, (Darío). Me siento mucho mejor ahora".
   "Gracias por ese maravilloso abrazo, (Darío). Me ayudaste a sentirme mejor".

7. Hable con el pequeño de las formas positivas de obtener lo que necesita. Dígale, por ejemplo:
   "Cuando estoy triste y necesito un abrazo, se lo pido a alguien. ¿Pides tú que te abracen?"
8. Hable sobre las respuestas del pequeño y luego anímele a practicar la forma de pedir un abrazo. Responda abrazándolo.

Puntos destacados del desarrollo

Para encauzar su conducta, los niños de esta edad a menudo siguen dependiendo de señales de otros. Buscarán, por ejemplo, expresiones faciales de los padres, de sus cuidadores, hermanos y compañeros. A este fenómeno se le denomina referencia social. Por ejemplo, cuando un adulto muestra temor, el niño se fijará en la señal no verbal y se apartará de lo que asusta a la persona mayor. Igualmente el niño se acercará al adulto buscando ayuda.

VARIANTES:

☙ Proporcione muñecas o animalitos de felpa a los que se pueda abrazar.
☙ Si el niño está contento, abrácelo.

INFORMACIÓN ADICIONAL:

☙ Los pequeños libran una pequeña batalla entre autonomía y dependencia. Por una parte, quieren hacer las cosas por sí mismos y, por otra, les faltan algunas de las capacidades necesarias. Por tanto, los pequeños necesitan constantemente amor y ayuda.
☙ Sea abierto y flexible para satisfacer las necesidades inmediatas del niño. Si necesita ayuda, trate siempre de proporcionársela. Normalmente, las tareas que esté haciendo en ese momento pueden esperar.

EMOCIONAL

"Skinamarink"

ÁREA DE DESARROLLO: Emocional

Objetivos para el desarrollo del niño

✓ Expresar cariño por otros
✓ Recibir emociones de cariño de otros

MATERIALES:

Ficha

Marcador con punta de fieltro

PREPARACIÓN:

♡ Escriba las siguientes palabras de la canción en una ficha, si lo prefiere:

♫ Skinamarink, a rink, a dink.
(dar vueltas a las manos)

♫ Skinamarink, a doo.
(dar vueltas a las manos)

♫ I love you.
(señalarse, cruzar brazos sobre el
pecho, señalar al niño o grupo)

♫ I love you in the morning and in the afternoon.
(dar vueltas a las manos)

♫ I love you in the evening and underneath the moon.
(dar vueltas a las manos)

♫ Oh . . .
(una palmada)

♫ Skinamarink, a rink, a dink
(igual que el primer verso)

♫ Skinamarink, a doo.

♫ I love you.

ESTRATEGIAS EDUCATIVAS:

1. Use esta canción durante un tiempo de espera, como antes de la hora del almuerzo. Empiece diciendo:
   "Les voy a enseñar una canción nueva. Habla de lo que siento por ustedes".
2. Mientras hace rodar sus manos en círculo, pregúnteles:
   "¿Puedes hacer esto?"

3. Elógielo positivamente comentando:
   "Buen trabajo".
   "¡Excelente. Puedes hacerlo!"
4. Haga el siguiente movimiento, pero después de dar al niño tiempo suficiente para imitar sus acciones.
5. Tras mostrarle todos los movimientos, diga:
   "Vamos a ponerle palabras a los movimientos".
   Luego empiece la canción. Cante despacio las primeras veces. Asegúrese de que el pequeño puede cantar con usted.
6. Repítala si tiene tiempo o en otro momento del día. La repetición ayudará al pequeño a aprender las palabras y los movimientos.

Puntos destacados del desarrollo

Se sabe que la forma en que los adultos tratan a los niños pequeños tiene un impacto profundo en el desarrollo de la empatía. Los adultos cariñosos y alentadores, que muestran interés sensible y empático, tienen hijos con más probabilidades de reaccionar con preocupación ante el dolor de otros. De igual forma, una forma dura y punitiva de cuidar a los niños indica trastornos en el desarrollo de la empatía (Berk, 1997).

VARIANTES:

♡ Cante la canción cuando los niños se están calmando antes de la siesta.

INFORMACIÓN ADICIONAL:

♡ Esta canción se convertirá rápidamente en la favorita de los pequeños y de los maestros. La canción tiene atractivo emocional porque hace sentirse bien. Si trabaja con niños en un centro educativo, compártala con los padres y cuidadores de forma impresa.

Atrapar burbujas

EMOCIONAL

ÁREA DE DESARROLLO: Emocional

Objetivos para el desarrollo del niño

✓ Asociar emociones con conductas
✓ Expresar emociones como el entusiasmo

MATERIALES:

Botellitas de solución para burbujas o con disolución preparada por uno mismo; en el apéndice H encontrará una lista de recetas.

Varitas para burbujas

Toallas de papel

PREPARACIÓN:

☼ Si lo desea, prepare una solución para burbujas.
☼ Elija un espacio seguro al aire libre para esta actividad.
☼ Cuando programe la zona donde desarrollar la actividad, necesitará considerar el tipo de suelo. Los niños pequeños están desarrollando sus habilidades de coordinación y equilibrio. Al tratar de atrapar las pompas de jabón se pueden caer. Debería evitarse el cemento; la mejor protección la proporcionará una superficie blanda de césped o hierba.

ESTRATEGIAS EDUCATIVAS:

1. Observe al niño cuando esté jugando. Si ve que se cansa de una actividad, recurra a la solución de burbujas y la pajita.
2. Es importante la posición de su cuerpo en este juego. Siéntese para poder supervisar a todos. Si sopla el viento, colóquese de manera que el viento eleve las burbujas en el espacio elegido.
3. Empiece a hacer las burbujas. Observe si el pequeño lo nota. Si sucede así, continúe. Si no, gánese su atención usando su nombre.
4. Lo más probable es que los pequeños quieran participar haciendo las burbujas. Por razones de seguridad, anímeles a atraparlas, diciéndoles:
   "(Agustín), ve a atrapar burbujas. A ver cuántas consigues".

5. Describir las reacciones del niño con la actividad puede contribuir a fomentar la comprensión de las emociones. Puede comentar:
   "Has atrapado una. ¡Qué sonrisa más grande! ¡Debes sentirte orgulloso!"
   "¡Oh, qué carita tan triste! ¿Estás desilusionado porque la burbuja se te escapó?"
6. Ofrecer apoyo y ánimo favorece la participación. Por ejemplo, dígale:
   "(Agustín), casi. Casi atrapaste ésa. Sigue intentándolo".
   "Aquí viene otra burbujita. Intenta cazarla".
7. Apoyar positivamente con elogios implicará que el pequeño se entretenga más tiempo atrapando burbujas y, por tanto, le permitirá insistir en "conversaciones sobre emociones". Puede comentar:
   "(Agustín), estás trabajando mucho para pillar una burbuja".
   "¡Bien! ¡Ya has atrapado tres burbujas!"

Puntos destacados del desarrollo

El comienzo del autocontrol surge después del primer cumpleaños. A esta edad, los niños son conscientes de que deben responder a las demandas de otras personas. Alrededor de los dos años, han asimilado algo de autocontrol. Por ejemplo, si al pequeño se le pide no tocar algo, él puede inhibir ese deseo. A esta edad, el niño puede recordar que se le ha pedido no tocar algo. Sin embargo, siempre se necesita supervisión debido a fallos de memoria así como a la excitación del momento.

VARIANTES:

☼ Use varios utensilios como una cesta de frambuesas, una varilla grande o espumaderas de cocina para hacer las burbujas.
☼ Cuando los niños sepan soplar, anímeles a hacer las burbujas ellos.

INFORMACIÓN ADICIONAL:

☼ Tenga cuidado cuando jueguen con burbujas. La solución puede irritar al contacto con los ojos. Por eso, mantenga a los niños alejados de la botella cuando esté usted preparando burbujas. Los niños también deberían a menudo limpiarse las manos con toallas de papel, especialmente si han tocado las burbujas.

EMOCIONAL

¿Cómo se siente el niño?

ÁREA DE DESARROLLO: Emocional

 Objetivos para el desarrollo del niño

✓ Asociar emociones con comportamientos
✓ Identificar y dar nombre a las expresiones emocionales

MATERIALES:

Fotografías de niños de libros, revistas o catálogos

Papel transparente autoadhesivo

Cesta

PREPARACIÓN:

☙ Seleccione y recorte fotografías de personas expresando diferentes emociones de libros, revistas o catálogos. Cubra cada fotografía con papel transparente autoadhesivo para protegerlas.

☙ Ponga las fotos en la cesta y colóquela en un estante fuera del alcance de los niños.

ESTRATEGIAS EDUCATIVAS:

1. Cuando note que un niño necesita una actividad diferente, recoja la cesta y siéntese en el suelo cerca de él.

2. Presente la actividad diciéndole:
   "(Camilo), tengo varias fotos para que juguemos hoy. Mira. Los niños están poniendo caras distintas. Veamos si puedes decirme cómo debe sentirse cada niño".

3. Levante la primera foto y diga:
   "Vamos a mirar bien a este niño".
   Dele tiempo al pequeño para analizar la fotografía.

4. Para aumentar la capacidad de identificar emociones, pregúntele:
   "(Camilo), ¿cómo se siente el niño?"

5. Si el niño dice "enfadado", asienta y diga:
   "¿Parece realmente enojado?"

6. Después, pídale que le diga cómo sabe que el niño está (*triste*). Centrarse en la asociación entre comportamiento y emociones aumentará la comprensión del pequeño.

7. Finalmente, pregunte al pequeño razones por las que el niño puede sentirse (*feliz*). Puede preguntarle:
   "(Camilo), ¿por qué está feliz el niño?"
   "¿Qué puede haber hecho (feliz) al niño?"

8. Cambie de fotografía. Continúe mientras el pequeño muestre interés.

 Puntos destacados del desarrollo

Hay un florecimiento de emociones durante la infancia. Alrededor de los nueve meses, el infante habrá experimentado las cuatro emociones básicas — alegría, enojo, tristeza y miedo. Durante el segundo año, se añaden otras cinco emociones incluyendo el orgullo, la culpa, el afecto, los celos y el desafío. Observe. Una tarea que se debe enfrentar en la primera infancia es el control emocional. Mientras va madurando, las respuestas emocionales del niño se van diferenciando. Además se hacen más complejas. Tienen que gritar, llorar, hacer pucheros, golpear, tratar de agarrar y empujar cuando están enojados. Además, se meten o salen de las situaciones dependiendo de sus necesidades. A medida que el niño continúa el desarrollo de las habilidades cognoscitivas y de lenguaje, irá usando palabras para expresar sus emociones. Del mismo modo, empezarán a reconocer las emociones de otros. Puede que digan, "(*Mamá*) feliz," "(*Tita*) triste," o "(*nene*) llora" (Kostelnik et al., 1998).

VARIANTES:

☙ Repita la actividad a la vez que lee un libro ilustrado.

INFORMACIÓN ADICIONAL:

☙ Los pequeños usan durante varios meses un lenguaje telegráfico. Continúe enriqueciendo su lenguaje ampliando las frases que usan. Por ejemplo, si un pequeño dice, "Juguete roto", puede completarlo diciendo, "El niño estaba triste porque su juguete se rompió".

☙ Los adultos deben preguntar con frecuencia. A veces, además deben dar respuesta a las preguntas.

19 A 24 MESES

Pintar con música

EMOCIONAL

ÁREA DE DESARROLLO: Emocional

Objetivos para el desarrollo del niño

✓ Expresar los sentimientos a través del arte
✓ Hablar de los sentimientos

MATERIALES:

Reproductor de cintas o discos compactos

Cintas o discos compactos de música instrumental clásica o de jazz

Hoja de papel de construcción de colores claros de 8½ por 11 pulgadas (21,59 x 30 cm) para cada niño

Cesta para cada niño

Caja de crayones gruesos para cada niño

PREPARACIÓN:

♡ Ponga una hoja de papel de construcción sobre una mesa para niños. Coloque una cesta de crayones gruesos al lado de la hoja. Si hay más de un niño, proporcione papel y crayones para cada uno.

♡ Enchufe el reproductor de cintas o discos compactos y póngalo en un estante fuera del alcance de los pequeños. Meta la cinta o el disco que haya elegido.

ESTRATEGIAS EDUCATIVAS:

1. Cuando un pequeño muestre interés, empiece a tocar la música.
2. Observe su comportamiento.
3. Si el pequeño está coloreando mientras suena la música, describa su comportamiento. Diga, por ejemplo:
   "(Gabriel), pintas rápido, al ritmo de la música".
4. Si el pequeño no escucha la música, necesitará que le enseñe a hacerlo. Empiece a hacer garabatos como respuesta a la música. Refuerce sus acciones con palabras haciendo comentarios como:
   "(Gabriel), la música es lenta, por eso estoy dibujando despacito un círculo grande".
   "Ahora la música suena rápido y dibujo muchas líneas cortas".

5. Deje que el pequeño trabaje en silencio disminuyendo la conversación.
6. Cuando el pequeño haya terminado de pintar, hable del dibujo. Describa lo que ve. Puede comentar:
   "(Gabriel), usaste mucho el rojo".
   "Mira estas líneas largas. Van de lado a lado".
7. Amplíe la conversación comentando cómo la canción hizo sentirse al pequeño y a usted. Descubra los sentimientos del niño preguntando, por ejemplo:
   "(Gabriel), ¿cómo te sentías cuando escuchabas la música?"

Puntos destacados del desarrollo

Cuando juegan, los niños muestran sus emociones. A veces, según las circunstancias, estas emociones pueden ser intensas. Por eso, necesitan saber expresarse de forma adecuada, lo que requiere la ayuda y guía del adulto. Para que los niños adquieran esa habilidad, los mayores deben establecer límites claros y hacerlos respetar cuando sea necesario. Por ejemplo, cuando un niño tira un juguete, es preciso que intervenga el adulto. Pueden reaccionar diciéndole, "Estás enojado. No puedo dejarte que lastimes a otros". Los adultos deben reforzar el concepto de que aceptan los sentimientos del niño; sin embargo, sus acciones no son aceptables.

VARIANTES:

♡ Experimentar con diferentes clases de instrumentos musicales.

INFORMACIÓN ADICIONAL:

♡ Cuando muestre cómo se trabaja al ritmo de la música, evite dibujar objetos. Los pequeños harán garabatos. Les falta habilidad para hacer dibujos representativos.

19 A 24 MESES

EMOCIONAL

Pintar con pelotas de golf

ÁREA DE DESARROLLO: Emocional

 Objetivos para el desarrollo del niño

✓ Asociar comportamientos con emociones
✓ Expresar sentimientos a través del arte

MATERIALES:

Cajas de pizza sin usar

Papel de construcción

Cinta adhesiva

Pintura

Una esponja húmeda

Pelotita de golf para cada niño

Un recipiente irrompible para pintura para cada niño

Una cuchara por niño

Un guardapolvo por niño

PREPARACIÓN:

♡ Recorte el papel de construcción de manera que encaje en el fondo de la caja para pizzas. Con dos trozos de cinta, sujete el papel a la parte de arriba y la de abajo de la caja.

♡ Prepare una mezcla de pintura tan espesa como desee usando jabón líquido para limpiar mejor. Vierta la pintura en el recipiente. Si hay más niños jugando, reparta la pintura por igual entre los recipientes. Luego ponga una pelotita de golf y una cuchara en cada uno.

♡ Coloque una caja de pizzas y un recipiente para cada niño en una mesita. Deje un guardapolvos en el respaldo de cada silla.

ESTRATEGIAS EDUCATIVAS:

1. Cuando los niños se interesen por la actividad, dígales de qué se trata mientras les ayuda a ponerse el guardapolvo. Mencione, por ejemplo:
   "(Mario), rueda la pelotita en la pintura y luego ponla en la caja". Deténgase y espere a que el niño haga lo que le dijo. "Ahora tápala y sacude la caja. Harás dos pinturas de una vez. ¡Inténtalo!"

2. Ayude al pequeño, si lo necesita, a meter la pelota en la caja.

3. Anime al pequeño a sacudir la caja usando movimientos diferentes como de lado a lado, rápido y lento. Luego pídale que muestre diferentes sentimientos preguntándole, por ejemplo:
   "¿Cómo moverías la cajita si te sintieras contento?"
   "¿Cómo sacudirías la caja si estuvieras triste?"

4. Ayúdele positivamente elogiándolo cuando asocia conductas con emociones. Puede comentarle:
   "(Mario), puedo ver que estás enfadado. Tienes la frente arrugada y estás moviendo con fuerza la caja".
   "Sonríes y sacudes la caja con firmeza. Pareces feliz".

5. Use la esponja para limpiar las salpicaduras y las manos.

 Puntos destacados del desarrollo

En esta etapa de su desarrollo, los pequeños están aprendiendo un lenguaje de referencia y expresivo. El lenguaje de referencia incluye las cosas del niño, sus acciones y lugares familiares. Básicamente, este lenguaje describe lo que ocurre. El lenguaje expresivo, por otra parte, incluye sentimientos, contenido emocional y experiencias sociales. Con las actividades artísticas, los niños que usan un estilo expresivo hablarán acerca de sus sentimientos y necesidades. Por el contrario, los que prefieren un lenguaje referencial se centrarán en los materiales, los utensilios o los resultados.

VARIANTES:

♡ Introduzca otras clases de actividades artísticas como pintura con esponja o impresiones de cortapastas para galletas.

♡ Como actividad al aire libre, forre un embalaje de refrigerador con papel satinado. Reúna varias cosas grandes como pelotas de basketball, de fútbol o béisbol cubiertas de pintura. Anime a dos o más pequeños a mover la caja juntos.

INFORMACIÓN ADICIONAL:

♡ Cuando quiera que use pintura, conserve cerca una esponja húmeda. Si se derrama pintura, límpiela inmediatamente.

4 MESES

"Eres especial"

EMOCIONAL

ÁREA DE DESARROLLO: Emocional

Objetivos para el desarrollo del niño

✓ Sentirse orgulloso de uno mismo
✓ Reconocerse como alguien especial

MATERIALES:

Ficha

Marcador con punta de fieltro

PREPARACIÓN:

☼ Memorice las palabras de la canción o escríbalas en una ficha. Si la graba, podrá llevarla en el bolsillo: (Tonada: "Where is Thumbkin?")

♫ I am special, I am special
♫ Yes I am, yes I am   (asentir con la cabeza)
♫ I am very special, I am
   very special
♫ Because I'm me,   (señalarse)
   because I'm me.

(O)

♫ You are special, you are special
♫ Yes you are, yes you are
♫ You are very special, you are very special
♫ Because you're you, because you're you.

ESTRATEGIAS EDUCATIVAS:

1. Use la canción antes de la siesta o en una hora tranquila.
2. Puede cantársela usted mismo usando su voz para tranquilizar o calmar. Si tiene más niños a su cuidado, cante la canción a cada uno de ellos.

3. Además ayude a calmarse al niño frotándole el estómago o la espalda.
4. Repita la canción varias veces hasta que el pequeño esté listo para descansar.

Puntos destacados del desarrollo

La conducta consciente surge como resultado de las instrucciones del adulto. En ciertas culturas, ser generoso, ayudar y compartir provocan orgullo. Sin embargo, las situaciones que en unas culturas evocan orgullo, pueden avergonzar o confundir en otras. Se puede tener orgullo por los logros de un grupo en una cultura. En otra, son los logros individuales los que lo causan (Kail, 1998).

Las emociones que uno reconoce desempeñan un papel importante en el comportamiento posterior en cuanto a la moral y el éxito. Por tanto, los adultos deben ayudarle a entender las emociones más complejas desde su edad más temprana (Berk, 1997).

VARIANTES:

☼ Hable acerca de los rasgos que hacen especial al pequeño.

INFORMACIÓN ADICIONAL:

☼ A menudo a los pequeños les cuesta calmarse a la hora de la siesta. Modifique el entorno o las transiciones para que este tiempo de descanso pueda ayudar a reducir problemas de comportamiento.
☼ Igual que los infantes, los pequeños de hasta dos años necesitan muestras de comportamiento ecuánimes y predecibles. Por tanto, la rutina es importante para guiar su conducta.

19 A 24 MESES

REFERENCIAS

Abrams, B. W., & Kaufman, N. A. (1990). *Toys for early childhood development*. West Nyack, NY: The Center for Applied Research in Education.

Baillargeon, R. (1994). How do infants learn about the physical world? *Current Directions in Psychological Science*, 133–140.

Baron, N. S. (1992). *Growing up with language: How children learn to talk*. Reading, MA: Addison-Wesley.

Bates, E. (1979). *The emergence of symbols: Cognition and communication in infancy*. New York: Academic Press.

Bentzen, W. R. (1997). *Seeing young children: A guide to observing and recording behavior*. Albany, NY: Delmar.

Berk, L. E. (1997). *Child development* (4th ed.). Boston: Allyn & Bacon.

Black, J. K., & Puckett, M. B. (1996). *The young child: Development from prebirth through age eight* (2nd ed.). Englewood Cliffs, NJ: Prentice Hall.

Bukato, D., & Daehler, M. W. (1992). *Child development: A topical approach*. Boston: Houghton Mifflin.

Bukato, D., & Daehler, M. W. (1995). *Child development: A thematic approach*. Boston: Houghton Mifflin.

Butterworth, G. (1997). Starting point. *Natural History*, 14–16.

Cassidy, J., Scolton, K. L., Kirsh, S. J., & Parke, R. D. (1996). Attachment and representations of peer relationships. *Developmental Psychology, 32*, 892–904.

Cawley, G. (1997). The language explosion. *Newsweek*, 16–17.

Deiner, P. L. (1997). *Infants and toddlers: Development and program planning*. Fort Worth, TX: Harcourt Brace College Publishers.

Eriksen, E. H. (1950). *Childhood and society*. New York: Norton.

Feldman, R. S. (1998). *Child Development*. Upper Saddle River, NJ: Prentice Hall.

Fenson, L., Dale, P. S., Reznick, J. S., Bates, E., Thal, D. J., & Pethick, S. J. (1994). Variability in early communication development. *Monographs of the Society for Research in Child Development, 59* (5, Serial No. 242).

Greenman, J., & Stonehouse, A. (1996). *Prime times: A handbook for excellence in infant and toddler programs*. St. Paul, MN: Redleaf Press.

Herr, J. (1998). *Working with young children*. Homewood, IL: Goodheart-Wilcox.

Herr, J., & Libby, Y. (1995). *Creative resources for the early childhood classroom*. Albany, NY: Delmar.

Izard, C. E. (1991). *The psychology of emotions*. New York: Plenum. Junn, E., & Boyatzis, C. J. (1998). *Child growth and development*. Guilford, CT: Dushken/McGraw Hill.

Kail, R. U. (1998). *Children and their development*. Upper Saddle River, NJ: Prentice Hall.

Kostelnik, M., Stein, L., Wheren, A. P., & Soderman, A. K. (1998). *Guiding children's social development*. Albany, NY: Delmar.

Leach, P. (1992). *Your baby and child: From birth to age five*. New York: Alfred A. Knopf.

Morrison, G. S. (1996). *Early childhood education today*. Upper Saddle River, NJ: Merrill.

Park, K. A., & Waters, E. (1989). Security of attachment and preschool friendships. *Child Development, 60*, 1076–1081.

Piaget, J. (1952). *The origins of intelligence in children*. New York: International Universities Press.

Piaget, J. (1977). The role of action in the development of thinking. In W. F. Overton & J. M. Gallagher (Eds.), *Knowledge and development* (Vol. 1). New York: Plenum.

Rice, F. P. (1997). *Child and adolescent development*. Upper Saddle River, NJ: Prentice Hall.

Santrock, J. W. (1993). *Children* (3rd ed.). Madison, WI: Brown and Benchmark.

Sénéchal, M., Thomas, E., & Monker, J. (1995). Children's acquisition of vocabulary during storybook reading. *Journal of Educational Psychology, 87*, 218–229.

Shore, R. (1997). *Rethinking the brain: New insights into early development*. New York: Families and Work Institute.

Snow, C. W. (1998). *Infant development* (2nd ed.). Upper Saddle River, NJ: Prentice Hall.

Spodek, B. (Ed.). (1993). *Handbook of research on the education of young children*. New York: Macmillan.

Vygotsky, L. S. (1978). *Mind in society: The development of higher mental processes*. Cambridge, MA: Harvard University Press. (Original works published 1930, 1933, and 1935)

Warren, J., & Spewock, T. S. (1995). *A year of fun just for ones*. Everett, WA: Warren Publishing House.

Zigler, E., & Stevenson, M. F. (1993). *Children in a changing world: Development and social issues* (2nd ed.). Pacific Grove, CA: Brooks/Cole Publishing.

APÉNDICE A

Libros para la primera infancia

Abundan libros que son adecuados al desarrollo de la primera infancia. Algunos de los mejores ejemplos ofrecen varios formatos que se complementan con conceptos expuestos con claridad o con un cuento sencillo y buenos dibujos o fotografías.

Los libros para lactantes suelen presentarse en tamaño reducido, aptos para que los manejen manos pequeñas y para lecturas en el regazo. Las páginas a veces son suaves por motivos de seguridad o gruesas para que duren y se puedan volver más fácilmente. Muchos libros están hechos para limpiarlos con un paño y tienen esquinas redondeadas para evitar accidentes. Los formatos incluyen libros de tela, de vinilo y flotantes para la bañera, de tamaño grande. El contenido se centra en conceptos, con dibujos o fotografías claras, que incluyen bebés u objetos relacionados con la vida de los bebés, normalmente.

Los libros para niños más mayores también se caracterizan por su robustez y menor tamaño. Otras de sus características pueden ser la interactividad como tocar y sentir, partes que se levantan y piezas que se pueden sacar o colgar. El desarrollo de conceptos sigue siendo lo más importante, y predominan los cuentos sencillos. Desde hace poco se han reeditado varios libros de dibujos de tapa dura, que aumentan la disponibilidad de literatura con calidad para los pequeños.

LIBROS DE TELA

Animal Play. Dorling Kindersley, 1996.

Briggs, Raymond. *The Snowman.* Random House, 1993.

Cousins, Lucy. My First Cloth Book series. Candlewick Press.
> *Flower in the Garden.* 1992.
> *Hen on the Farm.* 1992.
> *Kite in the Park.* 1992.
> *Teddy in the House.* 1992.

Harte, Cheryl. *Bunny Rattle.* Random House, 1989. (Incluye sonajero)
> *Ducky Squeak.* Random House, 1989. (Incluye muñeco chillador)

Hill, Eric. *Clothes-Spot Cloth Book.* Putnam, 1993.
> *Play-Spot Cloth Book.* Putnam, 1993.

My First Notebook. Eden International Ltd. (Incluye sonajero y aros de plástico)

Pienkowski, Jan. Jan Pienkowski's First Cloth Book series. Little Simon.
> *Animals.* 1995.
> *Friends.* 1995.
> *Fun.* 1996.
> *Play.* 1995.

Pienkowski, Jan. *Bronto's Brunch.* Dutton Books, 1995. (Incluye piezas desmontables. Edad 3+)
> *Good Night, Moo.* Dutton Books, 1995. (Incluye piezas desmontables. Edad 3+)

Potter, Beatrix. Beatrix Potter Cloth Books. Frederick Warne & Co.
> *My Peter Rabbit Cloth Book.* 1994.
> *My Tom Kitten Cloth Book.* 1994.

Pudgy Pillow Books. Grosset & Dunlap.
> *Baby's Animal Sounds.* 1989.
> *Baby's Little Engine That Could.* 1989.
> Barbaresi, Nina. *Baby's Mother Goose.* 1989.
> Ulrich, George. *Baby's Peek A Boo.* 1989.

Tong, Willabel L. Cuddly Cloth Books. Andrews & McMeel.
> *Farm Faces.* 1996.
> *My Pets.* 1997.
> *My Toys.* 1997.
> *Zoo Faces.* 1997.

Tucker, Sian. My First Cloth Book series. Simon & Schuster.
> *Quack, Quack.* 1994.
> *Rat-A-Tat-Tat.* 1994.
> *Toot Toot.* 1994.
> *Yum Yum.* 1994.

LIBROS PARA EL BAÑO Y CON TAPAS DE VINILO

Bracken, Carolyn. *Baby's First Rattle: A Busy Bubble Book.* Simon & Schuster, 1984.

De Brunhoff, Laurent. *Babar's Bath Book.* Random House, 1992.

Hill, Eric. *Spot's Friends.* Putnam, 1984.
> *Spot's Toys.* Putnam, 1984.
> *Sweet Dreams, Spot.* Putnam, 1984.

Hoban, Tana. *Tana Hoban's Red, Blue, Yellow Shoe*. Greenwillow Books, 1994.

    Tana Hoban's What Is It? Greenwillow Books, 1994.

I. M. Tubby. *I'm a Little Airplane*. Simon & Schuster, 1982. (Libro de formas)

    I'm a Little Choo Choo. Simon & Schuster, 1982. (Libro de formas)

    I'm a Little Fish. Simon & Schuster, 1981. (Libro de formas)

    My First Duck. Dutton, 1996. (Libro de formas de Playskool)

Nicklaus, Carol. *Grover's Tubby*. Random House/Children's Television Workshop, 1992.

Potter, Beatrix. Beatrix Potter Bath Books series. Frederick Warne & Co.

    Benjamin Bunny. 1994.

    Jemima Puddle-Duck. 1988.

    Mr. Jeremy Fisher. 1989.

    Peter Rabbit. 1989.

    Tom Kitten, Mittens, and Moppet. 1989.

Reichmeier, Betty. *Potty Time*. Random House, 1988.

Smollin, Michael J. *Ernie's Bath Book*. Random House/Children's Television Workshop, 1982.

Tucker, Sian. Sian Tucker Bath Books series. Simon & Schuster.

    Animal Splash. 1995.

    Splish Splash. 1995.

LIBROS PARA TOCAR Y SENTIR

Carter, David A. *Feely Bugs*. Little Simon, 1995.

Chang, Cindy. *Good Morning Puppy*. Price Stern Sloan, 1994.

    Good Night Kitty! Price Stern Sloan, 1994.

Demi, Hitz. *Downy Duckling*. Grosset & Dunlap, 1988.

    Fluffy Bunny. Grosset & Dunlap, 1987.

Hanna, Jack. *Let's Go to the Petting Zoo with Jungle Jack*. Doubleday, 1992.

Hill, Eric. *Spot's Touch and Feel Day*. Putnam, 1997.

Kunhardt, Dorothy. *Pat the Bunny*. Western Publishing, 1968.

Kunhardt, Dorothy & Edith. *Pat the Cat*. Western Publishing, 1984.

    Pat the Puppy. Western Publishing, 1993.

Lodge, J. *Patch and His Favorite Things*. Harcourt Brace, 1996.

    Patch in the Garden. Harcourt Brace, 1996.

Offerman, Lynn. *Puppy Dog's Special Friends*. Joshua Morris Publishing, 1998.

Scarry, Richard. *Richard Scarry's Egg in the Hole Book*. Golden Books, 1997.

Witte, Pat & Eve. *The Touch Me Book*. Golden Books, 1946.

LIBROS GRANDES Y GORDOS

Barton, Byron. Chunky Board Book series. HarperCollins.

    Boats. 1994.

    Planes. 1994.

    Trains. 1994.

Bond, Michael. *Paddington at the Seashore*. HarperCollins, 1992.

Brown, Marc. Chunky Flap Book series. Random House.

    Arthur Counts. 1998.

    Arthur's Farm Tales. 1998.

    D.W.'s Color Book. 1997.

    Where Is My Frog? 1991.

    Where's Arthur's Gerbil? 1997.

    Where's My Sneaker? 1991.

Cowley, Rich. *Snap! Snap! Buzz Buzz*. Firefly Books, 1996.

Dunn, Phoebe. *Baby's Animal Friends*. Random House, 1988.

    Farm Animals. Random House, 1984.

Freeman, Don. *Corduroy's Toys*. Viking, 1985.

Fujikawa, Gyo. *Good Night, Sleep Tight! Shhh. . . .* Random House, 1990. (Forma gorda)

Hill, Eric. Spot Block Book series. Putnam.

    Spot's Favorite Baby Animals. 1997.

    Spot's Favorite Numbers. 1997.

    Spot's Favorite Words. 1997.

Hirashima, Jean. *ABC*. Random House, 1994. (Forma gorda)

Ingle, Annie. *Zoo Animals*. Random House, 1992.

Loehr, Mallory. *Trucks*. Random House, 1992. (Forma gorda)

McCue, Lisa. *Little Fuzzytail*. Random House, 1995. (Libro de cartón gordo)

Miller, Margaret. Super Chubby Book series. Simon & Schuster.

    At the Shore. 1996.

    Family Time. 1996.

    Happy Days. 1996.

    Let's Play. 1997.

    My Best Friends. 1996.

    Water Play. 1996.

    Wheels Go Round. 1997.

Oxenbury, Helen. *Helen Oxenbury's Little Baby Books*. Candlewick Press, 1996.

    Boxed set includes: *I Can; I Hear; I See; I Touch*.

Pienkowski, Jan. Nursery Board Book series. Simon & Schuster.

    Colors. 1987.   *Sizes*. 1991.

    Faces. 1991.   *Stop Go*. 1992.

    Food. 1991.   *Time*. 1991.

    Homes. 1990.   *Yes No*. 1992.

Ricklen, Neil. Super Chubby Book series. Simon & Schuster.

    Baby Outside. 1996.   *Baby's Good Night*. 1992.

    Baby's 123. 1990.   *Baby's Neighborhood*. 1994.

    Baby's ABC. 1997.   *Baby's Playtime*. 1994.

    Baby's Big & Little. 1996.   *Baby's Toys*. 1997.

    Baby's Clothes. 1997.   *Baby's Zoo*. 1992.

    Baby's Friends. 1997.   *Daddy and Me*. 1997.

    Baby's Home. 1997.   *Mommy and Me*. 1997.

    Baby's Good Morning. 1992.

Ross, Anna. *Knock Knock, Who's There?* Random House/Children's Television Workshop, 1994. (Tapa dura)

Ross, Katharine. *The Little Quiet Book*. Random House, 1989.

Santoro, Christopher. *Open the Barn Door*. Random House, 1993. (Tapa dura)

Scarry, Richard. *Richard Scarry's Lowly Worm Word Book*. Random House, 1981.

    Richard Scarry's Cars and Trucks from A–Z. Random House, 1990. (Forma gorda)

Smollin, Michael. *In & Out, Up & Down*. Random House, Children's Television Network, 1982.

    Ernie & Bert Can...Can You? Random House, Children's Television Network, 1982.

Snapshot Chubby Book series. Dorling Kindersley.

    ABC. 1994.

    Colors. 1994.

    My Home. 1995.

    My Toys. 1995.

    Shapes. 1994.

Wik, Lars. *Baby's First Words*. Random House, 1985.

LIBROS DE CARTÓN

Bang, Molly. *Ten, Nine, Eight*. First Tupelo Board Book edition. Tupelo Books, 1998.

Boynton, Sandra. Boynton Board Book series. Simon & Schuster.

    Blue Hat, Green Hat. 1995.

    Doggies, A Counting and Barking Book. 1995.

    Going to Bed Book. 1995.

    Moo, Baa, La La La. 1995.

    Opposites. 1995.

Brett, Jan. *The Mitten: A Ukrainian Folktale*. Putnam, 1996. (Libro de cartón)

Brown, Margaret Wise. First Board Book editions. HarperCollins.

    Child's Good Night Book. Pictures by Jean Charlot. 1996.

    Goodnight Moon. Pictures by Clement Hurd. 1991.

    Runaway Bunny. Pictures by Clement Hurd, 1991.

Carle, Eric. First Board Book editions. HarperCollins.

    Do You Want to Be My Friend? 1995.

    The Mixed-Up Chameleon. 1998.

    The Secret Birthday Message. 1998.

    The Very Quiet Cricket. Putnam, 1997.

    Have You Seen My Cat? First Little Simon Board Book edition. Simon & Schuster, 1996.

    The Very Hungry Caterpillar. First Board Book edition. Philomel Books, 1994.

Carle, Eric. Play-and-Read Books. Cartwheel Books.

    Catch the Ball. 1998.

    Let's Paint a Rainbow. 1998.

    What's for Lunch? 1998.

Carlstrom, Nancy White. Illus. by Bruce Degen. Simon & Schuster. (Libro de cartón)

    Bizz Buzz Chug-A-Chug: Jesse Bear's Sounds. 1997.

    Hooray for Blue: Jesse Bear's Colors. 1997.

    I Love You, Mama, Any Time of Year. Jesse Bear Board Book. 1997.

    I Love You, Papa, In All Kinds of Weather. Jesse Bear Board Book. 1997.

    Jesse Bear, What Will You Wear? 1996.

Choosing Colors. Photos by Sandra Lousada. Dutton Children's Books/Playskool, 1995. (Libro de cartón)

Cousins, Lucy. Dutton Children's Books. (Libro de cartón)

    Humpty Dumpty and Other Nursery Rhymes. 1996.

    Jack & Jill and Other Nursery Rhymes. 1996.

    Little Miss Muffet and Other Nursery Rhymes. 1997.

    Wee Willie Winkie and Other Nursery Rhymes. 1997.

Day, Alexandra. *Good Dog, Carl*. First Little Simon Board Book edition. Simon & Schuster, 1996.

Degen, Bruce. *Jamberry*. First Board Book edition. HarperCollins, 1995.

De Paola, Tomie. *Strega Nona*. First Little Simon Board Book edition. Simon & Schuster, 1997.

Ehlert, Lois. *Color Farm*. First Board Book edition. HarperCollins, 1997.

    Color Zoo. First Board Book edition. HarperCollins, 1997.

    Eating the Alphabet. First Red Wagon Books. Harcourt Brace, 1996.

Fleming, Denise. *Count!* First Board Book edition. Henry Holt, 1997.

Hooker, Yvonne. Illus. by Carlo A. Michelini. Poke and Look books. Grosset & Dunlap.

    One Green Frog. 1989.

    Wheels Go Round. 1989.

Hopp, Lisa. *Circus of Colors*. Illus. by Chiara Bordoni. Poke and Look book. Grosset & Dunlap, 1997.

Isadora, Rachel. *I Touch*. Greenwillow Books, 1991. (Board book)

Keats, Ezra Jack. *The Snowy Day*. Viking, 1996. (Board book)

Kirk, David. *Miss Spider's Tea Party: The Counting Book*. First Board Book edition. Callaway & Kirk/ Scholastic Press, 1997.

Lewison, Wendy. *Nighty Night*. Illus. by Giulia Orecchia. Poke and Look book. Grosset & Dunlap, 1992.

Lundell, Margaretta. *Land of Colors*. Illus. by Nadia Pazzaglia. Poke and Look book. Grosset & Dunlap, 1989.

Lundell, Margo. *What Does Baby See?* Illus. by Roberta Pagnoni. Poke and Look book. Putnam & Grosset, 1990.

Martin, Bill. Illus. by Eric Carle. First Board Book editions. Henry Holt.

    Brown Bear, Brown Bear, What Do You See? 1996.

    Polar Bear, Polar Bear, What Do You Hear? 1997.

Martin, Bill, & Archambault, John. *Chicka Chicka ABC*. Illus. by Lois Ehlert. First Little Simon Board Book edition. Simon & Schuster, 1993.

Marzollo, Jean. *I Spy Little Book*. Illus. by Walter Wick. Scholastic, 1997. (Board book)

    I Spy Little Animals. Photos by Walter Wick. Scholastic, 1998. (Board book)

McBratney, Sam. *Guess How Much I Love You*. First Board Book edition. Candlewick Press, 1996.

McMullan, Kate. *If You Were My Bunny*. Illus. by David McPhail. First Board Book edition. Cartwheel Books, 1998.

Ogden, Betina, illus. *Busy Farmyard*. So Tall board book. Grosset & Dunlap, 1995.

Opie, Iona Archibald. Illus. by Rosemary Wells. Mother Goose Board Book series. Candlewick Press.

    Pussycat, Pussycat and Other Rhymes. 1997.

    Humpty Dumpty and Other Rhymes. 1997.

    Little Boy Blue and Other Rhymes. 1997.

    Wee Willie Winkie and Other Rhymes. 1997.

Pfister, Marcus. Board book. North-South Books.

    Hopper. 1998.

    Hopper Hunts for Spring. 1998.

    The Rainbow Fish. 1996.

    Rainbow Fish to the Rescue. 1998.

Piper, Watty. *The Little Engine That Could*. Illus. by Christina Ong. Platt & Munk, 1991.

Potter, Beatrix. *The Tale of Peter Rabbit*. Illus. by Florence Graham. Pudgy Pal Board Book. Grosset & Dunlap, 1996.

Pragoff, Fiona. *Fiona Pragoff Board Books.* Simon & Schuster.
> *Baby Days.* 1995.
> *Baby Plays.* 1995.
> *Baby Ways.* 1994.
> *It's Fun to Be One.* 1994.
> *It's Fun to Be Two.* 1994.

Raffi. First Board Book editions. Crown Publishers.
> *Baby Beluga.* Illus. by Ashley Wolff. 1997.
> *Wheels on the Bus.* Illus. by Sylvie Kantorovitz Wickstrom. 1998.

Rathmann, Peggy. *Good Night, Gorilla.* Board book. Putnam, 1996.

Reasoner, Charles, & Hardt, Vicky. *Alphabite! A Funny Feast from A to Z.* Board book. Price Stern Sloan, 1989.

Rey, H. A. & Margret. Board books. Houghton Mifflin, 1998.
> *Curious George and the Bunny.* 1998.
> *Curious George's ABC's.* 1998.
> *Curious George's Are You Curious?* 1998.
> *Curious George's Opposites.* 1998.

Rosen, Michael. *We're Going on a Bear Hunt.* Illus. by Helen Oxenbury. First Little Simon Board Book edition. Simon & Schuster, 1997.

Seuss, Dr. Bright and Early Board Book series. Random House.
> *Dr. Seuss's ABC.* 1996.
> *The Foot Book.* 1997.
> *Mr. Brown Can Moo, Can You?* 1996.
> *The Shape of Me and Other Stuff.* 1997.
> *There's a Wocket in My Pocket.* 1996.

Snapshot Board Book series. Dorling Kindersley.
> *All about Baby* by Stephen Shott. 1994.
> *Baby and Friends* by Paul Bricknell. 1994.
> *Good Morning, Baby* by Jo Foord, et al. 1994.
> *Good Night, Baby* by Mike Good & Stephen Shott. 1994.

Waddell, Martin. *Owl Babies.* Illus. by Patrick Benson. First Board Book edition. Candlewick Press, 1992.

Wells, Rosemary. *Max's Birthday.* Max Board Book. Dial Books for Young Readers, 1998.
> *Old MacDonald.* Bunny Reads Back Board Book. Scholastic, 1998.

Wilkes, Angela. *My First Word Board Book.* Dorling Kindersley, 1997.

Williams, Sue. *I Went Walking.* Illus. by Julie Vivas. First Red Wagon Books edition. Harcourt Brace, 1996.

Williams, Vera B. *More, More, More Said the Baby.* First Tupelo Board Book edition. William Morrow, 1997.

Wood, Jakki. *Moo Moo, Brown Cow.* Illus. by Rog Bonner. First Red Wagon Board book. Harcourt Brace, 1996.

Ziefert, Harriet. Board Book. Dorling Kindersley.
> *Food!* 1996.
> *Let's Get Dressed.* Illus. by Susan Baum. 1997.
> *My Clothes.* 1996.

APÉNDICE B

Criterios para seleccionar materiales y equipamiento para niños

Aunque la mayor parte de los materiales y equipamiento parecen seguros, descubrirá que los infantes tienen una extraña habilidad para encontrar y sacar partes. Puede que ello presente un riesgo. Por tanto, para reducir los peligros probables, debe controlar y observar constantemente. Al comprar o elegir materiales y equipo a usar con los infantes, determine con mucho cuidado si favorecen el desarrollo y la seguridad del niño comprobando la siguiente lista.

	Sí	No
SEGURIDAD		
A. ¿Es irrompible?		
B. ¿Es duradero?		
C. ¿Es lavable?		
D. ¿Es suficientemente grande para que no se lo trague?		
E. ¿Tiene partes libres o que puedan quitarse?		
F. ¿Tiene bordes agudos?		
G. ¿Está hecho con materiales no tóxicos?		
H. ¿Carece de hendiduras que puedan pellizcar?		
I. ¿Es adecuado para el espacio con el que se cuenta?		
FAVORECE EL DESARROLLO		
A. ¿Se adecua al desarrollo?		
B. ¿Estimula el desarrollo del niño?		
C. ¿Complementa los materiales y el equipamiento que se poseen ya?		
D. ¿Enseña varias habilidades?		
E. ¿Hace participar al niño?		
F. ¿Es imparcial respecto al género?		
G. ¿Favorece una perspectiva multicultural?		
H. ¿Promueve juegos no violentos?		

APÉNDICE C

Materiales y equipamiento para promover el desarrollo óptimo en la primera infancia

Los materiales y el equipamiento juegan un papel importante en el desarrollo del infante. Pueden proporcionar alegría, además de estimular los niveles normales de desarrollo. En otras palabras, los materiales pueden ayudar a los infantes a adquirir nuevas habilidades. Por ejemplo, pueden ayudarle a buscar objetos con los ojos y los oídos, a coordinar vista y manos y a aprender sobre sus cuerpos. La tabla siguiente contiene algunos materiales y equipamiento que pueden ser útiles para impulsar el desarrollo de los más pequeños.

Materiales y equipamiento para promover el desarrollo de los infantes

accesorios para muñecos: manta, cama, ropa
adultos cariñosos y atentos
almohadas
ambiente rico en lenguaje
animal de juguete
animales de felpa
arcillas y plastilinas
aros para embocar
asiento para bebés
autos de juguete, grandes
bandas elásticas
bloques para construcciones, ligeros
cambiador
campanas
canciones
canciones infantiles
chupete
cochecito de paseo
crayones grandes
cuentas grandes para enhebrar
deslizador
discos o cintas, una variedad de música: jazz, canciones de cuna, etc.

elementos de utilería para acompañar los juegos de mímica
espejos (irrompibles)
instrumentos de tamaño infantil
instrumentos musicales
juegos de mímica
juguetes con ruedas
juguetes con sorpresa
juguetes de goma
juguetes estrujables
juguetes para cabalgar
juguetes para empujar y arrastrar
juguetes para llenar y vaciar
láminas con bebés
libros (ilustrados y en blanco y negro — de cartón, tela y/o vinilo)
loción para bebés
manta o esterilla
mecedora
menaje (por ej., ollas, cacerolas, cucharas de madera, bols de plástico o metal, cestas de lavandería)
mordillos
móvil

móviles de campanas
móviles reflectantes
muñecas multiétnicas
palitas y baldes
pedazos de alfombra
pelotas
pinceles
reproductor de cintas o discos
rompecabezas de piezas grandes
silla alta
silla de paseo
sofá o muebles resistentes
sonajeros de diferentes tamaños, formas, pesos y texturas
tazas apilables
teléfonos de juguete
títeres
toallas
vajilla irrompible (tazas, cucharas, platos)

Materiales y equipamiento para potenciar el desarrollo de los pequeños

todos los juguetes para infantes de la lista anterior, y además . . .

bloques
cajas de cartón
carretilla
carrito
clasificadores de figuras sencillos
cuentas de abrochar
elementos para representar: cacerolas, sartenes, platos
juego de aros para embocar
juguetes de transporte: camiones, botes, trenes, aviones
juguetes para la arena: cucharas, palas, latas, cernidores
martillo y clavijas de juguete
máscaras
pernos y tornillos
rompecabezas sencillos
ropa para disfrazarse: sombreros, zapatos, bufandas, joyas, cartera
tambor

APÉNDICE D

〜〜〜

Actividades con movimiento para niños de trece a veinticuatro meses

A continuación se enumeran actividades con movimiento destinadas a los niños pequeños. Cuando se las presente, tendrá que mostrarles las acciones como modelo. Esto se debería hacer al mismo tiempo que se dan las instrucciones.

TOCAR EL TAMBOR

Rápido.
Lento.
Pesado.
Suave.
Grande.
Pequeño.

PARA ADQUIRIR EL SENTIDO DEL TIEMPO

Corran muy rápido.
Caminen muy lentamente.
Salten rápido por todo el suelo.
Siéntense despacio en el suelo.
Poco a poco, crezcan lo más alto que puedan.
Despacito, háganse un ovillo lo más chico que puedan, en el suelo.

FIGURAS EN MOVIMIENTO

Traten de moverse como algo enorme y pesado — un elefante.
Traten de moverse como algo chiquito y pesado — una rana gorda.
Traten de moverse como algo grande y liviano — una pelota de playa.
Traten de moverse como algo pequeño y liviano — una mariposa.

Juegos de mímica, canciones infantiles y recitados favoritos

CLAP YOUR HANDS

Clap your hands 1, 2, 3.
(acomode las acciones a las palabras)
Clap your hands just like me.
Roll your hands 1, 2, 3.
Roll your hands just like me.

RING AROUND THE ROSIE

Ring around the rosie,
A pocket full of posie,
Ashes, ashes,
All fall down.

TEAPOT

I'm a little teapot,
(la mano derecha en la cadera, la izquierda abierta, palma hacia arriba)
Short and stout.
Here's my handle.
And here's my spout.
When I get all steamed up,
I just shout:
"Tip me over, and pour me out."
(inclínese a la izquierda)
I can change my handle
(la mano izquierda en la cadera, la derecha abierta, palma hacia arriba)
And my spout.
"Tip me over, and pour me out."
(inclínese a la derecha)

CLOCKS

(apoye los codos en las caderas; extienda los antebrazos con los índices hacia arriba y mueva los brazos a uno y otro lado, lenta y rítmicamente)
Big clocks make a sound like
T-i-c-k, t-o-c-k, t-i-c-k, t-o-c-k.
Small clocks make a sound like
(mueva los brazos más rápido)
Tick, tock, tick, tock.
And the very tiny clocks make a sound
(mueva los brazos todavía más rápido)
Like tick, tick, tock, tock.
Tick, tock, tick, tock, tick, tock.

MY TURTLE

This is my turtle.
(cierre el puño; enderece el pulgar)
He lives in a shell.
(guarde el pulgar en el puño)
He likes his home very well.
He pokes his head out when he wants to eat.
(extienda el pulgar)
And pulls it back when he wants to sleep.
(guarde el pulgar en el puño)

THREE FROGS

Three little frogs
(levante tres dedos de la mano izquierda)
Asleep in the sun.
(dóblelos)
We'll creep up and wake them.
("repte" con los dedos de la derecha)
Then we will run.
(levante tres dedos mientras la mano derecha se escapa)

IS MY RIGHT HAND

This is my right hand.
(acomode las acciones a las palabras)
I raise it high.
This is my left hand.
I'll touch the sky.
Right hand, left hand, roll them round and round.
Right hand, left hand, pound, pound, pound.

ONE, TWO, BUCKLE MY SHOE

One, two, buckle my shoe.
(vaya contando los dedos siguiendo la canción)
Three, four, shut the door.
(acomode las acciones a las palabras)
Five, six, pick up sticks.
Seven, eight, lay them straight.
Nine, ten, a big tall hen.

OPEN, SHUT THEM

Open, shut them.
(acomode las acciones a las palabras)
Open, shut them.
Open, shut them.
Give a little clap.
Open, shut them.
Open, shut them.
Open, shut them.
Put them in your lap.
Creep them, creep them
Right up to your chin.
Open up your little mouth,
But do not put them in.
Open, shut them.
Open, shut them.
Open, shut them.
To your shoulders fly,
Then like little birdies
Let them flutter to the sky.
Falling, falling almost to the ground,
Quickly pick them up again and turn
Them round and round.
Faster, faster, faster.
Slower, slower, slower.
(repita la primera estrofa)

ANIMALS

Can you hop like a rabbit?
(acomode las acciones a las palabras)
Can you jump like a frog?
Can you walk like a duck?
Can you run like a dog?
Can you fly like a bird?
Can you swim like a fish?
And be still like a good child?
As still as this?

TWO LITTLE APPLES

*(alce las manos y sobre la cabeza, forme círculos con el pulgar
y el índice de cada mano)*
Away up high in the apple tree,
Two red apples smiled at me.
(sonría)
I shook that tree as hard as I could.
(haga ademán de sujetar el árbol — sacuda)
And down they came.
(alce las manos sobre la cabeza y bájelas hasta el suelo)
And ummmmm were they good!
(frótese el estómago)

FIVE LITTLE PUMPKINS

*(levante los cinco dedos y doble uno
por uno cuando lo indique la canción)*
Five little pumpkins sitting on a gate;
The first one said, "My it's getting late."
The second one said, "There are witches in the air."
The third one said, "But we don't care."
The fourth one said, "Let's run, let's run."
The fifth one said, "It's Halloween fun."
"Wooooooo" went the wind,
(mueva la mano por el aire)
And out went the lights.
(palmada fuerte)
These five little pumpkins ran fast out of sight.
(ponga las manos detrás de la espalda)

GRANDMA'S SPECTACLES

*(póngase anteojos haciendo círculos con índice y pulgar contra
la cara)*
These are Grandma's spectacles.
This is Grandma's hat.
(junte las yemas de los dedos haciendo un pico sobre la cabeza)
This is the way she folds her hands,
(cruce las manos)
And lays them in her lap.
(deje las manos en el regazo)

TEN LITTLE DUCKS

Ten little ducks swimming in the lake.
(mueva los diez dedos como si nadaran)
Quack! Quack!
(chasquee los dedos dos veces)
They give their heads a shake.
(sacuda los dedos)
Glunk! Glunk! Go go little frogs.
(dos palmadas)
And away to their mothers,
The ten ducks run.
(haga ademán de correr hacia atrás con las manos)

LITTLE JACK HORNER

Little Jack Horner
Sat in a corner
Eating a Christmas pie.
(ademanes de comer)
He put in his thumb,
(ponga el pulgar hacia abajo)
And pulled out a plum
(levante el pulgar)
And said, "What a good boy am I!"
(diga en voz alta)

HICKORY, DICKORY, DOCK (tradicional)

Hickory, dickory, dock.
The mouse ran up the clock.
The clock struck one, the mouse ran down,
Hickory, dickory, dock.

THE MUFFIN MAN (tradicional)

Oh, do you know the muffin man,
The muffin man, the muffin man?
Oh, do you know the muffin man
Who lives on Drury Lane?
Yes, I know the muffin man,
The muffin man, the muffin man.
Oh, yes, I know the muffin man
Who lives on Drury Lane.

JACK AND JILL (tradicional)

Jack and Jill went up a hill
To fetch a pail of water.
Jack fell down and broke his crown
And Jill fell tumbling after.

LITTLE MISS MUFFET

Little Miss Muffet
Sat on a tuffet
Eating her curds and whey.
Along came a spider
And sat down beside her
And frightened Miss Muffet away!

OLD KING COLE

Old King Cole was a merry old soul
(suba y baje los codos)
And a merry old soul was he.
(asienta con la cabeza)
He called for his pipe.
(dé dos palmadas)
He called for his bowl.
(dé dos palmadas)
And he called for his fiddlers three.
(dé dos palmadas y simule tocar el violín)

PAT-A-CAKE

Pat-a-cake, pat-a-cake, baker's man.
Bake me a cake as fast as you can!
(dé dos palmadas suaves)
Roll it
(dé vueltas con las manos)
And pat it
(toque suavemente una mano con otra)
And mark it with a B
(escriba una B en el aire)
And put it in the oven for baby and me.
(señale al bebé y a usted)

I LOVE MY FAMILY

Some families are large.
(abra bien los brazos)
Some families are small.
(junte los brazos)
But I love my family
(cruce los brazos sobre el pecho)
Best of all!

THIS LITTLE PIG

This little pig went to market.
(señale los dedos de uno en uno)
This little pig stayed home.
This little pig had roast beef.
This little pig had none.
This little pig cried, "Wee, wee, wee."
And ran all the way home.

TWO LITTLE BLACKBIRDS

Two little blackbirds sitting on a hill.
(cierre las manos, extienda los índices)
One named Jack. One named Jill.
(hable a un dedo; hable al otro)
Fly away Jack. Fly away Jill.
(lleve los índices separadamente por encima de los hombros)
Come back Jack. Come back Jill.
(vuelva a poner las manos delante con los índices extendidos)

TWO LITTLE KITTENS

(levante dos dedos, haga una bola con las manos)
Two little kittens found a ball of yarn
As they were playing near a barn.
(junte las manos en ángulo haciendo un techo)
One little kitten jumped in the hay,
(levante un dedo, haga ademán de saltar y luego de correr)
The other little kitten ran away.
("corra" con la otra mano)

ANIMALS

This is the way the elephant goes.
(cruce las manos, extienda los brazos, muévalos adelante y atrás)
With a curly trunk instead of a nose.
The buffalo, all shaggy and fat.
Has two sharp horns in place of a hat.
(señálese la frente)
The hippo with his mouth so wide
Let's see what's inside.
(las manos juntas, ábralas y ciérrelas)
The wiggly snake upon the ground
Crawls along without a sound.
(haga un movimiento ondulante con las manos)
But monkey see and monkey do is the
funniest animal in the zoo.
(póngase los pulgares en las orejas y mueva los dedos)

MY PUPPY

I like to pet my puppy.
(acaricie al perrito)
He has such nice soft fur.
(acaricie al perrito)
And if I don't pull his tail
(tírele de la cola)
He won't say, "Grr!"
(haga una mueca)

MY TOOTHBRUSH

I have a little toothbrush.
(use el índice)
I hold it very tight.
(cierre el puño)
I brush my teeth each morning,
And then again at night.
(simule cepillarse con el índice)

SEE, SEE, SEE

See, see, see
(protéjase los ojos con las manos)
Three birds are in a tree.
(levante tres dedos)
One can chirp
(señale el pulgar)
And one can sing
(señale el índice)
One is just a tiny thing.
(señale el dedo medio, luego acune al pajarito en los brazos)
See, see, see
Three birds are in a tree.
(levante tres dedos)

STAND UP TALL

Stand up tall
Hands in the air.
Now sit down
In your chair.
Clap your hands
And make a frown.
Smile and smile.
Hop like a clown.

TEN LITTLE FINGERS

I have ten little fingers and ten little toes.
(los niños señalan partes del cuerpo mientras repiten las palabras)
Two little arms and one little nose.
One little mouth and two little ears.
Two little eyes for smiles and tears.
One little head and two little feet.
One little chin, that makes _____ complete.

THREE LITTLE DUCKIES

Three little duckies
(levante tres dedos)
Swimming in the lake.
(ademán de nadar)
The first ducky said,
(levante un dedo)
"Watch the waves I make."
(imite las olas)
The second ducky said,
(levante dos dedos)
"Swimming is such fun."
(sonría)
The third ducky said,
(levante tres dedos)
"I'd rather sit in the sun."
(vuelva la cara al sol)
Then along came a motorboat.
With a Pop! Pop! Pop!
(dé tres palmadas)
And three little duckies
Swam away from the spot.
(ponga tres dedos detrás de la espalda)

POPCORN CHANT 1

Popcorn, popcorn
Hot, hot, hot
Popcorn, popcorn
Pop, pop, pop.

POPCORN CHANT 2

Popcorn, popcorn
In a pot
What'll happen when you get hot?
Boom! Pop. Boom! Pop. Pop.
That's what happens when you get hot!

POPCORN CHANT 3

Popcorn, popcorn
In a dish
How many pieces do you wish?
1, 2, 3, 4
Eat those up and have some more!

Source for above finger plays, nursery rhymes, and chants: Herr, J. and Libby, Y. (1995). *Creative resources for the early childhood classroom.* Albany, NY: Delmar.

CATERPILLAR CRAWLING

One little caterpillar on my shoe.
Another came along and then there were two.
Two little caterpillars crawled on my knee.
Another came along and then there were three.
Three little caterpillars crawled on the floor.
Another came along and then there were four.
Four little caterpillars watch them crawl away.
They'll all turn into butterflies some fine day.
(este juego de mímica se puede hacer usando títeres de felpa o de cartulina.)

Source: Indenbaum, V., & Shapler, M. (1983). *The everything book.* Chicago: Partner Press.

APÉNDICE F

~~~~~~

Canciones

CLEANUP SONGS

Do You Know What Time It Is?
(Tonada: "The Muffin Man")
Oh, do you know what time it is,
What time it is, what time it is?
Oh, do you know what time it is?
It's almost cleanup time. *(Or, it's time to clean up.)*

Cleanup Time
(Tonada: "London Bridge")
Cleanup time is already here,
Already here, already here.
Cleanup time is already here,
Already here.

This Is the Way
(Tonada: "Mulberry Bush")
This is the way we pick up our toys,
Pick up our toys, pick up our toys.
This is the way we pick up our toys,
At cleanup time each day.

Oh, It's Cleanup Time
(Tonada: "Oh, My Darling Clementine")
Oh, it's cleanup time,
Oh, it's cleanup time,
Oh, it's cleanup time right now.
It's time to put the toys away,
It is cleanup time right now.

A Helper I Will Be
(Tonada: "The Farmer in the Dell")
A helper I will be.
A helper I will be.
I'll pick up the toys and put them away.
A helper I will be.

We're Cleaning Up Our Room
(Tonada: "The Farmer in the Dell")
We're cleaning up our room.
We're cleaning up our room.
We're putting all the toys away.
We're cleaning up our room.

It's Cleanup Time
(Tonada: "Looby Loo")
It's cleanup time at the preschool.
It's time for boys and girls
To stop what they are doing.
And put away their toys.

Time to Clean up
(Tonada: "Are You Sleeping?")
Time to clean up.
Time to clean up.
Everybody help.
Everybody help.
Put the toys away, put the toys away.
Then sit down. *(Or, then come here.)*

Se pueden nombrar juguetes determinados en vez de usar el término general.

Cleanup Time
(Tonada: "Hot Cross Buns")
Cleanup time.
Cleanup time.
Put all of the toys away.
It's cleanup time.

Passing Around
(Tonada: "Skip to My Loo")
Brad, take a napkin and pass them to Sara.
Sara, take a napkin and pass them to Tina.
Tina, take a napkin and pass them to Eric.
Passing around the napkins.

Emplee el nombre del niño y reemplace el objeto por cualquier otro que haga que pasar en la mesa.

Put Your Coat On
(Tonada: "Oh, My Darling Clementine")
Put your coat on.
Put your coat on.
Put your winter coat on now.
We are going to play outside.
Put your coat on right now.

Cambie "coat" por cualquier otra prenda.

ABOUT ME

Brushing Teeth
(Tonada: "Mulberry Bush")
This is the way we brush our teeth,
Brush our teeth, brush our teeth.
This is the way we brush our teeth,
So early in the morning.

ANIMALS

Circus
(Tonada: "Did You Ever See a Lassie")
Let's pretend that we are clowns, are clowns, are clowns.
Let's pretend that we are clowns.
We'll have so much fun.
We'll put on our makeup and make people laugh hard.
Let's pretend that we are clowns.
We'll have so much fun.

Let's pretend that we are elephants, are elephants, are
    elephants.
Let's pretend that we are elephants.
We'll have so much fun.
We'll sway back and forth and stand on just two legs.
Let's pretend that we are elephants.
We'll have so much fun.

Let's pretend that we are on a trapeze, a trapeze, a trapeze.
Let's pretend that we are on a trapeze.
We'll have so much fun.
We'll swing high and swoop low and make people
    shout "oh!"
Let's pretend that we are on a trapeze.
We'll have so much fun!

Easter Bunny
(Tonada: "Ten Little Indians")
Where, oh, where is the Easter Bunny,
Where, oh, where is the Easter Bunny,
Where, oh, where is the Easter Bunny,
Early Easter morning?

Find all the eggs and put them in a basket,
Find all the eggs and put them in a basket,
Find all the eggs and put them in a basket,
Early Easter morning.

Kitty
(Tonada: "Bingo")
I have a cat. She's very shy.
But she comes when I call Kitty
K-I-T-T-Y
K-I-T-T-Y
K-I-T-T-Y
and Kitty is her name-o.

Variante: Que los niños piensen otros nombres.

Two Little Black Bears
(Tonada: "Two Little Blackbirds")
Two little black bears sitting on a hill
One named Jack, one named Jill.
Run away Jack
Run away Jill.
Come back Jack
Come back Jill.
Two little black bears sitting on a hill
One named Jack, one named Jill.

Itsy Bitsy Spider
The itsy bitsy spider went up the water spout
Down came the rain and washed the spider out
Out came the sun and dried up all the rain
And the itsy bitsy spider went up the spout again.

PEOPLE

Do You Know This Friend of Mine
(Tonada: "The Muffin Man")
Do you know this friend of mine,
This friend of mine,
This friend of mine?
Do you know this friend of mine?
His name is _____.
Yes, we know this friend of yours,
This friend of yours,
This friend of yours.
Yes, we know this friend of yours.
His name is _____.

FEELINGS

Feelings
(Tonada: "Twinkle, Twinkle, Little Star")
I have feelings.
You do, too.
Let's all sing about a few.
I am happy. *(sonría)*
I am sad. *(frunza el ceño)*
I get scared. *(abrácese)*
I get mad. *(cierre el puño y muévalo)*
I am proud of being me. *(ponga las manos en las caderas)*
That's a feeling, too you see.
I have feelings. *(señálese)*
You do, too. *(señale a otra persona)*
We just sang about a few.

TRANSPORTATION

The Wheels on the Bus
The wheels on the bus go round and round.
Round and round, round and round.
The wheels on the bus go round and round.
All around the town.

OTROS VERSOS:
The wipers on the bus go swish, swish, swish.
The doors on the bus go open and shut.
The horn on the bus goes beep, beep, beep.
The driver on the bus says, "Move on back."
The people on the bus go up and down.

Source: Herr, J., and Libby, Y. (1995). *Creative resources for the early childhood classroom.*
Albany, NY: Delmar.

APÉNDICE G

〜〜〜〜〜

Instrumentos rítmicos

El uso de instrumentos rítmicos es un método de enseñar a los niños pequeños a expresarse. Estos instrumentos pueden ser objetos domésticos corrientes, o comprarse por catálogo o en tiendas de artículos escolares. Algunos ejemplos son:

Comprados	Enseres domésticos
Tambores	Cacerolas
Palitos de ritmo	Sartenes
Platillos	Tapas
Sonajeros	Cucharas de madera
Campanillas para las muñecas	Moldes de aluminio para tortas
Escobillas	Batidores de metal
Maracas	Bols de plástico
Bloques de lijar	

También se pueden improvisar y fabricar estos instrumentos — guarde los tubos de cartón con tapas de plástico en los que vienen frutos secos, papas fritas y café. Estos envases sirven como tambores. Si pone cosas que hagan ruido dentro del bote, podrá usarlo como maracas. Pero asegúrese de que ha cerrado bien la tapa con una buena cinta adhesiva que los niños no puedan despegar.

APÉNDICE H

Recetas

Soluciones para burbujas

Solución nº 1 para burbujas

1 taza de agua
2 cucharadas de detergente líquido
1 cucharada de glicerina
½ cucharadita de azúcar

Solución nº 2 para burbujas

⅔ tazas de lavavajillas líquido
1 galón (4 l) de agua
1 cucharada de glicerina (optativo)

Deje reposar la solución en un recipiente abierto por lo menos un día antes de usarla.

Solución Nº 3 para burbujas

3 tazas de agua
2 tazas de detergente líquido Joy
½ taza de miel de maíz Karo

Recetas para masas de jugar y arcillas

Masa de arcilla

3 tazas de harina
3 tazas de sal
3 cucharadas de alumbre

Combine los ingredientes y agregue agua, lentamente y poco a poco. Mezcle bien con cuchara. Cuando se vaya espesando, siga mezclando con las manos hasta que tome la consistencia de arcilla. Si la siete demasiado seca, añada más agua. Si está demasiado pegajosa, añada partes iguales de harina y de sal.

Masa de jugar

2 tazas de harina
1 taza de sal
1 taza de agua caliente
2 cucharadas de aceite de cocina
4 cucharaditas de crémor tártaro
colorante para alimentos

Mezcle bien. Amase hasta tener una masa lisa. La masa se puede guardar en una bolsa de plástico o en un recipiente con tapa y volverla a usar. Si se pone pegajosa, puede agregar más harina.

Masa de jugar favorita

Combine y deje hervir hasta que se disuelva:
2 tazas de agua
½ taza de sal
colorante de alimentos o témpera
Incorpore cuando todavía esté bien caliente:
2 cucharadas de aceite de cocina
2 cucharadas de alumbre
2 tazas de harina

Amase (aproximadamente 5 minutos) hasta que quede suave. Guarde en recipientes herméticos.

...a de panadero Nº 1

1 taza de almidón de maíz
2 tazas de bicarbonato de soda
1½ tazas de agua fría

Combine los ingredientes. Remueve hasta que esté suave. Cocine a fuego medio, moviendo continuamente hasta que la mezcla adquiera la consistencia de puré de papas más bien seco.

Vuelque en un bol o un plato y cubra con un trapo húmedo. Cuando se enfríe lo suficiente para manejarla, amase muy bien hasta que esté lisa y flexible, sobre una superficie espolvoreada con almidón.

Guarde en una bolsa de plástico bien cerrada o en un recipiente con tapa.

Arcilla de panadero Nº 2

4 tazas de harina
1½ tazas de agua
1 taza de sal

Combine los ingredientes. Mezcle bien. Amase durante 5 a 10 minutos. Estire a un grosor de ¼ de pulgada (6 mm). Corte con cortapastas decorativos o con cuchillo. Haga un hoyo en la parte superior.

Hornee a 250 grados durante 2 horas o hasta que esté duro. Una vez frío, pinte con témpera o rocíe con barniz transparente o pinte con pintura acrílica.

Masa de nubes

3 tazas de harina
1 taza de perfume oleoso (aceite de menta, de gualteria, de limón, etc.)
colorante de alimentos

Combine los ingredientes. Añada agua hasta que se pueda trabajar con facilidad (alrededor de ½ taza).

Masa de aserrín

2 tazas de aserrín
3 tazas de harina
2 taza de sal

Mezcle los ingredientes. Agregue el agua que haga falta. La masa se pone muy dura y no se quiebra con facilidad. Es apropiada para objetos y figuras que se quiere conservar.

Masa cocida de arcilla

1 taza de harina
½ taza de almidón de maíz
4 tazas de agua
1 taza de sal
3 ó 4 libras de colorante de alimentos, si se desea

Remueva despacio y tenga paciencia con esta receta. Deslía la harina y el almidón de maíz con agua fría. Añada sal al agua y lleve a ebullición. Vierta la solución de agua y sal sobre la pasta de harina y almidón y cocine a baño maría hasta que se aclare. Añada la harina y el colorante a la solución cocida y amase. Después de haber usado la arcilla, si está demasiado húmeda, agregue harina; si está muy seca, agua. Guarde en recipiente tapado. Envuelva la masa con un trapo o toalla húmeda. Tiene una textura muy agradable y es muy popular entre personas de todas las edades. Se puede conservar dos o tres semanas.

Masa salada

4 tazas de sal
2 taza de almidón de maíz

Mezcle con bastante agua para formar una pasta. Cocine a fuego medio, moviendo continuamente.

Masa de jugar

5 tazas de harina
2 tazas de sal
4 tazas de aceite de cocina
agregue agua hasta obtener la consistencia requerida

Se puede añadir témpera en polvo con la harina, o colorante de alimentos a la masa terminada. Se puede guardar en bolsa de plástico o recipiente tapado durante 2 a 4 semanas. Se usa mejor como masa para jugar que para objetos que se dejarán endurecer.

Jabón y aserrín

1 taza de jabón batido
1 taza de aserrín

Mezcle bien. Le da un aspecto y una consistencia muy diferentes. A cualquier edad la moldean muy fácilmente para hacer distintas figuras. Se puede usar 2 ó 3 días si se guarda en una bolsa de plástico bien cerrada.

Posos de café

2 tazas de café molido ya usado
½ taza de sal
1½ tazas de avena

Mezcle los ingredientes y añada agua suficiente para humedecer. A los niños les gusta estirar, moldear y trabajar con esta mezcla. Tiene consistencia y aspecto diferentes, pero no sirve para productos terminados. Es de textura muy agradable.

Modelar con jabón

2 tazas de jabón en escamas

Agregue agua suficiente para humedecer y bata hasta que tenga consistencia para moldear. Use un jabón del tipo de Ivory Flakes, Dreft, Lux, etc. La mezcla tendrá un aspecto ligeramente escamoso cuando se pueda moldear. Resulta muy agradable para todas las edades y es fácil de trabajar. Además, su textura es muy diferente de otros materiales que se suelen usar para modelar. Se puede poner a secar, pero los objetos tardan mucho en secarse.

Recetas de pintura para usar con los dedos

Método del almidón líquido

almidón líquido (en botellas que se
   puedan apretar)
témpera seca en recipientes con
   perforaciones, como saleros

Ponga una cucharada de almidón
líquido en la superficie que se va a
pintar. Deje que los niños echen pintura
encima, sacudiendo el recipiente.
Mezcle la pintura. Nota: Si la pintura se
espesara demasiado, simplemente rocíe
unas gotas de agua encima.

Método del jabón en escamas

Mezcle en un tazón pequeño:
escamas de jabón y
un poco de agua

Bata hasta con batidor de huevos hasta
que esté firme. Use jabón blanco sobre
papel oscuro, o añada colorante al
jabón y emplee papel de colores claros.
Así obtendrá un ligero efecto
tridimensional.

Almidón de lavandería en crudo

Una mezcla de 1 taza de almidón
líquido/de lavandería, 1 taza de agua
fría y 3 tazas de jabón en escamas darán
una mezcla rápida para pintar con
los dedos.

Harina y sal I

1 taza de harina
$1\frac{1}{2}$ tazas de sal
$\frac{3}{4}$ taza de agua
colorante

Mezcle la harina y la sal. Agregue el
agua. Es granulosa, a diferencia de
otras pinturas para usar con los dedos,
y así da una experiencia sensorial
distinta. A algunos niños les gusta la
sensación diferente al tacto que se
obtiene añadiendo $1\frac{1}{2}$ taza de sal a las
otras recetas.

Harina y sal II

2 tazas de harina
2 cucharaditas de sal
3 tazas de agua fría
2 tazas de agua caliente
colorante

Agregue la sal a la harina, vierta el agua
fría poco a poco y bata con batidor de
huevos hasta que esté suave. Añada el
agua caliente y deje hervir hasta que se
clarifique. Bata hasta que esté suave,
luego incorpore el colorante. Use $\frac{1}{4}$ de
taza de colorante para 8 a 9 onzas
(aprox. 250 g) de pintura, para obtener
colores intensos.

Método en crudo con harina instantánea

1 pinta de agua (2 tazas)
$1\frac{1}{2}$ tazas de harina instantánea (de la
   que se usa para esperar salsas)

Ponga el agua en el bol e incorpore la
harina, removiendo. Agregue el color.
Si usa harina corriente es posible que
se agrume.

Método del almidón cocido

1 taza de almidón de lavandería disuelto
   en un poco de agua fría
5 tazas de agua hirviendo añadidas
   lentamente para disolver el almidón
1 cucharada de glicerina (optativa)

Cocine la mezcla hasta que quede
espesa y vidriosa. Agregue 1 taza de
jabón suave en escamas. Añada el color
en recipientes separados. Deje enfriar
antes de usar.

Método del almidón de maíz

Añada gradualmente 2 litros de agua a
1 taza de almidón de maíz. Cocine hasta
que se clarifique y añada $\frac{1}{2}$ taza de
jabón en escamas. Se puede incorporar
un poquito de glicerina o de aceite de
gualteria.

Método de la harina

Mezcle 1 taza de harina con 1 taza de
agua fría. Agregue 3 tazas de agua
hirviendo y lleve a ebullición, moviendo
constantemente. Añada 1 cucharada de
alumbre y colorante. Las pinturas
hechas con esta receta se secan planas y
no necesitan plancha.

Estofado arcoiris

1 taza de almidón de maíz
4 tazas de agua
$\frac{1}{2}$ taza de azúcar
colorante de alimentos (si se desea)

Ponga a hervir el agua con el almidón y
el azúcar hasta que espese. La mezcla
debe quedar translúcida y vidriosa.
Agregue colorante hasta obtener la
intensidad que desee.

Sugerencias:

Asegúrese de tener a mano agua
corriente y toallas, o disponga un
recipiente grande con agua para que los
niños se laven.

   Haga la pintura para los dedos sobre
una mesa lisa, hule o una bandeja de
cafetería. Algunos niños prefieren
comenzar este tipo de pintura con
crema de afeitar sobre una lámina
de hule.

   Se puede agregar colorante de
alimentos o pintura en polvo a la mezcla
antes de usarla, o permitir as niño que
elija los colores que quiera espolvorear
sobre la pintura.

   A veces, los chicos más remisos son
más fáciles de atraer a la mesa de pintar
si las pinturas ya tienen color.

Fuente:
Herr, J., and Libby, Y. (1995). *Creative resources for the
early childhood classroom.* Albany, NY: Delmar.

APÉNDICE I

~~~~~~~~

Recursos relativos a la primera infancia

The American Montessori Society Bulletin
American Montessori Society (AMS)
150 Fifth Avenue
New York, NY 10011

The Black Child Advocate
Black Child Development Institute
1463 Rhode Island Avenue NW
Washington, DC 20001

Child Development and Child Development Abstracts and Bibliography
Society for Research in Child Development
5801 Ellis Avenue
Chicago, IL 60637

Child Health Alert
PO Box 388
Newton Highlands, MA 02161

Childhood Education
Association for Childhood Education
International (ACEI)
11141 Georgia Avenue, Suite 300
Wheaton, MD 20902

Children Today
Superintendent of Documents
PO Box 371954
Pittsburgh, PA 15250-7954

Child Welfare
Child Welfare League of America, Inc.
(CWLA)
440 First Street NW
Washington, DC 20001

Day Care and Early Education
Human Science Press
72 Fifth Avenue
New York, NY 10011

Developmental Psychology
American Psychological Association
1200 Seventeenth Street NW
Washington, DC 20036

Dimensions of Early Childhood
Southern Association for Children Under Six
Box 5403 Brady Station
Little Rock, AR 72215

Early Childhood Development and Care
Gordon and Breach Science Publishers
One Park Avenue
New York, NY 10016

Early Childhood News
330 Progress Road
Dayton, OH 45499

Early Childhood Research Quarterly
National Association for the Education of
Young Children
Ablex Publishing Company
355 Chestnut Street
Norwood, NJ 07648

Early Childhood Today
Scholastic
Office of Publication
2931 East McCarty Street
PO Box 3710
Jefferson City, MO 65102-3710

Educational Research
American Educational Research Association
(AERA)
1230 Seventeenth Street NW
Washington, DC 20036

ERIC/EECE Newsletter
805 West Pennsylvania Avenue
Urbana, IL 61801

...onal Children
Council for Exceptional Children
1920 Association Drive
Reston, VA 22091

Gifted Child Quarterly
National Association for Gifted Children
4175 Lovell Road, Suite 140
Circle Pines, MN 55014

Journal of Research in Early Childhood Education
International
11501 Georgia Avenue, Suite 315
Wheaton, MD 20902

Ladybug
PO Box 7436
Red Oak, IA 51591-2436

Report on Preschool Education
Capital Publications, Inc.
1101 King Street, Suite 444
Alexandria, VA 22314

Young Children
NAEYC
1509 Sixteenth Street NW
Washington, DC 20036-1426

**Puede obtener más información a través de varias organizaciones profesionales.
A continuación se muestran direccionesde interés que le pueden servir de ayuda.**

American Association for Gifted Children
15 Grammercy Park
New York, NY 10003

American Child Care Services
PO Box 548
532 Settlers Landing Road
Hampton, VA 23669

American Montessori Association (AMS)
150 Fifth Avenue
New York, NY 10011

Association for Childhood Education International (ACEI)
11141 Georgia Avenue, Suite 200
Wheaton, MD 20902

Canadian Association for the Education of Young Children (CAYC)
252 Bloor Street, Suite 12-115
Toronto, Ontario
Canada M5S 1V5

Children's Defense Fund
122 C Street NW
Washington, DC 20001

Child Welfare League of America
440 First Street NW
Washington, DC 20001

Council for Exceptional Children
1920 Association Drive
Reston, VA 22091

Daycare and Child Development Council of America (DCCDCA)
1401 K Street NW
Washington, DC 20005

National Association for the Education of Young Children (NAEYC)
1509 Sixteenth Street NW
Washington, DC 20036-1426

National Association for Gifted Children
4175 Lovell Road, Suite 140
Circle Pines, MN 55014

National Black Child Development Institute (NBCDI)
1463 Rhode Island Avenue NW
Washington, DC 20005

National Committee on the Prevention of Child Abuse
332 South Michigan Avenue, Suite 950
Chicago, IL 60604-4357

Society for Research in Child Development
5801 Ellis Avenue
Chicago, IL 60637

Southern Early Childhood Association
Box 5403 Brady Station
Little Rock, AR 72215

APÉNDICE J

Lista de comprobación del desarrollo

Nombre del niño: _____

Nombre del observador: _____

Fecha deobservación: _____

DESARROLLO FÍSICO	OBSERVADO	
Del nacimiento a los tres meses	Sí	No
Actúa por reflejos — de succión, plantar, de búsqueda de alimento		
Manotea los objetes que tiene en frente, sin coordinación		
Mantiene la cabeza erguida y firma		
Levanta la cabeza y los hombros		
Se pone de espaldas, estando de costado		
Cuatro a seis meses		
Sostiene un cubo en las manos		
Se pone de costado, estando de espaldas		
Se sienta con apoyo		
Pasa cosas de una mano a la otra		
Se siente en posición de trípode, usando los brazos como soporte		
Siete a nueve meses		
Se sienta solo		
Vuelve el reflejo plantal		
Gatea		
Se iza hasta ponerse de pie		
Bate palmas		
Se queda de pie con ayuda de un adulto		
Usa otro dedo y el pulgar para tomar objetos		

DESARROLLO FÍSICO continuación	OBSERVADO	
	Sí	No
Diez a doce meses		
Sostiene todo el peso del cuerpo sobre las piernas		
Suelta voluntariamente objetos que tiene en las manos		
Se desplaza usando como ayuda los muebles u otros objetos firmes		
Se tiene de pie solo		
Camina solo		
Sube escalones o escaleras gateando		
Trece a dieciocho meses		
Construye una torre de dos cubos		
Garrapatea con energía		
Camina bien		
Sube las escaleras sin ayuda		
Diecinueve a veinticuatro meses		
Sube las escaleras solo, un escalón por vez		
Salta en el lugar		
Patea una pelota		
Corre, de manera modificada		
Muestra preferencia marcada por una mano		

Otras observaciones sobre el desarrollo físico

EL DESARROLLO DEL LENGUAJE Y LA COMUNICACIÓN	OBSERVADO	
	Sí	No
Del nacimiento a los tres meses		
Se comunica con gritos, gruñidos y expresiones faciales		
Prefiere las voces humanas		
Gorjea		
Ríe		
Cuatro a seis meses		
Balbucea espontáneamente		
Adquiere sonidos de la lengua de origen en su balbuceo		
Participa en juegos interactivos iniciados por los adultos		
Respeta turnos al interactuar		
Aparece el balbuceo sistemático con los pares de vocales y consonantes normales		

DESARROLLO DEL LENGUAJE Y LA COMUNICACIÓN continuación	OBSERVADO	
Siete a nueve meses	**Sí**	**No**
Los balbuceos varían en intensidad, tono y ritmo		
Agrega ∂, t, n y w al repertorio de sonidos balbuceados		
Produce gestos para comunicarse		
Dice "mamá" y "papá" con nadie en particular		
Señala las cosas que desea		
Diez a doce meses		
Usa gestos preverbales para influir en el comportamiento de otros		
Demuestra comprensión de palabras		
Dice adiós con la mano		
Dice la primera palabra reconocible		
Inicia juegos conocidos con los adultos		
Trece a dieciocho meses		
Habla "a media lengua"		
Utiliza lenguaje telegráfico		
Experimenta un súbito salto en el desarrollo del lenguaje		
Comprende unas 50 palabras		
Diecinueve a veinticuatro meses		
Continúa usando lenguaje telegráfico		
Habla, siendo comprensible un 25 por ciento de las palabras		
Se refiere a sí mismo por su nombre		
Junta tres o cuatro palabras para formar una frase		
Comprende aproximadamente 300 palabras		
Su vocabulario activo incluye aproximadamente 250 palabras		

Otras observaciones sobre el desarrollo del lenguaje y la comunicación

DESARROLLO COGNOSCITIVO	OBSERVADO	
	Sí	No
Del nacimiento a los tres meses		
Actúa por reflejos		
Imita las expresiones faciales de los adultos		
Descubre sus manos y pies como extensión de sí mismo		
Descubre y repite acciones como chupar, manotear y agarrar		
Busca con la vista el origen de los sonidos		
Comienza a reconocer a personas conocidas a distancia		
Cuatro a seis meses		
Le gusta repetir actos, como sacudir un sonajero, que producen resultados en el mundo exterior		
Reconoce a la gente por su voz		
Busca un objeto parcialmente oculto		
Usa los juguetes de manera intencional		
Imita acciones simples		
Investiga los juguetes siguiendo esquemas sencillos como chupar, golpear, agarrar, sacudir, etc.		
Siete a nueve meses		
Distingue entre rostros conocidos y desconocidos		
Emprende comportamientos orientados a un fin		
Prevé acontecimientos		
Encuentra objetos totalmente escondidos		
Imita comportamientos que son algo diferentes de los habituales		
Comienza a mostrar interés en llenar y vaciar recipientes		
Diez a doce meses		
Resuelve problemas sensoriomotores usando esquemas deliberadamente		
Señala partes del cuerpo a pedido		
Da pruebas de mejor memoria		
Clasifica objetos por su aspecto		
Busca objetos escondidos en un segundo lugar		
Trece a dieciocho meses		
Estudia las propiedades de los objetos actuando sobre ellos de maneras novedosas		
Resuelve problemas por ensayo y error		
Experimenta con las relaciones de causa y efecto, como encender la televisión, golpear tambores, etc.		
Juega juegos de identificación de partes del cuerpo		
Imita comportamientos nuevos de otras personas		
Reconoce a los miembros de la familia en fotografías		

DESARROLLO COGNOSCITIVO continuación	OBSERVADO	
Diecinueve a veinticuatro meses	Sí	No
Señala e identifica objetos a pedido, como cuando le leen un libro, van de paseo, etc.		
Clasifica según formas y colores		
Se reconoce en fotografías y en el espejo		
Da pruebas de imitación diferida		
Emprende juego funcional		
Encuentra objetos que se han retirado de la vista		
Resuelve problemas con representación interna		
Clasifica a otros y así mismo según sexo, raza, color del pelo, etc.		

Otras observaciones sobre desarrollo cognoscitivo

DESARROLLO SOCIAL	OBSERVADO	
Del nacimiento a los tres meses	Sí	No
Reconoce a la persona que lo cuida habitualmente		
Establece vínculos con quien lo cuida		
Recibe consuelo del rostro humano		
Muestra una sonrisa social		
Comienza a desarrollar confianza cuando quien lo atiende responde rápidamente a sus necesidades		
Empieza a distinguirse a sí mismo de quien lo cuida		
Cuatro a seis meses		
Busca a los adultos para jugar		
Responde con todo el cuerpo a un rostro familiar		
Participa activamente en las interacciones con otros		
Distingue lo familiar de lo desconocido		
Siete a nueve meses		
Se altera cuando se separa de un adulto favorito		
Actúa deliberadamente para mantener la presencia de una persona favorita aferrándose a ella o llorando		
Emplea a los adultos como base de exploración, por lo común		
Mira a quienes muestran signos de angustia		
Le gusta observar y relacionarse brevemente con otros niños		
Juega solo		
Evidencia angustia en presencia de un extraño		

DESARROLLO SOCIAL continuación	OBSERVADO	
	Sí	No
Diez a doce meses		
Muestra preferencia marcada por una o dos de las personas que lo cuidan		
Juega en paralelo con otros niños		
Comienza a hacerse valer		
Empieza a desarrollar sentido del humor		
Desarrollo el sentido de identidad personal a través de la identificación de partes del cuerpo		
Empieza a distinguir entre niños y niñas		
Trece a dieciocho meses		
Exige atención personal		
Imita el comportamiento de otros		
Se va haciendo cada vez más consciente de su propia entidad como ser separado		
Comparte afecto conpersonas que no son quienes lo cuidan habitualmente		
Muestra posesividad por sus cosas		
Comienza a desarrollar la visión de sí mismo como autónomo cuando completa tareas independientemente		
Diecinueve a veinticuatro meses		
Muestra entusiasmo por la compañía de otras personas		
Contempla el mundo sólo desde su propia perspectiva egocéntrica		
Emprende juegos funcionales		
Se reconoce en fotografías y en espejos		
Se refiere a sí mismo con pronombre como "yo" o "mí"		
Clasifica a las personas por características notables como la raza o el color del pelo		

Otras observaciones sobre desarrollo social

DESARROLLO EMOCIONAL	OBSERVADO	
Del nacimiento a los tres meses	**Sí**	**No**
Siente y expresa tres emociones básicas: interés, angustia y repugnancia		
Se suele calmar cuando lo tienen en brazos		
Siente y expresa contento		
Comparte una sonrisa social		
Lee y distingue las expresiones faciales de los adultos		
Comienza a auto-regular las expresiones emocionales		
Se ríe		
Cuatro a seis meses		
Responde a las emociones de quienes lo cuidan		
Comienza a distinguir entre personas conocidas y desconocidas		
Muestra preferencia por que lo alce una persona familiar		
Comienza a ayudar a sostener el biberón		
Expresa alegría selectivamente riendo y sonriendo más con personas conocidas		
Siete a nueve meses		
Responde a los acontecimientos sociales usando la cara, la mirada, la voz y la postura para formar patrones emocionales coherentes		
Expresa miedo y enojo con más frecuencia		
Empieza a regular sus emociones aceptando las experiencias o evitándolas		
Comienza a detectar el significado de las expresiones emocionales de los demás		
Mira a los otros buscando pistas sobre cómo reaccionar		
Muestra temor de los extraños		
Diez a doce meses		
Expresa enojo cuando no encuentra obstáculos a sus objetivos		
Expresa enojo con respecto a la causa de la frustración		
Comienza a plegarse a los deseos de quienes lo cuidan		
Empieza a comer con cuchara		
Ayuda a vestirse y desvestirse		
Actúa de modo cariñoso con las muñecas o animales de paño, por lo general		
Come solo una comida completa servida en trozos para tomar con los dedos		
Aplaude cuando termina con éxito una tarea		

DESARROLLO EMOCIONAL continuación	OBSERVADO	
Trece a dieciocho meses	**Sí**	**No**
Identifica varias emociones		
Conecta los sentimientos con comportamientos sociales		
Comienza a entender patrones complicados de comportamiento		
Demuestra capacidad de comunicar sus necesidades		
Muestra emociones como vergüenza		
Culpa y timidez Se frustra con facilidad		
Diecinueve a veinticuatro meses		
Muestra las emociones de orgullo y embarazo		
Emplea las palabras relativas a la emoción espontáneamente en conversaciones o juegos		
Comienza a mostrar compasión por otro niño o adulto		
Las críticas lo lastiman fácilmente		
Tiene berrinches a veces cuando no puede alcanzar sus objetivos		
Asocia las expresiones faciales con denominaciones emocionales simples		

Otras observaciones sobre el desarrollo emocional

APÉNDICE K

Anecdotario

MUESTRA DE ANÉCDOTA PARA REGISTRAR

Nombre del niño: _____Zulema_____ Fecha de nacimiento: _____5/13_____

Nombre del observador: __Cristina__ Fecha de observación: _____3/31_____

Descripción del comportamiento observado:

Durante el cambio de pañales, Zulema tomó el pañal limpio y se tapó la cara. Luego levantó el pañal y comenzó a sonreir y reir.

Interpretación de la observación:

Zulema estaba iniciando un juego favorito que hemos practicado antes al cambiar los pañales. Está empezando a demostrar adelantos en su lenguaje y comunicación, además de sus habilidades sociales.

MUESTRA PARA EL ANECDOTARIO

Nombre del niño: _____ Fecha de nacimiento: _____

Nombre del observador: _____ Fecha de observación: _____

Descripción del comportamiento observado:

Interpretación de la observación: